KB232697

기도에
열정을 회복하라

기도에
열정을 회복하라

래리 리 지음 / 서홍종 옮김

하늘사다리

기도에 열정을 회복하라

지은이 ■ 래리 리   옮긴이 ■ 서흥종
펴낸이 ■ 이원우 초판 1쇄 찍은날 ■ 2000년 3월 30일 초판 3쇄 펴낸날 ■ 2000년 9월 30일
펴낸곳 ■ 하늘사다리(등록번호 제10-1710호)
        서울시 마포구 서교동 388-1 대강 B/D 201호   전화/3142-6618 팩스/3144-6620
공급처 ■ 비전북 전화/(031)907-3927 팩스/080-403-1004
E-mail ■ Vsbook@hitel.net

ⓒ 2000 하늘사다리 ISBN 89-86367-59-9 03230 값 10,000원   Printed in Korea

RELEASING THE PRAYER ANOINTING

DR. LARRY LEA

Contents 차례

제3부 효과적인 기도를 하도록 기름부음을 받는 법 / 291

서 문

습경보의 사이렌 소리가 영국 런던의 어두운 밤 적막을 뒤흔들었다. 그것은 히틀러의 나치공군이 영국 공중을 공격한 1942년 11월에 폭탄이 어둠 속의 도시의 사람들을 향해 발사 될 때마다 두려움과 공포가 도시를 휩싸고 있었다.

영국 역사상 가장 어려웠던 시기에 수상 윈스턴 처칠(Sir Winston Churchill)은 1942년 11월 10일 실의에 빠진 국민의 정신을 일깨워 주는 다음과 같은 불멸의 명언을 남겼다. "현재의 이 상황은 패망이 아닙니다. 더구나 패망의 전조는 더욱 아닙니다. 이 상황은 그들이 시작하고 있는 행동의 마지막일 것입니다."

우리는 처칠이 선언한 것에서 중요한 영적 진리를 발견할 수 있다. 오늘날 예수 그리스도의 교회도 이와 비슷한 상황에 처해 있다. 종말에 "불법이 성행한다"(마 24 : 12)는 선지자들의 예언대로 불법이 전례 없이 성행하고 있다. 이 말을 믿지 못하겠다면 우리가 현재 살고 있는 도시의 신문 큰 제목들을 살펴보거나 혹은 10년 전 또는 5년 전의 범죄 통계를 비교해 본다면 이 말이 틀린 것이 아님을 알 것이다. 우리는 이러한 불법이 성행하고 있는 종말 시대에 살고 있으며 그 마지막이 이미 시작되고 있는 상황에 처해 있다.

우리가 이러한 대 격변의 상황에서 중요한 문제를 직면할 때마다 성령님께서는 하나님의 백성들을 회복시키기 위해 능력 있는 말씀을 선포하고 계신다. 이 말씀은 우리가 순종할 수도 있고 아니면 불순종할 수 있는 말씀인 것이다. "… 오늘날 너희가 그의 음성을 듣거든… 시험하던 때와 같이 너희 마음을 강퍅케 하지 말라"(히 3 : 7-8)이다.

이러한 우리의 영적 위기의 상황은 이스라엘 백성이 요단강 언덕에 서 있었을 때의 상황을 생각나게 해 준다. 그들은 성령님의 음성에 불순종했던 광야와 같은 상황에서 순종하느냐 아니면 불순종하느냐 하는 기로에 서 있었다.

> "듣고 격노케 하던 쟈가 누구뇨 모세를 좇아 애굽에서 나온 모든 이가 아니냐 또 하나님이 사십년 동안에 누구에게 노하셨느뇨 범죄하여 그 시체가 광야에 엎드러진 자에게가 아니냐 또 하나님이 누구에게 맹세하사 그의 안식에 들어오지 못하리라 하셨느뇨 곧 순종치 아니하던 자에게가 아니냐 이로 보건대 저희가 믿지 아니하므로 능히 들어가지 못한 것이라"
>
> 히브리서 3 : 16-19

약속의 땅에 들어가는 과정에서 적들의 방해 공작이 수없이 많았으나 그들은 성령님의 말씀에 순종하므로 약속의 땅에 들어갈 수 있었다. 성령님의 말씀을 들을 수 있는 귀를 가지고 믿음으로 순종했기 때문에 더 이상 광야에서 헤매지 않았던 것이다. 그들은 하늘에 계신 아버지와 친밀한 관계를 맺었고 그 결과로 인하여 영적 안식과 새롭고 능력 있는 세계에 이르게 된 것이다.

■ **경계선에 서 있음**

「**기도에 열정을 회복하라**」는 이 책이 여러분의 손에 있다면 여러분의 생애가 획기적으로 바뀌어질 능력 있는 영적 세계에 들어갈 준비가 된 것이다. 이 책의 각 페이지에는 오늘날 교회들에게 말씀하고 계시는 성령님의 생생한 목소리를 담고 있는데 그것은 기도하라는 외침인 것이다. 성도들은 하나님께 어느 정도 수준의 기도를 해야 하는 책임이 있으며 우리 각 사람에 있어서 기도의 사명은 유일하고 독특한 특권인 것이다.

이 책의 목적은 여러분이 원하는 기도의 수준으로 안내해 줄 것이며, 무엇이 그러한 수준에 이르게 하는지를 설명해 주고, 또한 여러분이 기도생활에 있어서 기름부음을 받도록 도와줄 것이다.

여러분이 원하는 기도의 수준에 도달하는 데 있어서 적들의 방해 공작에 대항하여 기도하라는 성령님의 음성에 순종한다면 이스라엘 백성처럼 광야 생활은 끝이 나고 동시에 종교적 몸부림도 더 이상 없을 것이다. 성령님께서 여러분으로 하여금 대적들을 이길 수 있도록 이미 역사하셨기 때문이다. 여러분이 기도생활에 기름부음을 받을 때 하나님의 안식에 들어갈 수 있을 것이다.

이스라엘 지도자들이 요단강을 건너도록 인도했던 것처럼 이 책에 있는 모든 내용은 여러분을 광야의 방랑 생활을 마치고 기름부음을 받고 효과적인 개인 기도생활을 할 수 있는 약속의 땅으로 안내해 줄 것이다. 여러분이 하늘에 계신 아버지와 친밀한 관계를 맺는 그곳에는 더 이상 기도의 몸부림은 없을 것이다. 여러분은 예수님께서 하셨던 기도를 배울 것이며 개인적으로 권능 있고 효과적인 기도인 기름부음을 받은 기도를 경험할 때 예수님과 같이 권능 있는 기도를 통하여 놀라운 결과를 가져올 것이다.

　여러분은 기도할 때 눈에 보이지 않는 막연한 존재와 교제하려고 하는 몸부림 속에서 좌절해 본 많은 신자들을 쉽게 만날 수 있을 것이다. 이러한 문제는 이 책을 읽으므로 곧 바로 해결될 것이며 장애물들을 극복한 후 만날 수 있는 멀리 떨어져 있던 하나님이기보다는 아버지와 아들의 친밀한 관계로 하나님을 알 수 있도록 안내해 줄 것이다. 그렇게 할 때 여러분은 개인 기도생활이 단순히 바라거나 혹은 고통스러운 훈련이라는 생각에서 벗어나 온전한 기쁨으로 변화시켜 주는 무한한 능력의 창고를 두드리게 될 것이다.

　나는 하나님께서 여러분에게 이러한 개인 기도의 능력을 주실 것을 믿는다. 하나님께서는 여러분을 지명하시어 중보 기도할 수 있는 특별한 기도의 능력을 주실 것이다. **「기도에 열정을 회복하라」**는 이 책은 개개인의 소명을 일으켜 사명을 완성할 수 있도록 능력을 줄 것이다. 오늘날 성령님께서는 전세계에 있는 모든 성도들이 기름부음을 받은 기도를 경험할 수 있도록 부르시며 역사하고 계신다.

　이러한 성령님의 부르심에 여러분은 지금 순종하지 않겠는가?

제 1 부

개인 기도를 하도록 기름부음을 받는 법

나의 아버지를 찾음

생애에 있어서 새로운 영역

하나님 아버지의 계시

하나님의 역사하심

영적인 양자

하늘에 계신 우리 아버지

기도할 때마다 나의 아버지를 직접 대면하는 법

아버지의 이름을 수용함

아버지 나라에서의 삶

아버지의 뜻을 알고 행하는 법

당신의 영적인 유산에 접근하는 법

아버지의 방법대로 용서함

악한 자로부터의 구원

아버지의 보호 벽

세상을 변화시킬 수 있는 13가지 단어

1

나의 아버지를 찾음

7일간의 낮과 밤 동안 나는 부친 곁에 있었다. 멕시코 한 호텔 방안에는 어두움이 드리워져 이미 부친의 운명 시간이 가까이 왔음을 직감하고 있었다. 시계는 한 생명의 마지막 순간을 째깍 째깍 재촉하고 있었다.

운명해가고 있는 육신의 아버지 곁에 앉아서 내가 이곳 미국 땅에 이민 오게 된 것을 회상하면서 나의 전 생애와 목회 사역간에 서로 복잡하게 얽혀 있는 기억들을 떠올렸다. 적막함 속에 앉아 있는 순간 그 동안의 기억들이 나의 외로운 마음에 메아리치고 있었는데…

"래리야! 너 자신 스스로는 어떤 것도 이룰 수 없을 것이다. 아마도 내 평생동안 너를 도와주어야 할 것이다." 이 말들은 내게 정서적 충격과 학대를 주었고 그후 수년 동안 내 생애를 불안케 했을 만큼 상처를 주었다.

나의 가족은 미국에서 이민의 꿈을 이루며 살고 있었다. 나의 부친은 텍사스에서 부탄가스와 정유공장에 투자를 해서 많은 부를 축적했으며 그 덕분에 나는 어렸을 때부터 물질적 어려움 없이 필요한 것을 풍부하게 누리며 자랐다. 우리 집은 5,000 평방 피트 정도였는 데 침실이 두 개, 공부방 한 개 그리고 욕실이 두 개나 있었다. 당시 나는 이층 전체를 사용했던 것으로 기억된다. 나는 고등학교에 다닐 때부터 오픈카인 올스모빌 새차를 타고 다녔으며 예쁜 애인도 있었다. 나는 미국 전체 주를 다니며 골프를 쳤던 선수였으며 대학도 장학금으로 공부했다.

이러한 완벽한 가정 배경에도 불구하고 부친의 전형적인 알코올 중독 증세로 인하여 나는 소외감, 자포자기, 그리고 정서적 학대에 계속적으로 시달려야만 했다. 나는 부친을 무책임한 사람이라고 생각하지는 않는다. 왜냐하면 부친이 알코올에서 깨어났을 때는 가정을 돌볼 줄도 알고 다정하며 마음 또한 넓은 사람이었기 때문이다. 그러나 그 외의 부친의 삶은 알코올 중독과 여러가지 해결되지 못한 영적 문제들로 가득했다. 내가 자라는 동안 부친은 집안에서건 밖에서건 살아있는 동안은 알코올을 의지하여 지냈고 이것은 부친을 정신적 육체적인 황폐로까지 몰고 갔다. 때문에 그는 우리 가정을 위해서는 실제로 없는 **존재**와 같았다.

나는 17살 때에 이러한 환경으로 인하여 정신적 충격과 심한 우울증 때문에 텍사스 테일러에 있는 성모 프란세스 정신 병원에 입원하게 되었다. 입원 당시, 나는 부친께 도와달라고 애원했으나 그는 나를 한동안 쳐다보더니 이렇게 말했다. "래리야, 너처럼 모든 것을 소유하고서도 이러한 우울증에 걸렸다면 정신 치료를 받아야만 한다." 그는 돌아서서 나가버렸고 육중한 병원 문이 닫힌 뒤 나는 홀로 남았다.

■ 너는 나의 입이 될 것이다

그후 나는 6주 동안이나 정신 병원에서 치료를 받았는 데도 내 부모님께서는 좀더 큰 정신 병원에 입원예약을 하셨고, 곧 그곳으로 옮기게 되

었다. 그 병원으로 옮기기 전날 나는 방 안에서 몹시 우울하게 앉아 있
다가 갑자기 울기 시작했다. 그리고 무릎을 끓고서 "예수님! 자비로운
예수님!" 이렇게 소리쳤다. 이것은 종교적이거나 깊은 신앙적인 기도는
아니었다. 나는 기도하는 방법을 전혀 알지 못했으나 그 소리는 내 마음
깊은 곳에서부터 나온 울부짖음이었다.

갑자기 나는 내 마음에 큰 평화가 임하고 있음을 느꼈고 내 영혼 속
에 들려오는 음성을 들을 수가 있었다. "사랑하는 내 아들아! 너는 이
세대의 젊은 청년들에게 내 메시지를 전하여라. 너는 나의 입이 될 것이
며 나의 일꾼이 될 것이다."라고 하나님께서는 말씀하셨다.

다음날 의사가 내게로 들어와 여느 때와 같이 "래리야, 어떠니?" 하고
물었다.

"나는 괜찮아요, 어제 하나님과 대화를 했거든요."라고 대답했다. 의
사들의 얼굴 표정은 나의 말을 믿지 못하겠다는 것이었지만 이후 나의
정신 상태가 정상임을 알고 나자 이들은 퇴원을 허락했다.

병원에서 퇴원한 후 "어떤 것도 할 수 없다"는 부친의 무서운 폭언에
도 불구하고 내 자신은 하나님의 도우심으로 인하여 성공할 수 있었다
고 확신할 수 있었다. 1972년에는 댈러스침례대학교(Dallas Baptist
University)를 졸업함과 동시에 현재 나의 아내인 멜바 조(Melva Jo)
와 결혼했다. 그후 댈러스에 있는 비벌리힐스침례교회 담임목사인 하워
드 콘네이트설 목사의 초청을 받아 청소년 담당 목사로 사역하게 되었
다. 청소년 담당 목사로 사역하기 시작한 2년째에는 청소년 부서가
1,000명 이상으로까지 부흥했다.

1978년 하워드 콘네이트설 목사가 소천한 후, 나는 약 3,000명의 교
회로 성장한 비벌리힐스침례교회 담임목사로 청빙을 받았다. 당시 28살
이었던 젊은 목사인 나에겐 좋은 기회였으나 하나님께서는 다른 면으로

인도해 주시고 계심을 알고 있었기에 그 좋은 기회를 거부하고 청소년 전도 순회집회를 시작하게 되었다.

텍사스에 있는 킬 고어 도시에서 청소년 부흥집회를 인도하던 중 밥 윌하이트 목사와 오솔길을 걸으며 기도에 대한 이야기를 나누었다. 나는 지난 수년 동안 마음속 깊이 능력 있는 기도생활을 간절히 소원하였는데 윌하이트 목사에게서 내가 바라던 기도생활의 모델을 발견하게 된 것이다. 그의 기도에 대한 조언 그리고 우리가 함께 했던 기도를 통해서 나는 기도에 대한 씨앗을 발견할 수 있었고, 후에는「한 시 동안도 깨어 있을 수 없더냐」(Could You Not Tarry 1 Hour)라는 책을 출판하게 되었다. 그 후로부터 기도는 내 생활 가운데 최고의 우선 순위가 되었다.

■ 나의 교회를 세워라

청소년 순회 전도집회를 캐나다에서 인도하던 중 주님께서는 나를 텍사스에 있는 락웰(Rockwall)로 보내셨고 그곳에서 하나님의 교회를 세우도록 하셨다. 락웰은 댈러스에서 동쪽으로 25마일 정도 떨어져 있으며 당시 인구가 5,000명 조금 넘는 미국의 텍사스 주에 있는 작은 도시였다. 락웰에서의 반석교회(Church on the Rock)는 1980년 1월 한 가정집에서 13명으로 시작되었다. 그러나 얼마 후 급속하게 부흥하여 예배 장소를 락웰 스케이트장으로 옮기게 되었고, 그후에도 더욱 부흥하여 예배 장소가 좁아 락웰 고등학교 대강당을 빌려 예배를 드리게 되었다.

교회가 점점 커지고 부흥함에 따라 교회 자체 건물이 절대적으로 필요하게 되었다. 그런데 하루는 텍사스에 살고 있는 카우보이인 한 사람이 주일 예배후 나에게 다가와 이렇게 말했다. "나는 목사들을 좋아하지 않지만 하나님께서 제게 말씀하시길 당신이 나의 목자라고 하시더군요. 그래서 전 당신을 좋아합니다." 그리고 나서 나를 밖에 있는 자기 트럭으로 데리고 가더니 낡은 카우보이 부츠를 꺼내어 내 손에 쥐어 주는 것이다.

"저는 지난 2년 동안 순회하면서 카우보이 로데오경기를 했습니다. 저에겐 본 교회가 없었기 때문에 그 동안의 십일조를 이 부츠 속에 모아 두었죠. 이제 하나님께서 이것을 목사님께 드리라고 말씀하셨습니다." 그 낡은 부츠 속에는 1,000달러 이상이 있었다. 나는 곧 바로 그 낡은 부츠를 반석교회 안으로 가져 갔고 다음 예배시간에 교인들에게 이날 있었던 일들을 이야기했다. 교인들은 즉시 앞으로 몰려나와 그 낡은 부츠에 우리에게 필요한 건물을 건축할 수 있는 헌금을 하기 시작했다. 매 주마다 기적의 역사는 일어났고 락웰에 있는 반석교회 건물이 단 한 푼의 빚도 없이 건축되어졌다.

반석교회 역사는 13명으로 개척하기 시작하여 현재에는 11,000명의 교인과 32명의 교역자 그리고 460개의 구역들로 구성된 교회로 성장하는 기록을 남긴 것이다. 교회가 락웰에 있는 동안 21,000명 이상의 사람들이 예배중 강단 앞에서 예수 그리스도를 구세주로 영접하는 역사를 이루었다.

그 동안 일어난 일 중에서 가장 감격적인 일 하나는 나의 부친이 그리스도인으로 거듭나게 된 것이다. 지금까지 나는 나의 정서적인 아버지를 찾았다. 나는 아버지를 나의 아버지로서 관계를 가지려고 노력했었다. 그러나 내 아버지가 알코올 중독으로부터 벗어난 그날 아버지는 스스로의 소외감과 자포자기의 감정을 버렸고, 결국 나의 목회 동역자가 된 것이다. 아버지는 내가 부흥 집회를 인도할 때면 늘 같이 동행하셨고 언제나 가장 절친한 친구가 되어 주셨다.

1986년 봄, 오럴 로버츠(Oral Roberts)가 나에게 오럴로버츠대학교(Oral Roberts University)의 신학부 학장과 영적 신학적 사역 부분의 부총장을 맡아 달라는 제안을 해왔다. 고맙게도 반석교회 장로들은 목회자의 시간을 허비하는 일상적인 행정이나 상담하는 일로부터 나를 자유롭게 해 주었고 나는 오럴 로버츠(Oral Roberts)의 제안을 받아들였다. 나는 교회에 대해서는 기도와 설교에 전념하고 또한 하나님께서 시작케 하신 국내 기도 부흥 운동을 지도하는 데 전념하게 되었다.

우리는 미 전역에 전파될 수 있는 TV 사역을 시작하면서 기도에 핵심을 맞추었다. 전세계에서 "한 시 동안도 깨어 있을 수 없더냐?"라는 설교를 통해 약 37만 명의 기도의 용사들이 일어났다. 1987년에 이 제목의 책이 발간되자 베스트 셀러가 되었고 곧 13개의 다른 언어로 번역되어 전세계에서 읽혀지게 되었다. 현재 우리는 전세계적으로 기도 부흥 운동의 기로에 서 있다. 하나님의 전능하신 능력이 전세계를 흔드실 것이다.

그러나 하나님의 놀라운 역사 가운데서도 어려운 일은 늘 따라다녔다. 아버지가 어머니와 결혼하신지 44년이 되었을 때 다른 여자를 사랑하게 된 것이다. 아버지는 어머니와 이혼하시고 사랑하는 여자와 결혼을 하신 후 곧 바로 말기 암환자였음이 발견되자 그의 나머지 몇 주간의 남은 생을 마감하기 위해 멕시코로 오셨다.

■ 나의 아버지를 찾아서

나는 7일 동안 부친 곁에 있으면서 소외감과 자포자기로 괴로워했던 어린 시절을 회상했다. 아버지가 나에게 퍼부었던 정서적으로 상처를 입혔던 말들이 생각났다. 정신 병원에 입원한 후 나만을 홀로 두고 떠나버렸던 아버지… 그날을 나는 생생하게 되새기고 있었다. 그런 후 내가 아버지를 나의 아버지로 알고 목회사역에 동행했던 지난 몇 년간을 다시 새겨 보았다. 그러나 나는 부친을 **진실**로 알고 있는가? 부친을 아무 의미 없는 표면적인 관계로만 알고 있는 것이 아니었는가? 그것은 마치 내 일평생 동안 진정한 나의 아버지를 찾아왔던 것 같았다. 부친이 누어서 죽어가고 있는 이때 나는 부친에 관해 아무 것도 안 것이 없음을 깨달은 것이다.

그러한 감정으로 고뇌하면서 내 부친 침대 곁에 앉아 있던 어느 날 1972년에 일어났던 한 사건이 내 마음에 떠올랐다. 이때는 내가 목회사역을 막 시작했을 때였다. 내가 청소년 목회자로 사역했을 무렵, 나는 아내 멜바 조와 같이 조그마한 이동차 안에서 살고 있었다. 내가 기도하던 어느 날 아침, 하나님께서는 "내 생애 동안 원하는 것"이 무엇인지 물으셨다. 나는 빌립보서 3 : 10 대로 "내가 그리스도와 그 부활의 권능과 그 고난에 참예함을 알려 하여 그의 죽으심을 본받아"라고 답변했다.

내가 목회사역을 시작한 첫 몇 년 동안은 나의 목회가 성공적으로 이루어졌고, 내가 출판했던 책은 베스트 셀러가 되었고, 교회도 성장했다. 나는 이제 나의 목회사역의 한 부분이 되어 버린 전세계적 기도 부흥 운동 등을 통해 하나님은 능력이심을 알았다. 이제는 또 다른 영적 계시를 받아야 할 시점인 데 그것은 고통을 통해서만 전달될 수 있는 진리이다. 결국 이국 땅에서 죽음이라는 그늘을 통해서 나는 다시 태어나고 있는 것이다.

내 아버지 곁에 앉아 있는 방 안에는 어두움이 깊게 깔려 있었다.

며칠이 지난 후 마지막 숨결은 멈추었다. 아버지께 '평안히 가세요'라고 말하는 순간 나는 눈물을 흘리고 있었다. 내 아버지는 내 곁을 떠나신 것이다.

2

생애에 있어서 새로운 영역

어떤 그리스도인이 영적인 비전을 가질 수 있다는 것은 어린아이의 태어남과 매우 비슷한 점이 많다. 어린아이가 부부간의 친밀한 관계를 통해서 임신되고, 태에서 성장한 후 탄생하게 되는 것처럼 영적인 비전도 친밀한 관계를 통해서 잉태되며, 거듭날 때까지 성령의 배 안에서 성장하고, 우리가 보통 노동의 고통이라 부르는 산고를 통해서 출생하게 된다.

어린아이의 출산 과정에도 출생 이전의 과도기라는 고통스런 시간이 있다. 출산 직전에 어린아이가 나올 수 있도록 문을 열어주는 것은 산고의 가장 어려운 시간이다. 이러한 과도기가 영적 탄생 과정에도 분명히 존재하고 있다. 여러분이 그러한 고통을 겪고 있다면 그 고통으로부터 해방케 해달라고 울부짖겠지만 그러한 고통을 경험하는 과정을 통해 비로소 영적으로 다시 태어나며 또한 영적 비전을 갖게 될 것이다.

육신의 부친이 운명해 가고 있는 동안 내가 경험하고 있는 내 마음의 깊은 고통을 통해, 내 영혼의 배 안에서는 새로운 계시가 싹트고 있었다. 그것은 "한 시 동안도 깨어 있을 수 없더냐?"라는 내가 주님께 기도하는 방법을 가르쳐 달라고 부르짖을 때 잉태되었던 계시이다. 하나님께서는 예수님의 제자들이 주님께 기도하는 법을 가르쳐 달라고 할 때 주님께서 주셨던 가르침으로 동일하게 나를 인도해 주셨다.

> 그러므로 너희는 이렇게 기도하라
> 하늘에 계신 우리 아버지여
> 이름이 거룩히 여김을 받으시오며
> 나라이 임하옵시며
> 뜻이 하늘에서 이룬 것같이 땅에서도 이루어지이다
> 오늘날 우리에게 일용할 양식을 주옵시고
> 우리가 우리에게 죄 지은 자를 사하여 준 것 같이
> 우리 죄를 사하여 주옵시고
> 우리를 시험에 들게 하지 마옵시고 다만 악에서 구하옵소서
> 대개 나라와 권세와 영광이 아버지께 영원히 있사옵나이다. 아멘
>
> 마태복음 6 : 9-13

이 말씀은 대부분의 그리스도인들이 잘 알고 있는 성경 부분이며 어릴 때부터 암송했으리라 생각한다. 내가 주기도문(The Lord's Prayer)으로 잘 알려진 이 성경 부분을 구체적으로 분석하고자 하는 것은 주기도문의 문장 구조가 놀랍기 때문이다.

이 주기도문은 성경 두 곳에 나타나 있다. 첫 번째는 마태복음 6 : 9-13이며 다른 한 곳은 누가복음 11 : 2-4이다. 대부분의 성경 학자들은 두 성경간의 유사점으로 볼 때 다른 기도이기보다는 하나의 기도에 대한 두 가지 형태임을 인정하며 그러한 의견에 대부분 일치하고 있다.[1]

마태복음에 있는 주기도문은 예수님께서 산상보훈(The Sermon on the Mount)을 말씀하실 때 가르치신 기도이고 누가복음에 있는 것은 제자들이 예수님께 와서 기도하는 법을 가르쳐 달라고 했을 때 말씀하신 것이다.

마태복음의 산상보훈을 말씀하셨을 때와 누가복음에 기도문을 주셨을 때의 시간적 간격은 2년 6개월 이상이다. 이 기간 동안 제자들은 예수님께서 기도하신 모습을 목격했던 것이다. 제자들은 예수님께서 개인 기도하는 것을 최우선 순위로 두셨음을 알고 있었다. 그들은 예수님의 기도를 통해서 나타난 능력과 예수님께서 끝까지 참고 인내하시며 기도하신 모습을 목격해 왔었다.

제자들은 주님을 바라보면서 깨달았다. 주님께서는 하나님 아버지와의 친밀한 교제를 통해서 그 능력을 받아 가르치며, 설교하신다는 사실을 즉, 주님의 기도 속에서 하나님께서 계시해 주신 것들이 주님의 사역 속에서 그대로 명백하게 드러났던 것이다. 중보 기도할 때 하나님께서 주시는 계시는 언제나 명백한 현실로 드러나게 된다.

■ 기도하는 법을 가르쳐 주소서

제자들의 마음속에는 기도하는 법을 배워야 하겠다는 간절한 소원이 있었기에 그들이 주님께 "기도하는 법을 가르쳐 주소서"라고 요청했을 때, 예수님께서는 산상보훈에서 가르치셨던 똑같은 기도의 모델을 가르쳐 주셨다.

하나님께서는 기도하는 법을 가르쳐 달라는 나의 요청에도 일반적으로 주기도문이라 칭한 곳으로 나를 인도하셨고, 나는 그 본문을 사용해서 어떻게 하나님과 한 시간 동안 교제할 수 있는지 물어 보았다. 보다

긴 말씀인 마태복음에 있는 것으로 기도한다 할지라도 그것을 반복하는 데는 22초 밖에 걸리지 않았다.

그때 하나님께서는 나로 하여금 잘 알고 있는 기도문이었음에도 불구하고 그 낱말들을 천천히 반복하도록 말씀하셨다. 내가 반복하기 시작했을 때 주기도문이 입 밖으로 나오는 그 순간 주님께서는 내 영혼 속에 심겨져 있던 일련의 계시들을 마음속에 보여 주셨다. 즉 기도의 훈련과 기도에 대한 기쁨이었다. 나는 그것을 여섯 가지 형태로 분류하여 「한 시 동안도 깨어 있을 수 없더냐」라는 책에 기록했었다. 그리고 그 책 제목은 예수님께서 겟세마네 동산에서, 한 시간도 기도할 수 없었던 제자들에게 하신 말씀을 따서 붙였다.

제자들은 예수님께 와서 "기도를 가르쳐 주옵소서"라고 부탁한 것이 아니라 "기도하는 법을 가르쳐 주옵소서"라고 부탁했다. 예수님께서는 유대 랍비들의 방법을 사용해서 제자들의 요청에 답변하셨다. 유대 랍비들이 사용한 방법이란 진리에 대해 어떤 주제들을 제시해 두고 각각의 요점들을 보다 폭넓게 설명하면서 완성하는 것이다. 그와 마찬가지로 예수님께서도 기도의 모델을 가지고 똑같은 방법으로 제자들을 가르치셨다. 예수님께서는 여러 가지 주제들을 제시하시고 "그러므로 너희는 이렇게 기도하라"고 교훈하신 것이다.

"그러므로 너희는 이렇게 기도하라"의 의미는 성경본문이 정확한 용어를 사용치는 않았으나 "이것을 따라서 기도하라"는 것을 뜻하고 있다. 테일러 번취는 이 말을 예수님께서 제자들에게 주기도문의 글자 그대로 기도를 반복하라는 것이 아니라 "이와 같은 방법"으로 기도할 것을 명령하고 있다며 그 뜻을 다음과 같이 해석하였다.

"이것은 예수님께서 하나의 모델 또는 패턴으로 보여준 것임을 분명하게 가르치고 있다. 즉 제자들이 기도할 때 말이나 어구들을 무의미하게 반복한다거나 하는 상투적인 형식이 아닌 진실로 기도하는 방법을 안내해 주기 위한 것이다. 이것은 진정한 기도를 못하게 하는 불필요한 반복어들을 피하게 하기 위한 것이었다. 예수님께서는 이러한 위험들을 앞서 경고하신 것이다.”[2]

많은 사람들이 주기도문을 사용하여 기도한다고 말하지만 주기도문을 단순히 반복한다고 해서 그것을 기도한다라고 말할 수는 없다. 예수님께서는 산상보훈을 통해 기도할 때는 중언 부언하지 말 것을 경고하셨다. “중언 부언한다”는 말은 아무 생각없이, 틀에 박히거나, 종교적인 즉, 의례적인 말들 또는 어구들을 습관적으로 반복한다는 뜻을 가지고 있다. 예수님께서는 반복적으로 기도하는 것이 잘못되었다고 말씀하신 것이 아니다. 단지 신실하지 않게 또는 생각 없이 반복하는 것을 가리켜 “중언 부언하는 것”이라고 말씀하신 것이다. 우리는 주기도문의 말들을 정확하게 사용해야 한다고 믿고 있다. 왜냐하면 예수님의 말씀은 영이며 생명이기 때문이다. 따라서 우리는 주기도문을 반복할 때 그 말들의 영적 의미를 이해하고 적용해야만 한다는 것이다.

■ 기도의 모범

우리는 이 모범적인 기도를 기계적으로 쉽게 배우되 반드시 계시를 통해서만이 의미를 이해할 수가 있는 것이다. 나는 「한 시 동안도 깨어 있을 수 없더냐」(Could You Not Tarry One Hour)라는 책에서 하나님께서 계시해 주신 기도에 대한 6가지 원리(6P)에 중점을 두고 언급했었다. 그 6가지 원리의 요점은 다음과 같다.

1. 약속(Promises) : **"하늘에 계신 우리 아버지여 이름이 거룩히 여김을 받으시오며"**라고 기도한다는 것은 하나님의 이름과 약속들을 전유(專有) 한 것이다.

2. 우선 순위(Priorities) : **"나라이 임하옵시며 뜻이 하늘에서 이룬 것같이 땅에서도 이루어지이다"**라는 여러분의 생애와 가정, 교회 그리고 국가에 있어서 우선 순위를 정하여 두고 그대로 실행하는 것이다.

3. 공급(Provision) : **"오늘날 우리에게 일용할 양식을 주옵시고"**는 기도 속에서 그날 그날 하나님께서 필요한 것을 공급해 주심을 소유하고 있다는 것이다.

4. 용서(Pardon) : **"우리가 우리에게 죄 지은 자를 사하여 준 것같이 우리 죄를 사하여 주옵시고"**는 모든 사람들에 대한 올바른 태도를 배울 수 있는 기도이다.

5. 권능(Power) : **"우리를 시험에 들게 하지 마옵시고 다만 악에서 구하옵소서"**라고 기도함으로써 하나님의 전신갑주를 입을 수 있고, 여러분 자신과 가정, 그리고 그 밖의 소유들을 보호할 수 있는 방어망을 쌓을 수 있다.

6. 찬양(Praise) : **"나라와 권세와 영광이 아버지께 영원히 있사옵나이다 아멘"**이라고 기도하는 것은 하나님께 찬양하라는 주님의 가장 중요한 명령에 순종하는 것이다.[3]

전 세계의 수많은 성도들이 이 기도의 모범을 사용해서 기도하기 시작할 때 한 시간 동안 깨어 기도할 수 있었고 뿐만 아니라 기도 속에서 주님과 그 이상의 시간까지도 교제할 수 있게 되었다. 주기도문이 구조상으로는 아주 간단하지만 인간에게 필요한 영적, 물질적인 모든 것을 언급하고 있다는 것을 알 수 있다. 하나님 말씀에 나타난 모든 신학적 교훈 뿐만 아니라 그것을 기초로 한 교육과 설교, 찬송 속에 있는 모든 메시지가 주기도문에 나타난 진리와 관련이 있는 것이다.

■ 한 가지 빠진 영역

「한 시 동안도 깨어 있을 수 없더냐」(Could You Not Tarry 1 Hour)라는 책이 많은 영향을 미치고 있었을 때, 나는 그 6가지 원리 (6P)에 대해 강의하던 중 한 가지 부족한 것이 있음을 깨달았다. 그 부족한 점을 내가 목회하고 있는 교인들에게 언급했었고 결국, 6가지 원리들을 주제별로 전개할 때 7번째 숫자인 하나님의 완전수가 빠진 것을 알았다. 기도의 모범에서 빠진 한 가지는 무엇일까?

나는 마지막 운명해가는 나의 아버지 곁에서 고통을 겪고 있을 때에야 비로소 그동안 내가 연구했던 한 가지 빠진 영역이 무엇인지 깨달을 수 있었다. 이것은 내게 상상치 못한 뜻밖의 일이었다. 당시 나는 극도의 외로움을 느꼈고, 배신감과 버림받음의 감정이 나를 지배하고 있었다. 내 삶과 목회 가운데 하나님의 존재는 완전히 배제된 것 같았다. 나는 아들을 주시겠다는 하나님의 약속은 있었지만 그 뒤 많은 해 동안 하나님으로부터 말씀이 없었을 때 아브라함이 느꼈을 똑같은 감정을 경험하고 있었다.

그러나 그 기나긴 침묵을 깨고 하나님께서는 아브라함에게 역사하시므로 새로운 영역인 족장(믿음의 조상 - 역자)이라는 생애를 준비하셨고, 동일하게 내게도 고통의 연단 뒤에 영적인 새로운 영역을 받아들이도록 준비시키고 계셨다. 그것은 초자연적인 기도의 기름부음을 받을 수 있는 새로운 영역 가운데로 인도하시는 아버지임(Fatherhood)이라

는 계시였다. 이것이 바로 「한 시 동안도 깨어 있을 수 없더냐」의 6가
지 원리에서 빠진 성경에서의 완전수 즉, 하나님의 숫자인 7번째 원리
이다.

❖ 각주 ❖ ─────────────

1) Philip Harner, *Understanding the Lord's Prayer*(Philadelphia : Fortress,
1975) P. 3.
2) Taylor Bunch, *The Perfect Prayer*(Takoma Park : Review and Herald
Publishing Association, 1939) P. 12.
3) 래리 리의 「한 시 동안도 깨어 있을 수 없더냐」*(Could You Not Tarry 1
Hour)*라는 책을 요약한 것임(Altamonte Springs : Creation House, 1987)

3
하나님 아버지의 계시

나와 부친과의 관계에는 서로 해결할 수 없는 깊은 틈이 있었다. 그 이유는 부친이 아버지로서 최선을 다하지 않았기 때문이 아니라 알코올 중독으로 인한 가정 내에서의 영향과 영적 결핍 때문이었다. 나는 나의 청소년 시기가 자포자기의 감정만으로 채워졌음을 기억할 뿐이었다. 비록 내 부친은 나의 필요한 모든 것을 잘 공급해주셨고 내가 알고 있는 사람들 가운데 실제적으로 가장 부드럽고 따뜻한 사람이었지만, 그의 영적인 무능력은 나로 하여금 늘 그가 진정 나의 아버지인가 하는 의심을 하게 했다. 그는 참으로 자녀들을 잘 돌보아 주는 아버지였지만 사단은 그를 사로잡아 어두움 가운데서 헤어나지 못하도록 한 것이다.

어린 시절 동안 나는 내가 가지고 있는 생각들이나 감정들을 부친에게 결코 말할 수 없었다. 표면적으로는 사랑이란 줄이 있었지만 그런 사랑이란 언제나 온전한 것이 못되었고 조건적이었다. 많은 대화를 나누었지만 나와 부친 사이는 친밀한 관계로까지 발전하지는 못했다.

많은 사람들은 내가 외적으로 유능하고 잘 돌보아 주는 부친을 둔 특권을 누리고 있다고 생각하지만 필립 켈러(Phillip Keller)가 말한 것처럼 내 마음에 남아있는 아버지에 대한 인상은 늘 부정적이었다. "많은 사람들에게 있어서 아버지가 사랑스런 사람으로 기억에 남지 못했다는 것은 놀라운 사실이다. 게다가 이 '아버지'란 말은 행복한 가정의 개념을 생각나게 하기보다는 오히려 혐오스럽고 아주 싫어하는 칭호가 되어버린 것이다."[1]

■ 우리가 생각하는 하나님의 개념

우리가 하나님을 아버지로 받아들임은 보다 넓은 측면에서 볼 때 우리가 육신의 아버지에 대해 어떻게 경험했느냐에 따라 다르게 형성된다. 어린 시절 아버지에게 상처를 입었다면 하나님을 아버지 개념으로 이해한다는 것은 장애가 될 수 있다.

이와 같은 현상은 내게 있어서도 나타났다. 나의 어린 시절에 겪었던 부친에 대한 부정적인 경험 때문에 나는 주기도문에서 나타난 것처럼 하나님이 아버지로서 보여준 능력 있는 계시를 깨닫지 못했었다. 그런데 부친이 운명하는 바로 그때, 아버지의 인생의 마지막이었던 참혹한 환경은 나에게 영향을 미쳤다. 그때 나는 스스로 상처받은 감정을 바라볼 수 있었을 뿐만 아니라 그러한 감정을 해결하기에 이른 것이다. 동시에 그것은 하나님께서 보여주신 계시 즉, 주기도문에서 전적으로 새로운 의미를 깨닫게 되는 계기가 되었다. 그제서야 나는 주기도문의 모든 부분적 요구가 하나님께 대한 "아버지"개념과 복잡하게 연결되었음을 깨달았다.

하나님의 본질에 있어서 아버지 개념은 기본적으로 신약성서에서 보여준 하나님의 개념이다. 구약성서 전반을 통해서 하나님은 여호와로 나타났다. 여호와란 이름은 모욕해서는 안되는, 함부로 언급할 수 없는 이름이다. 그러므로 구약성서는 하나님을 아버지로 언급한 부분이 비교적 적다. 언급한 부분도 이스라엘 백성을 아들로 보여주거나 혹은 인간적 아버지의 행동과 비교되는 하나님의 사역을 말해주는 대부분 간접적인 표현들이다. 필립 하너(Philip Harner)는 다음과 같이 말했다.

> 구약성서에 하나님께서 "아버지"로 표현되는 곳은 단 한군데도 없는 것 같다. 몇 차례 "주는 우리 아버지시라"(사 63 : 16, 64 : 8) 혹은 "주는 나의 아버지시요"(시 89 : 26, 렘 3 : 4)와 같은 표현을 볼 수 있지만 이러한 표현은 엄격하게 말해서 하나님께 대한 직접적인 기도의 형태라기 보다는 아마 서술적인 것일 것이다.[2]

■ 예수님께서 아버지의 개념을 계시해주심

구약성서의 기록이 끝이 난 후 400년 간의 침묵이 흘렀다. 아브라함 생애에 있어서 침묵이 끝이 나고 보여주는 계시와 비슷한 패턴이 영적 이해에 있어서 새로운 영역으로 발전했다. 즉 예수님의 탄생, 생애 그리고 사역을 통하여 하나님께 대한 아버지 개념이 계시된 것이다.

이러한 새로운 관계는 예수님께서 성부 하나님을 자신의 아버지로 칭하실 때 나타난다. 성전에 관련된 부분에서 자신을 하나님의 아들로 언급하신 말씀이 그 첫 번째 기록이다. 신약에서 예수님께서는 성부 하나님을 "아버지"로 자신의 사역 속에서 수차례 언급하셨다. 예수님께서는 당신의 아버지께 기도하고, 자신의 아버지에 관해 가르치셨고, 아버지의 뜻대로 사역을 이루셨다.

예수님께서는 성부 하나님을 아버지로 칭하실 때 논쟁의 형태를 취하

셨다. 예를 들어 만약 성부 하나님을 아버지로 칭하셨다면 예수님 자신
은 그 하나님의 아들임을 강조하시는 것이다. 당시 여호와란 이름을 부
르지 않았던 유대인들에겐 이렇게 칭하는 것이란 혁신적인 개념이었다.
결국 예수님께서는 스스로 하나님의 아들임을 주장하시다가 십자가의
죽음까지 당하신 것이다(요 19 : 7).

예수님의 제자들이 기도하는 법을 가르쳐 달라고 했을 때 예수님께서
는 그들로 하여금 "하늘에 계신 우리 아버지"라고 기도하도록 가르치셨
다. 이것은 제자들에게 있어서 하나님께 대한 상상을 초월한 새로운 개
념이었다. 이 기도 속에 예수님께서 사용하신 아버지란 말의 아람어는
"아바"(Abba)이다. 이 말은 어린아이들이 아버지를 말할 때 사용하는
단어이다. 이러한 이유 때문에 유대 가정 생활에서 하나님을 언급할 때
"아바"라는 말을 사용한다는 것은 상상할 수가 없었다.

그러나 예수님께서는 기도할 때 이러한 이름을 사용할 것을 제자들에
게 가르치신 후 하나님과 새로운 자녀 관계를 맺을 수 있는 특권을 그들
에게 주신 것이다. 이러한 관계는 천사들에게도 허용되지 않는 독특한
관계이다(히 1 : 5).

예수님의 초기 공생애 사역에서 많은 사람들은 예수님을 요셉의 아들
로만 알았었다(눅 4 : 22). 그러나 그들 중 몇몇 사람들은 처음부터 예
수님께서 말씀하신, 아버지와 아들 관계에서 오는 권능의 새로운 의미
를 알고 있었다. 예수님께서 무화과나무 아래에 있는 나다나엘
(Nathanael)을 부르실 때 그는 즉시 예수님께서 성부 하나님의 아들
되심을 인정했고(요 1 : 49), 사단도 예수님께서 하나님의 아들이심을
알고 있었다. 그리스도께서 마귀의 세력인 귀신들을 만나셨을 때 그들
이 "하나님의 아들이여 우리가 당신과 무슨 상관이 있나이까"(마 8 :
29)라고 소리질렀음은 예수님께서 하나님의 아들이란 사실과 그로 인해

나타나는 권능을 보여준 증거이다.

성부께서는 예수님께서 공생애를 시작하실 때 그가 자신의 아들이심을 확인시켜 주셨다. 즉, 예수님의 세례시 "이는 내 사랑하는 아들이요"(마 3 : 17)라고 말씀하신 것이다. 사단은 예수님을 시험할 때 즉시 이 아들 관계를 공격했다. "네가 만일 하나님의 아들이어든 명하여 이 돌들이 떡덩이가 되게 하고 성전 꼭대기에서 뛰어 내리라"(눅 4장)고 조롱하고 있는 것이다.

예수님의 공생애 마지막에도 사단은 계속해서 성부와 성자간의 친밀한 관계를 목표 삼고 공격했다. 예수님께서 십자가에 달리실 때 군중들은 "네가 만일 하나님의 아들이어든 자신을 구원해 보라"고 소리쳤다.

사도 베드로는 이러한 아버지와 아들 관계를 이해하고 "그리스도는 살아 계신 하나님의 아들"이심을 고백했을 때 예수님께서는 그러한 고백 위에 음부의 권세가 이기지 못하는 교회를 세우시겠다고 말씀하셨다(마 16 : 16-18).

베드로와 같이 하나님과 예수님 사이를 아버지와 자녀의 관계를 통해 인정하고 그 안에서 나오는 그 권능을 깨달은 자들은 엄청난 영적 자원을 소유할 수 있다. 사단은 이러한 부자 관계에서 얻어지는 권능을 미리 알고 있기 때문에 예수님의 지상 생애에서 그러한 관계를 지속적으로 공격했다. 사단은 이제 내 생애에서도 그러했던 것처럼 여러분의 생활 가운데에서도 하나님께 대한 아버지 개념을 파괴하려는 것을 목표로 지속적인 공격을 해올 것이다.

■ 하나님 아버지의 계시

베드로가 그리스도께서 하나님의 아들이심을 고백할 때 예수님께서는 그러한 계시가 혈육에서 나온 것이 아니라고 말씀하셨다. 우리가 실제로 하나님을 아버지로 이해하고 또한 우리가 그분의 아들이라는 사실을 깨달았다면, 그리고 그 안에서 친밀한 교제를 시작하기 원한다면 우리 각자는 영적인 새로운 발전 즉, 영적인 어려움을 극복하고 경험해야만 한다. 우리 중 많은 사람들은 육신의 아버지 곧 혈육적 개념으로부터 인식되었던 부정적인 아버지의 개념을 극복해야만 한다. 우리가 가지고 있는 아버지에 대한 감정을 초월해서 하늘의 아버지와의 관계를 바르게 받아들이도록 우리 스스로의 자세를 취해야 하는 것이다.

여러분의 육신의 아버지가 혹시, 존재하고 있지만 여러분을 버리고 포기해버린 유명 무실한 아버지일 수도 있다. 어쩌면 그 아버지는 무감각하고 성숙치 못한 탓에 정서적으로 여러분에게 거리감을 주며, 잦은 화를 내고, 교묘하게 속이며, 폭력을 일삼을 수도 있다. 여러분이 보호 받아야만 할 바로 그 아버지로부터 육체적, 또는 성적으로 혹은 정서적으로 학대받을 수도 있다.

최근 어떤 대형 교회 담임목사가 내가 목회하고 있는 교회에서 예배 후 나에게 이런 말을 건넸다. 그는 하나님을 아버지로 경험하는 데 어려움이 있기 때문에 언제나 예수님께 기도한다고 했다. 그는 육신적 아버지와의 좋지 않은 관계로 인하여 자신이 하나님의 아들임을 실제로 경험해 보지 못한 것이다. 다행스럽게 그날 밤 그 목사는 하나님을 아버지로 인정하고 친밀한 교제를 함으로써 영적 장애를 극복 하였다.

필립 켈러(Phillip Keller)는 다음과 같이 말했다. "하나님을 우리의 아버지로 인식하는 데 있어서 무의식적으로 우리의 마음속에 육신적 아버지와 연관해서 비하해 버리는 것은 비극이 아닐 수 없다."[3]

여러분은 하나님과의 관계에서 무엇인가 부족한 것을 감지하고 있는가? 여러분은 하늘의 아버지와 친밀한 관계를 갈망하고 있는가? 여러분

은 기도할 때마다 모든 기도의 소원이 응답된다는 확신을 가지고 하나
님 앞에 기도하기를 원하고 있는가? 하나님께서는 여러분이 능력 있는
기도를 할 수 있도록 인도하시며 기다리신다.

❖ 각주 ❖ ─────────────────

1) Phillip W. Keller, *A Layman Looks at the Lord's Prayer*(Chicago : Moody, 1976), P. 12.
2) Philip Harner, *Understanding the Lord's Prayer*(Philadelphia : Fortress, 1975) P. 41.
3) Keller, *A Layman Looks at the Lord's Prayer*, P. 13.

4

하나님의 역사하심

Progression 돈 바꾸는 사람들의 소리, 양들의 울음소리, 소들의 음매 하는 소리들이 공기 중에 진동하고 있었다. 발끝까지 내려오는 기다란 예복을 입고 있는 대제사장들과 서기관들이 사람들의 틈바구니에 섞여 있고 비둘기들이 나무 상자 안에서 날개를 파닥거리고 한쪽에서는 동물들의 제사로 인한 지독한 연기와 더불어 예루살렘 성전 안뜰의 북새통 소리가 하늘로 향하고 있었다.

이렇게 현란한 상황 중앙으로 예수님께서 지나가시고 계신 것이다. 한동안 모든 광경은 아주 혼란 상태였다. 예수님께서는 돈 바꾸는 사람들의 책상과 비둘기 파는 사람들의 자리를 모두 뒤집어 엎으셨고 그들이 팔려고 한 모든 상품들과 돈들을 흩어 버리셨으며 채찍으로 그들을 모두 성전 밖으로 쫓아내신 것이다. 그렇게 한 후에 예수님께서 다음과 같은 권위 있는 말씀을 하셨고 많은 사람들은 놀라움으로 입을 다물 수밖에 없었다. "… 내 집은 기도하는 집이라 일컬음을 받으리라 하였거늘 너희는 강도의 굴혈을 만드는도다"(마 21 : 13).

　내 집 또는 아버지의 집이란 말은 예수님께서 성전에서 직면했던 당시 환경에도 적용될 뿐만 아니라 오늘날 우리가 하늘의 아버지와의 관계를 추구하는 데 있어서 지침이 될 수 있는 두 가지 권능 있는 영적 진리를 포함하고 있다.

■ 하나님의 영적 거주지

　첫 번째로 아버지의 집이란 표현은 우리 아버지의 영적 거주지란 의미이다. 기도하는 집이란 그가 거주하는 곳이다. 그렇기 때문에 이 곳은 이전에는 영적으로 "외인"이었던 사람들까지도 거할 수 있는 새로운 자격이 주어진 곳이다.

> 내가 내 집에서 내 성 안에서 자녀보다 나은 기념물과 이름을 주며
> 영영한 이름을 주어 끊치지 않게 할 것이며
>
> 이사야 56 : 5

　육신적인 아버지와 아들 관계는 가끔 보잘것 없는 호의로 인하여 유지되다가 어떤 오해와 불화로 인하여 쉽게 파괴되는 관계이지만 천부 아버지께서 허락하신 관계는 불변하며 영원한 것이라고 하나님께서는 선포하셨다.

　하나님께서는 이러한 영적인 아들과 딸들이 직접 하나님께 나아갈 수 있다는 것을 의미하는 표현으로 "성산"(Holy Mountain)으로 이들을 인도해 주실 것이라 말씀하셨다. 이 가족 관계를 통하여 하나님의 자녀들은 능력 있는 기도를 할 수 있고 그들이 드리는 봉헌과 헌신들은 하나

님의 제단에서 열납되는 것이다(사 56 : 7).

모든 사람들은 영적으로 외인이었고 죄로 인하여 하나님 아버지로부터 멀어졌다. 그러나 하나님께서 원하시는 것은 우리로 하여금 하나님과 친밀한 관계를 맺는 것이며 또한 하나님 앞에 담대히 나아갈 수 있는 특권을 주시고자 하는 것이다. "그때에 너희는 그리스도 밖에 있었고 이스라엘 나라 밖의 사람이라 약속의 언약들에 대하여 외인이요 세상에서 소망이 없고 하나님도 없는 자이더니 이제는 전에 멀리 있던 너희가 그리스도 예수 안에서 그리스도의 피로 가까와졌느니라"(엡 2 : 12-13).

하나님 아버지께서는 여러분에게 새로운 이름을 주시기 원하시며 하나님 가족의 일원으로 입양하시길 소원하신다. 하나님 아버지께서 여러분에게 주시고자 하는 이름은 이 세상에서 육신적 아버지-자식 관계에서 얻어지는 것과는 다른 훨씬 고귀한 이름이다. 왜냐하면 그 이름은 영원한 이름이기 때문이다. "보라 아버지께서 어떠한 사랑을 우리에게 주사 하나님의 자녀라 일컬음을 얻게 하셨는고 우리가 그러하도다…"(요일 3 : 1).

■ 도둑질하는 강도

성전을 깨끗이할 때 예수님께서 하신 말씀 가운데 나타난 두 번째 진리는 우리가 하나님을 아버지의 관계로 경험하지 못하도록 도둑질하는 "강도"가 있다는 것이다(마 21 : 13). 예루살렘 성전 안에 있었던 사람들은 물질적인 사람들 즉, 돈 바꾸는 사람들과 장사에 미친 사람들 그리고 제사장들이나 서기관들에 의해 강요된 외향적인 종교적 의식에 의해서 아버지의 집이란 말의 진정한 의미를 경험할 수 있는 기회를 도난 당한 것이다. 그래서 예수님께서는 이러한 환경을 일컬어 "강도의 굴혈"

(Den of Thieves)이라고 말씀하신다.

오늘날에도 이러한 비슷한 영적 환경이 우리를 위협하고 있다. 능력 있는 기도를 하지 못하도록 우리의 기회를 도둑질하고 막고 있는 강도가 있다. 그들은 예루살렘 성전에 있었던 자들과 같은 자들이다. 즉, 물질적 목적만을 위해 쉬지 않고 추구하는 자들, 열정적인 행동분자들, 그리고 종교적인 예식들이다. 만일 우리가 하나님을 아버지 같은 친밀한 관계로 발전시킬 수 있고 능력 있는 기도를 할 수 있는 곳인 "기도하는 집"에 들어갈 수 있는 경험을 원한다면 우리 개개인의 성전과 교회라는 공동체 안에 있는 "강도의 굴혈"을 쫓아내야만 한다.

예수님께서 예루살렘 성전에 들어가 강도의 굴혈을 쫓아낸 직후 성경은 보지 못하고 걷지도 못했던 사람들이 성전에 어떻게 들어왔는지를 기록하고 있다. 예수님께서는 그들을 치료해 주셨고, 이를 본 어린이들은 "호산나 다윗의 자손이여!"라고 찬양하기 시작했다. 성전이 기도의 집이 되고 하나님의 능력이 나타난 무대가 되었을 때 예수님께서 성부 하나님의 아들이심이 인정되었던 것이었다. 여러분이 하나님의 아들이라는 증거도 하나님께서 기름 부으시는 능력이 나타날 수 있는 장소인 여러분의 영적 성전이 깨끗하게 청소될 때 나타나는 것이다.

어린이들이 하나님을 찬양하고, 걷지도 못하는 사람들이 걷고 뛰며 하나님을 찬양하는 광경을 상상해 보라. 이렇게 새로운 영적 비전을 받은 사람들은 첫 번째로 자신들의 아내나 자녀들을 향해 시선을 돌릴 것이다. 성전이 종교 이름이나 빌려 장사하는 장소가 아닌 상처받은 사람들이 기도할 수 있는 즉, 하나님께서 원하시는 집이 되는 것이다.

그러나 하나님의 놀라운 영적 역사 주변에는 팔짱을 끼고 분개한 얼굴을 한 종교 지도자들이 서서 노려보고 있었다(마 21 : 15). 다른 사람들을 지배하는 자신들의 권력에 손상을 입어 그들의 위치가 위험에 처했기 때문에 화가 나 있는 것이다. 그러므로 예수님께 "저희의 하는 말을 듣느뇨"라고 말하며 분노하여 대항했다. 여기에 예수님께서는 다음과 같이 대답하셨다. "그렇다 어린 아기와 젖먹이들의 입에서 나오는 찬미를 온전케 하셨나이다 함을 너희가 읽어 본 일이 없느냐"(마 21 : 16).

종교 지도자들은 비난하려는 마음을 가지고 있었고 그러한 태도는 능력 있게 기도하고자 하는 사람들에게 쉬지 않고 공격을 한다. 그렇게 비난하는 것은 형제들을 고발하려는 사단의 조정(調整)인 것이다. 사단은 여러분의 영적 성전이 기도의 집이 되어 능력 있게 기도하지 못하도록 방해 공작을 펴고 있다. 왜냐하면 여러분이 아버지 하나님과 친밀한 관계로 성숙함으로써 물려받은 영적 능력을 알고 있기 때문이다.

■ 하나님의 역사하심

나는 수년 동안 기도생활의 권능이나 하나님과의 친밀한 관계가 결여되어 있었다. 의미 없는 종교의식들, 시간을 허비하는 활동들, 그리고 물질을 추구하는 것들은 내 영적인 면을 파괴하고 있었다. 그러던 중 마태복음 21 : 12-16 본문에 나타난 하나님의 역사하심을 경험했을 때 나의 모든 것이 달라졌다.

본문에 나타난 하나님의 역사 하시는 진리를 터득할 때 우리들의 생애는 커다란 변화가 일어나게 될 것이다. 이 하나님의 역사하심은 내가 1970년 댈러스침례대학교에 다닐 때 처음으로 일어났고 내 생애를 완전히 바꾸어 놓았다. 어느 날 내가 기도하고 있었을 때 주님께서 말씀해 주셨다. 그것은 내 생애 동안 예수님 당시 성전에서 일어났던 비슷한 일들이 주님의 교회에서 사역하는데 있어서 증거가 될 것이라는 것이었다.

첫 번째로 예수님께서 성전을 청소함으로써 성전이 깨끗한 집이 되었고(12절), 주님께서는 그 곳을 기도하는 집이라 선언하셨다(13절). 성전이 기도하는 집이 되었을 때 보지 못하고 걷지 못했던 사람들이 주님께 나왔다. 성전은 권능 있는 집으로 변하였고, 주님께서는 그들을 치료하시었다(14절). 그리고 최종적으로 성전은 **온전하게 찬송하는** 집이 된 것이다(15-16절).

이와 똑같은 하나님의 역사가 오늘날 성도 개인의 영적 성전 뿐만 아니라 교회 내에서도 일어나야만 한다. "너희가 하나님의 성전인 것과 하나님의 성령이 너희 안에 거하시는 것을 알지 못하느뇨"(고전 3 : 16).

우리가 하나님의 자녀가 될 때 성령께서 우리 가운데 거하는 것이다. 이것은 마치 육신의 아버지가 자녀들과 함께 살고 있는 것과 마찬가지이다. 죄를 고백하고 회개하며 예수 그리스도를 믿을 때 성령께서는 비로소 우리 안에 거하시는 것이다.

하나님의 목적은 성도들의 마음 가운데 거하시므로 "성전"이 되고 성도 개개인이 "기도하는 집"이 되는 것이다. 그러나 많은 사람들은 스스로를 "강도의 굴혈"로 만들고 있다.

우리들은 우리 자신들의 삶과 교회생활 속에서, 하나님의 능력이 나타나길 바라고 있지만 그러한 능력이 나타나기전에 먼저 반드시 영적 성전이 깨끗해야만 한다. 현대 교회들이 "그리스도인"들의 활동이나 세속적인 사업에 사로잡혀 있는 동안 바로 그 성전 문 그늘에서는 병자들이나 신체 장애인들이 고침받기 위한 치료의 역사를 기다리고 있다. 많은 경우 교회는 하나님의 능력이 역사하고 있는 현장이라기 보다는 사교적 또는 오락적인 장소로 전락해가고 있다. 고통받는 사람들을 대표하는 보지 못하고 걷지 못한 사람들의 울부짖음은 종교적 활동이라는 광란 속에 묻혀버린 것이다.

이렇게 영적으로 혼란스런 환경의 한 중간에 있는 우리를 예수님께서는 깨끗게 하시어 깨끗한 성전으로 만드시기 위해 서 계신 것이다. 주님은 물질주의에 젖어 있는 우리의 마음을 변화시켜 하나님의 나라에 관심을 두기 바라며 물질 지향적인 활동들, 외적인 종교 의식들을 버리고 우리가 능력 있는 기도를 할 수 있기를 바라고 계신다.

만약 예수님께서 우리 마음의 성전을 깨끗이 하신다면 우리는 기도하는 집이 되며 하늘에 계신 아버지와 친밀한 관계를 맺을 수 있는 장소가 될 수 있고 고통받는 사람들이 기적의 역사를 일으킬 수 있는 영적 성전으로 변할 수 있는 것이다.

■ 여러분은 준비되었는가?

여러분은 이렇게 변화되기 위해 준비가 되었는가? 그렇지 않으면 하늘에 계신 아버지와 친밀한 관계를 맺을 수 있는 기회를 도난 당하고 있는가? 여러분의 생활 가운데 하나님의 능력이 나타나길 간절히 바람으로 깨끗한 성전이 되며, 기도하는 집이 되고, 역사가 일어날 수 있는 성전, 그리고 하나님께 온전한 찬양을 드리는 성전을 소원하고 있는가? 여러분이 간절히 바라고 있다면 하나님의 역사의 첫 번째 단계는 간절히 소원하는 것이므로 여러분은 이미 준비되었다고 말할 수 있다.

어떤 변화이든 맨 처음에 요구되는 것은 변화를 위한 간절한 소망과 그 뒤에 이어지는 훈련이다. 지속적인 훈련을 통한 변화가 된 후에야 기쁨이라는 결실을 맺을 수 있는 것이다. 예를 들어 어떤 사람이 외관상 좋은 몸매를 갖기 위해서는 우선 몸매를 고치고자 하는 소원이 있어야 한다. 그런 다음 음식 다이어트 하는 것과 운동하는 훈련을 하는 것이다. 그러한 훈련을 끝까지 참고 견디면 결국에는 훈련 결과에 대하여 기쁨을 누릴 것이다.

영적인 변화와 더불어 능력 있는 기도를 하는 것도 간절한 소원에서부터 시작된다. 그러한 소원을 실현키 위해 자신의 성전을 깨끗이 하는 훈련을 해야 한다. 먼저 삶에 있어서 우선 순위를 바꾸어야 한다. 즉, 바쁜 스케줄들을 재정리하고 외적인 종교적 전통들의 거추장스런 것들을 없애야 한다. 그러기 위해서는 우선 자신 스스로가 기도하는 집이 되어야 하며 기도하는 것이 삶에 있어서 최우선 순위에 있어야만 하는 것이다.

예수님께서 우리 자신들의 성전에 들어오셨을 때는 우리 자신의 성전을 파괴하러 오신 것이 아니라 훈련시키기 위해 오신 것이다. 성경에서 말해주는 훈련이란 하나님의 말씀을 받아들이고 그 말씀대로 생활하는 것이다. 예수님께서 성전을 청결케 하시는 것은 우리가 잘못한 것에 대한 심판이 아니라 잘못된 것을 고치기 위한 것이다. "… 약속하여 가라사대 내가 또 한번 땅만 아니라 하늘도 진동하리라 하셨느니라 이 또 한번이라 하심은 진동치 아니하는 것을 영존케 하기 위하여 진동할 것들 곧 만든 것들의 변동될 것을 나타내심이니라"(히 12 : 26-27).

우리가 영적으로 진동될 때 영적인 면에서 경험했던 대적들이 흩어지게 된다. 우리가 물질만을 추구했다면 하나님의 나라를 염두에 두게 되며 올바른 영적인 면에 우선권을 두게 된다. 우리의 열광적인 활동은 멈추어지며 마음에 없는 종교적인 예배는 다 낡은 옷처럼 옛것으로 버려지게 되는 것이다.

마태복음 21 : 12-16에 나타난 모범을 따라 우리의 영적 성전이 깨끗하게 될 때 우리의 몸은 정결한 집이 되는 것이다. 그런 다음 기도하는 집이 되고 그 집에서 중보자의 기름부음 같은 능력 있는 기도를 할 수 있는 것이며 하나님께서는 초자연적인 권능을 기도하는 집에서 증거하시게 된다. 이것은 찬양과 예배의 새로운 영역의 차원이라는 결과를 가져오는 데 이것은 하늘에 계신 아버지와 친밀한 관계를 계속해서 발전 시킬 때 나타난다.

예수님께서 예루살렘 성전을 깨끗이 하신 후 그곳에는 두 종류의 사람들이 존재하고 있었다. 우리는 고침을 받고 찬양하는 어린이들과 병자들처럼 기쁨에 넘치는 사람들과 함께 기도하는 집에 들어가든지 그렇지 않으면 분노하는 모습으로 고소하는 사람들의 입장에 서 있을 수 있다.

이 본문을 읽을 때 우리는 정결한 장소에 서 있을 수 있다. 하나님께서는 우리로 기도하는 집이 되도록 인도하시고 계신다. 바로 지금 여러분의 어지러워진 영적 성전 중심에 예수님께서 들어오시도록 초대하기 바란다. 예수님으로 하여금 여러분 자신이 기도하는 집이 되는 데 방해되는 어떤 것도 다 뒤집어 엎으시도록 허락하기 바란다. 예수님께서는 기름부음을 받은 능력 있는 기도까지 할 수 있는 하나님의 역사를 시작하시기 위해 여러분의 성전에 계신다. 여러분은 예수님으로 역사하시도록 하겠는가? 만약 여러분이 마음속 깊이 "예수님! 들어오십시오" 라고 간절히 원한다면 여러분은 기름부음을 받은 능력 있는 기도생활을 할 수 있으며 예수님께서는 여러분을 일으켜 개인 기도 능력을 부여해 주실 것이다.

5

영적인 양자

Adoption

하나님께서는 우리의 아버지가 되시기를 간절히 바라고 계
신다. 이는 말씀 속에 잘 나타나 있다. "너희에게 아버지가
되고 너희는 내게 자녀가 되리라 전능하신 주의 말씀이니라
하셨느니라"(고후 6 : 18). 그러나 600여 개의 교회 교인들을 대상으로
조사한 바에 의하면 64%정도의 교인들은 하나님을 자신들의 아버지로
모시지 못했다고 말했다.[1]

하나님을 아버지로 모시는 관계를 맺기 위한 영적 전략이 주기도문
(The Lord's Prayer)에 나타나 있다. 다음 몇 페이지에서 나는 하나님
께서 우리의 아버지로서 보여주신 모습을 통해서 그 전략의 각 부분을
제시하고 성령이라는 현미경으로 주기도문을 조명하고자 한다. 이 주기
도문 속에는 우리가 기름부음을 받은 능력 있는 기도를 할 수 있게 되었
을 때 우리가 하늘에 계신 아버지 앞에 어떻게 나아갈 수 있는지를 배울
수 있고 하나님께서 우리에게 해 주신 약속, 용서, 공급 그리고 보호해

주신 것에 대하여 감사하는 방법을 배울 수 있다.

■ 우리 아버지

주기도문의 서두에서부터 "우리 아버지"라고 한 것은 하나님께서 간절히 바라는 것, 즉 하나님께서 우리들의 아버지가 되시는 것이 우리의 삶 가운데 실현될 수 있음을 확증하고 있다. "우리 아버지"라 말하는 것은 하나님께서 우리의 아버지이심을 선포하는 것일 뿐만 아니라 모든 믿는 자들은 서로가 형제 자매인 것을 인정하는 말이다. 그러므로 이 말은 주기도문으로 기도하는 다른 교파, 다른 교리를 믿는 사람들과 우리들간에 서로 연결해주는 다리 역할을 해준다. 하나님 또는 다른 사람들과의 간격을 없애지 못한다면 "우리"라는 말을 사용할 수 없는 것이다.

"우리 아버지"(Our Father)란 말은 우리 모든 사람이 한 아버지를 두고 있는 영적인 한 가정으로 연합시켜 주는 말이다. 그러므로 우리는 영적인 고아가 더 이상 아니다. 주기도문의 나머지 부분은 이러한 하나님과의 연합 그리고 모든 진정한 그리스인들과의 연합이라는 배경 안에 기초를 두고 있다. 우리라는 단어는 모세와 같이 자신을 하나님의 백성으로 간주하고 중보 기도하는 자의 기도하는 자세이다. 이것은 "나는 다른 사람들과 같지 않음을 감사합니다"라고 기도하는 바리새인의 비난하는 자세가 아니다.

"우리 아버지"라는 서두는 우리가 이러한 기도 자세를 가지고 실제적으로 기도할 수 있는 자녀들임을 확인하는 것이다. 진정한 하나님의 자녀들만이 "우리 아버지"라는 기도를 할 수 있다. 물론 진정한 하나님의 자녀가 아닌 자들도 그렇게 말할 수는 있으나 그렇게 말한다고 해서 다 똑같은 기도가 아니다. 하나님께서는 모든 사람을 창조하셨으나 그 사람들을 다 구속하신 것은 아니다. 사람이 처음 창조되었을 때 이들은 하나님 가정의 최고의 자녀들이었다. 아담과 하와는 하늘의 하나님과 친밀한 관계를 유지하면서 영적 교제를 하였으나 아담과 하와가 범죄함으로써 인간의 첫 가정은 하나님과의 친밀한 관계가 파괴되었고 범죄한 인간은 사단을 아버지로 둔 소외된 가족의 일원이 된 것이다(창 3장).

■ 중간 입장은 없다

이러한 가족 분열은 모든 인간에게 일어났다. 우리는 하나님의 자녀가 아니면 사단의 자식이다. 중간 입장은 없는 것이다. 예수님께서는 바리새인들을 마귀의 자식(요 8 : 44), 악한자의 아들(마 13 : 38), 진노의 자녀(엡 2 : 3)로 말씀하셨다. 요한은 하나님의 자녀와 사단의 자식을 분명히 구분하였다(요일 3 : 7-10).

아담과 하와의 원죄 때문에 모든 사람들은 세상에 태어날 때부터 죄의 본성을 가지고 있다고 성경은 가르치고 있다. 이러한 죄의 본성을 따라 행할 때 우리는 개개인의 범죄로 인하여 아버지 하나님과 더욱더 멀어지게 된다.

요한복음 3장에 나타난 대로 "거듭남"(Born Again)이라는 영적 탄생을 통해서만이 하나님의 자녀가 될 수 있는 것이다(요 3 : 6,16). 우리가 우리 죄를 대신해서 죽으신 예수 그리스도의 희생을 받아드릴 때 하나님의 자녀가 되는 권세를 받을 것이다. "영접하는 자 곧 그(예수님)이름을 믿는 자들에게는 하나님의 자녀가 되는 권세를 주셨으니"(요 1 : 12).

사도 빌립이 "주여, 아버지를 보여 주옵소서 그리하면 족하겠나이다"라고 요구한 것에 대해 예수님께서 "나는 아버지 안에 있고 아버지는 내 안에 계신다"라고 말씀하신 것은 성부 아버지와 성자 아들과의 친밀한 연합 관계를 설명해 주신 것이다(요 14 : 8-11). 성부 아버지는 예수 그리스도의 인격 안에서 계시되셨고 하나님께서는 우리를 예수님께 인도하시므로 하나님을 우리의 아버지로 계시해 주신 것이다(눅 10 : 22). 그러므로 예수님께서 "하늘에 계신 우리 아버지"로 기도하도록 가르치신 것은 하나님께 대하여 아들 관계로 우리를 초대하신 것이다. "때가 차매 하나님이 그 아들을 보내사 여자에게서 나게 하시고 율법 아래 나게 하신 것은 율법 아래 있는 자들을 속량하시고 우리로 아들의 명분을 얻게 하려 하심이라 너희가 아들인 고로 하나님이 그 아들의 영을 우리 마음 가운데 보내사 아바 아버지라 부르게 하셨느니라"(갈 4 : 4-6).

우리들은 우리 죄 때문에 죽으신 예수님을 통해서만이 하나님의 양자 된 아들과 딸들이 될 수 있다. 독생자 아들의 영(靈)인 성령님께서 우리로 하여금 "아바 아버지"라고 부를 수 있도록 하셨는데 이 "아바 아버지"라는 말은 어린아이들이 "아빠"라고 부를 수 있는 친밀함을 표현해 주는 말이다. 영적인 양자는 우리의 아들 자격을 회복시켜 주며 중생은 하나님의 아들과 딸로서 살아갈 수 있는 새로운 능력을 부여해 준 것이다. 왜냐하면 믿는 자로서의 우리들은 하늘에 계신 아버지의 신의 성품에 참예하는 자가 되었기 때문이다(벧후 1 : 4).

"우리 아버지"로 기도를 시작할 때 우리는 죄와 죽음의 저주로부터 나타나는 두려움의 굴레에서 벗어나게 된다. 또한 성령으로 더불어 기도할 수 있게 된다. 이는 우리가 진실한 하나님의 자녀라는 증거가 되는 것이다.

너희는 다시 무서워하는 종의 영을 받지 아니하였고
양자의 영을 받았으므로 아바 아버지라 부르짖느니라
성령이 친히 우리 영으로 더불어

우리가 하나님의 자녀인 것을 증거하시나니
자녀이면 또한 후사 곧 하나님의 후사요
그리스도와 함께 한 후사니 우리가 그와 함께 영광을 받기 위하여
고난도 함께 받아야 될 것이니라

로마서 8 : 15-17

그리스도와 연합된 하나님의 후사로서 우리는 예수님께서 누리셨던 것과 똑같이 하늘의 아버지께 나아갈 수 있고 하나님의 관심을 받을 수 있다. 이러한 계시가 우리의 심령 안에 역사한다면 우리는 예수님께서 기도하셨던 것과 똑같은 권위와 기대로 기도할 수 있을 것이다.

■ 고통을 통해 역사한 계시

이러한 아버지와 아들이라는 영적 관계란 오직 고통을 통해서만 온전하게 이해할 수 있다. 아브라함의 경우에 있어서도 하나님께서는 이삭이 태어남에 있어서 아버지 개념에 대한 계시를 이해하도록 준비시키셨는데, 아브라함은 고통을 통해서 그러한 하나님의 뜻을 온전하게 이해할 수 있었다. 고통을 통해서 순종을 배우신 독생자로서의 예수님의 경우에도 마찬가지이다.

고통을 통해서 온전하게 이해하는 삶의 패턴을 우리는 예수님의 제자들의 삶에서도 볼 수 있다. 예수님께서는 이 모범적인 기도를 제자들에게 가르쳐 주셨으나 그들은 겟세마네 동산에서 한 시간 동안도 예수님과 같이 기도할 수 없었다. 그러나 사도행전 2장에 기록된 오순절의 역사를 보면 이전에는 한 시 동안도 깨어 있을 수 없었던 제자들이 마가의 다락방에서는 몇 칠씩이나 기도를 할 수 있었음을 발견한다. 무엇이 그들의 기도생활을 그렇게 다르게 만들었을까? 예수님의 고통과 죽음을 통해서

그들에게 영적인 아버지와 아들 관계에 대한 계시가 내려온 것이다. 비록 예수님께서 돌아가셨을 때 제자들의 꿈과 비전이 예수님과 함께 잠시 사라지긴 했으나 곧, 예수님께서 부활된 모습으로 나타나셨을 때 그들은 예수님이 진실로 하나님의 아들이라는 사실을 마침내 깨닫게 되었다.

고통은 우리로 하여금 하나님 아버지의 개념에 대한 새로운 계시를 이해하도록 준비시킬 뿐만 아니라 우리가 하나님과 친밀한 교제를 할 수 있도록 해 주는 하나의 과정이다(빌 3 : 10). 사도들의 삶 가운데 일어났던 이러한 영적 양자의 계시는 우리의 삶 가운데서도 일어날 수 있다. 그래서 한 시간도 기도할 수 없는 사람들일지라도 이러한 영적인 역사 이후에는 몇 칠 동안이라도 끄덕없이 하나님께 기도할 수 있는 중보자로 변화되는 것이다. 이것이 더 발전하여 기도하는 것이 생활의 습관이 될 때면 기도 응답 뿐만 아니라 매일의 승리하는 삶을 살 수 있는 능력을 우리는 얻게 될 것이다. 여러분도 하나님과 그러한 친밀한 관계를 추구하고 있는가? 그렇다면 다음 장에서 개인적으로 능력 있는 기도를 하기 위해 영적으로 필요한 것이 무엇인지 계속 논해 보자.

❖ 각주 ❖ ────────────────

1) Dr. William Gaultiere, *Returning to the Father*(Chicago : Moody, 1993) P. 131

6

하늘에 계신 우리 아버지

지난 수년 동안 한 기독교 상담자는 좋은 아버지로서 증거가 될 수 있는 긍정적인 특징을 추구 하고자 상담을 원하는 수백 명의 여자들에게 여론 조사를 했다. 여론 조사의 결과 아버지의 중요한 특성으로써는 사랑, 책임감, 동정심, 부드러움, 의사소통, 인내, 보호, 공급, 친절함 그리고 이해심 등이 강조되고 있는 것으로 나타났다.[1]

하늘에 계신 아버지에게서도 이러한 특성이 잘 나타나 있으나 우리가 이러한 특성을 좀 더 잘 이해하기 위해서는 우리가 가지고 있는 하나님에 대한 개념을 다시 정립해야 한다. "아버지가 없다면 해결도 없다"(No Father, No Answers)라는 아버지가 없음으로 인한 감정을 간략히 소개한 어느 한 젊은이의 논문 속에는 다음과 같은 말이 적혀 있다. "알 수 없는 어떤 행성이 그 주위에 영향을 미치는 것처럼 아버지란 존재가 나의 생애 가운데 남겨둔 공허의 무게가 나의 어떤 인식이나 관계

형성에 영향을 미치고 있었음을 깨달았다."[2]

우리는 하나님의 말씀으로 인하여 이러한 부정적인 개념들을 성경적인 관점으로 변화하도록 해야 한다. 성경은 하나님께서 아버지로서 가지고 계시는 긍휼(불쌍히 여기는 마음, 자비로운 마음 - 역자)을 잘 보여주고 있다(히 2:16-18). 하나님께서는 그의 자녀들을 그들의 행동에 따라 조건적으로 받아들이신다거나 심하게 훈련시키는 분이 아니다. 그분은 아버지로서 성품을 지니신 온유하고 자비로운 분이시다(시 103:13). 하늘에 계신 우리 아버지 안에는 안전함과 무조건적인 사랑이 있다. 이처럼 느끼는 이유는 우리가 아버지의 집에서 "아들이 영원히 거한다"는 사실을 확신하기 때문이다(요 8:35).

"우리 아버지"라는 말은 아주 가까이 있음을 가르키는 것이지만 "하늘에 계신"이란 말은 멀리 떨어져 있음을 암시해 주는 말이다. 그렇지만 시편 139편은 하나님께서는 어디에든지 계신 분으로 말해주고 있다.

내가 주의 신을 떠나 어디로 가며 주의 앞에서 어디로 피하리이까
내가 하늘에 올라갈지라도 거기 계시며
음부에 내 자리를 펼지라도 거기 계시니이다
내가 새벽 날개를 치며 바다 끝에 가서 거할지라도
곧 거기서도 주의 손이 나를 인도하시며
주의 오른손이 나를 붙드시리이다

시편 139:7-10

하나님께서는 있으나 없는 것 같은 그런 아버지가 아니시다. 아버지로 나타난 하나님께서는 우리를 인도해 주기 위해 언제나 계시므로 우리가 넘어지지 않는 것이다.

… 내가 그들로 넘어지지 아니하고 하숫가의 바른 길로 행하게 하리라 나는 이스라엘의 아비요…

예레미야 31 : 9

우리가 기도할 때 "하늘에 계신 우리 아버지"께란 말은 아버지와 우리 사이의 거리를 강조하는 말이 아니라 우리로 하여금 자연적인 세계에서 능력 있는 영적 세계로 즉시 옮겨지게 하는 말들이다. 또한 그 말은 우리가 하나님께서 모범적인 주기도문을 상기하며 간구한 것에 대하여 초자연적인 영역에서 하나님의 뜻대로 응답해 줄 수 있는 모든 자원을 소유하고 있음을 확신할 수 있는 말이다. 그러므로 "하늘에 계신 아버지"라고 기도할 때 우리는 즉시 그리스도를 통해서 무한한 초자연적인 자원을 가지고 계신 하나님과 연결되는 것이다(빌 4 : 19). 하나님 아버지께서는 우리의 필요한 모든 것을 아시며(마 6 : 8), 우리가 그에게 간구할 때마다 그 간구를 들으시는 분이다(요 16 : 23).

■ 탕자

하늘에 계신 우리 아버지는 사랑의 하나님이시다. 아버지와 자식의 관계는 그러한 사랑으로 측정될 수 있다. 하늘에 계신 우리 아버지의 진실한 본질은 성경 탕자의 이야기에서 가장 잘 나타나 있다(눅 15 : 11-32). 어떤 아버지에게 유산을 물려받을 수 있는 두 아들이 있었다. 어느 날 두 아들 중 작은아들이 아버지에게 자신의 유산을 요구했고 아버지는 기꺼이 유산을 주었다. 작은아들은 아버지의 집을 떠나 먼 곳으로 여행을 했고, 그곳에서 방탕한 생활로 인하여 유산을 탕진하고 말았다.

그 탕자는 모든 유산을 다 써버렸고 결국은 남은 목숨이나마 연명하기 위해 돼지를 돌보게 되었다. 그는 돼지 우리 안에서 부끄러운 자신의 모습을 깨달았고, 아버지의 집으로 돌아갈 것을 다짐했다고 성경은 기록하고 있다.

우리는 탕자가 아버지의 집으로 돌아오는 이야기를 통해 하늘에 계신 우리 아버지의 무조건적인 사랑을 보게 된다. 탕자의 아버지는 집에 돌아오는 아들을 멀리서 바라보고서 기쁜 나머지 먼 거리를 개의치 않고, 오직 아들만을 만나기 위해 뛰어 나온 것이다.

아버지는 이미 자기 아들을 집 안으로 맞아드릴 준비가 되어 있었다. 아버지는 아들을 버린다든지 혹은 상속권을 박탈한다든지 그렇지 않으면 돌아온 아들의 요구대로 아들이 아닌 종으로서 다른 부끄러운 관계를 세우려고 하지 않았다. 작은아들은 자신의 행동에 의해 조건적으로 선택된 아들이 아니라 아버지와 아들 관계에 기초를 둔 무조건적인 아들이었다. 이 탕자 이야기는 부끄러움을 통한 순종을 임의대로 조작하지 않으시는 하늘에 계신 아버지의 속성을 잘 반영해 준다.

탕자의 아버지는 아버지와 아들 사이의 특별한 연합을 상징하는 것으로 아들의 손에 손가락지 인장을 끼워 주었다. 그 당시 손가락지 인장은 편지를 인봉하는 것에 사용되었는 데 오늘날은 법인 단체의 인봉처럼 권위 있는 중요한 전달 수단으로 사용되고 있다. 자신의 아들 손에 이런 손가락지를 끼워 주는 것은 아들로 하여금 아버지의 재산을 다시 물려받을 수 있도록 허락해 준 것이다. 아버지는 작은아들이 입고 있던 누더기 옷을 벗겨 버리고 그리스도의 의를 상징하는 아름다운 옷을 입혀 주었다. 또 아버지는 아들의 발에 신발을 신겨 주기도 하는데 이는 아들의 위치를 재확인해 준 장면이다. 왜냐하면 당시엔 주인의 아들만이 신발을 신을 수 있었고 종들은 신발 없이 다녔기 때문이다.

그러나 안타깝게도 집에 머물러 있었던 큰아들은 그의 아버지를 진실

로 알지 못했다. 큰아들은 대부분의 사람들이 아버지를 생각했던 것과
같은 방법으로 아버지에 대한 개념을 가지고 있었다. 즉, 아버지는 무엇
인가를 요구하는 분이므로 아들의 행동에 따라 아버지와 아들 관계가
정립되는 것으로 알았던 것이다.

작은아들이 집에 돌아왔을 때 큰아들의 태도에서 무엇인가 원망스러
움이 나타났다. 큰아들은 집에 돌아온 동생을 거부하고, 아버지의 재산
을 창기에게 다 소비해 버렸다고 자신의 동생을 비난했다(눅 15 : 28-
30). 이것은 마치 예루살렘 성전에서 예수님을 비난했던 서기관들과 제
사장들과 같이 비난하는 영이 밖으로 드러난 것이다. 그들의 비난은 아
버지와 올바른 관계를 정립한 아들에 대한 비난이었다.

과거에 작은아들이 그의 아버지로부터 분리시키는 행동을 취했다면
큰아들은 아버지와 사랑의 관계로부터 그 스스로를 소외시키고 있는 것
이다. 우리가 하늘에 계신 아버지의 사랑을 경험하기 원한다면 우리가
아버지의 집에 들어가는 데 방해되는 행동이나 태도들을 제거해야 한다.
즉, 우리들이 육신적 아버지와의 관계에서 잊혀지지 않는 나쁜 경험들에
영향을 받지 않토록 하늘에 계신 우리 아버지에 대해 새로운 이해를 간
직해야 한다.

육신적 아버지로부터 사랑을 경험하는 것은 하늘에 계신 아버지께서
우리를 아들과 딸로서 사랑하고 받아들인다는 사실을 이해하는 데 많은
도움이 될 것이다. 부모와의 사랑스런 관계는 하나님 아버지와의 영적
관계에서의 질을 보다 강화시켜 줄 수 있다.

반대로 육신의 아버지와 잊혀지지 않는 좋지 못한 경험을 한 사람들
은 하늘에 계신 아버지의 신적 특성을 이해하는 데 보다 더 어렵다. 마
리(Marie)라는 여인은 자신의 아버지로부터 강간을 당해 12살 때 임신
을 하게 되었다. 이 여인이 어린아이를 낳은 후 그녀의 아버지는 그 어

린 아기를 자녀가 없는 부부에게 팔았다. 육신적, 정신적 학대를 받았던 그녀는 결국 범죄적인 삶을 살게 되었고, 그 때문에 군(郡) 교도소에 투옥되었다. 하루는 마리가 주(州) 정부의 교도소에서 형량을 살기 위해 대기하는 중에 자신의 침대에 있었던 성경을 펴 보게 되었다. 그리고 다음의 성경말씀을 읽게 되었다. "하나님이 세상을 이처럼 사랑하사 독생자를 주셨으니 이는 저를 믿는 자마다 멸망치 않고 영생을 얻게 하려 하심이니라 하나님이 그 아들을 세상에 보내신 것은 세상을 심판하려 하심이 아니요 저로 말미암아 세상이 구원을 받게 하려 하심이라"(요 3 : 16-17).

마리는 이 성경말씀을 통해서 하늘에 계신 아버지의 사랑에 대해 초자연적인 계시를 받아들였고 육신의 아버지로부터 경험했던 무서운 기억들을 치료받게 되었다. 그녀는 정죄의 눈이 아니라 사랑의 눈으로 바라보시는 하늘의 아버지와 관계를 맺었고 이러한 경험은 그녀의 전 생애를 획기적으로 바꾸어 놓았다. 그녀는 그후 출옥하였고 성경대학에서 기독교 교육학 학사 학위를 받고 졸업하였다.

■ 친밀한 관계를 맺을 수 있는 세 가지 열쇠

다음의 세 가지 역동적인 영적 열쇠(Three dynamic spiritual keys)는 여러분과 육신의 아버지와의 관계가 어떠했었는지에 관계없이 하늘의 아버지와 친밀한 관계로 발전시킬 수 있도록 해 줄 것이다.

첫째 : 여러분은 육신의 아버지가 아무리 깊은 상처를 남겼을지라도 육신의 아버지에게 감사하는 태도를 가져야 한다. 윌리엄 가울티어(William Gaultiere)는 이렇게 조언하고 있다.

"여러분의 아버지가 여러분 자신들에게 미친 영향을 현실적으로
직시하라. 아버지와의 관계에서 좋은 점을 찾아 보라. 그리고 여
러분의 아버지로부터 받았던 좋은 것들에 대해서 하나님과 아버
지에게 감사함을 표현하라. 아버지가 여러분에게 잘못한 점 즉,
해서는 안될 것과 해야만 될 일을 하지 않는 등의 잘못을 스스로
에게 고백함으로써 나쁜 점도 있다는 것을 인정하라."[3]

바울은 자신의 상처를 몸에 지니고 다니는 육체의 고통의 가시에 대
해서 세 차례 기도하면서 감사함의 비밀을 배웠다. 마침내 바울은 자신
의 약함 가운데서 하나님의 능력이 나타난다는 것을 인정한 후 연약한
상황 가운데 하나님께 영광을 돌리기 시작했다.

이것이 내게서 떠나기 위하여 내가 세 번 주께 간구 하였더니
내게 이르시기를 내 은혜가 네게 족하도다
이는 내 능력이 약한데서 온전하여 짐이라 하신지라
이러므로 도리어 크게 기뻐함으로
나의 여러 약한 것들에 대하여 자랑하리니
이는 그리스도의 능력으로 내게 머물게 하려 함이라
그러므로 내가 그리스도를 위하여
약한 것들과 능욕과 궁핍과 핍박과 곤란을 기뻐하노라
이는 내가 약할 그 때에 곧 강함이니라

고린도후서 12 : 8-10

우리 육신의 아버지에게 잘못이 있다 할지라도 우리는 그를 아버지로
주신 하나님께 감사해야 할 것이다. 과거의 지울 수 없는 상처 때문에
감사할 마음이 없다 할지라도 우리는 예수님께서 베드로에게 하신 말씀

을 기억하면서 감사할 수 있어야 한다. 우리 자신이 하나님의 아들이란 개념은 "혈육"으로 깨닫게 되는 것이 아니며 오직 영적인 경험을 통해서만이 깨달을 수 있다. 그것을 인정하기 위해서는 각자의 마음과 감정을 스스로가 다스릴 수 있어야 한다.

우리가 약함 가운데서 영광을 돌리기 시작할 때 하나님께서는 당신이 우리의 아버지되심을 보여주시고 깨닫게 해 주신다. 우리의 고통을 고귀하게 여기고 십자가로 나아가면 바로 "하나님은 나의 아버지이십니다"라는 고백을 하게 된다. 약한데서 하나님의 능력이 온전하여지기에 이러한 고백을 통해 드러나는 하나님과의 관계는 육신의 아버지와의 관계보다 훨씬 큰 것이다.

둘째 : 우리의 감정에서부터 느껴지는 것을 의지하지 말고 예수 그리스도의 보혈의 증거를 믿으라. 히브리서 12 : 24은 예수님의 보혈이 우리에게 영적으로 "말해주고" 있음을 가르쳐 주고 있다. 예수님의 보혈의 증거는 하나님께서 하늘에 계신 우리 아버지이시며 우리는 그의 자녀임을 말해준다. 이것은 영원한 증거이며 언제나 살아있는 것이다.

셋째 : 육신의 아버지를 주신 하나님께 감사하고 "하나님은 나의 아버지이십니다"라고 인정했다면 우리의 믿음이 살아 역사하여 예수님의 보혈의 증거를 고백할 수 있도록 해야 한다. 이때의 고백은 우리의 영이 육신의 아버지의 관계에서 가졌던 부정적인 개념과 감정들을 통치할 수 있을 때까지 해야 한다. 하나님을 우리의 아버지로 고백할 때, 양자의 영은 우리 가운데서 과거의 부정적인 개념과 감정들의 굴레에서 벗어나 자유를 얻을 수 있도록 역사할 것이다. "너희는 다시 무서워하는 종의 영을 받지 아니하였고 양자의 영을 받았으므로 아바 아버지라 부르짖느니라"(롬 8 : 15). 그러므로 "하나님은 나의 아버지이십니다"라고 고백하기를 내 깊은 마음속으로부터 "아바 아버지"라고 부를 수 있을 때까지 계속해야 한다.

■ 강력한 진리

하나님께서 아버지시라는 개념은 강력한 신학적 진리(Powerful Theological Truth)이다. 우리가 "하늘에 계신 우리 아버지"라고 말할 때 우리는 하나님 자신의 현현 앞에 점점 더 다가서게 된 것이다. 어떤 무명의 그리스도인은 수년 전에 다음과 같이 기록했다. "우리가 하나님 아버지앞에 서게 되면 기도 내용 중 가장 중요한 부분을 말하게 될 것이며 하나님의 손에 우리의 생을 맡기게 될 것이다."[4]

사단은 우리로 이러한 경험을 하지 못하도록 온갖 수단을 동원하여 방해 공작을 펼 것이다. 사단은 우리가 하나님의 자녀로서 하늘에 계신 아버지의 모든 자원을 물려받을 수 있는 상속자임을 알고 있기 때문이다. 그들은 우리가 하나님의 능력을 받는 것을 원치 않는다.

우리 아버지란 말은 모든 공동체, 족속, 민족들 그리고 구별되어 믿는 사람들이 하나님을 아버지로 인정하는 것이므로 국가적, 인종적, 사회적 그리고 개인적인 장애물도 충분히 극복할 수 있다. 이 말은 마치 세상에서 날 때부터 샴 쌍둥이(Siamese Twins : 몸이 붙은 쌍둥이 – 역자)처럼, 영적으로 한 아버지의 생명의 힘을 공급받아 살 수 있도록 우리 서로를 연합시켜 주는 말이기도 하다.

하나님을 우리 아버지로 고백하는 것은 모범적인 기도인 주기도문의 첫 번째 영역이며 개인적으로 기름부음을 받은 능력 있는 기도를 경험할 수 있는 기초가 된다. 하나님을 우리 아버지로 인정하는 것은 하나님의 인격, 프로그램, 공급 그리고 계획들을 주기도문의 기도에서 나타난 것처럼 우리로 그것들을 수용할 수 있는 수레바퀴에 들어가게 하는 것이다. 이것은 내가 「한 시 동안도 깨어 있을 수 없더냐」라는 책에서 상세히 설명했던 원래의 6가지 원리에 빠졌던 7번째 요소로 첨가한 것이

다. 기도 계획의 7가지 단계는 우리의 영적 몸에 생명을 운반해 주며 온
전히 작용할 수 있도록 영적 혈액 조직을 유지시켜 주는 7가닥의 동맥
과 비슷하다. 우리가 "하늘에 계신 우리 아버지"라고 우리 영혼 깊은 곳
에서 기도할 때 우리는 이러한 생명의 흐름을 두드리고 있는 것이 된다.
하나님께서는 이러한 아버지 개념을 나의 마음 가운데 보여주시어 여러
분들로 하여금 이 놀라운 계시를 받아 기름부음을 받은 능력 있는 초자
연적인 기도의 영역에 들어갈 수 있도록 하신 것이다.

❖ 각주 ❖ ─────────────

1) *Norman H. Wright, Always Daddy's Girl*(Ventura : Regal, 1989), P. 16-19

2) Marcus Mabry, "No Father, No Answers," *Newsweek*, May 4, 1992, P.50

3) Dr. William Gaultiere, *Returning to the Father*(Chicago : Moody, 1993) P.
95

4) 무명의 그리스도인 저 *The Lord's Prayer in Practice*(New York : Revell,
1930) P. 37

7

기도할 때마다 나의 아버지를 직접 대면하는 법

여러분은 기도할 때 그 기도가 주위에 있는 벽에 반사되어 되돌아오거나 천장보다 더 높게 올라가지 못하고 있음을 느껴본 적이 있는가? 보이지 않는 하늘에 계신 아버지가 계신다는 것을 느끼지 못하는가? 이렇게 느끼고 있는 사람은 여러분만이 아니다. 시편의 저자인 다윗도 "여호와의 산에 오를 자 누구며 그 거룩한 곳에 설자가 누군고"(시 24 : 3)라고 고백함으로써 하나님의 존재를 느끼지 못함을 괴로워했다. 그런 후 다윗은 그 질문에 다음과 같이 답하고 있다.

곧 손이 깨끗하며 마음이 청결하며
뜻을 허탄한 데 두지 아니하며
거짓 맹세치 아니하는 자로다

시편 24 : 4

이 말씀은 우리가 하나님 앞에 나아가는데 필요하지만 불가능한 기준

같은 것을 말해주는 것 같다. 오직 손이 깨끗한 사람, 마음과 영혼이 청결한 사람들만이 하나님의 거룩한 곳에 나아갈 수 있다는 것이다. 그렇다면 하나님께서는 자녀들을 받아들이는데 있어서 불가능한 조건들을 두었다는 의미인가?

조지 던(George Dorn)은 이 말씀을 절망으로 뒤덮인 것으로 해석했다.

"손이 깨끗한 사람이 어디 있는가? 마음이 청결한 사람이 어디 있는가? 우리가 손이 깨끗하고 마음이 청결할 때까지 기다려야만 한다면 우리는 결코 하나님의 성산에 오를 수도, 하나님의 거룩한 곳에 설 수도 없을 것이다. 무슨 근거로 우리는 기도해야만 하는가? 무슨 특권으로 은혜의 보좌 앞에 담대히 나아갈 수 있는가?[1]

■ 하나님 앞에 나아감

나는 하나님께서 모범적 기도인 주기도문의 패턴을 내 마음속에 보여주시기 전에는 하나님 앞에 나아가는데 장애가 되는 문제와 수년 동안 몸부림쳤다. 그러나 내가 "하늘에 계신 우리 아버지"라고 기도하는 순간, 우리가 기도할 때 어떻게 하나님 앞에 나아갈 수 있는지에 대한 확신을 갖게 하는 새로운 비전을 받았다.

나의 이러한 깨달음은 큰 대야를 손에 들고 있는 예수님의 환상을 통해서 알게 되었다. 예수님께서는 불빛으로 밝혀진 큰 암석 재단으로 걸어가셨다. 그리고는 재단 위에다 대야 속에 있는 물을 다 쏟아 부으셨다. 나는 그것이 예수님의 살아있는 보혈임을 깨달았다. 내가 재단 위로 보혈이 넘쳐 흐르고 있음을 바라보는 동안 나는 그 보혈의 능력이 무엇을 증거하는 것인지를 깨닫게 되었고, 그 순간에 하나님 아버지께로 나아갈 수 있었던 것이었다.

> 그러므로 형제들아 우리가 예수의 피를 힘입어
> 성소에 들어갈 담력을 얻었나니 그 길은 우리를 위하여
> 휘장 가운데로 열어 놓으신 새롭고 산길이요
> 휘장은 곧 저의 육체니라 또 하나님의 집 다스리는
> 큰 제사장이 계시매 우리가 마음에 뿌림을 받아 양심의 악을 깨닫고
> 몸을 맑은 물로 씻었으니 참마음과 온전한 믿음으로
> 하나님께 나아가자 또 약속하신 이는 미쁘시니
> 우리가 믿는 도리의 소망을 움직이지 말고 굳게 잡아
>
> 히브리서 10 : 19-23

"성소"(Holiest)는 하나님께서 거하시는 곳이다. 그 장소는 예수님의 보혈에 의해 나아갈 수 있다.

■ 주홍색 실

보혈이란 주제는 창세기에서 계시록까지의 성경 전반에 걸쳐 이어지는 하나의 주홍색 실이다. 성경은 사람이나 동물의 생명은 피에 있다고 가르친다(레 17 : 11, 14). 왜냐하면 죄에 삯은 사망(롬 6 : 23)이며 생명은 피에 있기 때문에 하나님께서는 죄에 대한 용서는 피흘림을 통해서 이루어진다는 원리를 세우신 것이다. "율법을 좇아 거의 모든 물건이 피로써 정결케 되나니 피흘림이 없은즉 사함이 없느니라"(히 9 : 22).

하나님께서는 에덴 동산에서 아담과 하와가 범죄한 후 첫 번째 희생물로 동물을 죽여 그 가죽으로 옷을 만들어 입히셨는 데 이 동물의 가죽은 그리스도의 의(義)를 상징하는 것이다. 희생의 피는 가인과 아벨의

이야기와 이스라엘 백성과의 할례의 언약 그리고 레위기에 나타난 성막 내에서의 여러 가지 의식들을 통해서 강조되었다. 구약에서 동물의 피는 죄를 위해 희생제물로써 드려졌다. 히브리서 8장은 이러한 과정들을 구체적으로 설명하고 있는데 즉, 옛 언약들이라고 설명하고 있다.

하나님께서는 독생자를 보내셨고, 예수님께서는 죄를 위해 단번에 피를 흘리셨다. 신약성서에서는 예수님의 보혈이 "새 언약의 피"라고 표현 (막 14 : 24)되었다. 예수님께서는 새 언약의 중재자이시다(히 8 : 6). 이 말은 곧 옛 언약은 더 이상 필요 없는 낡은 것이 되었으므로 동물의 피는 더 이상 죄를 위해 희생물로써 드릴 필요가 없게 되었다는 것을 의미한다(히 9 : 12).

생명은 피에 있다는 것을 성경은 선포하고 있다. 이 말을 앤드류 머리(Andrew Murray)는 "피의 가치는 그 속에 있는 생명의 가치에 따라 달라진다"라고 설명한다.[2]

예수님의 피는 바로 이러한 놀라운 영적 유익 때문에 "보혈"(벧전 1 : 18-19)인 것이며 따라서 우리는 그 보혈의 진정한 의미를 깨달아야만 한다. 이 보혈의 진정한 의미를 깨닫기 위해서는 그 보혈이 우리에게 전해 주고자하는 것이 무엇인지에 대해 살펴보아야 한다. 히브리서 12 : 24은 예수님의 보혈이 우리를 변호해 주고 그 보혈을 믿을 때 영원한 유익을 제공해 준다는 것을 가르친다. 오늘날 죽어 가는 피로부터 나오는 소리를 측정할 수 있는 기계가 있다는 것은 흥미로운 일이 아닐 수 없다.[3]

"… 우리가 믿는 도리의 소망을 움직이지 말고 굳게 잡아"(히 10 : 23)란 권고는 우리가 성소에 들어갈 담력을 얻었다는 것을 말해 주는 이전 성경말씀과 관련을 시켜서 이해하여야 한다. 히브리서 3 : 1은 "우리가 믿는 도리의 대제사장이신 예수 그리스도"를 깊이 "생각하라" 또는 "묵상하라"고 권고하고 있다. 그러므로 보혈의 피가 말해 주고 있는 것을 깊이 생각하고, 고백하고, 굳게 잡을 때 우리의 대제사장은 우리가 믿는 도리를 받으시고 그것을 기초로 역사하시는 것이다.

성경적인 믿는 도리란 보혈이 말해 주고 있는 것을 진술한 것이다. 이 보혈은 하나님의 현현(The Presence of God)에 들어갈 수 있는 새롭고 살아 있는 방법을 제공해 준다. 이 보혈의 증거에 기초해서 우리는 하나님의 현현에 나아갈 수 있는 것이다.

우리가 구원받았던 것과 같은 방법으로 기도할 때 하나님의 현현 앞에 설 수가 있다. '네가 만일 네 입으로 예수를 주로 시인하며 또 하나님께서 그를 죽은 자 가운데서 살리신 것을 네 마음에 믿으면 구원을 얻으리니 사람이 마음에 믿어 의에 이르고 입으로 시인하여 구원에 이르느니라'(롬 10 : 9-10). 하나님께서는 예수님께서 흘리신 보혈의 증거에 기초를 두고 있는 권위 있는 것을 고백하고 믿는 도리에 응답하여 역사하신다. 그러므로 근거 없이 고백하고 믿는 것은 하나님의 어떤 역사도 이룰 수 없는 것이다.

우리는 이 보혈이 증거해 주는 것에 대해 믿음을 가지고 신뢰해야 한다. "그리스도 예수 안에 있는 구속으로 말미암아 하나님의 은혜로 값없이 의롭다 하심을 얻은 자 되었느니라 이 예수를 하나님이 그의 피로 인하여 믿음으로 말미암는 화목제물로 세우셨으니 이는 하나님께서 길이 참으시는 중에 전에 지은 죄를 간과하심으로 자기의 의로우심을 나타내려 하심이니"(롬 3 : 24-25). 우리가 믿음의 고백을 통해서 이 보혈을 영적으로 적용하기 시작할 때 하나님께서는 그 보혈 위에 기름을 부어 주시는데 그 기름을 부어 주시는 장소는 하나님의 현현 즉, 하나님께서 계신 곳이다.

레위기 14 : 15-18은 어떻게 이 보혈이 죄에 대한 영적 타입인(여기서 타입(Type)이란 이후의 사건들을 해석해 주는 영적인 진리로써 하나의 패턴을 미리 보여 주는 사람, 장소 또는 행동을 말해 준다 - 저자) 문둥병을 깨끗게 하는 데 적용되는지 설명해주고 있다. 제사장은 우선 피를 손가락, 귀, 발가락, 그리고 머리에 뿌리고 그런 다음 기름을 취하여 그 피가 뿌려진 곳에 붓게 되는데, 주시할 점은 하나님께서는 피가 있는 곳에만 기름을 부으신다는 것이다. 피가 없는 곳에는 하나님께서 기름을 붓지 않으신다. 그러므로 베니 힌(Benny Hinn)은 "하나님께서는 보혈로 덮어진 곳에 기름을 부으신다는 것을 깨닫는 것은 가장 기초적인 것이다"라고 말했다.[4]

　죽음의 사자가 애굽의 모든 가정의 장자들을 죽이기 위해 두루 다닐 때 집 문설주에 피가 묻어 있는 집 즉, 하나님의 백성들은 죽지 않고 살아 남을 수 있었다. 하나님의 백성들의 장자들은 피가 문밖 문설주에 발라져 있기 때문에 피가 덮어져 있는 것을 볼 수가 없었지만 그들은 부모들이 자신들을 위해 희생물을 잡아 피를 발랐다는 사실을 믿음으로 받아들였다. 이와 비슷하게 우리는 하늘에 계신 우리 아버지께서 우리를 위해 희생물을 잡아 피를 바르셨다는 사실을 믿음으로 받아들여 삶 가운데 이 보혈을 영적으로 적용해야만 한다.

■ 믿음의 중요성

　신약성서는 이러한 개념에 대해 세 가지 다른 단어를 사용해서 믿음의 중요성을 강조하고 있다. "믿는다"라고 번역되는 단어는 하나님의 약속들을 수용하기 위해 우리가 취해야 할 행동을 표현해 주는 동사이다. 또 다른 단어는 "충성스런" 또는 "믿는"이라고 번역되는 단어로 우리가 가져야 할 태도를 말해주는 형용사이다. 마지막 단어는 "믿음"으로 번역되는 명사로써 "바라는 것들의 실상이요 보지 못하는 것들의 증거"(히 11 : 1)로 정의할 수 있다. 신약성서에 나타난 믿음에 대한 동사, 형용사, 명사 단어들은 믿음의 행동, 태도, 그리고 사실을 증거해 주는 것들이다.

예수님께서 자신의 보혈로써 이루어진 새 언약을 설명해 주실 때 제자들로 하여금 그것을 "마시도록" 하셨다. 실제 육체에 있어서 피를 "마신다"(Drinking)는 것은 그 자체로써 몸 전체에 생명을 끊기지 않고 전달해 주는 것이다. 만약 우리 육체에서 피를 빼버린다면 몸이 썩기 시작하여 결국 죽게 된다. 이러한 점이 심오한 영적 진리에도 적용이 된다. 예수님의 보혈을 마시면 그 결과는 자동적으로 우리의 영혼 안에 쉬지 않고 흐르게 되는 것이다. 이는 생명을 주는 피가 흐르지 않는다면 영적으로도 몸이 썩기 시작하여 죽음을 맞이하기 때문이다.

앤드류 머리(Andrew Murray)는 다음과 같이 설명 했다.

> "건강한 몸의 각 지체들은 피를 쉬지 않고 풍부하게 마시게 된다. 예수님 안에 있는 생명의 영은 예수님과의 연합을 이루고 내적 삶은 자연적으로 활동할 수 있게 된다."[5]

■ 보혈은 우리를 변호해 준다

나는 환상 가운데 예수님께서 피가 든 대야를 들어 제단에 붓는 모습을 보았다. 내가 본 그 피는 살아 소용돌이 치며 그 자체가 능력 있는 진리임을 증거해 주고 있었다. 그 보혈은 우리가 지은 과거의 모든 죄들이 용서받았음을 말해주고 있다. "이것은 죄 사함을 얻게 하려고 많은 사람을 위하여 흘리는 바 나의 피 곧 언약의 피니라"(마 26 : 28). 뿐만 아니라 "… 우리를 사랑하사 그의 피로 우리 죄에서 우리를 해방하시고"(계 1 : 5) 보혈에는 계속적인 구속의 역사가 이루어지고 있음을 증거하고 있었다.

보혈은 우리가 범죄의 속성으로 인한 망령된 행실에서 구속받았음을 증거해주고 있다. "너희가 알거니와 너희 조상의 유전한 망령된 행실에서 구속된 것은 은이나 금같이 없어질 것으로 한 것이 아니요 오직 흠 없고 점 없는 어린양같은 그리스도의 보배로운 피로 한 것이니라"(벧전 1 : 18-19). **구속**이란 말은 "해방 또는 대가를 지불하고 사는 방법으로 노예의 상태에서 구출되었음"을 뜻한다. 그러므로 죄가 더이상 우리를 다스리지 못하는 것이다. "죄가 너희를 주관치 못하리니 이는 너희가 법 아래 있지 아니하고 은혜 아래 있음이니라"(롬 6 : 14).

예수 그리스도의 보혈에 의해서 우리는 하나님과 화해되었고 "이제는 전에 멀리 있던 우리가 그리스도 예수 안에서 그리스도의 피로 가까워졌느니라"(엡 2 : 13). 죄와 깊은 연관이 있는 죄책감과 수치스러움은 우리가 예수 그리스도의 피로 의롭게 된 순간 사라져버리는 것이다.

그리스도 예수 안에 있는 구속으로 말미암아
하나님의 은혜로 값없이 의롭다 하심을 얻은 자 되었느니라
이 예수를 하나님이 그의 피로 인하여 믿음으로
말미암는 화목제물로 세우셨으니 이는 하나님께서
길이 참으시는 중에 전에 지은 죄를 간과하심으로
자기의 의로우심을 나타내려 하심이니
곧 이 때에 자기의 의로우심을 나타내사
자기도 의로우시며 또한 예수 믿는 자를 의롭다 하려 하심이니라

로마서 3 : 24-26

이 보혈은 양심도 깨끗케 하고 있다. "하물며 영원하신 성령으로 말미암아 흠없는 자기를 하나님께 드린 그리스도의 피가 어찌 너희 양심으로 죽은 행실에서 깨끗하게 하고 살아 계신 하나님을 섬기게 못하겠

느뇨"(히 9 : 14). 이렇게 우리는 보혈로 인하여 거룩하게 되었는 데 거룩하다는 의미는 악에서 벗어나 하나님의 뜻에 따라 주님께 속했다 즉, 성별되었다는 것을 뜻한다. "그러므로 예수도 자기 피로써 백성을 거룩케 하려고 성문 밖에서 고난을 받으셨느니라"(히 13 : 12).

또한 보혈은 영적(Spiritual) 뿐만 아니라 육적(Physical)인 치료도 가능케 한다는 것을 증거하고 있다.

> 그가 찔림은 우리의 허물을 인함이요
> 그가 상함은 우리의 죄악을 인함이라
> 그가 징계를 받음으로 우리가 평화를 누리고
> 그가 채찍에 맞음으로 우리가 나음을 입었도다
>
> 이사야 53 : 5

보혈은 우리로 하나님의 뜻을 행할 수 있는 능력을 부여해 준다. "양의 큰 목자이신 우리 주 예수를 영원한 언약의 피로 죽은 자 가운데서 이끌어 내신 평강의 하나님이 모든 선한 일에 너희를 온전케 하사 자기 뜻을 행하게 하시고 그 앞에 즐거운 것을 예수 그리스도로 말미암아 우리 속에 이루시기를 원하노라…"(히 13 : 20-21).

예수님의 보혈과 그 보혈의 능력을 믿음으로 우리는 우리의 대적인 사단의 모든 계략들을 극복할 수 있는 것은 성경말씀에 "또 여러 형제가 어린양의 피와 자기의 증거하는 말을 인하여 저를 이기었으니…"(계 12 : 11)라고 선포하고 있기 때문이다.

예수님의 보혈은 우리를 보호해 준다. "여호와께서 애굽 사람을 치러 두루 다니실 때에 문 인방과 좌우 설주의 피를 보시면 그 문을 넘으시고 멸하는 자로 너희 집에 들어가서 너희를 치지 못하게 하실 것임이니라"(출 12 : 23).

예수님의 보혈은 우리의 영혼에 생명이 흐르도록 해준다. 그렇기 때문에 보혈이 없다면 영적으로 죽은 것이다. "예수께서 이르시되 내가 진실로 진실로 너희에게 이르노니 인자의 살을 먹지 아니하고 인자의 피를 마시지 아니하면 너희 속에 생명이 없느니라 … 내 살을 먹고 내 피를 마시는 자는 내 안에 거하고 나도 그 안에 거하나니"(요 6 : 53-56). 예수님께서 포도주 잔을 들고 이것은 "내 피로 맺은 새 언약"이라고 선언하셨음은 그 언약에 대한 모든 약속이 자신의 생명인 피의 대가로써 이루어질 것임을 말씀하시고 계신 것이다.

우리가 지금까지 살펴보았던 것처럼 하나님께서는 성경 첫 부분에서부터 이 보혈을 통해 인간을 대하신 것임을 알 수 있다. 그러므로 우리가 하늘에 계신 우리 아버지 앞에 나아가기 위해서는 하나님께서 이 보혈의 중요성을 강조하신 것처럼 보혈을 통해서 나아가야만 한다.

■ 우리의 목적에 도착하는 것

야고보서 3 : 4-5은 인간의 혀를 배의 키로 비교하였다. 야고보는 배의 키가 뱃길을 잘 인도해 준다면 배가 원하는 목적지에 잘 도착할 수 있다고 설명했다. 우리가 입으로 잘 고백하고 믿는다면 우리는 영적 목적지에 잘 도달할 수 있다. 그러므로 보혈을 기초로 기도를 하기 시작하라. 왜냐하면 믿음과 보혈은 언제나 하나님 앞에 도달케 하기 때문이다.

현실을 보지 말고 믿음을 기초로 해서 선포하라. 우리를 비난하는 자들은 우리가 믿는 하나님 앞에 서게 되는 것이 전에는 세속적이며 정죄받기 위해 섰다고 비판하고 있지만 보혈은 우리를 구속받은 자로 또한 의롭게 된 자로 서게 하는 것이다. 느낌은 우리가 병든 자임을 말해 주지만 믿음은 병이 다 치료된 자임을 선포해 주고 있다. 우리의 환경이 비록 패배된 모습을 보여 주고 있다 할지라도 보혈은 우리가 승리하였음을 말해 주고 있다.

예수님께서 보혈을 흘려 나를 위해 하신 사역을 이해하므로 나는 확신을 갖고 하나님 앞에 나아가게 되는 것이다. 예수님의 보혈은 하늘의 아버지께 나아갈 수 있는 확신을 준다. 그러므로 나는 하나님께 나아가는 데 있어서 두려워할 필요가 전혀 없다. 나는 담대하게 하나님께 나아갈 수 있다. 그것은 그분이 육신의 아버지처럼 나의 받을 만한 행위만을 보시면서 나를 조건적으로 받아들이는 것이 아니라, 나를 위해서 변호해 주고 계시는 예수님의 보혈을 기초로 해서 무조건적으로 나를 받아 주시기 때문이다. 이러한 계시는 나로 하여금 내 깊은 속사람으로부터 "아바 아버지"라 부를 수 있도록 해 주며 하늘에 계신 나의 아버지가 계신 지성소에 들어갈 수 있게 해 준다.

예수님의 보혈은 우리가 지성소에 들어갈 수 있음을 선포해 주고 있다. 여러분도 보혈의 메시지가 여러분의 영혼 속에 강렬하게 울려 퍼져 모든 두려움과 의심이 사라지도록 하라. "이 정도면 되겠지"하는 정도까지 여러분은 기다릴 필요가 없다. 과거의 죄나 부끄러움의 쇠사슬에 얽매일 필요가 없다. 그 이유인즉 여러분이 기도하므로 하늘에 계신 아버지 앞에 나아가면 여러분의 생애 가운데 기름부음을 받은 능력 있는 기도를 할 수 있다고 확신시켜 주고 있는 보혈이 여러분을 위해 변호해 주고 있기 때문이다.

여러분이 이 장을 다 읽었을 때 이 보혈의 계시가 여러분의 영혼 속에 단순히 전달되는 것이 아닌 파고 들어가 여러분의 것으로 경험할 수 있기를 간절히 기도한다. 여러분이 어떤 신앙의 수준이든 여러분의 구속, 성화, 보호 또는 칭의에 있어서 이 보혈이 적용되어야 한다고 생각된다. 지금 이 시간 다음과 같은 기도로 보혈이 여러분의 생명 위에 말씀하시도록 기도하지 않겠는가?

하늘에 계신 아버지

예수님께서 갈보리 십자가 위에서 흘리신 보혈로 오늘날 나의 생명 위에 말씀해 주시옵소서. 나는 구속받았고 의롭게 되었으며 성결케 되었다고 보혈은 말해주고 있습니다. 이러한 생명의 샘물을 통해 부끄러움과 나를 대적하는 고발자 악한 영들의 쇠사슬에서 나를 자유케 하여 주옵소서. 보혈의 능력으로 내가 담대히 하나님의 보좌 앞에 나아갈 수 있는 것은 사랑의 아버지께서 자녀를 맞아 주는 것처럼 나를 받아 주실 것을 믿기 때문입니다. 보혈이 나를 위해 말씀해 주시며 또한 그 보혈이 내 위에 뿌려졌기에 주님께서 기름 부어 주심을 감사드립니다.

예수님의 이름으로 기도합니다. 아멘.

❖ 각주 ❖ ─────────────

1) George Dorn, *The Creeed of Jesus*(Burlington : Lutheran Literary Board, 1937) P. 29

2) Andrew Murray, *The Power of the Blood of Jessus*(London : Marshall, Morgan, and Scott, 1943) P. 19

3) David Alsobrook, *The Precious Blood*(Self-Published(저자 직접 출판), 1984) P. 28

4) Benny Hinn, *The Blood*(Lake Mary : Creation House, 1993) P. 93

5) Murray, *The Power of the Blood of Jesus*, P. 102-103.

8
아버지의 이름을 수용함

봄 꽃들의 아름다운 향기와 깜박거리는 촛불에서 나오는 로맨틱한 냄새가 뒤섞여 코를 진동하고 있었다. 교회 안에는 친구와 친척들로 가득차 있고, 기다리고 있는 하객들은 고요한 침묵이 흐르고 있었다. 몇 분 후이면 멜바 조 브란트(Melva Jo Bryant)는 멜바 조 리(Melva Jo Lea)로 바뀌는 데(미국에서 결혼을 하게되면 신부는 신랑의 성을 따름 – 역자) 결혼예식이 진행되는 동안 그녀는 자신의 성(姓)을 생각하고 있는 것이다.

멜바가 결혼식을 올리는 날 성(姓)이 리(Lea)로 바꾸어졌다는 것은 축하예식 이상의 의미가 있는 것이다. 이것은 멜바인 나의 아내와 나는 서로 사랑을 해야 한다는 책임이 주어지며 나는 기쁘게 나의 아내를 보호해 주고 모든 필요한 것을 공급해 주는 책임이 있으며 나의 아내는 내 가족의 이름으로 소유할 수 있는 모든 자원과 권리를 가질 수 있는 것을 말해 준다.

하늘에 계신 우리 아버지의 가족으로 양자될 때 하나님의 영적 나라의 모든 자원을 물려받을 수 있는 상속자가 되는 것도 이와 비슷한 것이다. 우리가 하나님의 자녀가 되었다는 위치는 권리와 의무를 동시에 동반하고 있다. 이 자녀된 권리와 의무는 하늘에 계신 우리 아버지의 이름에 대한 영적 권위를 수용하는 법을 알 때 깨닫게 된다.

■ 이름의 중요성

현대 문화에서는 이름이란 어떤 상표 정도로 사용되어졌다. 그러나 성경에서는 사람 이름에 중요한 의미가 있다. 히브리 사람들은 이름이 그 사람의 인격이나 속성 또는 특성을 보여주는 것으로 생각했었다. 이름은 그 사람이 태어난 시대의 환경에 의해 결정되거나 혹은 소망이나 예언들로 표현되기도 한다.

이러한 이름의 중요성 때문에, 성경에서는 하나님께서 이름을 바꾸어 주신 경우가 있다. 하나님께서는 아브람이란 이름을 아브라함으로, 사래를 사라로, 야곱을 이스라엘로, 시몬을 베드로로, 그리고 사울을 바울로 바꾸어 주셨는 데 이 바꾸어진 모든 이름들은 그들의 새로운 인격들이나 하나님의 계획에 있어서 특별한 목적을 반영해 주고 있다. 윌리엄 바클레이(William Barclay)는 다음과 같이 언급했다. "성경시대의 이름은 현대에서 사람이 불려지는 이름 이상의 의미가 있었다. 이름은 그 자체가 알려진, 증명된, 그리고 계시된 그 사람의 전체 특성을 말해 주는 것이다."[1]

오늘날에 있어서 일반적으로 이름이 가지는 의미를 특별히 중요하게 생각지 않더라도 사람이 가지고 있는 이름은 그 사람 자체를 나타내 주고 있기 때문에 중요하다. "우리가 알고 있는 사람을 언급할 때 그 사람이 비록 멀리 떨어져 있다 할지라도 우리는 마음 가운데 즉시 그 사람을 떠올려 보게 된다. 그 사람의 얼굴, 모습 그리고 특징들을 보게 되는 것이다."[2]

■ 하나님의 이름을 거룩하게 함

하나님의 이름을 언급할 때 우리는 하나님에 대해서 알고 있는 것만을 마음에 떠올린다. 따라서 우리는 성경에 나타난 하나님의 이름이 뜻하고 있는 진정한 의미가 무엇인지 알아두어야 한다. 우리가 예수님께서 가르쳐주신 모범적인 기도인 주기도문을 따라 하늘에 계신 우리 아버지께 "이름이 거룩히 여김을 받으시오며"라고 기도하는 것은 실제적으로 "아버지의 이름이 신성하게 또는 거룩하게 하옵소서"라는 의미를 지닌 간구이다.

거룩하다(Hallow)라는 단어는 "구별하다, 신성케 하다, 찬양하다, 경외하다"라는 의미를 가진다. 히브리어 숙어로 "이름을 거룩케 하다"라는 말은 "믿음으로 어떤 사람의 생명을 주다"[3]라는 의미로도 이해할 수 있다. 우리는 하나님의 이름이 거룩하다는 것을 기도나 찬양 뿐만 아니라 의로운 생활을 통해서 증거하게 된다. 우리는 하나님과 동행하고, 하나님의 일에 동참하며, 하나님을 찬양함으로써 하나님의 이름을 거룩하게 할 수 있다.

하나님의 이름은 신성한 것이다. "이름이 거룩히 여김을 받으시오며"라고 기도한 것만이 거룩하게 한다는 뜻은 아니다. 하나님의 아들과 딸로서 우리의 행동은 하늘에 계신 우리 아버지의 이름을 거룩케 할 수도 있고 더럽힐 수도 있다.

"우리에게 대한 하나님의 역사에 대해 우리가 불평할 때 하나님

의 이름을 거룩하게 하는 것인가? 우리의 운명, 하나님의 인도하
심, 그의 공급하심과 섭리 등에 대해 불평한다면 하나님의 이름
을 거룩하게 하는 것인가? 하나님의 다른 자녀들에게서 우리가
보고 생각한 잘못이나 실수들을 지적한다면 하나님 아버지의 이
름을 거룩하게 하는 것인가? 만약 육신의 아버지가 자녀들이 서
로 잘못한 것들을 말하고 지적하는 것을 앉아서 듣고 있다면 어
떻겠는가? … 우리는 사단이 원하는 일을 해야만 하는가? 형제를
비난해야만 하는가? 하나님의 이름을 가진 자녀들을 중상 비방한
후에 무릎을 꿇고 부드럽게 "이름이 거룩히 여김을 받으시오며"
라고 기도할 수 있는가?"[4]

하늘에 계신 우리 아버지의 명예는 우리들의 손에 달려 있다. 윌리엄 바
클레이(William Barclay)는 다음과 같이 설명 했다. "하나님의 이름은 그
리스도인으로서의 우리가 그에 대한 믿음을 따라 행동할 때 증거되며, 계
속해서 우리가 가지고 있는 하나님의 이름에 대해 명예를 세워줄 때 만이
거룩하게 된다."[5]

"이름이 거룩히 여김을 받으시오며"라는 주기도문의 첫 번째 간구는
가장 필요한 간구이다. 왜냐하면 하나님께서 가장 원하시는 것이기 때
문이다. 겔하드 에벨링이 언급한 것처럼 우리는 "자신을 계시하시며, 하
나님으로서 나타나시며, 모든 진리로써 하나님이 되시며, 이름이 거룩
히 여김을 받으시오며라는 말은 거룩한 자로서 거룩하게 되시며, 하나
님으로서 하나님이 되시는" 하나님을 위하여 기도하는 것이다.[6]

예수님께서도 초기 공생애 기간 중 하나님의 이름을 나타내셨다(요
17 : 6). 우리가 하나님의 이름을 나타내려면 하늘에 계신 아버지의 본
질과 특성을 세상에 보여 주어야 한다. 세상 중에 하늘에 계신 우리 아

버지의 이름을 온전히 나타내는 방법은 우리의 의로운 생활을 통해서
이다. 이것은 "영적으로 잘못된 자들"(죄로 인해 멸망당할 자들)이 우리
의 삶 가운데 의로운 생활을 보고서 그들이 하나님에 대해 알 수 있기
때문이다.

> 그 자손은 나의 손으로 그 가운데서 행한 것을 볼 때에
> 내 이름을 거룩하다 하며 야곱의 거룩한 자를 거룩하다 하며
> 이스라엘의 하나님을 경외할 것이며
> 마음이 혼미하던 자도 총명하게 되며 원망하던 자도
> 교훈을 받으리라 하셨느니라
>
> 이사야 29 : 23-24

필립 켈러(Phillip Keller)는 우리가 스스로를 하나님의 자녀인 그리
스도인, 하나님의 백성, 또 다른 비슷한 말로 말할 수 있다며 한 가지
를 덧붙인다. "그러나 중요한 것은 우리가 하나님의 이름을 나타내고
있는지가 문제이며 하나님의 이름이 우리에게 주어졌다면 하나님의 이
름, 명예, 인격, 특성들이 우리 가운데 표현되어져야 한다는 것이다.
하나님과 관련되었다고 말하는 어떤 사람의 개인 생활이나 언어들은
그가 하나님과 얼마나 가까운가를 말해준다. 그리고 세상 사람들은 그
사람의 개인 생활이나 언어들을 계속해서 지켜보면서 점검하고 있는
것이다."[7]

■ 가장 중요한 하나님의 이름

하나님의 이름은 단지 하나님이란 것을 말해주는 상표 같은 것은

아니다. 하나님의 이름은 하나님의 특징과 하나님이 누구인지 표현해 준다. "이름이 거룩히 여김을 받으시오며"라고 기도하는 것은 하나님 자신의 직함, 인격, 능력, 권위, 특징, 그리고 명예를 암시해 주고 있다."[8]

이 특징들에는 구약성서에 나타난 기본적인 세 가지 하나님의 이름에 반영되어 있다. 즉 엘로힘, 아도나이, 그리고 여호와(또는 야훼) 하나님 이다. 엘로힘(Elohim)이란 이름은 하나님 또는 능력의 창조자임을 하 나님 아버지로서 만물의 원천이심을 의미한다. 복수형으로 나타날 적엔 삼위일체를 반영해 주고 있는 세 분이면서 한 분이신 하나님으로 표현 되기도 한다. 엘로힘이란 이름은 창세기 1 : 1에 처음으로 등장한 후 성 경 가운데 가장 많이 나타난 하나님의 이름으로써 마지막으로 요한계시 록 22 : 19에서 사용되었다.

아도나이(Anonai)란 이름은 "주님과 주인"이란 뜻으로 주인과 종 사 이의 개인적인 관계를 표현해 주는 이름이다. "주인"이란 이름은 상관 관계를 말해주고 있지만 "주님"이란 이름은 소유권을 지적해 주는 말이 다. 아도나이란 하나님의 이름이 말해주는 상관 관계를 엘머 타운즈 (Elmer Towns)는 다음과 같이 말하고 있다.

"미국 사람들은 주인과 종과의 관계를 설명하고자 할 때 「톰 아 저씨의 원두막집」이란 책을 생각하고자 할 것이다. 그러나 그 책 에 나오는 흑인종에 대한 학대 문제 때문에 우리와 하나님과의 관계를 정확하게 설명할 수가 없다. 성경에 나타난 주인과 종의 관계는 사랑과 충성 관계를 말해 주는 것이다. 유대 사회에서 종 이란 고용자 이상의 특권을 가지고 있다."[9]

성경이 기록된 시기의 주인은 종들에게 취침 장소, 음식, 옷가지 그리고 생활에 기본적으로 필요한 것을 모두 제공해 주었다. 뿐만 아니라 훈련도 시켰고 무엇을 할 것인지 명령을 하는 등의 필요한 의무를 부여하기도 했다. 마찬가지로 하나님께서도 하늘에 계신 우리 아버지로서, 우리에게 필요한 영적, 물질적인 것을 주실 뿐만 아니라 우리가 해야할 의무도 주신 것이다.

엘로힘과 아도나이란 하나님의 이름은 하나님의 속성과 특성에 연관된 이름이지만 여호와란 이름은 아버지적인 개념으로써 하나님 그 자체와 연관됨을 찾는 데 있어서 많은 의미를 가지고 있는 이름이다. 여호와 또는 야훼(Yahweh)란 이름은 하나님의 인격적인 친밀한 특성을 표현해 주는 이름이다. 여호와란 이름을 통해서 우리는 하나님과 친밀한 관계를 맺을 수 있다.

여호와(Jehovah)란 이름은 "존재하다" 또는 "되다"라는 뜻을 가지고 있다. 그러므로 1인칭으로 번역될 때는 "나는 존재하다"라는 뜻이 된다. 하나님께서 모세를 불러 애굽 땅의 종 되었던 곳에서 이스라엘 백성을 구하라고 말씀하실 때 모세에게 여호와라는 친밀한 이름을 계시해 주셨다(출 3 : 15). 여호와란 "나는 존재한다… 나는 변하지 않는다"라는 뜻으로 하나님께서는 우리가 하나님을 필요로 할 때를 원하시는 분이 되실 것이란 의미이다.

그렇기 때문에 여호와란 이름은 하나님이 실제로 어떤 분인가를 보여 주고 있으며 하나님 인격의 속성을 반영해 주고 있다. 즉, 하나님의 거룩성, 사랑, 선, 전지성(Omniscience : 모든것을 아심), 편재성(Omnipresence : 어디에나 계심), 그리고 전능성(Omnipotence : 모든 것을 하실 수 있는 능력)의 속성들을 포함하고 있는 것이다.

■ 하나님의 합성 이름

구약성서를 보면 여호와란 이름이 합성 명칭이라 칭하는 다른 이름과 서로 결합되어 있다. 이 합성 이름은 하늘에 계신 우리 아버지의 속성과 성품에 대해 더 많은 것들을 보여주고 있다. 우리가 앞 장에서 언급했던 것처럼 예수님의 보혈의 의미를 깨닫게 되면 "하늘에 계신 우리 아버지 이름이 거룩히 여김을 받으시오며"라고 간절히 기도하게 될 것이다. 내 영혼 깊음 속에서 이렇게 기도할 때 하나님께서는 예수님의 보혈로 인하여 확정된 새 언약의 축복과 그것을 통해 연결되는 여호와의 이름과 합성된 8가지 이름이 구약에 어떻게 나타나 있는지 나에게 보여 주셨다. 그 8가지 이름들은 보혈을 보증해 주고 있다.

제7장에서 우리가 언급했듯이 새 언약의 보혈로 받을 수 있는 모든 축복들은 육신적 아버지가 자신의 자녀들에게 공급해 주는 것과 비교되는 영적인 것이었다. 그것들을 크게 5종류로 구분할 수 있는데 이것을 잘 기억하기 위해 첫 글자가 S로 시작되는 말로 대변해 보았다.

1. 죄(Sin)-첫 번째 축복 : 죄 용서함과 죄의 통치에서 구원을 받음

새 언약의 첫 번째 축복은 죄를 용서받는 것과 죄로 인한 오염으로부터 구원받는 것을 말하고 있다. 이 축복은 여호와 시드케이누와 여호와 마카데쉬라는 두 합성 이름에서 잘 나타나 있다.

여호와 시드케이누(Jehovah-tsidkenu)라는 이름은 "여호와는 우리의 의"라는 의미로 하나님께서 예레미야 선지자에게 계시해주신 이름이다(렘 23 : 5-6). 이 이름은 우리의 구속을 집행해 주는 하나님의 속성을 보여주는 일면으로, 우리는 그분의 구속으로 인하여 그분의 자녀로 온전히 회복될 수 있는 것이다. 이 구속은 우리의 여호와 시드케이누인 예수 그리스도의 보혈을 통해서 이루어졌다. "하나님이 죄를 알지도 못하신 자로 우리를 대신하여 죄를 삼으신 것은 우리로 하여금 저의 안에서 하나님의 의가 되게 하려 하심이니라"(고후 5 : 21).

우리가 "이름이 거룩히 여김을 받으시오며"라고 기도하며 여호와 시드케이누란 이름을 묵상한다면, 하나님은 이미 우리의 죄에 대해 결단을 내리셨음을 고백하는 것이 된다. 즉, 하나님께서는 자신의 이름을 가지고 있는 우리를 이미 용서해 주시기로 결정하셨다는 것이다. 이제 우리가 할 일이란 하나님의 이름을 가진 자로서 죄사함을 받을 수 있도록 나아가는 것이다. 이것이 구약 시대에는 구원하는 능력으로 적용되었던 동물의 피로써 가능한 일이었다.

그러나 하늘에 계신 우리 아버지는 죄사함을 보장해 주는 이상의 것 즉, 죄의 통치로부터 우리를 구원해 주신다. 하나님의 이름을 "여호와 마카데쉬"로서 거룩하게 할 때 우리는 "성결케 하시는 여호와"(레 20 : 8)임을 고백하는 것이다.

여호와 마카데쉬란 이름은 하나님의 백성인 이스라엘이 하나님께서 약속해 주신 새로운 땅에 들어갈 때 계시해 주신 것으로 그 땅 주위 나라들은 죄악이 편만해 우상을 섬기고 있었다.

우리 중 많은 사람들은 불경건한 사람들과 같이 매일 일을 하고 있고 그런 사람들 옆에 살고 있다. 또한 우리가 살고 있는 도시의 거리에서 그런 사람들과 서로 교제하고 있으며, 그들의 죄악은 매일 신문의 큰 제목들 사이에 실려지고 있다. "하나님의 이름이 거룩히 여김을 받으옵시오며"라고 기도할 때, 우리는 하나님의 이름과 예수 그리스도를 통해서 이러한 주위의 죄악의 영향을 받지 않고 살아갈 것임을 고백하게 된다. 왜냐하면 죄의 권세가 우리 생활 가운데서 이미 사라졌기 때문이다(롬 6 : 17-18).

2. 성령(Spirit)-두 번째 축복 : 성령 충만함

하나님께서 우리의 아버지이시기 때문에 새 언약으로 인한 두 번째
축복은 성령 충만함이다. 이러한 축복은 여호와 살롬과 여호와 삼마라
는 하나님의 두 가지 이름에 잘 반영되어 있다.

여호와 살롬(Jehovah Salom)이란 이름은 기드온이 하나님께 받은
계시 결과로써 나타난 이름이다. 이스라엘이 도덕적, 영적으로 타락한
시대로 있을 때 대적은 이스라엘을 침범했다. 그때 한 젊은이가 포도주
틀에 숨어 곡식을 타작하고 있었다. 주의 사자가 그에게 나타나 "… 큰
용사여 여호와께서 너와 함께 계시도다"(삿 6 : 12)하고 말했다.

포도주 틀에 숨어 적들이 남겨둔 곡식을 타작하고 있었던 한 젊은이
가 기드온이었다는 것을 우리는 알고 있다. 그러나 하나님께서는 기드
온이 그곳에 있어서는 안된다는 것을 말씀하시며 기드온을 "큰 용사"로
지명하셨다.

주의 사자가 기드온에게 말씀하실 때 기드온은 다음과 같이 대답했
다. "나의 주여 여호와께서 우리와 함께 계시면 어찌하여 이 모든 일이
우리에게 미쳤나이까 또 우리 열조가 일찍 우리에게 이르기를 여호와께
서 우리를 애굽에서 나오게 하신 것이 아니냐 한 그 모든 이적이 어디
있나이까 이제 여호와께서 우리를 버리사 미디안 손에 붙이셨나이다"
(삿 6 : 13).

우리가 어려운 상황에 있을 때 때로는 기드온처럼 느껴진 적이 있었
는가? "하늘에 계신 우리 아버지께서 참으로 나와 함께 계신다면 왜 이
런 일이 나에게 일어나게 되는가? 내가 지금까지 들어왔던 하나님께서
역사 하신 모든 기적들은 어디에 있는가?"라고 되묻고 있지는 않는가?
만약 여러분이 그렇게 느끼고 있다면 하나님으로부터 새로운 계시를 받
을 것을 준비하기 바란다.

주의 사자는 기드온이 질문한 것에 대해 답변하는 것이 아니라 오히려 이스라엘을 대적으로부터 구원하라는 사명을 주고 있다. 이러한 도전은 기드온에게 근심이 되었다. 왜냐하면 기드온은 하나님께서 생각하시는 것과는 전혀 다르게 자신을 보고 있었기 때문이다. 그의 집은 므낫세 지파 중에서 가장 작은 족속인 데다 기드온 자신은 그의 아비 집에서도 가장 어린 자였다. 그런 그가 어떻게 미디안으로부터 이스라엘을 구원할 수 있겠는가? 그러나 하나님께서는 기드온에게 약속하시기를 "내가 반드시 너와 함께 하리니 네가 미디안 사람 치기를 한 사람을 치듯 하리라"(삿 6 : 16)고 하셨다.

말씀을 들은 기드온은 희생 예물을 준비했다. 주의 사자는 제단 위에 있는 그 제물 위에 불을 내려 흔적도 없이 살라 버렸다. 기드온은 자신이 여호와 하나님과 대면하여 이야기했다는 것을 알고 두려웠다. "… 슬프도소이다 주 여호와여 내가 여호와의 사자를 대면하여 보았나이다"(삿 6 : 22). 그러나 하나님께서는 "… 너는 안심하라(평화가 너에게 있을지어다)두려워 말라 죽지 아니하리라"(삿 6 : 23)고 말씀하시며 그를 안심케 하셨다.

기드온은 그 곳에서 여호와께 재단을 쌓고 그곳을 "여호와는 평화"(삿 6 : 24)라는 의미인 **여호와 살롬**(The Lord Shalom)이라고 불렀던 것이다. 히브리어로 살롬이란 말은 "평화"로 가장 많이 번역되는데 이것은 하나님과 온전한 조화를 이룸으로써 삶 가운데 얻어지는 만족함과 기쁨을 표현해 주는 말이다. 예수님의 보혈이 바로 이러한 축복을 우리에게 주실 것을 확인해 주고 있는 것이다.

기드온의 이야기에서 드러나는 기본적인 영적 진리가 있다. 우리 또한 기드온이 그랬던 것처럼 이해할 수 없는 어려움에 처했을 때 그 모든 문제를 기도의 제단 위에 올려놓고, 찬양으로 하나님의 이름을 거룩케 하는 희생제사를 드려야 한다. 그렇게 한다면 우리의 마음속에 있는 두려움과 불안전한 느낌 같은 것들은 다 사라지게 된다. 왜냐하면 하나님께서는 우리의 여호와 살롬이 되시기에 성령님께서 주시는 평화가 우리들의 마음속에 있는 걱정들을 대신해서 채워지기 때문이다.

성령의 진정한 능력을 체험한다면 기드온처럼 겁많은 사람도 하나님을 위한 큰 용사로 변화하게 된다. 사도행전 2장에 의하면 예수님의 제자들은 마가의 다락방에 모여 기도하기 전에는 실패하여 각각 흩어졌으며 예수님을 버리고 부인했었지만, 그들이 성령의 능력을 체험한 후에는 하나님의 능력 있는 사람들이 되었다.

하나님께서는 여러분을 도망다니는 자로, 실패자인 지파 중에 가장 작은 자로, 숨어있는 자로 보지 않으신다. 하나님은 현재 있는 그대로의 모습이 아닌 성령의 눈으로 여러분이 어떻게 능력 있는 자로 변할 수 있는지를 바라보고 계신 것이다. 하나님의 이러한 보고 계심을 생각할 때 여러분 모두는 "큰 용사"인 것이다.

또 다른 하나님의 합성 이름은 성령 충만함의 의미와 관련이 있는 여호와 삼마(Jehovah Shammah)이다. 이 이름은 "그 곳에 계신 여호와"라는 뜻을 지녔다. 여호와께서는 자기 백성인 이스라엘이 나라를 구성하는 시초부터 그들과 함께 동행하겠다고 약속하셨다. 그들과 동행하신다는 것은 하나님께서 세상 다른 사람들과 다르게 이스라엘 백성들을 구별하고 계신다는 것이다(출 33 : 15-16).

하나님의 현현은 모세의 성막에서 처음으로 나타나셨고 후에는 솔로몬 왕이 건축한 아름다운 성전에 나타나셨다. 그러나 이스라엘 백성들이 우상을 섬기며 그들이 섬기던 여호와 하나님을 버렸을 때 하나님의 현현은 거두어지고 주위 대적들에 의해 이스라엘은 침범당하고 포로로 잡혀가기까지 되었다.

그때 선지자 에스겔은 하나님의 현현이 다시 임하는 이스라엘의 미래에 대한 환상을 보았다. 여호와 삼마라는 이름은 선지자 에스겔에게 계시 된 것이다(겔 48 : 35). 하나님께서 예수님을 이 땅에 보내실 때 예수님의 이름을 임마누엘(Immanuel) 즉, "하나님께서 우리와 함께 하심"이라고 하셨다. 여호와 삼마가 또다시 인간 세상 가운데 거하게 된 것이다. 예수님께서 죽으시고 부활하시어 승천하신 후 예수님께서는 성령을 보내셨고 이제는 하나님의 현현이 우리의 영적 성전 가운데 거하시게 되었다(요 14 : 16-17).

하나님께서는 있으나 마나한 아버지가 아니시므로 우리가 삶 가운데서 어떤 위기를 맞이 해도 절대로 우리를 버리지 않으신다. "… 그가 친히 말씀하시기를 내가 과연 너희를 버리지 아니하고 과연 너희를 떠나지 아니하리라 하셨느니라"(히 13 : 5)처럼 하나님은 "그곳에 계시는 여호와"인 여호와 삼마이시다. 하나님께서 우리와 함께 계심은 우리가 세상으로부터 분리 되었다는 것이다. 여호와 살롬과 여호와 삼마라는 하나님의 이름들은 하나님께서 아버지로서 성령을 통해 초자연적인 평화와 하나님의 현현을 우리에게 주시는 분이라는 사실을 계시해 주고 있다.

3. 건강(Soundness)-세 번째 축복 : 건강과 치유

여호와 라파(Jehovah Rapha)란 "치료하시는 여호와"란 뜻으로 출애굽기 15 : 22-27에 기록된 사건에서 계시된 이름이다. 이스라엘 백성이 종 되었던 애굽에서 나온 후 수르 광야를 지나 3일 길을 지났으나 물이 없었다. 그들이 마침 물을 발견했으나 물이 써서 마시지 못하기 때문에 그 장소를 마라라 불렀다.

이스라엘 백성들이 모세를 대하여 "우리가 무엇을 마실까"라며 불평했을 때 하나님께서는 물가에 있는 나뭇가지를 꺾어 물 위에 던지면 물이 달게 변하여 마실 수 있을 것이라고 지시해 주셨다.

모세가 하나님의 말씀을 따라 그대로 행하였을 때 하나님께서는 자신이 여호와 라파임을 계시해 주시며 다음과 같이 말씀하셨다. "너희가 너희 하나님 나 여호와의 말을 청종하고 나의 보기에 의를 행하며 내 계명에 귀를 기울이며 내 모든 규례를 지키면 내가 애굽 사람에게 내린 모든 질병의 하나도 너희에게 내리지 아니하리니 나는 너희를 치료하는 여호와임이니라"(출 15 : 26).

이스라엘 백성은 광야에서 쓰라린 경험을 통해 하나님 아버지로부터 새로운 계시를 받았다. 이와 같은 방법으로 하나님께서는 우리에게도 "광야"에서의 고통의 체험을 통해서 새로운 계시를 보여 주시고자 하신다. 모세가 꺾어서 물 위에 던졌던 나무는 주 예수 그리스도를 나타낸다. 우리의 영혼이 죄로 인하여 쓰라린 비참함 속에 빠졌고 육체는 질병으로 뒤범벅이 되었을 때, 하나님께서는 독생자 예수님(모세가 꺾어 던진 나무)을 우리의 쓰라린 생활의 쓴 물에 던지심으로 우리의 영혼과 육체가 치료된 것이다.

마태는 "… 우리 연약한 것을 친히 담당하시고 병을 짊어지셨도다…"(마 8 : 17)라고 기록하고 있고, 선지자 이사야는 "… 그가 채찍에 맞음으로 우리가 나음을 입었도다"(사 53 : 5)라고 선포했다. 베드로 사도는 이러한 치료의 복은 예수 그리스도의 보혈을 통해서만 임할 수 있다고 다음과 같이 확언하였다. "친히 나무에 달려 그 몸으로 우리 죄를 담당하셨으니 이는 우리로 죄에 대하여 죽고 의에 대하여 살게 하려 하심이라 저가 채찍에 맞음으로 너희는 나음을 얻었나니"(벧전 2 : 24).

하나님께서는 이 치료의 복이 "채찍에 맞음으로 우리가 나음을 입었도다" 처럼 이미 임한 것으로 간주하셨다. 우리가 여호와 라파라는 하나님의 이름을 받아들일 때 육체적, 정신적, 정서적 그리고 영적인 치료의 복이 하늘에 계신 우리 아버지의 이름으로 보장되었다고 단언할 수 있다.

4. 성공(Success)-네 번째 축복 : 율법의 저주에서 자유함을 받음에 대한 약속

하늘에 계신 우리 아버지와의 친밀한 관계 안에서 우리가 받은 4번째 축복은 율법의 저주에서 자유롭게 되는 것이다. 이 축복은 우리로 삶을 성공할 수 있도록 해주는 것으로 "여호와는 나의 예비자"라는 뜻인 여호와 이레(Jehovah Jireh)라는 하나님의 이름에 잘 나타나 있다.

여호와 이레라는 하나님 이름은 창세기 22장에 기록된 사건을 통해서 아브라함에게 계시된 것이다. 하나님께서는 아브라함에게 독자 이삭을 모리아 산에서 번제로 바치라고 명령하셨다. 물론 아브라함은 다른 이교도에서 시행되었던 인간 제사를 드리는 것이 하나님의 뜻이 아니라는 것을 알았지만 하나님의 명령을 그대로 이행했다. 아브라함은 하나님의 명령에 순종하기 위해 아침 일찍 일어나 3일 길을 갔다.

아브라함이 모리아 산에 도착하여 제단을 쌓고, 이삭을 나무 위에 올려놓은 후 번제로 드리기 위해 칼을 들어 죽이려는 순간 하나님께서는 아브라함을 멈추셨다. 하나님께서는 이삭을 대신해서 나무 위에 뿔이 걸려있는 수양을 예비해 두셨다. 이 사건을 통해서 아브라함은 하나님에 대한 새로운 계시 즉, "하나님께서 예비해 주신다" 또는 "여호와 이레"(창 22 : 14)라는 이름에 반영된 계시를 받은 것이다.

나의 육신의 아버지는 친숙하고 정다운 마음을 가지고 있었다. 그러나 내가 성장할 때, 알코올 중독으로 인하여 그가 한 말들은 나를 실패할 수밖에 없도록 만들었다. 내 부친의 말들은 나를 축복해 주기보다는

저주하고 있었기 때문에 내 인생은 성공이라는 것을 실제로 기대할 수 없었다. 게리 스몰레이와 존 트렌트는 「축복」(The Blessing)이라는 책에서 이 문제에 대해 폭넓게 취급하였다. 두 저자들은 **부모가 자녀들에게** 줄 수 있는 축복의 5가지 요소가 무엇인지 말해주고 있다. (1) 의미 심장한 접촉 (2) 올바른 내용이 있는 대화 (3) 자녀에게 높은 가치를 부여해 줌 (4) 자녀에 대한 특별한 미래가 있음을 강조해 줌 (5) 자녀들에게 축복해 준 것이 실현되도록 적극적인 지원을 해 줌.[10]

위의 5가지 요소를 살펴볼 때 어떤 사람들은 이와 반대되는 것들을 부모들로부터 받았다고 생각할른지 모른다. 내 부모도 위의 5가지 요소와 정반대로 나를 대해 주었다. 설사 내 부모를 포함하여 어떤 부모든지 자녀들에게 깊은 관심을 가지고 돌보아 준다 할지라도 학대적인 용어, 대화 부족, 자기비하, 절망, 소외감 등은 실제로 우리들이 받아왔던 저주였으며 그러한 저주들은 우리들의 생활 가운데 나타나 이 지점까지 우리를 이끌어오고 있는 것이다.

하나님께서 없다면 모든 사람들이 실패의 저주를 받을 수밖에 없다. 그것은 그들 부모가 잘못 대해 준 것 때문이 아니라 모든 사람이 죄를 지었기 때문이다(롬 3:23). 바울은 "누구든지 율법책에 기록된 대로 온갖 일을 항상 행하지 아니하는 자는 저주 아래 있는 자라 하였음이라" (갈 3:10)고 말함과 동시에 "그리스도 예수 안에 있는 생명의 성령의 법이 죄와 사망의 법에서 너를 해방하였음이라"(롬 8:2)는 말로써 복음을 선포해 주고 있다.

예수 그리스도의 보혈을 통해 우리는 율법의 저주에서 구속받을 수 있다. "그리스도께서 우리를 위하여 저주를 받은 바 되사 율법의 저주에서 우리를 속량하셨으니 기록된바 나무에 달린 자마다 저주 아래 있는 자라 하였음이라 이는 그리스도 예수 안에서 **아브라함의 복이** 이방인에게 미치게 하고…"(갈 3 : 13-14).

예수 그리스도의 보혈을 통해서 여러분은 죄로부터 구원을 받을 수 있으며 육신의 아버지 혹은 다른 어떤 사람이 여러분들에 대한 저주로부터도 자유롭게 될 수 있다.

하나님께서는 아브라함이 어떤 일을 할 때마다 복을 주셨다. 왜냐하면 여호와 이레의 하나님께서 아브라함을 위해 예비하셨기 때문이다. 예수님의 보혈은 우리를 위해 모든 것을 예비해 주고 있다. 저주를 없애 주므로 이제 우리는 아브라함에게 임하였던과 똑같은 성공적인 삶을 살 수 있는 상속자인 것이다(롬 8 : 32). 하나님께서는 우리가 성경 지침에 따라 살아갈 때 성공을 약속해 주신다. "이 율법책을 네 입에서 떠나지 말게 하며 주야로 그것을 묵상하여 그 가운데 기록한 대로 다 지켜 행하라 그리하면 네 길이 평탄하게 될 것이라 네가 형통하리라"(수 1 : 8). 신명기 28장에서 하나님께서는 우리가 하나님께 순종한다면 그러한 복이 우리에게 임할 것을 약속해 주셨다. 그러나 우리가 순종하지 않는다면 애굽에 내린 저주(영적인 죄의 모형)가 우리에게 임할 것이다.

예수님의 보혈은 세상에서, 실패의 저주에서 우리를 자유롭게 하여 성공적인 삶을 살게 한다. 하나님께서는 우리의 필요한 것을 이미 다 아시고 예비해 주신다. 아브라함처럼 우리가 모리아 산을 향해 가고 있는 동안 다른 한편에서 하나님께서는 수양을 예비해 두고 계신 것이다.

5. 보증(Security)-다섯 번째 축복 : 두려움으로부터 해방

하늘에 계신 우리 아버지의 자녀로서 누릴 수 있는 다섯 번째 축복은 두려움으로부터의 해방이다. 이 축복은 "여호와 닛시"와 "여호와 라아"라는 하나님의 두 가지 이름에 잘 나타나있다.

여호와 닛시(Jehovah Nissi) 즉 "여호와는 나의 깃발"이라는 하나님의 이름에서 깃발이란 "막대, 기장, 또는 군기"로 번역될 수 있는 기적이란 뜻이다. 구약 시대에는 깃발 또는 군기란 이스라엘 백성에게 문제가 발생되었다는 신호였다. 그 문제란 실제로 하나님이 이끄시는 전쟁이며 이스라엘 백성 또한 하나님께서 그들을 구원해 주실 것으로 인식하고 있었다.

여호와 닛시란 출애굽기 17 : 8-15에 기록된 사건을 통해서 계시된 하나님의 이름이다. 하나님의 백성인 이스라엘은 그들의 대적인 아말렉과 커다란 전쟁을 하게 되었다. 그들이 전쟁을 하고 있는 동안 모세는 언덕 위에서 전쟁의 상황을 살피던 중 흥미로운 현상을 보게 되었다. 즉, 모세가 손을 들어 기도하고 있는 동안에는 전쟁에서 이스라엘 백성이 이기더니 모세가 피곤하여 손이 내려올 때에는 아말렉군이 이기는 것이다. 전쟁이 오랫동안 지속되자 모세의 손은 피곤하게 되었다. 그때 아론과 훌이 모세의 손을 붙잡아 줌으로써 이스라엘은 아말렉과의 전쟁에서 승리했다. 이스라엘이 그 전쟁을 승리한 후, 모세는 제단을 쌓고 "여호와는 나의 깃발"이라 하였다(출 17 : 15).

이사야 선지자는 장래 하나님의 백성을 위해 "깃발"이 세워질 것을 예언하였다(사 11 : 10). 이 깃발은 갈보리 십자가 상에 우리의 전쟁을 위해 우뚝 선 예수 그리스도이다. 예수님은 우리의 영원한 군기이므로 그를 통해서 우리는 죽음, 지옥, 그리고 대적들의 모든 세력으로부터 자유롭게 될 수 있다. 전쟁의 계곡에서 아말렉과 싸울 때 우리가 승리를 확신할 수 있는 것은, 이 군기가 갈보리 산 위에 우리 모든 사람들을 위해 세워졌기 때문이다. 우리들 생의 모든 문제와 환경 위에 예수님께서 세워진 것이다. 그러므로 여러분이 문제가 발생되었을 때는 자신을 바라보지 말고 여러분 위에 세워진 깃발을 바라보라!

이사야 11 : 12-16은 예수님을 깃발로 묘사하고 있는 데 우리가 앞서 살펴보았던 마태복음 21 : 12-16에 예수님께서 성전을 청결케 한 이야기와 영적으로 비슷하다. 예수님께서 들어오셨을 때 이 **청결**이란 결과가 나타났다. 이사야 11 : 12-13은 이스라엘과 유다(하나님 백성의 전형) 간에 더 이상 질투나 비난 같은 것이 없었다는 것을 말해 주고 있는데 그후에야 하나님의 **능력**이 나타남으로써 이스라엘의 흩어진 백성들이 이 깃발로 돌아올 수 있었다(사 11 : 12). 이는 마치 보지 못하고 걷지도 못한 사람들이 성전 안에 계신 예수님께 모여드는 것과 같다. 대적들은 하나님의 백성들을 더 이상 괴롭게 하지 못하고 끊어질 것이며(사 11 : 13) 그 결과로 **온전한 찬양**(Perfected Praise)이 이사야 12장에서처럼 울려 퍼지게 될 것이다.

두려움으로부터 자유롭게 하는 또 다른 하나님의 이름은 "여호와는 나의 목자"라는 의미를 가진 **여호와 라아**(Jehovah Raah)이다. 이 이름은 시편 23편에 나오는데 다윗은 하나님을 일컬어 "여호와는 나의 목자"라고 말했다. 라아의 기본적인 뜻은 목자의 양들을 위한 행동인 "먹이다 또는 초장으로 인도하다"이다. 이 말은 "친구" 또는 "동료"로도 번역될 수 있다.

신약성서에서 예수님은 자신을 "나는 선한 목자"라고 선언하셨다(요 10 : 11). 예수님은 그의 영원한 새 언약의 보혈로써 우리의 영적 목자가 되셨다(히 13 : 20). 그가 우리의 목자이시기 때문에 우리는 역경 가운데서도 두려워하지 아니하고 영적인 푸른 초장에서 먹을 수 있으며 하나님 말씀의 시원한 물가에서 휴식할 수 있다. 우리들의 목자는 우리의 의와 물질적, 영적인 필요들을 채워 주신다. 그러므로 "사망의 음침한 골짜기"나 원수의 목전에서도 두려워할 필요가 없다. 하나님께서 우리에게 기름부으시므로 영원한 축복의 삶을 확신할 수 있게 된다(시 23편).

■ 하나님의 이름을 수용하는 법

우리가 위에서 언급한 하나님의 모든 이름들은 우리가 기도할 때 부르는 아버지란 이름 속에 포함 되어 있다. 우리가 "이름이 거룩히 여김을 받으시오며"라는 말의 의미를 깨닫고 기도할 때 앞서 언급했던 하나님의 5가지 이름에서 나타난 5가지 축복을 받을 수 있게 된다. 이 모든 축복은 하나님께서 우리를 대신해서 역사 하신다. 이는 육신의 아버지가 자녀들에게 해주어야만 할 아버지로서의 의무와 같은 것으로 성경에서도 비슷하게 나타나 있다.

많은 교회에서 하나님 아버지의 이름이 거룩히 여김을 받지 못하고 있다. 필립 켈러(Phillip Keller)는 교회 내에서의 프로그램, 특별 음악 활동, 사회적 기능, 교회건물 건축, 그리고 목회자의 인격 등이 하나님 아버지의 인격과 현현보다 더 중요하게 취급되는 경우가 적지 않다며 다음과 같이 언급하고 있다. "그의 이름은 이러한 장소에서는 경외되지 않는다. 그러므로 많은 교회가 일반 다른 사회 조직보다 덜 중요하게 생각되는 현상은 전혀 놀란 만한 일이 아니다. 왜냐하면 하늘에 계신 우리 아버지의 이름이 거룩히 여김을 받지 못한 교회는 교인들의 생활에 대하여도 영향력과 힘을 전혀 미치지 못하기 때문이다."[11]

우리는 하나님의 이름을 거룩히 여기며 그러한 이름으로부터 오는 축복을 받을 수 있는 법을 개인적으로 배워야만 한다. 이는 우리가 매일 순종하는 삶을 살고 주기도문으로 기도할 때, 우리는 하나님의 이름을 거룩히 여기게 되고 그로 인한 축복을 받을 수 있는 능력이 임하게 되는 것이다.

기도를 시작할 때, 거룩하신 하나님의 이름과 예수님의 보혈로써 임하는 5가지 축복에 관련된 하나님의 이름을 연관시켜 보라. 우리가 이미 언급했던 하나님의 이름들과 축복들을 요약해 논 다음에 나오는 표를 사용하기 바란다.

하나님의 이름	의미	축복	성경요절
여호와 시드케이누	여호와는 우리의 의	죄 사 함	예레미야 23 : 6
여호와 마카데쉬	성결케 하시는 여호와	죄 사 함	출애굽기 13 : 13
여호와 살롬	여호와는 평화	성령충만	사 사 기 6 : 24
여호와 삼마	그 곳에 계신 여호와	성령충만	에 스 겔 48 : 35
여호와 라파	치료하시는 여호와	건강축복	출애굽기 15 : 26
여호와 이레	여호와는 나의 예비자	성공적인 삶	창 세 기 22 : 14
여호와 닛시	여호와는 나의 깃발	보장축복	출애굽기 17 : 15
여호와 라아	여호와는 나의 목자	보장축복	시 편 23 : 1

여러분이 담대히 이렇게 고백한다면 기도할 때마다 하늘에 계신 여러분의 아버지 앞에 나아갈 수 있다는 것을 나는 보증한다! 그러한 믿음으로 기도를 시작한다면 때로는 초자연적인 기적의 역사가 나타날 것이다. 하나님의 현현과 하나님께서 공급해주시는 주파수가 여러분에게 맞추어질 것이며 기도할 수 있는 능력의 기름이 여러분에게 부어져 일평

생 동안 여러분에게 항상 머물러 있을 것이다. 이러한 모든 역사는 여러분이 예수님의 보혈과 하나님의 이름에 나타난 언약의 복을 가지고 여러분의 하나님 아버지께 나아갈 때 일어난다.

개인 기도의 능력은 하나님의 이름을 거룩히 여기는 것과 복잡하게 관련되어 있다. 이 하나님의 이름은 실제로 개개인의 생활에서 나타나므로 거룩히 여김을 받는 이름들이다. 하나님께서 아버지라는 사실을 여러분의 영혼 속에서 깨닫기 전에는 여러분은 자신감이나 확신에 찬 성공적인 기도생활을 할 수 없을 것이다.

지금 바로 이 말에 동감하고 다음과 같은 기도를 하기 바란다.

하늘에 계신 아버지

여호와는 나의 의이신 여호와 시드케이누시며 나를 거룩케 하시는 여호와 마카데쉬이십니다. 지난날의 내 죄를 용서하여 주옵시고 오늘날 죄의 쇠사슬에서 나를 자유롭게 해주심을 감사드립니다. 이제 주님의 평화인 여호와 샬롬을 허락해 주시옵소서. 여호와께서는 나를 위해 언제나 함께 계시는 여호와 삼마이심을 고백합니다. 나는 예수님께서 채찍에 맞음으로 나음을 입었음을 깨달았기에 여호와 라파라는 하나님의 이름을 통해서 주시는 복을 이제 받습니다. 여호와 이레라는 하나님 이름을 통해서 나의 모든 필요한 것을 허락해 주심을 믿습니다. 주님은 내 삶에 우뚝 서 있는 여호와 닛시의 깃발이시며 또한 주님은 여호와 라아로써 나를 영원한 생명으로 안전하게 인도해 주시는 나의 목자이십니다. 이제 내게는 나의 삶에 있어서 능력 있는 기도를 하도록 요구할 수 있는 특권이 있습니다. 바로 이 시간 그러한 능력을 내려 주실 것을 믿습니다.

예수님의 이름으로 기도합니다. 아멘.

❖ 각주 ❖ ────────────

1) William Barclay, *The Beatitudes and the Lord's Prayer for Everyman* (New York. Harper and Row, 1968) P. 176.

2) 무명의 그리스도인 저, *The Lord's Prayer in Practice*(New York : Revell, 1930) P. 56.

3) Brad Young, *The Jewish Background to the Lord's Prayer*(Austin : Center for Judaic Christian Studies, 1984) P. 9.

4) 무명의 그리스도인 저, *The Lord's Prayer in Practice*, P. 61-62.

5) Barclay, *The Beatitudes and the Lord's Prayer for Everyman*, P. 188.

6) Gerhard Ebeling, *The Lord's Prayer in Today's World*(Philadelphia. Fortress, 1963) P. 24.

7) Phillip W. Keller, *A Layman Looks at the Lord's Prayer*(Chicago : Moody, 1976) P. 55.

8) Ibid., P. 45-46.

9) Elmer Towns, *My Father's Names*(Ventura : Regal, 1991) P. 118

10) Gary Smalley and John Trent, *The Blessing*(New York : Simon and Schuster, 1990) 전체를 요약 한 것임.

11) Keller, *A Layman Looks at the Lord's Prayer*, P. 54.

9

아버지 나라에서의 삶

"비행기 납치범들이 두 명을 사살했다"

"교사 한 명이 총에 맞아 죽었다"

"죽은 사람의 시체가 발견되었다"

이 말들은 오늘 아침 조간 신문의 한 부분에 나타난 기사 제목들의 몇 개에 지나지 않는다. 저녁 TV 뉴스 시간에는 이러한 참혹한 사건들이 직접 위성 생방송을 통해서 생생한 영상으로 더욱 참혹하게 보도될 것이다.

우리가 이렇게 세상의 부정적인 면을 물밀 듯이 접할 때마다 본 장 제목인 "아버지 나라에서의 삶"에 대하여 의문을 갖게 된다. 이러한 잔악한 살인 사건들과 대 혼란 가운데서 우리는 과연 하나님의 나라 가운데 살 수 있다는 것이 가능하겠는가? 어떤 고난이 있을지라도 보이는 환경을 초월한 영적 세계에서 살 수 있다는 것이 가능할 것인가?

예수님께서 가르쳐 주신 주기도문(The Lord's Prayer)에는 "나라이 임하옵시며"라는 부분이 포함되어 있다. 본 장에서는 이 고백을 통하여 지금 바로 하늘에 계신 우리 아버지의 나라에서 살 수 있다는 것을 배우게 될 것이다. 여기에서는 하나님의 나라를 선언하는 것이 여러분이 하나님의 뜻을 알고 행할 수 있는 것을 어떻게 확증해 주고 있는지에 관해 내가 받았던 새로운 계시를 통해 서로 나누고자 한다.

■ 하나님의 나라란 무엇인가?

우리가 하나님의 나라에 대하여 기도해야 한다면 우리는 그 나라에 대해 알아야 한다. 모든 가정은 그 집 나름대로의 규율을 가지고 있다. 동일하게 하나님의 자녀로서 우리가 어떻게 생활해야 하는지 그 전체적인 의미가 "나라이 임하옵시며(Thy kingdom come)"라는 말 속에 요약되어 있다.

성경은 하나님의 나라에 대해 세 가지 모형이 있음을 말해 주고 있다. 인간 세상의 나라(마 4:8-9), 사단의 나라(마 12:26), 그리고 우리 아버지의 나라인 하나님의 나라가 그것이다. 헬라어, 히브리어 그리고 아람어로 표현된 하나님의 "나라"는 하나님의 왕권, 주권, 통치 또는 다스리는 활동을 포함한다. 이것은 행함으로써 보여주신 하나님의 성품을 표현해 주는 것이다. 여기에 관해 필립 해너(Philip Harner)는 다음과 같이 기록하고 있다. "하나님의 나라 또는 통치란 왕으로서의 활동을 말해 주는 것이다. 하나님의 가장 본질적인 성품은 그 분의 사역을 통해 나타나므로 하나님의 이름에 대한 간구가 하나님의 나라에 대한 간구보다 우선하는 것이 합당한 것이다."[1]

하나님의 나라는 사역에 있어서의 하나님의 성품을 나타낼 뿐만 아니라 그 나라 안에 거하는 사람들까지도 포함하여 나타난다. 이 사람들은 하늘에 계신 우리 아버지의 통치하에 있는 모든 진실한 그리스도인들로 구성된 하나의 신령한 몸이다. 하나님의 활동 영역은 한 나라로써 통괄적이며 우주적인 조직을 가지고 있다고 생각할 수 있다. 교회는 지역적으로 보이는 조직으로써 이 교회를 통해 하나님의 나라가 확장된다. 물론 그 나라를 구성하고 있는 요원은 하나님의 나라에서 태어난 모든 진실한 그리스도인들이다. 우리는 시민(하나님의 법에 의해서)과 동시에 자녀(예수님의 혈통을 통해서)로서 이 영역 속에 하나님 우리 아버지와 연관되어 있다.

세례요한이 "천국이 가까이 왔다"라고 선언할 당시에 가장 일반적인 용어인 '천국'을 사용했다. 이스라엘은 약속된 하나님의 나라와 그 나라의 왕을 소망하고 있었기 때문에 이 말을 쉽게 이해하고 있었다(마 3 : 1-3). 예수님께서도 공생애 사역을 시작할 때에 세례요한의 메시지를 반복했다(막 1 : 14-15). 하나님의 나라가 "가까이 왔다"고 선언하는 것은 보이지는 않지만 이미 도래했다는 의미이다(눅 17 : 20-21).

■ 하나님 나라의 왕을 거부함

유대인들은 예수님께서 구약 시대 이후 예언 되었던 하나님 나라의 수도인 예루살렘에 보이는 하나님의 나라를 세울 것이라 생각했다. 예수님께서 예루살렘에 들어가셨을 때 왕으로 경외하고 기뻐했던 것을 보면 그 생각을 알 수 있다(막 11 : 10). 그러나 하나님의 나라가 보이는 모습으로 나타나지 않자 그들은 즉시 예수님을 대적했다. "하나님의 나라에는 두 가지 단계가 있다는 것을 유대인들은 이해하지 못했다. 하나님 나라의 첫 단계는 개개인의 마음속에 하나님께서 먼저 왕으로 임하셔야 이루어진다는 사실이다. 이것은 메시야적 왕국에 대한 유대인들의 사상이나 가르침과는 전적으로 반대되는 것이었다."[2]

유대인들은 하나님께서 생각하시는 그의 나라와 왕을 거부했다. 하나님의 나라가 그들이 기대한대로 임하지 않았기 때문이다. 예수님께서는 이스라엘 백성의 이런 태도를 보시고 하나님의 나라를 그들에게서 빼앗아 이미 받을 준비가 된 이방인(이스라엘을 제외한 모든 나라)들에게 줄 것이라 예정하셨다(마 21 : 42-43).

하나님의 나라는 미래의 어느 날, 반드시 보이는 모습으로 세워질 것이다. 우리들은 그때가 언제인지 정확하게는 알지 못하지만(행 1 : 7) 하나님께서는 분명히 그때가 도래할 것을 약속하신다. "이 세상의 모든 나라들"은 하나님의 통치하에 있고, 사악한 사단의 나라는 분명히 무너질 것이며 결국에는 우리의 왕이신 하나님께서 영원히 다스릴 것이다(계 11 : 15). 하나님의 나라는 결국 명백한 형태가 될 것이다.

> … 그 권세는 영원한 권세라 옮기지 아니할 것이요
> 그 나라는 폐하지 아니할 것이니라
>
> 다니엘 7 : 14

여러분은 하늘에 계신 아버지의 상속자로서 그분의 나라에서 하나님과 함께 다스릴 것이다(계 3 : 21).

예수님께서는 하나님 아버지의 나라는 이 세상에 속하지 아니하였으며(요 18 : 36), 현재에는 "너희 안에" 있다고 말씀하셨다(눅 17 : 20-21). 하나님의 나라는 말씀을 통해서 전파될 뿐만 아니라 초자연적인 능력이 나타난 사건을 통해서도 전파되어진다(고전 4 : 20). 하나님의 나라는 영적 원리에 기초한 영적인 나라이다. 사도 바울은 하나님의 나라는 성령 안에서 의와 평강과 희락이라고 선포하고 있다(롬 14 : 17).

테일러 번취(Taylor Bunch)는 이 말씀을 다음과 같이 해석하였다.

> "하나님의 나라는 외적으로 보이는 것보다 내적 거룩함에서 그 자체를 드러내며 그것은 어떤 민족적인 개혁이라기 보다는 변화된 마음이다. 그러므로 천국 시민권은 사람의 품성 변화를 통해서 얻어지는 것이지 행정이나 제도를 재정비하므로 이루어지는 것이 아니다. 사람 안에 있는 하나님의 나라는 밖에 있는 하나님의 나라보다 우선해야만 한다."[3]

하나님의 나라가 메시지의 구심점을 이루고 있음이 신약성서에 명백히 잘 나타나 있다. 예수님께서는 초기 사역을 하나님의 나라가 임하였다는 것을 선포하시므로 시작하셨고(마 4 : 17) 또한 동일한 말씀으로 마치셨다(행 1 : 3). 초기 사역 시작부터 마칠 때까지 예수님은 언제나 하나님의 나라를 강조하셨다. 예수님께서는 어디에서나 계속적으로 하나님 나라에 대한 복음을 전해야 한다고 말씀하셨다(눅 4 : 43). 예수님께서 말씀하신 모든 비유들은 하나님의 나라와 연관되었고 자신 또한 하나님 나라의 원리에 따라 생활하셨다.

믿는 사람으로서 우리는 하나님의 나라에 중요성을 두고 생활해야 한다. 예수님께서는 먼저 "너희는 먼저 그의 나라와 그의 의를 구하라 그리하면 이 모든 것을 너희에게 더하시리라"(마 6 : 33). 그러므로 우리는 하나님의 나라에 초점을 두어 기도하고, 설교하며, 가르치고, 생활해야 한다. 하나님 나라의 왕은 우리를 이 세상에 파송하여 당신 대신 그 나라의 일을 하도록 하신 것이다. "먼저 그 나라"를 구한다는 것은 주기도문에서 나오는 다른 간구들에 대한 기도 응답을 확신시켜 준다.

■ 하나님 아버지의 나라를 전파함

하나님의 나라는 누가복음 9 : 27과 누가복음 11 : 20 같은 성경말씀에 나타난 것처럼 어떤 차원에서는 이미 임하였다. 그러나 대부분의 다른 성경말씀은 하나님의 나라를 미래의 것으로 언급하고 있다(눅 19 : 11, 22 : 18). 하나님의 나라가 보이는 형태로 임하지 않았기 때문에, 예수님께서는 우리에게 "나라이 임하옵시며"라고 기도하기를 가르치신 것이다. 고대 랍비들의 교육 원리는 "하나님의 나라를 언급하지 않는 기도는 기도가 아니다"라고 가르치고 있다.[4]

조지 돈(George Dorn)은 다음과 같이 지적했다. "이 세상에서 그리스도께 자신의 마음을 드리지 않는 사람이 한 사람이라도 있는 한, 그리스도의 율법에 순종하지 않는 생활의 한 부분이라도 있는 한, 하나님의 나라는 실현되지 않을 것이며, 따라서 우리는 '나라이 임하옵시며'라고 계속 기도해야만 한다."[5]

하나님의 나라는 영적인 나라이므로 영적인 방법을 통해서 확장되어야 하는데 그 영적 방법이란 기도를 말한다. 우리의 기도는 하나님의 나라에 초점을 맞추어야지 우리 개인이나, 조직이나, 교파적인 "세계들"에 초점을 맞추어서는 안된다. 우리가 하나님께 부르짖는 것은 우리의 계획보다는 하나님의 계획대로 성취해 달라고 기도하는 것이다.

"나라이 임하옵시며"라고 기도하는 것은 예수님의 재림을 위해서나 하나님의 나라가 최종적으로 세워지는 것을 위해 기도하는 것보다 훨씬 큰 의미가 있다. 우리가 "나라이 임하옵시며"라고 기도할 때는 실제로 하나님 아버지께서 믿는 자, 믿지 않는 자들을 포함한 온 세상 사람들의 생활을 다스릴 것임을 선포하고 있는 것이다. 이것은 영적으로 발을 딛고 강력하게 "나라이 임하옵소서!"라고 말하는 것과 비슷한 믿음의 선포이다. 여기에서 사용된 헬라어 동사 시제는 "임하소서, 당신의 나라가!"
라는 의미를 말해주는 부정과거(Aorist)형이다.

■ 정확한 우선 순위 정하기

우리의 생활 가운데 하늘에 계신 우리 아버지의 나라가 임하게 되면
하나님의 뜻도 자동적으로 이루어질 것이다. 그러나 하나님의 나라가
임하여 하나님의 뜻이 이루어지기 위해서는 우선 순위를 정확하게 설정
해야 한다. 이 우선 순위는 나의 아내 멜바와 내가 1,000명 정도의 교
인들을 목회 하면서 동시에 석사학위 공부를 하고 있을 때 하나님께서
계시해 주셨다. 하나님께서는 내가 기도하길 간절히 소원하고 계셨다.
당시 나는 신학교에서 좋은 성적을 받으려고 바쁘게 공부했었고, 교회
에서 나에게 맡겨진 일을 수행했었으며 가정에서는 좋은 남편이 되기
위해 노력하고 있었다. 그러나 그때 나는 "어떻게 이 같은 혼란스런 생
활이 존재하는 세상 가운데 하나님 아버지의 나라가 나타날 수 있겠는
가?" 하고 회의를 품었다.

하나님께서는 나로 하여금 내 생활에서 4가지 우선 순위의 영역을
정하여 "나라이 임하옵시며"라는 말씀이 이루어지도록 할 것을 말씀하
셨다. 내가 우선 순위대로 생활했을 때 그것은 마치 배가 정확한 방향으
로 갈 수 있도록 조정하는 배의 키와 같은 것임을 하나님께서는 보여주
셨다. 그러므로 나는 언제나 내가 원하는 목적에 도달할 수 있었다. 우
리의 생활의 키(우리들의 고백)를 "나라이 임하옵시며"라는 말씀이 이루
어지도록 하나님 말씀의 질서에 따라 잘 조정할 때, 모든 생활 가운데
우리를 향한 하나님의 목적을 이룰 수 있을 것이다.

하나님의 나라를 임하게 하는 우리의 개인적인 기도의 우선 순위는

다음의 4가지 영역이다. (1) 우리들 자신의 개인 생활 영역 (2) 우리의 기본적인 인간 관계 영역 (3) 하나님의 사람들과의 관계 영역 (4) 우리가 소속된 공동체, 민족, 다른 나라들이 포함된 이세상의 정치적 단체 영역 등이다.

1. 자신의 개인 생활 영역(Personal Life)

"(주님의) 나라이 임하옵시며"라는 기도는 주님께 첫 번째 우선권이 있음을 뜻하는 것이다. 그러므로 우리가 하나님과 올바른 관계를 이루지 못한다면 우리 생활의 모든 영역들이 하나님 나라의 통치를 받을 수 없을 것이다. 우리가 "(주님의) 나라이 임하옵시며"라고 기도하는 것은 우리의 말이나 태도, 소원, 그리고 행동 같은 것에 있어서 하나님의 나라에 위반되는 것이 있다면 그것을 제거해 달라고 간절히 기도하는 것이기도 하다.

여러분의 지, 정, 의 그리고 몸까지도 하늘에 계신 아버지의 나라의 통치를 받고 있음을 선언하기 바란다. 여러분의 생활이 하나님 나라의 의와 희락과 평강으로 통치 받고 있다고 주장하기 바란다. 하나님의 지혜와 계시, 능력과 권세가 여러분에게 임하여 주어진 매일의 사명을 다 하도록 하나님께 기도하기 바란다. 여러분이 직면하고 있는 모든 부정적인 환경까지도 하나님 나라의 통치를 받고 있음을 선언하기 바란다. 매일 여러분이 해야할 의무들의 우선 순위에 대해 하나님께 기도하기 바란다. 여러분이 기도할 때 늘 펜과 종이를 가지고 다니기 바란다. 위와 같이 한다면 여러분이 무엇을 먼저 해야 하는가 혹은 어떻게 문제를 해결해야 하는가 하는 순서를 하나님께서 자주 보여주실 것이다.

2. 기본적인 인간 관계 영역(Primary Relationships)

이제 여러분은 기본적인 관계인 배우자, 가족 그리고 친구들을 위하여 "(주님의)나라이 임하옵시며"라는 기도를 할 수 있는 준비가 된 것이다. 이러한 기본적인 관계에 있는 사람들을 위해 기도한다는 것은 우리에게 주어진 두 번째 의무들이다.

배우자 관계 : 우리는 하나님께 우리 각자에게 주신 배우자(또는 약혼자)에게 올바른 사랑을 할 수 있도록 기도해야 한다. 성경에 나타난 사랑에는 세 가지 종류가 있다. 아가페(Agape) 사랑은 기독교 내에서 발견될 수 있는 헌신적인 언약 관계를 나타내주는 사랑이다. 이러한 사랑은 다른 사람이 우리에게 어떻게 대하든지 상관없이 우리 스스로가 선택한 사랑이며 또한 이것은 우리의 결혼 생활에 꼭 있어야 할 사랑이며 모든 다른 사랑의 기초가 되어야 할 사랑이다. 한편 필레오(Phileo) 사랑은 친구간의 사랑이며 에로스(Eros) 사랑은 아가페나 필레오 사랑이 외적으로 표현된 사랑을 말한다. 그러므로 우리는 필레오나 에로스 사랑의 원천이 되는 아가페적인 헌신적 사랑을 결혼생활 가운데 할 수 있도록 하나님께 구해야 한다.

하나님의 나라 즉, 의와 희락과 평강이 배우자와의 관계 속에서 늘 임할 수 있도록 기도해야 한다. 우리는 하나님 나라의 평강 안에서 배우자와 서로 연합되고 조화를 이루고 있음을 나타내야 한다. 배우자와의 관계에서 주님의 뜻이 이루어지도록 기도하면서 하나님의 나라가 임하는 주권적인 통치가 이루어지고 있음을 선언할 수 있도록 해야 한다.

자녀 관계 : 가정 구원은 구약의 라합 이야기에 잘 나타나 있다. 라합의 가정은 그녀의 믿음의 고백을 통해서 구원을 받았는데, 그 고백의 증거라 하면 그녀가 창문 밖으로 달았던 붉은 줄인 것이다(수 2 : 21). 신약성서에서도 비슷한 이야기가 반복되었는데 그것은 빌립보 간수의 이야기이다. 여기에서 바울은 "주 예수를 믿으라 그리하면 너와 네 집이 구원을 얻으리라"(행 16 : 31)고 선언했다. 여기에서 "네 집"이란 여러

분의 혈통에 속한 모든 사람을 말하는 것이다.

우리에게 자녀가 있다면 그들을 하늘에 계신 그들의 아버지께 보내드려야 한다. 우리들 자신이 보호하는 것이 아니라 하나님 아버지께서 보호해 주시도록 하는 것이다. 그러기 위해서는 부모들이 자녀들을 위해 진실한 마음과 열정으로 기도해야 한다. 간절한 마음과 열정적인 기도는 말로 표현하지 않아도 된다. 한나는 하나님께 아들을 달라고 기도했다(삼상 1 : 9-18). 그 마음과 열정은 다름아닌 바로 하나님께서 주신 것이다. 우리도 한나와 같은 열정적인 기도를 통하여 우리 자녀들의 생활 가운데 하늘에 계신 아버지의 나라가 임할 수 있도록 노력해야 할 것이다.

더불어 우리는 하나님의 나라 즉, 의와 희락과 평강이 우리 자녀들 각자의 생활 가운데 나타나도록 기도해야 한다. 어떤 방법으로 자녀들을 훈련시켜야 하는지를 하나님께 묻고 적용하는 과정을 통해 주님의 원하시는 대로 행동하는 하나님의 자녀들이 되었다는 증거가 실제로 나타나도록 해야 한다. "네 모든 자녀는 여호와의 교훈을 받을 것이니 네 자녀는 크게 평강할 것이며"(사 54 : 13).

만약 구원받지 못한 자녀가 있다면 천사로 역사하도록 하라(히 1 : 14). 우리의 마음 가운데 자녀들의 문제와 관련해 필요한 것들이 떠오르면 그 문제들의 사정과 결과를 위해 하나님께 기도해야 한다. 그리고 하나님 나라의 평강이 우리 자녀들 서로의 관계에서도 늘 임하도록 기도해야 한다. 또한 자녀들이 태어날 때부터 그들의 배우자를 위해 기도함으로써 생활 가운데 역시 하나님의 나라가 다스리고 있음을 나타내도록 해야 할 것이다.

자녀 외 다른 가족, 친구들 관계에서 : 자녀들 외 다른 친척들을 포함한 모든 "가정 구원"을 위해 기도해야 함은 매우 중요하다. 그들의 생활에서도 앞서 했던 것과 동일하게 하나님의 나라인 의와 희락과 평강이 다스리도록 기도해야 한다. 그들의 문제들과 그에 따르는 필요들이 무엇인지 우리들 마음에 생각날 때마다 하나님 앞에서 먼저 그러한 문제들을 위해 기도해야 한다. 주의할 것은 어떤 특별한 기도 형식에 따라 서두르지 말고, 성령의 인도하심을 따라 잘 분별하여 기도하기 바란다. 그렇게 한다면 어떤 때에는 하나님께서 권면하도록 말씀을 우리에게 친히 주실 것이다. 이런 여러가지 과정을 통해 결론적으로 하나님께서 무엇인가를 주실 때마다 그것들을 기록하여 다른 사람과 서로 나눈다면 더욱 좋을 것이다.

3. 하나님의 사람들과의 관계 영역(People of God)

하나님의 나라가 임하도록 기도해야 할 세 번째 우선 순위는 하나님의 사람을 위해 기도하는 것이다. 우리는 본 교회 담임목사와 지도자들이 충성스런 사역을 통해 많은 열매를 맺도록 기도해야 한다.

교회 담임목사에 대하여 : 여러분은 본 교회 담임목사를 위해 기도할 때 여러분의 생명을 구원하는 기도를 하고 있다고 생각하는가? 여호수아와 이스라엘 백성들이 아말렉과 전투하고 있을 때 모세는 그 전쟁을 언덕 멀리서 바라보고 있었다. 이때 모세가 손을 올려 기도하고 있는 동안은 하나님의 막대기가 전쟁 위에 미쳐 이스라엘이 이길 수 있었으나 모세가 피곤하여 손이 내려오자 이스라엘은 전투에서 지게 되었다. 결국 아론과 훌이 모세 옆에 서서 그의 손을 붙들어 주었기에 이스라엘은 전쟁에서 승리할 수 있었다(출 17 : 8-16). 모세와 같이 하나님의 지도자들이 강해야 하나님의 백성들이 전쟁에서 승리할 수 있고 구원받을 수 있다. 만약 우리들의 삶이 계속해서 전쟁 중에 있다면 승리하느냐, 혹은 패배하느냐 하는 것은 우리들의 영적 지도자의 영향력에 달려있다. 그렇기 때문에 우리는 영적 지도자들을 위해 기도해야 하며 이것은 곧 우리들 스스로를 구원시켜 주는 기도가 되는 것이다.

우리들은 지도자들에 대해 비난하는 태도를 가질 수도 있고 또는 그들을 위한 중보자로서의 자세를 가질 수도 있다. 아론과 훌은 모세의 손을 들어주는 중보자의 자세를 가졌다. 그들은 "모세가 지금 무엇하고 있는 거야? 손 하나도 자기 스스로 들 수 없으면서 우리들의 지도자란 말인가!"하고 비난하지 않았다. 베드로가 감옥에 갇혔을 때 교회는 그를 위해 간절히 기도했다. 교회는 "베드로가 믿음의 사람이라면 왜 감옥에 투옥될 수 있겠는가?"라고 비난하지 않았다. 그들은 계속 간절한 마음으로 베드로를 위해 기도했고 결국 베드로는 하나님이 보내신 천사의 도움으로 감옥에서 풀려 나와 초대교회를 인도하라는 하나님의 사명을 잘 완수할 수 있었던 것이다.

이처럼 우리도 각 교회 담임목사가 하나님의 은혜 가운데 영혼과 육체를 잘 보존하며 하나님께서 담임목사에게 주신 사명을 잘 완성할 수 있도록 기도해야 한다. 그가 달려갈 길을 무사히 마칠 수 있도록 말이다. 또한 하나님의 말씀이 목사라는 통로를 통해 흘러 넘칠 수 있도록 목사에게 기름을 부어주시고 목사가 성령의 열매를 많이 맺도록 기도해야 할 것이다. 다시 말하면 목사의 생활 가운데 하나님의 나라인 의와 희락과 평강이 늘 임하도록 기도해야 한다는 것이다. 반대로 목사는 스스로 참 목자의 심정을 가지고 성도들을 돌보며 하나님의 말씀으로 양육할 수 있다고 확신해야 한다. 목사는 늘 하나님을 위해 최전방에 서서 대적들의 강력한 공격을 받고 있다. 때문에 우리 성도들은 하나님께서 목사를 잘 인도하셔서 그 인도하심을 따라 목사 또한 그의 성도들을 인도해 가도록 기도해야 할 것이다. 이처럼 목사의 보호하심을 구하는 기도는 우리에게 꼭 필요한 일이라 하겠다.

교회 지도자들에 대해 : 우리는 본 교회 지도자들의 이름을 불러가며

그들에게 주어진 책임을 다하도록 기도해야 한다. 기도할 때 교회 조직
표를 가지고 기도한다면 더욱 효과적일 것이다.

교회 영적 지도자들의 생활 가운데 하나님의 나라인 의와 희락과 평
강이 임하도록 기도해야 한다. 교회의 모든 프로그램과 그것을 맡은 지
도자가 교회 내에 하나님의 나라가 확장하는 데 쓰임받을 수 있도록 하
나님께 구해야 한다. 이를 위해서는 목사와 지도자들간의 화목을 위해
서도 기도할 필요성이 있다. 영적 지도자들은 하나님을 위해 최전방에
서서 대적들의 강력한 공격을 받고 있기 때문에 그들의 안전을 위한 기
도 또한 빼놓을 수 없는 부분이다.

교회내의 모든 성도들에 대해 : 우리가 출석하고 있는 교회 내의 모든
성도들을 위해 기도하되 그들이 하나님께 충성하며, 그들의 가정과 교
회에 충성할 수 있도록 구해야 한다. 지도자들과 동일하게 그들에게도
하나님의 나라인 의와 희락과 평강이 생활 가운데 늘 임하도록 기도해
야 한다. 그들이 기도의 중보자로서 서로 교제할 수 있도록, 기도하므로
구원받지 못한 영혼을 예수님께 인도하고 십일조 생활이나 하나님의 사
역에 필요한 헌금을 하는 일에도 충성할 수 있도록 하나님께 구해야 한
다. 교회에 소속된 모든 교인들이 서로의 필요를 위해 중보함으로써 교
회 안에서의 부흥이 일어나길 바란다.

추수(Harvest)를 위해서 : 기도는 영적인 추수에 많은 영향을 미친
다. 추수하는 일은 중요하기 때문에 이 일의 주인이신 주님께 초점이 맞
추어지도록 기도해야 한다. 사단은 추수에 대해 어떠한 권리도 가지고
있지 않다(눅 10 : 2). 더불어 다른 교회를 위해서도 역시 영적 추수를
할 수 있도록 기도해야 할 것이다. 모든 교회는 나름대로 주어진 영적
인 추수에 대한 책임을 다해야 한다. 내 경험에 의하면 내가 섬기고 있
는 교회의 영적인 추수를 위해 기도하는 가운데, 하나님께서 다음에 나

오는 성경말씀의 패턴을 따라 기도하도록 가르쳐 주셨다.

두려워 말라 내가 너와 함께 하여 네 자손을 동방에서부터 오게 하며
서방에서부터 너를 모을 것이며 내가 북방에게 이르기를 놓으라
남방에게 이르기를 구류하지 말라 내 아들들을 원방에서 이끌며
내 딸들을 땅 끝에서 오게 하라
무릇 내 이름으로 일컫는 자
곧 내가 내 영광을 위하여 창조한 자를 오게 하라
그들을 내가 지었고 만들었느니라

이사야 43 : 5-7

본문이 시대상으로는 하나님께서 세계 만방으로부터 추수하실 유대인에 대해 말한 것일지라도, 우리는 영적 이스라엘이란 측면에서 이 말씀에 나타난 패턴에 의하여 기도할 수 있다고 본다. 여러분이 살고 있는 곳에서 북쪽 지역을 향하여 기도 방향을 설정한 후 그곳에 있는 영혼들이 하나님의 나라에 들어가도록 명령하기 바란다. 남쪽, 동쪽, 그리고 서쪽 지역도 마찬가지이다. 내가 텍사스주에 있는 락웰(Rockwall)에서 목회할 때 이러한 패턴을 따라 기도를 하자 기도를 시작한 다음 한해 동안 3,659명의 새신자들이 들어왔다.

하나님의 나라는 영적인 방법을 통해서 확장되어지는 신령한 나라이다. 따라서 우리의 대적인 악한 세력들은 무르익어 추수하려고 하는 것을 못하도록 방해한다. 그러므로 하늘나라에 들어갈 남자, 여자, 소년, 소녀들을 붙잡고 있는 악한 세력들을 명령하여 그 사람들의 영혼들을 풀어주도록 해야한다(마 16 : 19). 우리가 이렇게 할 때 하나님과 그 영혼들 사이에 있는 도로는 깨끗이 청소되며 그들의 눈을 어둡게 하고 있는 영적인 어두운 세력들을 묶어두는 결과를 낳게 된다. 그런 후 하나님께

서 천사를 보내어 그들을 위해 역사하시도록 하는 것이다(히 1 : 14).
우리들의 중보기도는 잃어버린 영혼들이 들어올 수 있도록 길을 깨끗이
해 주고 그 영혼들에게 천사들이 역사할 수 있도록 해 주며 또한 성령님
을 통하여는 그들을 구원하도록 하는 역할을 한다. 여러분이 이사야
43 : 5-7에 나타난 패턴으로 기도한 후 추수를 도와주신 하나님을 찬양
할 수 있기를 바란다.

4. 정치적인 단체 영역(Political Entities)

이제 여러분의 기도의 영역은 사회, 국가 그리고 세계를 향해 할 수
있는 데까지 넓게 확대되어 있다. 우리들의 기도는 지리적인 영역이나
정부 조직에 의해 제한되어서는 안된다. 중보 기도는 영적인 측면에서
세계 어느 곳을 위해서도 가능하다.

이런면에서 본다면 우리가 살고 있는 사회의 영적·정치적 지도자들
을 위해 기도하는 일도 반드시 필요하다. 지도자들의 이름을 한명 한명
불러가며 기도하길 바란다(전화번호부에 우리가 살고 있는 사회조직,
지방정부, 국가의 정치지도자들의 이름이 수록되어 있는 것을 참고). 우
리는 우리가 살고 있는 사회의 학교들이나 교회들과 기업들의 이름을
불러가며 그곳에 하나님의 나라가 임하도록 기도해야 한다(이러한 이름
들은 전화번호부나 상공회의소에서 구할 수 있다). 기도할 때는 반드시
사단의 악한 세력들이 묶고 있는 "악한 영"의 근거지가 어디인지 알 수
있도록 하나님께 구하여야 한다. 세계 모든 나라에 있는 교회들의 발전
과 성장을 위해서 현재 존재하고 있는 교파적인 모임들이나 조직들 사
이에 연합이 이루어지도록 기도하길 바란다.

선교사들을 위한 기도도 빼놓치 말아야 할 것이다. 선교 단체들의 편
지들이나 발행된 잡지들을 모아 선교사들의 필요한 것에 대해서도 기도

하길 바란다. 또한 그들의 사역들 중 텔레비전이나 라디오 등 방송매체를 이용한 복음 사역, 녹음 또는 녹화를 통한 복음 사역, 교도소 전도 사역, 이민자들이나 피난민들을 대상으로한 복음 사역 등의 특별한 복음 사역들을 잘 감당하도록 기도해야 한다. 전세계에는 아직도 복음이 미치지 못하는 다섯 그룹이 있다. 중국, 모슬렘 국가들, 원시 부족 사람들, 힌두교 국가들, 불교 국가들이다. 이 다섯 그룹의 사람들을 위해 기도해 주길 바란다. 이들을 위한 구체적인 기도제목을 알고자 원한다면 복음 전파에 영향을 미칠 수 있는 주제들이 실린 신문들을 찾아 그곳의 큰 제목들을 보기 바란다. 이 그룹들이 소속된 나라의 영적 그리고 정치적 지도자들의 성숙을 위해 기도하는 것도 좋은 방법이다. 또는 우리가 살고 있는 도시, 국가, 세계 국가와 지역들의 지도를 보면서 기도할 수도 있다. 특별히 페트릭 존스톤이 쓴 「운행되고 있는 세계」란 책은 세계 모든 나라들에 대한 풍부한 정보와 특별한 기도 제목들을 알려주고 있는 책이다.[6] 이런 책들을 참고한다면 더욱 좋은 기도 모델이 될 것이다.

예루살렘의 평안을 위하여 기도해야 한다(시 122 : 6). 이스라엘 국가가 주 예수 그리스도께 돌아올 수 있는 영적 회복을 위해 기도해야만 한다. 왜냐하면 하나님의 선민인 이스라엘을 통하여 우리가 복음을 받았고 예루살렘을 사랑하는 자는 형통하기 때문이다.

■ 너희가 기도할 때 이렇게 기도하라

하늘에 계신 우리 아버지의 나라가 임했다고 확신할 때 우리는 예수님의 말씀인 "너희가 기도할 때 이렇게 기도하라"와 똑같은 말씀을 사용할 수 있게 된다. 예를 들면 우리의 아내들을 위해 전체 주기도문으로 기도하는 것은 다음과 같이 할 수 있다.

제 아내의 생활 가운데 하늘 아버지의 이름이 거룩히 여김을 받으시옵소서(그녀의 생활 가운데 예수님의 보혈의 공로와 하나님의 이름들의 유익을 확신하라). 주님의 나라가 임하옵시며 뜻이 하늘에서 이루어진 것처럼 이 세상에 있는 제 아내의 생활 가운데 이루어지옵소서(본 장에서 이미 언급했듯이 그녀를 위한 특별한 기도 제목들을 분명히 표현하라). 오늘날 저의 아내에게 일용할 양식을 주옵시고, 그녀에게 잘못한 사람을 용서해 준 것같이 그녀의 죄를 용서해 주옵시고, 그녀가 시험에 들지 않게 하옵시며 다만 오늘날 그녀를 악에서 구하옵소서.

여러분은 자신과 다른 사람들을 위해 중보할 때 이렇게 주기도문을 사용해서 기도할 수 있다.

우리가 개인 기도생활에 있어 우선 순위를 정해서 이미 언급한 우리의 네 가지 영역 중 "(주님의)나라가 임하옵시며"라는 것을 확신할 때 우리 생활은 하나님의 온전한 뜻이 급진적으로 이루어지는 단계에 이르게 될 것이다. 이러한 현상은 우리가 주님의 명령인 "기도할 때 이렇게 기도하라"라는 말씀 그대로 순종할 때만이 일어나게 된다. 다윗은 시편에서 하나님의 법이 우리들의 심중 가운데 있을 때 주님의 뜻을 행하기를 즐겨한다고 언급했다(시 40 : 8).

우리들의 내적 삶이 먼저 하나님 나라의 의와 평강과 희락에 의해 다스려질 때 우리의 외적인 생활에서도 하나님의 뜻이 이루어지게 된다. 성경은 "우리는 그의 만드신 바라 그리스도 예수 안에서 선한 일을 위하여 지으심을 받은 자니 이 일은 하나님이 전에 예비하사 우리로 그 가운데서 행하게 하려 하심이니라"(엡 2 : 10)고 선언하고 있다. 이것은 우리의 행하는 일들이 주님의 뜻대로 이루어지도록 하나님께서 미리 작정하신 것이라는 의미이다. 우리가 "나라이 임하옵시며"라는 것을 확신할 때 우리가 행한 모든 일들은 하나님께서 이미 우리를 위해 정해놓으신 그 길 위에 있는 것이며 사단의 방해들이 깨끗이 청소된 상태인 것이다. 내적 삶이 "나라이 임하옵시며"라고 확신할 때 외적 생활은 "주님의 뜻이 이루어지리이다"라는 것을 선언하고 있는 것이다.

우리가 이러한 믿음을 확신할 때 생활 가운데 초자연적인 변화를 체험하게 된다. 초자연적인 변화란 하늘에 계신 우리 아버지의 뜻과 목적이 우리의 뜻과 조화를 이루게 되는 것인데 이는 우리가 이 땅에서 살지만 실제로는 하나님의 나라 가운데 살고 있다는 확신에서 일어난다.

이것이 바로 내가 여러분으로 하여금 하나님의 뜻을 찾는 데 더듬거나 발버둥치지 않도록 해 줄 수 있는 기도의 기름부음에 초청하는 이유이다.

이 장을 마감하면서 다음과 같이 기도하기 바란다.

하늘에 계신 아버지
내 생애와 나의 친척들의 생활 가운데, 교회와 나의 사역 가운데 하나님의 나라가 임하므로 주님의 뜻이 이루어진 것을 확신합니다. 이 선언으로 내 생활의 영적인 길에 있는 지저분한 것들을 깨끗이 하고, 하나님께서 이미 작정해 주신 기름부음의 능력 있는 기도생활을 할 수 있습니다. 지금 이 시간 그러한 역사가 일어나도록 해 주실 것을 믿습니다.
예수님의 이름으로 기도합니다. 아멘.

여러분의 생활이 하나님의 나라에 의해 다스려지고 통치 받는다는 확신이 설 때 여러분은 이미 하나님께서 예정하신 뜻을 이루도록 쉽게 변화된 것이다. 나는 다음 장에서 이러한 뜻을 어떻게 알고 이룰 수 있는지를 설명하고자 한다.

❖ 각주 ❖ ────────────────

1) Philip Harner, *Understanding the Lord's Prayer*(Philadelphia : Fortress, 1975) P. 67.

2) Taylor Bunch, *The Perfect Prayer*(Takoma Park : Review and Herald Publishing Association, 1939) P. 48.

3) Ibid., P. 49.

4) Ibid., P. 43.

5) George Dorn, *The Creed of Jesus*(Burlington : Lutheran Literary Board, 1937) P. 44.

6) Patrick Johnstone, *Operation World*(Waynesboro : STL Books, 1978).

10
아버지의 뜻을 알고 행하는 법

나를 향한 하나님의 뜻이 무엇일까? 이 질문은 신자들이 가장 많이 알고 싶어하는 질문일 것이다. 또한 교인들이 어떤 결정을 해야 하는 순간 조언을 받기 위해 교회 지도자들에게 물어오는 가장 많은 질문이기도 하다. 예수님께서 가르쳐 주신 주기도문에는 하늘에 계신 우리 아버지의 뜻이 하늘에서 이루어진 것처럼 땅에서도 이루어 지도록 기도할 것을 가르치고 있다. 그러나 이렇게 기도하는 것이 사실대로 응답될 수 있을 것인가?

필립 켈러(Phillip Keller)는 다음과 같이 질문하고 있다. "우리 아버지의 뜻이 하늘에서 이루어진 것같이 실제로 땅에서는 어떻게 이루어질 것인가? 하나님의 바라시는 것과 소원 그리고 의지들이 어떻게 악이 지배하고 있는 이 땅에서 실현될 것인가? 이 땅은 사단의 권세 안에 있고 완악하며 이기주의적인 사람들로 가득차 있다."[1]

하나님의 자녀들이 하늘에 계신 우리 아버지와 친밀한 관계로 발전코

자 한다면 그 아버지의 뜻을 알고 행해야만 한다. 그런데 하나님의 뜻이 어떤 것이며 또한 어떻게 그 뜻을 알고 행할 수 있을 것인가?

우리가 하나님의 뜻과 우리 삶에 대한 하나님의 일반적인 계획을 알기 원한다면 그 욕구는 곧 우리가 현명한 선택을 하는 데 도움을 줄 것이다. 우리는 여러 가지 환경 가운데서 누군가의 지도를 받기 원한다. 우리는 성령의 인도를 바라고 있다. 매일 매일 우리는 쉬지 않고, 하나님의 온전한 뜻을 이루고 있는지 아닌지를 결정해야 한다. 일생에 있어서 아주 작은 선택이라 할지라도 많은 영향을 미칠 수 있으므로 우리에게 있어 하나님의 뜻을 알고 올바른 선택을 하는 것이란 참으로 중요한 일이다. 성경은 "그러므로 어리석은 자가 되지 말고 오직 주의 뜻이 무엇인가 이해하라"로 명령하고 있다(엡 5 : 17).

영어에서 하나님과 관련된 뜻(will)으로 사용된 헬라어는 두 가지가 있다. 하나는 바우레마(boulema)로 하나님의 주권적인 뜻 즉, 우주에 일어나는 모든 것에 대한 하나님의 작정하신 계획을 의미한다. 이것은 이 세상의 모든 것을 운행하시는 하나님의 종합 계획이다(엡 1 : 11). 하나님의 바우레마적인 뜻은 그 결과가 이미 예정되어 있기 때문에 인간의 어떠한 협력을 필요로 하지 않는다. 바우레마적인 하나님의 뜻은 성경에 잘 나타나 있기 때문에 우리가 다른 방법으로 찾을 필요가 없다는 말이다.

하나님의 뜻을 말해주는 또 다른 헬라어는 텔레마(thelema)이다. 이것은 인간 각 개인에 대한 하나님의 개인적인 계획 또는 뜻을 가르쳐준다. 우리는 우리에게 대한 하나님의 뜻에 따라 어떻게 생활해야 할지 선택할 수 있다. 우리가 하나님의 뜻을 알아야 한다고 말할 때는 개개인에 대한 이러한 하나님의 텔레마적인 뜻을 내포하고 있는 것이다. 이외에도 하나님께서는 그리스도인들이 어떻게 살아야 하는지를 교훈하고 있는 십계명에서와 같은 "도덕적"인 뜻도 가지고 계시다. 모든 사람들에 대한 하나님의 개인적인 뜻과 주권적인 뜻은 성경말씀에 나타난 하나님의 도덕적인 뜻과는 전혀 상반되지 않는다.

각 사람에 대한 하나님의 주권적인 뜻은 구속(벧후 3 : 9)을 포함하지만 우리에게 대한 하나님의 목적은 구속을 초월해서 진행되어 진다. 하늘에 계신 우리 아버지께서는 육신의 아버지와 마찬가지로 그분의 자녀들에 대한 각각의 계획을 가지고 계신다. 성경이 이것을 증거하고 있다. 하나님께서는 어떤 사람들을 특별한 목적으로, 특별한 시간에, 특별한 환경을 접하도록 만드신다. 예를 든다던 하나님께서 예레미야 선지자에게 다음과 같이 말씀하셨다.

내가 너를 복 중에 짓기 전에 너를 알았고
네가 태에서 나오기 전에 너를 구별하였고
너를 열방의 선지자로 세웠노라 하시기로

예레미야 1 : 5

이 말씀은 얼마나 개인에 대한 하나님의 계획을 잘 증거하고 있는가!

■ 개개인에 대한 하나님 아버지의 계획

우리가 우주 어느 곳을 바라볼지라도 하나님의 지혜로운 계획은 분명하게 나타나 있다. 우주 행성들이나 별들이 잘 배열되어 있는 모습에서 또는 눈송이나 꽃잎들을 볼 때, 하나님께서 하신 설계들 모든 곳에 하나님의 지혜로운 계획이 드러나 있다. 이 증거들을 볼 때마다 창조자 하나님께서는 그가 창조하신 만물 중에서 가장 최고의 피조물인 우리 인간 우리 개개인에 대한 특별한 뜻을 가지고 있다고 결론을 내릴 수밖에 없다.

시편 37 : 23은 "여호와께서 사람의 걸음을 정하시고"라며 기록하고 있다. 여기서 "정하시고"라는 말은 "예정하셨다"로 번역할 수 있는데 시편 8 : 3에서는 하나님께서 창조하신 달과 별들과 연관시켜 사용되기도 했다. 현대 천문학은 천체의 움직임에 대해 놀라울 정도의 정확도로 기록하고 있다. 행성들의 움직임을 계획하신 그 정확도로 믿는 자들의 발걸음을 정하신 것이다.

하늘에 계신 우리 아버지께서는 다음과 같이 약속하신다.

너희가 우편으로 치우치든지 좌편으로 치우치든지
네 뒤에서 말소리가 네귀에 들려 이르기를
이것이 정로니 너희는 이리로 행하라 할것이며

이사야 30 : 21

존 웨슬리(John Wesley)는 하루의 생활을 일평생 사는 것처럼 언급했다. 아침을 유년 시기로, 오후를 청년 시기로, 저녁을 노년 시기로 그리고 잠자는 것을 죽음과 서로 비교했다. 매일 매일의 생활 속에서 육신의 아버지가 자녀들이 어떻게 생활해야 하는지 가르치는 것처럼 하늘에 계신 우리 아버지께서도 당신의 자녀들을 지도하고 계신다. 그러나 육신의 아버지가 그들의 자녀와 다른 뜻을 가진 것처럼 어떤 때에는 하나님의 계획이 우리가 가지고 있는 계획과 서로 다를 때도 있다.

여호와의 말씀에 내 생각은 너희 생각과 다르며 내 길은 너희 길과 달라서
하늘이 땅보다 높음같이 내 길은 너희 길보다 높으며
내 생각은 너희 생각보다 높으니라

이사야 55 : 8-9

하나님의 뜻이 우리가 선택한 길이 아니라고 해서 하나님의 뜻이 불

행하게 한다는 의미는 아니다. 성경은 하나님의 뜻은 언제나 선하고 하나님의 사람들은 하나님께서 정하신 그 길을 기뻐한다고 가르치고 있다 (시 37:23). 바울도 하나님의 뜻은 "선하시고 기뻐하시고 온전하신 뜻"(롬 12:2)이라 확신하고 있었다.

하나님께서는 쉬지 않으시고 우리의 생활 가운데 역사하고 계신다. 에베소서 2:10은 "우리는 그의 만드신 바라"고 기록하고 있다. 여기에서 바라(영어의 be동사)라는 말은 하나님의 뜻이 계속적으로 나타난 과정을 보여주고 있는 말이다. "모든 선한 일에 너희를 온전케 하사 자기 뜻을 행하게 하시고 그 앞에 즐거운 것을 예수 그리스도로 말미암아 우리 속에 이루시기를 원하노라 영광이 그에게 세세 무궁토록 있을지어다"(히 13:21)하는 것이 하나님의 간절한 소원이시다. 여기에서 **이루시기를**이란 단어는 현재 시제이다. 현재 시제라 함은 하나님께서 자신의 계획대로 계속 인도하시고, 발전시키시고, 말씀하신다는 뜻이다.

■ 우리 아버지 뜻의 중대성

하나님의 뜻을 행한다는 것은 우리가 하늘에 계신 아버지와 관계를 맺고 있기 때문에 중요한 것이다. 예수님께서는 "누구든지 하나님의 뜻대로 하는 자는 내 형제요 자매요 모친이니라"(막 3:35)고 말씀하셨다. 하나님의 뜻을 행한다는 것이 우리가 예수님의 "형제와 자매"인 것임을 말해 준 것이라면 그것은 곧 우리가 하나님의 자녀로서 친밀한 관계임을 말해 주는 것이다. 그러므로 우리가 하늘에 계신 우리 아버지의 뜻에 순종하는 것은 하나님을 향한 사랑에서 나오는 것이어야 한다. "나의 계명을 가지고 지키는 자라야 나를 사랑하는 자니 나를 사랑하는 자는 내 아버지께 사랑을 받을 것이요 나도 그를 사랑하여 그에게 나를 나타내리라"(요 14 : 21).

하늘에 계신 우리 아버지의 뜻을 행한다는 것은 다음과 같은 이유 때문에 매우 중요하다.

하나님의 뜻은 우리의 영원한 운명을 결정해 준다

나더러 주여 주여 하는 자마다 천국에 다 들어 갈 것이 아니요

다만 하늘에 계신 내 아버지의 뜻대로 행하는 자라야 들어가리라

마태복음 7 : 21

이세상도 그 정욕도 지나가되 오직 하나님의 뜻을

행하는 이는 영원히 거하느니라

요한 일서 2 : 17

우리는 자신들의 길을 지도할 수 있는 능력이 없다

여호와여 내가 알거니와 인생의 길이 자기에게 있지 아니하니

걸음을 지도함이 걷는 자에게 있지 아니하니이다

예레미야 10 : 23

하나님의 뜻을 알기 위해서 하나님의 말씀대로 해야 된다

그러므로 어리석은 자가 되지 말고

오직 주의 뜻이 무엇인가 이해하라

에베소서 5 : 17

하나님의 뜻대로 행하는 사람이 성공적인 삶을 살 수 있다

저는 시냇가에 심은 나무가 시절을 좇아 과실을 맺으며

그 잎사귀가 마르지 아니함 같으니 그 행사가 다 형통하리로다

시편 1 : 3

하나님의 뜻은 우리를 저주로부터 자유롭게 해 준다

네가 (이스라엘 백성) 만일 네 하나님 여호와의 말씀을
순종하지 아니하여 내가 오늘날 네게 명하는 그 모든 명령과 규례를 지켜
행하지 아니하면 이 모든 저주가 네게 임하고 네게 미칠 것이니

신명기 28 : 15

하나님의 뜻은 하나님의 약속을 받을 수 있는 열쇠가 된다

너희에게 인내가 필요함은 너희가 하나님의 뜻을 행한 후에
약속을 받기 위함이라

히브리서 10 : 36

하나님의 뜻을 행함은 기도 응답을 받을 수 있다

무엇이든지 구하는 바를 그에게 받나니 이는 우리가
그의 계명들을 지키고 그 앞에서 기뻐하시는 것을 행함이라

요한일서 3 : 22

■ 주님의 뜻이 이루어지리이다

예수님께서는 주기도문에서 처럼 "(주님의) 뜻이 하늘에서 이룬것 같이 땅에서도 이루어지이다"라고 우리가 단언할 것을 가르치신다. 어떤 사람들은 이것을 왜 주저하고 있냐면 그들은 하나님의 뜻이 멀리 떨어져 있다고 생각하고 그 의미를 이해하고 있지 못하기 때문이고, 또 그것에 대해 두려움을 느끼고 있다. 또다른 사람들은 하나님께서는 원하시는 것을 어떤 경우든 행하시는 데 걱정할 필요가 뭐 있는가? 하면서 그렇게 단언하는 것을 스스로 포기해 버리기도 한다. 이처럼 하나님의 뜻이 담고 있는 것에 대해 두려움으로 보류해 버리는 이들이 있는가 하면 한

편으로 그러한 하나님의 뜻을 받아들이되 심한 분노를 느끼는 이들도 있다. 윌리엄 바클레이(W. Barclay)는 이를 다음과 같이 주석하고 있다. "하나님의 뜻을 받아들이는 데 어려움을 느끼는 가장 기본적인 이유는 우리의 마음 가운데 우리가 하나님보다 더 잘 알고 있다고 가끔 생각하기 때문이다. 우리가 각자의 길을 선택할 수 있다면 행복할 것이며 또한 우리가 생활과 생활 속에 일어난 모든 사건들을 우리 생각대로 조정할 수 있다면 모든 것이 걱정 없을 것이라고 실제로 믿고 있다."[2]

"(주님의) 뜻이 이루어지이다"라고 기도하는 것은 포기를 통해 기도하는 것이 아니며, 두려움을 간직한 상태로 기도하는 것도 아니고, 심한 분노 때문에 이를 갈면서 하는 기도는 더욱 아니다. "(주님의) 뜻이 이루어지이다"라고 기도하는 것은 "나라이 임하옵시며"라고 기도할 때 느껴지는 믿음의 확신과 같은 것이다. 이것은 마치 어떤 사람이 일을 다 끝내고 신발을 벗으면서 "주님의 뜻이 다 이루어졌습니다"라고 강조하는 것과 같은 것이다. 우리들은 담대하게 이러한 단언을 할 수가 있다. 왜냐하면 우리들은 스스로의 생활이나, 가까운 사람들과의 관계, 교회와 사회, 국가 그리고 세상 사람들을 위해 "나라이 임하옵시며"라고 이미 기도했기 때문이다.

"나라"와 "뜻"이라는 두 가지 영적인 말은 복잡하게 서로 얽혀져 있다. 우리가 하나님의 뜻을 믿음으로 확신함은 언제나 그 뜻이 하나님의 나라에서 이루어지기 때문이다. 우리가 생활의 모든 영역에서 "나라이 임하옵시며"라고 단언한다면 그날 그날 어떤 결정을 할 때마다 하나님께서 우리를 인도해 주실 것이라는 확신이 서게 된다. "나라이 임하옵시며"와 "주님의 뜻이 이루어지이다"라는 서로 연관되어 있다. 풀어 말하자면 하나님의 나라는 하나님의 말씀을 통한 주권적이며 절대적인 통치로 이루어지기 때문에 어떤 문제나 환경 속에서도 하나님의 다스리심을 확신하고 있다는 뜻이다. 그러므로 "하늘에서 하나님의 뜻이 이루어진 것처럼"이라는 하나님의 패턴에 맞도록 "땅에서도 이루어지이다"라고 우리는 기도하고 있는 것이다. 하나님의 뜻이 기쁘고 온전하게 그리고 순조롭게 이루어진다는 것은 하늘에서 이루어지고 있는 일들의 패턴을 땅에서도 그대로 보여주는 것과 같다. 하늘에서는 하나님의 뜻이 이루어지는 데 전혀 어려움이 없이 기쁨으로 이루어지고 있다. 지상에 있는 내 마음에 하나님의 나라가 임하였다면 하나님의 뜻을 행한다는 것은 기쁨이지 고역이 아니라는 것이다.[3]

우리는 하나님의 뜻을 행하므로 하늘에 계신 우리 아버지의 나라에서 다스리는 일에 참여할 수 있다. 하루 하루 매 순간마다 우리는 우리 자신들의 영역에서 하나님의 나라를 통치하며 그분의 뜻을 행하므로 하나님의 나라가 임하도록 기도하는 임무를 완수할 수 있다. 우리는 이미 하나님의 나라가 임하였음을 선포하였기 때문에 하나님의 나라가 임하도록 기도한 의무를 완수했다고 확신할 수 있는 것이다.

하나님의 나라는 우리 가운데 의와 평강과 희락으로 임한다. 그리고 그 속에 있는 하나님의 뜻은 다시 우리 개인 생활, 가정, 교회 가운데 영향을 미치게 된다. 내적으로 임하는 것(내적인 하나님의 나라)은 외적으로 나타난(하나님의 뜻이 이루어지는 것) 것의 기초인 셈이다.

하나님께서는 우리들을 위해 모든 계획들을 세워 놓으셨다. 따라서 우리가 "주님의 나라가 임하옵시며 주님의 뜻이 이루어지이다"라고 기도할 때는 태어나기 전부터 하나님께서 우리에게 정하신 영원한 운명을 얻게 되는 것이다. 다윗은 다음과 같이 선언하고 있다.

내 형질이 이루기 전에 주의 눈이 보셨으며
나를 위하여 정한 날이 하나도 되기 전에

시편 139 : 16

비판자들은 "아니다"라고 말할 것이며 이기주의자들은 "내 방법대로"라고 말할 것이나 중보 기도자들은 "주님의 방법대로…. 주님의 뜻이 이루어지이다!"라고 말할 것이다.

❖ 각주 ❖ ───────────

1) Philip W. Keller, *A Layman Looks at the Lord's Prayer*(Chicago : Moody, 1976) P. 87.

2) William Barclay, *The Beatitudes and the Lord's Prayer for Everyman* (New York : Harper and Row, 1968) P. 210.

3) Keller, *A Layman Looks at the Lord's Prayer*, P. 89.

11

당신의 영적인 유산에 접근하는 법

만약 여러분이 돈이나 물질 또는 개인적인 능력 등 무한한 것을 소유했다면 하나님을 위해 무엇을 하겠는가? 어떤 목표와 비전을 이룰 것인가? 여러분의 생활과 사역을 획기적으로 변화시킬 수 있는 것이 무엇인가? 여러분의 주위에서 절대적으로 필요한 것을 얻을 수 있는 알맞은 일이 무엇인가? 여러분은 현재의 상황에 제한을 받을 필요가 없다는 것을 알고 있는가? 이제 여러분은 하나님께서 주신 목표와 비전을 성취시킬 수 있는 무한한 영적 자원을 어떻게 얻을 수 있는지 배울 수 있다.

우리들의 육신적 아버지들은 자녀들의 필요한 것, 예를 들면 음식이나 편히 쉴 수 있는 곳, 혹은 자전거나 장난감 등에 관심을 가지고 있다. 그런데 하물며 하늘에 계신 우리 아버지께서 자녀들에 대해 무관심하시겠는가? "너희가 악한 자라도 좋은 것으로 자식에게 줄줄 알거든 하물며 하늘에 계신 너희 아버지께서 구하는 자에게 좋은 것으로 주시지 않겠느냐"(마 7 : 11).

예수님께서는 우리가 필요한 모든 것을 얻을 수 있도록 같은 방법을 보여주신다. "그러므로 염려하여 이르기를 무엇을 먹을까 무엇을 마실까 무엇을 입을까 하지 말라 이는 다 이방인들이 구하는 것이라 너희 천부께서 이 모든 것이 너희에게 있어야 할 줄을 아시느니라 너희는 먼저 그의 나라와 그의 의를 구하라 그리하면 이 모든 것을 너희에게 더하시리라"(마 6 : 31-33).

우리가 모든 환경 가운데서 주기도문처럼 "나라이 임하옵시며"라고 선언한다면 그것이 바로 그의 나라를 구하는 것이다. 또한 "주님의 뜻이 이루어지이다"라고 선언하는 것은 곧 하늘에 계신 우리 아버지의 뜻에 순종하는 것과 같다. 이런 과정이 끝나면 이제 "오늘날 우리에게 일용할 양식을 주옵시고"라는 확신 속에 기도할 수 있게 되는 것이다.

■ 일용할 양식이 무엇인가?

"오늘날 우리에게 일용할 양식을 주옵시고"라고 기도하는 것은 주기도문에 나타난 세 가지 개인적인 간구 가운데 첫 번째이다. 커티스 미첼(Curtis Mitchell)은 다음과 같이 언급하고 있다. "이 기도는 헬라어 본문에서 긴박하고 절박한 상황을 가르치는 명령 형태의 동사 시제로 표현되어 있다. 실제적으로 이 간구는 헬라어 문법이 뜻하는 가장 절박하고도 진지하게 간구하는 것이다."[1]

만약 이 간구가 긴급한 것이며 우리가 "양식"을 얻을 것이라는 확신을 가지고 기도해야 된다면 우리는 이 간구가 뜻하는 정확한 의미가 무엇인지 알아야만 한다.

그 첫 번째, 하늘에 계신 우리 아버지께서 우리들이 먹는 모든 양식의 원천임을 인식해야만 한다. 우리의 원천은 월급이나 은행 계좌, 주식이나 채권, 혹은 가정에 유산이나 주는 회사 같은 것들이 아니다. 그것들은 너무나 한계가 있다. 어떤 사람들은 "만약 하나님께서 우리의 원천이라고 한다면 우리의 필요한 것을 모두 알고 계실텐데 우리가 기도할 필요가 있겠는가?"하고 질문할 것이다. 그러나 그것은 부정적인 태도이다. 주님께서는 우리의 필요한 것을 모두 알고 계시기 때문에 우리는 절대적인 확신을 가지고 기도할 수 있어야 하는 것이다.

두 번째, 우리가 매일의 양식을 얻기 위해서는 간구해야 한다는 것이다. 간구의 말로 기도하면 이기적인 마음을 막을 수 있다. 뿐만 아니라 이것은 영적 가족인 다른 사람들의 양식을 위해서도 필요한 일이다.

세 번째, 간구는 매일의 양식을 위한 기도이다. 윌리엄 바클레이(W. Barclay)는 여기에 대해 다음과 같이 언급하고 있다 "이 간구는 먼 미래에 먹을 양식을 간절히 구하는 것이 아니라 현재의 양식을 얻은 것으로 만족하고 미래의 양식은 하나님의 손에 맡기는 기도이다."[2]

주기도문에서 "일용할"이라 번역된 헬라어는 성경 다른 곳에서는 사용되지 않는 단어로써 "우리의 생명을 유지하는 데 절대적 혹은 기본적으로 필요한 충분한 양식"을 뜻하는 것이다.[3]

네 번째, 이 간구는 양식을 위한 기도이다. 여기서 말해주고 있는 양식이란 무엇인가? 그것은 다름아닌 영적인 양식이다. 예레미야는 하나님의 말씀에 대해 "… 내가 주의 말씀을 얻어 먹었사오니 주의 말씀은 내게 기쁨과 내 마음의 즐거움이오나"(렘 15 : 16)라고 말했으며 예수님께서는 "생명의 떡"(요 6 : 35)으로 하나님의 말씀을 표현하셨다. 그러나 나는 이 양식이라는 말은 영적인 양식 뿐만 아니라 먹는 실제 양식도 가리키는 말이라고 믿는다. 왜냐하면 육적인 양식과 영적인 양식간에는 밀접한 관계가 있기 때문이다. 이것은 물질적으로 잘되는 것과 영적으

로 잘되는 것이 서로 밀접한 관계가 있는 것과 같다(요삼 1 : 2). "오늘
날 우리에게 일용할 양식을 주옵시고"라고 간구하는 것은 먹고 성장해
야 할 영적 양식에 대한 영혼의 간절한 울부짖음이며 동시에 생명을 유
지하기 위해 필요한 물질적인 요구이다.

일용할 양식은 구약성서에 나오는 영적인 "만나"라고도 생각할 수 있
다. 구약 시대의 "만나"는 매일 매일 필요한 양만큼 받았으며, 그것은
전적으로 하나님께로부터 받은 것으로 하나님만이 원천이셨다. "만나"
는 이스라엘 백성들의 육적인 필요를 채워줌과 동시에 영적 필요도 만
족시켜준다고 모세는 강조했다(신 8 : 3). 윌리엄 바클레이(W.
Barclay)는 다음과 같이 주석 했다. "우리가 일용할 양식을 구하는 기
도를 할 때는 하나님께서 우리 생활에 있어서 영적이나 물질적으로 필
요한 모든 것을 공급해 주실 것을 확신하고 구하는 것이다."[4]

이상과 같이 일용할 양식은 물질적인 것 그리고 영적인 양식이라는
두 가지 뜻을 포함하고 있다. 따라서 앞으로는 이 부분이 우리의 실제
생활 영역에 더해져야 할 것이다.

■ 어떻게 일용할 양식을 구할 것인가

일용할 양식을 간구하기 위한 네 가지 기본적인 조건이 있다. 이 네
가지 조건들은 영어 첫 자가 "B"로 시작되는 것으로 그 첫 번째는 하나
님의 뜻 안에 거해야 하며, 두 번째는 하나님의 뜻은 우리가 풍성한 삶
을 사는 것임을 믿어야 하는 것이며, 세 번째는 우리가 필요를 위해 매
일 기도하되 구체적으로 기도해야만 하는 것이며, 네 번째는 끈기 있게
참고 기도해야만 한다는 것이다.

1. 하나님의 뜻 안에 거할 것

우리가 필요한 것을 구할 때는 언제나 하나님의 뜻 안에서 구해야 한다. 이것은 몇 가지 의미를 담고 있는 데 다음과 같다.

하나님의 뜻 안에 거한다는 것은 예수님께서 우리 삶의 주인이라는 것을 의미한다. 다시 말하면 우리 아버지의 나라는 이미 임하였고, 그분의 뜻은 우리들의 삶의 모든 영역에서 이루어 졌다고 분명하게 선언하는 것이다. 놀랍게도 주기도문은 우리가 필요한 것에 대하여 어떻게 기도해야 하는지 그 우선 순위를 확실하게 세워주고 있다.

하나님의 뜻 안에 거한다는 것은 성도들이 한 공동체의 요원임을 말해 주는 것이다. 우리가 서로 모이는 것을 폐하지 말것을 권하고 있는 말씀이다(히 10 : 25). 하나님께서는 예수님 안에 있는 다른 사람들을 통하여 물질적인 필요를 우리에게 공급시켜 주신다(롬 15 : 26).

하나님의 뜻 안에 거한다는 것은 열심히 일하는 안정된 습관을 말하기도 한다. 바울은 우리로 하여금 생활에 필요한 것을 힘써 구하므로 다른 사람들에게 짐이 되지 말것을 권면하고 있다(살전 4 : 11-12). 또한 게으르거나 다른 사람들의 일에 간섭하는 자들을 자신들의 일에 참여시키지 말라고 했으며(딤전 5 : 13) "··· 누구든지 일하기 싫어하거든 먹지도 말게 하라"(살후 3 : 10)고 단호히 명령하고 있다.

바울은 올바른 노동 윤리에 대해 구체적인 교훈을 주고 있는 데 피고용인들은 고용인들에게 복종하며 모든 일에 주인을 기쁘게 하고 뒤에서는 비난하거나 거슬려 말하지 말고 또한 주인의 물건을 도둑질하지 말것을 권고했다(딛 2 : 9-10). 베드로는 피고용인들에게 그들이 애매히 고난을 당하는 순간에도 정직하게 일할 것을 권한다(벧전 2 : 18-23). 부지런함은 성경에서 강조하고 있는 것처럼 믿는 자들이 가져야할 덕이다. 낮추게도 하시며 높이기도 하시는 하나님께서는 신실하고 부지런한 사람들을 높여주신다(시 75 : 6-7).

하나님의 뜻 안에 거한다는 것은 우리에게 주어진 청지기 직분을 잘 감당하는 것이다. 우리에게 돈이 있다면 주어진 돈을 잘 관리하는 것인데 주어진 여건 안에서 예산을 세우고 검소한 생활을 하며 주님의 사역에 필요한 것을 돕고자 헌금하는 것을 말한다. 하나님께 헌금하는 성경적인 방법은 다음과 같다. 가난한 자들을 위한 구제헌금(시 41 : 1, 마 6 : 1, 3-4), 수입의 10%인 십일조, 십일조 외에 특별히 드려지는 기타 헌금 등이 있다(말 3 : 8). 말라기 선지자는 하나님의 백성들이 십일조와 기타 헌금들을 도둑질하고 있다고 언급하면서 십일조 헌금을 통하여 하나님이 복을 주시는지 아닌지 시험해 보라고 도전하고 있다(말 3 : 8-11).

우리는 구약성서에서 남아 있는 밀가루와 기름으로 하나님의 선지자를 공궤했던 과부의 이야기에 잘 나타난 것처럼 우리의 재정적인 궁지를 잘 헤쳐 나올 수 있다. 그녀가 가지고 있었던 지극히 작은 것은 아낌없이 섬기는 것을 통해서 초자연적으로 풍성해졌다(왕상 17 : 10-16). 하나님 뜻 안에 거하는 그의 백성들에 대한 확실한 하나님의 법은 절대로 변하지 않는다. 예를 들면 이삭은 주위의 심한 기근에도 불구하고 백배의 수확을 거두었다(창 26장). 우리가 하나님의 말씀에 순종만 한다면 하나님께서 하신 복된 약속들을 보장받을 수 있다. 그리고 우리는 담대하게 "오늘날 우리에게 일용할 양식을 주옵시고"라고 간구할 수 있게 된다. 하나님께서는 우리가 하나님의 말씀에 순종하고 그의 뜻 안에 거한다면 풍성한 복이 우리에게 넘칠 것을 약속하셨다(신 28 : 1-4).

2. 하나님의 뜻은 우리가 풍성한 삶을 사는 것임을 믿어야 하는 것

내 부친이 텍사스에서 정유 사업으로 많은 부를 축적한 결과 나는 호화스런 환경 속에서 성장할 수 있었다. 그러나 내가 누렸던 물질적인 부

는 나를 만족시켜 주지 못했기 때문에 나는 돈이 많은 사람은 하나님과 올바른 관계를 가질 수 없다고 결론을 내렸다. 돈이 많다는 것은 한편으로는 영적으로 가난하다는 것을 뜻한다.

그런데 성경을 연구할수록 내가 결론 내렸던 이런 철학에 더욱더 의심을 품게 되었다. 나는 아브라함의 부에 대한 것을 읽었고(창 24 : 35), 그의 아들 이삭의 얘기 즉, 기근임에도 불구하고 어떻게 백 배의 수확을 거두어 들였는지를 읽었다(창 26 : 1, 12-14). 또한 하나님께서 야곱이 사기꾼 같은 인격을 소유했음에도 불구하고 어떻게 복을 주셨는지를 알았다. 그리고 비록 믿음의 몇 차례 시련에서 가지고 있었던 모든 것을 잃어 버렸을지라도 그 결과는 처음 가지고 있었던 것보다 두 배나 받았던 욥에 대한 것을 읽었다.

나는 모세가 이스라엘 백성에게 들려준 다음의 말을 분석했다. "네 하나님 여호와를 기억하라 그가 네게 재물 얻을 능을 주셨음이라 이같이 하심은 네 열조에게 맹세하신 언약을 오늘과 같이 이루려 하심이니라"(신 8 : 18).

또한 예수님께서 하신 다음과 같은 약속도 읽었다. "주라 그리하면 너희에게 줄 것이니 곧 후히되어 누르고 흔들어 넘치도록 하여 너희에게 안겨주리라 너희의 헤아리는 그 헤아림으로 너희도 헤아림을 도로 받을 것이니라"(눅 6 : 38). 여기에서 "주라"는 명령이 있지만 본문은 우리가 어떻게 받을 것인가를 더 강조하고 있다.

뿐만 아니라 나는 복음을 위해 헌신한 사람들에게 예수님께서 주셨던 약속의 말씀을 계속 발견했다. "예수께서 가라사대 내가 진실로 너희에게 이르노니 나와 및 복음을 위하여 집이나 형제나 자매나 어미나 아비나 자식이나 전토를 버린 자는 금세에 있어 집과 형제와 자매와 모친과 자식과 전토를 백배나 받되 핍박을 겸하여 받고 내세에 영생을 받지 못할 자가 없느니라"(막 10 : 29-30).

바울은 내가 예수 그리스도와 함께 한 후사임을 말해 주었고(롬 8 : 17), 하나님께서는 천국의 풍성한 대로 그리스도 예수 안에서 나의 필요한 모든 것을 공급해 주실 것이라 약속하셨다(빌 4 : 19). 지금까지 언급한 모든 성경말씀들은 이러한 축복에 대한 메시지를 거듭 반복해 주었고, 나는 최종적으로 내가 물질적으로 풍성하게 누리는 것이 하나님의 뜻이라는 결론에 도달하게 되었다.

하나님께서는 우리가 옛 곳간을 부수고 새로운 곳간을 지어 보다 큰 창고를 만들어 그곳에 재물을 채우는 식으로 복을 주시지 않는다. 어떤 때에는 하나님께서 복을 잠시 멈추시기도 하는 데, 이것은 우리가 재물을 정욕에 따라 사용하기 때문이다(약 4 : 3). 근본적인 하나님의 뜻은 우리로 풍성하게 살도록 하는 것이다.

하나님이 능히 모든 은혜를 너희에게 넘치게 하시나니
이는 너희로 모든 일에 항상 모든 것이 넉넉하여
모든 착한 일을 넘치게 하게 하려 하심이라…
심는 자에게 씨와 먹을 양식을 주시는 이가 너희 심을 것을 주사
풍성하게 하시고 너희 의의 열매를 더하게 하시리니
너희가 모든 일에 부요하여 너그럽게 연보를 함은
저희로 우리로 말미암아 하나님께 감사하게 하는 것이라

고린도후서 9 : 8, 10-11

하나님께서는 우리의 필요를 채워주시므로 인하여 우리도 다른 사람들의 필요를 채워줄 수 있게 하신 것이다. 하나님께서 풍성함을 우리의 손에 주시므로 우리가 하나님의 복의 통로가 되어 세상 민족들과도 동일한 언약을 맺게 하신 것이다(신 8 : 18-19). 이러한 패턴이 신약성서

에서는 교회를 통해서 수립 되었는 데 이것은 풍성함을 가난한 사람들에게 나누어 주므로 복음도 함께 전파될 수 있었다.

3. 구체적으로 기도해야만 하는 것

야고보는 우리가 받지 못한 이유를 구하지 않았기 때문이라 지적했다 (약 4 : 2). 우리는 기도할 때 구체적으로 해야 한다. 한국교회의 조용기 목사는 목회를 시작할 때 구체적으로 자전거, 책상, 그리고 의자 등을 구했고 정확하게 기도한 대로 응답을 받았다고 한다. 그렇게 작은 것을 기도하므로 받았던 경험은 조용기 목사로 하여금 큰 것을 구해도 받을 수 있다는 믿음을 가지게 했다. 현재 조용기 목사가 목회하고 있는 여의도순복음교회가 세계에서 제일 큰 교회로 성장하게 된 것도 바로 기도라는 반석 위에 세워졌기 때문이다. 성경에 나타난 유명한 기도들을 분석해 본다면 모든 기도들이 구체적이었다는 것을 쉽게 알 수 있다. 우리의 기도는 언제나 구체적으로 초점을 맞추어야 한다. "표적을 조준하지 않아도 언제나 명중한다"는 속담처럼 우리가 구체적으로 기도한다면 애써 표적을 조준하지 않아도 언제나 명중할 것이기 때문이다.

4. 끈기 있게 참고 기도해야만 하는 것

누가복음 18 : 1-8에는 불의한 재판관과 "내 원수에 대한 나의 원한을 풀어주소서"하며 애원하는 한 과부의 이야기를 비유로 말씀하고 계신다. 여인은 쉬지 않고 간구했기 때문에 불의한 재판관도 그녀의 요구를 들어주었다. 예수님께서는 세상의 재판관들도 쉬지 않고 요구한 것을 들어 준다면 하물며 의로운 재판관이신 하늘에 계신 우리 아버지께서는 더 더욱 밤낮으로 하나님께 구하는 하나님의 자녀들에게 응답해 주신다는 것을 설명해 주기 위해 이 비유를 사용하셨다.

「앰플리파이드 성경」(The Amplified Bible)은 마태복음 7 : 7을 다음과 같이 번역했다. "계속해서 구하라 그러면 너희에게 주실 것이요, 계속해서 찾으라 그러면 너희들이 찾을 것이며, 계속해서 두드리라(겸손하게) 그러면 너희에게 문이 열릴 것이다." 성경은 우리로 쉬지 말고 기도하므로 낙심치 말며, 낙심치 말지니 때가 이르면 거둘 것이라 말하고 있다. 여러분은 포기하지 말기 바란다. 여러분은 하늘에 계신 우리 아버지께서는 쉬지 않고 부지런히 구하는 하나님의 자녀들에게 상주시는 이심을 믿어야만 한다. 왜냐하면 믿음이 없이는 하나님으로부터 어떤 것도 받을 수 없기 때문이다(히 11 : 6).

여러분이 각자의 마음속에 이상의 4가지 요구 조건을 가지고 "오늘날 우리에게 일용할 양식을 주옵시고"라고 단언하기 시작한다면 생활에 필요한 어떤 것을 위해서도 구할 수 있게 된다. 여러분은 하늘에 계신 여러분의 아버지의 이름 가운데 "여호와께서 예비해 주신다"는 뜻인 여호와 이레(Jehovah Jireh)란 이름을 기억할 것이다. 무한한 자원이 이미 준비되어 있다. 기름부음 같은 능력 있는 기도는 바로 여러분의 것이다. 여러분이 이제 해야 할 것은 하나님 아버지께 무한한 자원을 구하는 것이다.

❖ 각주 ❖ ────────────

1) Curtis C. Mitchell, *Praying Jesus' Way*(Old Tappan : Revell, 1977), P. 47.

2) William Barclay, *The Beatitudes and the Lord's Prayer for Everyman* (New York : Harper and Row, 1968), P. 222

3) Taylor Bunch, *The Perfect Prayer*(Takoma Park. Review and Herald Publishing Asociation, 1939), P. 92.

4) W. Barclay, *The Beatitudes and the Lord's Prayer for Everyman*, P. 225.

12
아버지의 방법대로 용서함

여러분은 주기도문(The Lord's Prayer)에서 어떤 부분이 가장 중요하다고 생각하는가? 만약 어떤 사람이 찬양과 예배를 강조한다면 "이름이 거룩히 여김을 받으시오며"라는 부분이 가장 의미 있는 부분으로 간주할 것이다. 하나님의 나라에 대한 신학 연구에 몰두한 사람이라면 "나라이 임하옵시며"라는 부분을 가장 뛰어난 부분으로 초점을 맞출 것이다. 만약 물질적 축복 교리를 선호한 그리스도인들은 "오늘날 우리에게 일용할 양식을 주옵시며"라는 부분을 가장 중요하다고 강조할지 모른다. 반면에 구원 사역을 하는 사람들은 "악에서 구하옵소서" 부분을 선호할 것이다.

여러분은 주기도문 가운데 실제로 가장 중요한 부분이 어느 것인지 알고 싶은가? 가장 중요한 부분이란 예수님께서 거듭 강조한 부분이다. 예수님께서 주기도문을 가르쳐 주셨던 마태복음 6장에는 주기도문을 가르쳐 주신 다음 부록으로 예수님의 교훈이 나타나 있는 데 그 중에 주기도문의 내용 중 단 한 부분만이 반복되어 있다. 그 강조된 것은 "우리가 우리에게 죄 지은 자를 사하여 준 것같이 우리 죄를 사하여 주옵시고" 부분이다. 예수님께서 주기도문을 가르치신 결론의 말씀에서 다음과 같은 말씀을 덧붙이셨다. "너희가 사람의 과실을 용서하면 너희 천부께서도 너희 과실을 용서하시려니와 너희가 사람의 과실을 용서하지 아니하면 너희 아버지께서도 너희 과실을 용서하지 아니하시리라"(마 6 : 14-15).

예수님께서는 자신을 적대시했던 상황을 수없이 당하셨기 때문에 용서 문제에 대하여 권위를 가지고 말씀하실 수 있었던 것이다. 예수님의 사촌이었던 세례요한은 예수님이 어떤 분이셨는지 의심했었으며, 당시 종교 지도자들은 예수님께서 이교적인 도리나 마술 같은 것을 사용한다고 주장했다. 예수님 자신도 고향에서는 환영을 받지 못한다고 말씀하셨으며, 예수님을 따른 많은 무리들도 영적 진리보다는 육적인 음식에 더 관심을 두었다. 예수님의 제자들은 예수님을 부인하고 버렸으며 예수님 자신은 십자가 죽음의 고통과 비하로 고난을 당하셨다. 예수님께서 그렇게 자신을 적대시 했던 모든 사람들을 용서하실 수 있었던 비밀은 무엇일까? 이는 예수님께서 가르쳐 주셨던 모범적인 기도인 주기도문 중 "우리가 우리에게 죄 지은 자를 사하여 준 것같이 우리 죄를 사하여 주옵시고"라는 문장에 잘 나타나 있다.

용서한다는 것은 우리의 중요한 두 가지 생활 영역에서 실천해야 할 것이다. 우리 주위의 어떤 사람에게 갚아야 할 어떤 빚을 지거나 심각한 잘못을 하지 않는 것은 또한 하나님께 하지 않는 것과 같다는 것이 그 하나이며 또 다른 영역은 주위 사람들을 포함시키지 말고 직접 하나님께 용서를 받음으로써 하나님께 대한 빚이 없어야 한다는 것이다."[1]

우리는 개인적으로 다른 사람들에게 잘못한 것에 대해 용서를 받고 다른 사람들이 우리에게 잘못한 것에 대해 용서해 주는 것을 배워야 한다.

■ 개인적인 잘못들

개인적인 잘못들은 스스로의 죄 때문에 자신이나 하나님께 과오를 범할 때 나타난다. 우리는 "우리의 죄를 용서하옵시며"라고 하나님께 용서를 구하는 것으로 그러한 잘못을 처리하게 된다. 성경은 "만일 우리가 죄 없다 하면 스스로 속이고 또 진리가 우리 속에 있지 아니할 것이요 만일 우리가 우리 죄를 자백하면 저는 미쁘시고 의로우사 우리 죄를 사하시며 모든 불의에서 우리를 깨끗케 하실 것이요"(요일 1 : 8-9)라고 선언하고 있다. 우리가 알고 있는 죄를 자백하면 하나님께서는 우리가 알지 못하고 범죄한 죄까지도 마치 고백한 것처럼 용서해 주시므로 모든 불의로부터 깨끗케 하신다.

본문에서 **자백한다**(Confess)라는 말은 "같은 것을 반복해서 말한다"라는 의미이다. 우리는 **정사를 갖음**, **여성의 선택권** 또는 **양자 택일적인 생활 태도**라는 꽤 "교양있는" 용어로 악한 것들을 덮어버리고 있다. 간음이란 정사가 아니고 범죄의 사건이다. 낙태하는 것이란 여성들이 선택할 수 있는 권리가 아니라 하나님의 율법을 위반하는 행동이다. 우리가 용서받기 위해서는 저지른 범죄들을 고백해야 하며 동시에 하나님께서 말씀하시는 죄에 대한 개념에 대해 동의해야 한다. 하나님의 말씀은 모든 사람이 죄를 범했으므로(롬 3 : 23) 그 죄를 고백해야 하며 하나님께서 용서해 주기 위해 마련해 주신 예수 그리스도의 희생 제사를 받아들여야만 한다는 것이다.

성경에는 죄에 대한 몇 가지 용어들이 있는데 이 모든 용어들은 하나님의 법에 위반하는 것들이다. 예수님께서는 주기도문에서 **빚**(Debt)이란 말로 인간의 죄를 표현하셨다. "빚"이란 말은 "당연히 해야할 일들, 의무들, 또는 빚진 것, 법적인 의무" 같은 것들을 뜻하고 있다.

하나님의 말씀은 우리가 죄를 고백할 때 이미 용서받았다는 것을 확신한다고 말해 주고 있다. 우리는 용서함 받았다는 것을 느끼지 못할 수도 있으나 용서함이란 느낌(Feel)으로 받는 것이 아니라 믿음에 기초를 둔 사실이다. 용서함이란 우리를 대신하신 아버지의 사역이며 이는 하나님의 자녀로서의 위치를 확신 할 수 있게 하는 것이다.

존 맥아더(John MacArthur)는 이것에 대해 다음과 같이 주석하고 있다.

주기도문에 나타난 모든 간구들은 하나님께서 이미 보장하신 어떤 것들을 우리에게 약속한 것이다. 그러므로 우리가 하나님께 간구하는 것은 하나님께서 우리에게 주시기 싫어하는 것들을 구하는 것이 아니라 오히려 하나님께서 이미 우리에게 약속하신 것들을 단순히 요구하는 것뿐이다. … 이것은 우리가 하나님께 간구하는 최선의 방법이며 우리에겐 구하기 원할 때 구할 수 있는 권리가 있는 것이다.[2]

우리는 하늘에 계신 아버지의 자녀들로서 용서함을 구할 수 있는 권리가 있다. 우리는 죄를 고백해야 하며 우리의 죄가 무엇인지 하나님께서 말씀하신 바에 대해 동의해야 하며 그 죄를 위해 하나님께서 해 주신 일에 대해서도 동의해야 한다. 하나님은 세상 창조 이전부터 용서하신 것으로 간주하시면서 다음과 같이 선언하고 계신다. "… 내가 그들의 죄악을 사하고 다시는 그 죄를 기억지 아니하리라…"(렘 31 : 34).

■ 다른 사람들의 잘못들

용서해야 할 두 번째 영역은 직접적으로든 간접적으로든 잘못한 다른 사람들을 용서하는 것이다. 직접적인 잘못이란 다른 사람들이 우리에게 상처를 줄 때 나타난 것이며, 간접적인 잘못이란 다른 사람들이 우리가 사랑하는 친구 또는 친척들에게 상처를 주어 그 상처를 우리가 감당할 때 나타난 것이다. 예수님께서는 "우리가 우리에게 죄 지은 자를 사하여 준 것같이 우리 죄를 사하여 주옵시며"라고 기도하므로 그러한 잘못들을 잘 대처해야 한다고 가르치셨다.

베드로는 어느 날 예수님께 와서 용서에 대해 다음과 같이 질문했다. "주여 형제가 내게 죄를 범하면 몇 번이나 용서하여 주리이까 일곱 번까지 하오리까"(마 18 : 21). 여러분들도 아시다시피 베드로가 살던 시대에 유대 랍비들은 잘못한 사람은 세 번까지 용서해 줄 것을 가르쳤다. 베드로는 자신이 꽤 영적이며 의무 이상의 것을 말했다고 생각했었다. 그러나 예수님께서는 "네게 이르노니 일곱 번 뿐 아니라 일흔 번씩 일곱 번 이라도 할지니라"(마 18 : 22)고 대답하셨다. 따라서 하늘에 계신 우리 아버지께서 우리를 용서해 주신 횟수만큼 우리들도 우리의 형제 자매들을 용서해 주어야만 한다.

예수님은 베드로의 질문에 대한 답변으로 좋은 비유를 들어 설명해 주셨다(마 18 : 23-35). 왕에게 10,000달란트(현재 약 1,000만 달러 정도) 빚진 종에 대한 이야기가 그것이다. 왕은 종의 빚이 너무 많아 갚을 수 없다는 것을 알고서 그 빚을 전부 탕감해 주었다. 그런데 이 종이란 자는 자기에게 100데나리온(현재 약 20달러 정도) 빚진 사람을 자신이 탕감 받은 것처럼 탕감해 주지 아니하고 오히려 그 감옥에 가두었다. 왕이 이 종의 악함을 알고서 다음과 같은 질문을 그에게 던졌다. 그 질문은 하나님께서 우리 각 사람에게 던지시는 질문이기도 하다. "내가 너를 불쌍히 여김과 같이 너도 네 동관을 불쌍히 여김이 마땅치 아니하냐"(마 18 : 33).

불의한 종이 용서해 "주지 않은 것"을 주목하기 바란다(마 18 : 30). 그는 용서를 이미 받았기 때문에 용서를 해 주어야하고 용서해 줄 수 있었지만 용서를 해 주지 않았다.

이 비유는 세 가지 중요한 점을 지적해 주고 있다. (1) 하나님께서는 인간이 용서하는 것보다 먼저 우리를 용서해 주신다. (2) 인간의 용서는 하나님께서 보여주신 용서의 그림자이다. (3) 하나님의 용서는 우리 인간이 자발적으로 다른 사람을 용서해 줄 때 실현된다.[3]

이와 같은 사실을 예수님께서는 다음과 같은 말씀으로 요약하셨다.

"서서 기도할 때에 아무에게나 혐의가 있거든 용서하라 그리하여야 하늘에 계신 너희 아버지도 너희 허물을 사하여 주시리라 하셨더라"(막 11 : 25-26).

우리는 하나님으로부터 용서 받았던 것과 같은 수준으로 다른 사람들을 조건 없이 용서해 주어야 한다. 이 비유에서 말해 주고 있는 마지막 요점은 용서해 주지 않았던 종이 고통 가운데 처해진다는 점이다. 다른 사람들을 용서해 주지 않는다는 것은 우리 자신들의 영혼을 괴롭게 하는 쓰라림이며 하나님의 진노를 불러일으킬 수 있는 것이다.

여러분에게 경고한다. 사단은 여러분의 가정, 친구관계, 사업관계, 교회 내에서 문제들을 일으킨다. 성경은 이러한 문제를 "실족케 하는 일이 없을 수는 없으나"(마 18 : 7)라고 말하고 있다. 그렇다면 여러분은 그러한 문제가 발생했을 때 어떻게 해결할 것인가?

여기에 용서 받고 용서해 주는 데 도움이 되는 4가지 열쇠가 있다.

1. 그 문제나 잘못에 대해 비난하지 말라

만약 여러분이 범죄했거나 혹은 다른 사람들이 여러분에게 잘못을했을 경우 비난하지 말라. "내가 하지만 않았다면" 혹은 "왜 나에게" 혹은 화를 내는 등 그 잘못에 대해 집착하지 말라. 로마서 8 : 28-29은 모든 것이 여러분으로 하나님의 형상에 이르기까지 합력하여 선을 이루도록 한다고 말씀하고 있다. 하나님께서 악한 것들을 어떻게 취급하므로 우리 자신들에게 선으로 역사하시는가? 스스로에게 물어 보라. 요셉이 "당신들은 나를 해하려 하였으나 하나님은 그것을 선으로 바꾸사…"(창 50 : 20)라고 말했던 것처럼 여러분의 잘못이나 문제가 발생했을 때 담대하게 선언하기 바란다.

"죄가 더한 곳에 은혜가 더욱 넘쳤나니"(롬 5 : 20)란 하나님의 말씀을 기억해 보라. 하나님의 은혜는 여러분의 죄 가운데, 약함 가운데, 여러분이 고통받고 있는 잘못 가운데 최대로 나타날 것이다.

2. 그 문제나 잘못을 변호하지 말라

우리는 문제가 발생했을때 스스로 자신을 동정하므로 문제를 변호하고, 불쌍한 내 자신이라고 생각하며 문제를 변호하는 것이다. 그러한 자신의 동정심이 여러분의 마음속에 스며들려는 것을 단호하게 거부하라. 왜냐하면 그러한 동정심은 자신을 파멸로 이끌어가기 때문이다.

3. 같은 문제나 잘못을 언급하지 말라

어떤 것이 여러분의 생각하는 삶을 계속해서 낭비케 하는가? 여러분의 마음은 하늘에 계신 아버지에게 향하고 있는가 혹은 여러분에게 상처를 주고 잘못한 사람에게 향하고 있는가? 어떤 사람이 여러분에게 잘못한 것을 다시 언급한다는 것은 여러분의 마음을 더욱 불편하게 만들고 고통을 주게 된다. 이사야 26 : 3은 우리의 마음이 하늘에 계신 우리 아버지께 늘 향하고 있으면 온전한 평안을 유지할 수 있다고 약속해 준다.

여러분이 스스로 범죄한 죄이든 혹은 다른 사람들이 여러분에게 잘못한 것이든, 다시 언급하지 말라! 하나님께서는 한 번 용서해 주신 것은 기억지 않으시므로 하나님께서 용서해 주신 것을 우리가 다시 기억해야 할 필요가 없다. 우리는 힘을 다하여, 사도 바울이 뒤에 있는 것은 잊어 버린다(빌 3 : 13)고 했던 것처럼 잊어 버려야 한다. 잘못한 것들을 다시 언급한다면 정신적, 감정적으로 늘 과거에 살게 되므로 결코 미래 지향적인 삶을 살지 못하게 될 것이다.

4. 문제나 잘못들을 잊어버려라

매일 여러분의 가슴 속 깊이 힘을 다하여 용서해 주기로 깊이 약속하기 바란다. 빚진 자를 용서해 주어야 하는 환경이었지만 용서해 주지 않았던 불의한 종을 기억해 보라. 만약 의지적으로 용서해 줄 것을 선택했을 때 우리는 잘못한 실수를 잊어버린다. 이것은 곧 그 잘못이나 실수가 우리에게 미칠 수 있는 힘을 이미 무력하게 만들었다는 의미이다.

헬라어로 용서(Forgiveness)나 사죄(Remission)는 같은 단어로 사용되었는 데 이 뜻은 "추방하다" 또는 "멀리 보내다"라는 의미이다. 구약 시대에 있어서 속죄일에는 사람들의 죄를 아사셀(Azazel) 염소 머리 위에 고백하여 전가시킨 후 그 염소를 멀리 광야로 보내어 다시는 돌아오지 못하도록 했었다. 이것은 우리가 용서를 받았을 때 실제 일어난 현상이며, 다른 사람들의 잘못을 용서해 줄 때도 똑같은 현상이다. 잘못한 것들을 멀리 보내고 다시 돌아오지 못하도록 하는 것이다.

여러분의 마음속에 나쁜 감정을 떠오르게 하는 사람이 있는가? 그렇다면 그러한 사람들을 용서해 줄 필요가 있다. 그러한 사람들을 생각할 때마다 특별한 기억들 때문에 아직도 괴로워하고 있는가? 그러한 감정들이 있다는 것은 여러분이 용서해 주어야 할 필요가 있음을 가르쳐 주고 있는 것이다.

성경은 실수나 잘못들이 이 세상에서 일어날 것이라고 이미 선언했기 때문에 그것들이 일어나느냐 안 일어나느냐 하는 것은 문제가 아니다. 다만 그러한 일이 발생했을 때 어떻게 대처하느냐 하는 것이 문제인 것이다. 용서란 어떤 이유를 들어 "그녀는 힘든 가운데 있었다"라고 한 것처럼 다른 사람들의 잘못을 정당화시키는 것이 아니다. 이것은 상대방이 최우선적으로 여러분 자신이 상처를 받았다는 것을 부정하는 것이 아니며 여러분에게 행했던 잘못을 체념하면서 받아들이는 것이다. 또한 용서란 상처가 치유될 때까지 기다리므로 받아들여지는 것이 아니다. 왜냐하면 용서란 일반적으로 그렇게 이루지는 것이 아니기 때문이다.

진정한 용서는 상대방에게 잘못한 것을 그대로 인정하고 그가 받은 상처를 하나님께 고백하며 상처를 주는 사람이나 받은 사람이 받았던 부정적인 감정들을 서로 해소하므로 이루어지는 것이다. 이러한 과정은 양파 껍질을 벗기는 것과 같아서 용서하는 과정을 지나는 동안 우리는 하나님께서 우리와 우리에게 상처를 주는 사람의 생활 가운데 초자연적으로 역사하심을 알게 된다. 결국, 용서란 우리 심령이 겪고 있는 쓰라린 아픔을 깨끗이 없애주고, 우리 생활 가운데 기름부음 같은 능력 있는 기도를 할 수 있도록 준비시켜 주는 것이다.

■ 용서해 주는 하나님의 방법

나는 본 장에서 언급했던 메시지대로 살아왔다. 내 부친은 어머니와 이혼한 후 재혼했고 그후 암 말기 진단을 받았을 때 나는 아버지 모습을 보기 위해 멕시코로 갔다. 나는 부친에게 이렇게 말했다. "나는 새로운 신분으로 여기에 왔습니다. 목사의 신분으로 여기에 온 것은 아버지께서 잘못하신 것에 대해 잘못되었다고 지적하기 위해서고, 아버지의 아들로서 나와 같이 집으로 돌아가자고 권하기 위해 왔으며, 친구란 어느 때든 서로 사랑하기 때문에 아버지를 친구로서 사랑하기 위해 왔습니다.” 나는 부친이 나에게 잘못했던 것에 대해 저주하지 않았고, 악화시키지 않았고 다시 언급하지 않았다. 나는 의지적으로 내 부친을 용서해 줄 것을 선택한 것이다.

내 부친은 운명하기 전, 자신의 죄를 고백하고 하나님과 올바른 관계를 정립한 후 눈을 감았다. 부친은 당시 너무 아팠기 때문에 내 집으로 돌아 올 수 없어 이국 땅에서 생을 마쳐야 했다. 여러분이 어떤 사람을 용서해야 한다면 결코 용서해 주는 것을 미루지 말라. 때가 너무 늦지 않도록 주의하라. 지금 바로 다음과 같은 기도를 통해 용서해 주기 바란다.

하늘에 계신 아버지
다른 사람이 나에게 상처를 주었던 잘못이나 실수들을 주님 앞에 드립니다. 주님께서 나를 용서해 주신 것처럼 지금 이 시간 그를 용서해 주시고 자유케 하여 주옵소서. 나에게 행했던 모든 잘못들을 더 이상 비난하지 않을 것이며 더 이상 품지 않을 것이며 다시는 언급하지 않을 것이고 이 시간 모든 것을 잊어버릴 것입니다.
예수님의 이름으로 기도합니다. 아멘.

❖ 각주 ❖ ────────────

1) Gerhard Ebeling, *The Lord's Prayer in Today's World*(Philadelphia : Fortress, 1963), P. 69.
2) John MacArthur, *The Disciple's Prayer*(Chicago : Moody, 1986), P. 198.
3) Philip Harner, *Understanding the Lord's Prayer*(Philadelphia : Fortress, 1975), P. 105.

13

악한 자로부터의 구원

영국 북쪽 지역과 런던간 쭉 뻗어진 6차선의 고속도로에 새벽이 밝아 오고 있었다. 내 아들인 존(John)과 나는 맨체스터 부근 지역에서 런던으로 가고 있는 중이었다. 이때 그 지역 교회 목사와 감독 한 분이 우리와 동행하고 있었는 데 우리들은 영국 전역을 걸쳐 수일 동안 사역을 하면서 마술이나 동성연애를 지배하는 악령들의 강한 반대에 부딪치게 되었다.

조용한 이른 아침이었다. 갑자기 두 명의 모터싸이클 경찰들과 몇 대의 차량이 우리가 타고 있던 차 주위에서 급정거하더니 경찰용 밝은 서치라이트가 우리를 향해 비쳐졌고 경찰들은 우리를 향해 "손들고 차 밖으로 나와 땅에 엎드려!"하고 소리쳤다. 내가 땅에 엎드려 있을 때 한 거친 경찰 한 명이 발로 나를 밟았으며 내 아들 존의 옷은 경찰이 풀어 놓은 개에 물려 찢어졌다. 손은 수갑에 채워졌다.

나는 나를 붙잡고 있는 경찰관에게 공손하게 "영국에선 왜 체포하는지 이유도 말해 주지 않고서 사람들을 체포합니까?"하고 물었다. 나의 텍사스 말투를 듣던 경찰관이 놀라 나를 바라보며 "당신들은 어디에서 왔습니까?"하고 물었다.

"나는 복음을 전파하고 있는 목사로서 리(Leigh) 도시에서 전도집회를 마치고 런던으로 돌아가 오늘밤에 설교할 예정입니다"하고 대답했다. 경찰관은 아주 당황한 모습으로 나를 유심히 쳐다보며 "당신들이 말한 대로 그런 사람들이라면 우리가 용서를 빌어야 하겠군요"하고 말했다.

이후 우리는 경찰 본부로 후송되어 몇 가지 사실을 확인하였다. 이틀 전 경찰관 한 명이 어떤 폭력 사범에 의해 살해 되었는 데 어느 누군가 전화로 살인범이 타고 있던 자동차 번호를 알려주면서 "경찰관 살인범이 그 차안에 있다"고 우리차 넘버를 경찰관에게 신고했다는 것이었다.

이런 무서운 경험들은 우리가 본 장과 다음 장에서 "우리를 시험에 들게 하지 마옵시고 다만 악에서 구하옵소서"란 말씀이 얼마나 중요한지를 설명해 주고 있다. 윌리엄 바클레이(W. Barclay)는 주기도문에 나타난 마지막 간구인 이 말씀에 대해 다음과 같이 주석하고 있다. "주기도문에서 이러한 결론적인 간구는 세 가지 사실을 말해 주고 있다. 첫째, 우리 사람들은 위험한 일들을 실제로 직면하고 있으며 둘째, 그러한 위험한 일들을 대처하기엔 인간은 무능력하다는 것이며 셋째, 하나님의 능력으로 그러한 위험이나 인간의 약함은 보호받을 수 있다는 사실이다."[1]

이런 사실들은 우리가 매일 기도해야 할 제목이다. 왜냐하면 앞서 내가 영국에서 나를 죽이려는 사단의 활동에서 살아남을 수 있었던 것처럼 이런 기도들은 우리들의 생명을 구해줄 것이기 때문이다. 우리는 우리의 적이 누구이며, 대적들의 공격에 대항하여 어떻게 무장해야 하며, 하나님의 보호 장벽 안에서 어떻게 살아가야 하는지 알아야 한다. 본 장에서는 대적인 사단의 존재와 사단의 유혹 그리고 유혹들에 대한 영적인 무장들에 대해 언급할 것이며 14장에서는 하나님의 보호 장벽으로부터 어떻게 우리 생활을 보호받을 수 있는지를 배우게 될 것이다.

앞 장에서 우리는 하늘에 계신 우리 아버지께 용서받은 것처럼 우리 또한 다른 사람들을 용서해 주어야 한다고 배웠다. 용서가 언제나 구원보다 먼저 일어나는 이유는 우리가 용서가 없는 악의 쓴 뿌리들을 절단해 버린다면 유혹 같은 악의 열매들을 없앨 수 있기 때문이다.

■ 시험하는 자

예수님께서는 "우리를 시험에 들게 하지 마옵시고"를 기도하라고 가르치셨다. 그러나 야고보는 하나님께서는 사람을 시험하지 않으신다고 언급하고 있다. 하늘에 계신 사랑의 하나님은 시험하시는 분이 아니시다. "사람이 시험을 받을 때에 내가 하나님께 시험을 받는다 하지 말지니 하나님은 악에게 시험을 받지도 아니하시고 친히 아무도 시험하지 아니하시느니라"(약 1 : 13).

그렇다면 여기서 예수님께서 말씀하신 시험하는 자는 누구인가? 성경은 이 시험자가 바로 우리의 대적인 사단임을 보여주고 있으며(마 4 : 3, 살전 3 : 5), 사단이 하는 시험에 대하여 성경은 계속해서 경고해 주고 있다(마 4 : 1, 고전 7 : 5).

"오직 각 사람이 시험을 받는 것은 자기 욕심에 끌려 미혹됨이니 욕심이 잉태한즉 죄를 낳고 죄가 장성한즉 사망을 낳느니라"(약 1 : 14-15)고 성경은 말씀해 주고 있다. 시험을 당할 때 우리가 육적인 욕심에 유혹되면 사단의 함정에 빠지게 되는 것이다. 욕심이 죄를 낳고 그 죄는 사망을 가져오기 때문이다.

사단이 시험을 할 때는 그 대상이 누구든 상관하지 않는다. 사단은 다윗 왕과, 베드로는 물론 예수님까지도 시험 했다. 사단은 하나님의 백성들의 진중 바로 한가운데 있는 아간을 속였고, 예수님의 제자 반열에 끼어 있었던 가룟유다도 낚아채 버렸다. 우리는 에덴 동산 같은 거룩한 환경 가운데서도 사단이 교묘한 목소리로 속였던 것을 알고 있다. 사단은 사람 내부의 억제할 수 없는 열정을 통해서 공격하지만 어떤 때에는 듣고, 보고, 느끼며, 만지는 것과 같은 우리들의 감각을 굳이 자극하지 않고서 시험하기도 한다.

사단이 어떻게 시험하든 사도 바울은 시험에 대하여 다음과 같은 확신을 우리에게 주고 있다. "사람이 감당할 시험밖에는 너희에게 당한 것이 없나니 오직 하나님은 미쁘사 너희가 감당치 못할 시험당함을 허락지 아니하시고 시험당할 즈음에 또한 피할 길을 내사 너희로 능히 감당하게 하시느니라"(고전 10 : 13).

우리는 모든 사람이 "일반적"으로 알고 있는 시험(Temptation)이란 단어가 무슨 뜻인지 알 필요가 있다. 시험이란 뜻은 윌리엄 바클레이(W. Barclay)가 말한 것처럼 한 단어만으로 표현할 수 없는 것이다.

시험이란 세 가지 개념을 포함하고 있다. 첫째, 어떤 사람이나 물건의 능력 혹은 질을 확인하는 단순개념이 있고 둘째, 어떤 사람을 실패할 수 있는 가능성이 있는 시험 환경에 처하게 하는 개념이며 셋째, 죄에 빠지도록 의도적으로 유혹하는 개념을 가지고 있다. 이러한 세 가지 개념을 포함하고 있는 가장 가까운 단어는 시련(Trial)이다.[2]

■ 시험을 받은 세 영역

시험을 받게 되는 기본적인 이 세 영역은 아담과 하와가 범죄한 것과
예수님께서 광야에서 시험받은 기록 내용에 잘 나타나 있는데 곧 육신
의 정욕(억제할 수 없는 욕망), 안목의 정욕, 그리고 이생의 자랑이다.
육신의 정욕은 범죄적인 열정을 만족케 하는 불 경건한 욕망이며, 안목
의 정욕은 시각적으로 일어나는 악을 말해 주는 것이며, 이생의 자랑은
때론 자존심이란 가면을 쓰고 나타난 교활한 태도를 말한다.

모든 시험에 있어서 사단의 최종적인 목표는 우리와 하늘에 계신 아
버지와의 관계를 파괴하는 일이다.

에덴 동산에서 아담과 하와는 하나님과 친밀한 관계를 유지하고 있
었으나 뱀이 의심(하나님이 참으로 너희더러 동산 모든 나무의 실과를
먹지 말라 하시더냐. 창 3 : 1)하도록 유도하여 불순종하는 죄(선악과나
무 열매를 따서 먹음. 창 3 : 6)를 범하였다. 그 후로 하나님과의 친밀
한 관계를 유지했던 아담과 하와는 하나님 앞에서 피하는 모습을 볼 수
있다.

사단은 언제나 우리들의 약한 면을 공격한다. 이것은 유명한 그리스
의 신화 영웅인 아킬레스의 이야기와 매우 흡사하다.

이 전설에 의하면 트로이 전쟁(Trojan War)의 영웅이었던 아킬레스
는 그의 어머니에 의해 어렸을 때 저승의 강물인 "스틱스"에 담겨졌다.
저승 강물에 담겨짐으로 인하여 아킬레스의 한쪽 발꿈치를 제외한 모든
몸이 강물에 담겨졌으며, 한쪽 발꿈치를 제외한 몸 모든 부분이 "상처를
받지 않는" 몸 이었다.

이 약점을 알았던 적들은 격렬한 전투가 벌어지고 있던 어느 날 화살
을 그의 약한 발꿈치 부분에 적중시켰고, 아킬레스는 죽음에 이르는 치

명적인 상처를 입었다. 이와 비슷하게 죄와 시험은 우리의 가장 약한 부분을 공격하는 것이다.[3]

"우리를 시험에 들게 하지 마옵시고"라고 기도함은 곧 우리가 죄의 함정에 빠지지 않도록 하나님께 간구하는 것이다. "이러한 간구는 우리가 시련들(Trials)을 겪지 않도록 구하는 기도가 아니다. 이것은 죄의 함정에 빠지지 않도록 지켜 달라는 기도이며 모든 죄와 악으로부터 구원받을 수 있도록 구하는 기도이다."[4]

히브리서 11장은 경건한 사람들이 겪었던 시험과 시련들(Trials)이 생생하게 기록된 부분이다. 그들은 신앙 때문에 시험이나 시련을 겪지 않은 것이 아니라 신앙의 힘으로 시험과 시련들 속에서도 보호를 받았던 것이다. 예수님께서도 시험을 받지 않으신 것이 아니라 시험 속에서 굳건히 그것을 극복하신 것이다(히 4 : 15).

사도 요한은 우리에게 다음과 같이 보장한다.

하나님께로서 난 자마다(의도적이거나 고의로) 범죄치 아니하는
줄을(절대적으로) 우리가 아노라.
하나님께로서 나신 자가(그 안에 거하신 그리스도 께서 악한자로부터 보호하며)
저를 지키시매 악한 자가 저를 만지지도(잡지도) 못하느니라

요한일서 5 : 18

시험을 성공적으로 잘 극복하는 것은 분명히 가능한 일이며, 하나님께서는 시험을 극복하는 자들에게 다음 약속을 주셨다.

"시험을 참는 자는 복이 있도다 이것에 옳다 인정하심을 받은 후에 주께서 자기를 사랑하는 자들에게 약속하신 생명의 면류관을 얻을 것임이니라"(약 1 : 12).

■ 악한 자로부터의 구원

예수님께서는 우리들에게 "악에서 구하옵소서"라고 기도하도록 가르쳐주셨다. 성경은 우리의 대적인 사단을 악한 자로 언급하고 있으며 우리가 매일 영적인 전신갑주를 입고 하나님의 보호 안에 거한다면 하나님께서 친히 사단의 사악한 힘에서 우리를 구원해 주실 것을 확인해 주고 있다.

에베소서 6 : 10-18에서 사도 바울은 악한 자에 대한 구체적인 모습을 설명해 주면서 우리들을 보호해 주기 위해 하나님께서 주신 영적인 전신갑주를 입으라고 언급하고 있다. 첫째로, 바울은 우리의 대적이 누구인지 말해주고 있다.

"우리의 씨름은 혈과 육에 대한 것이 아니요 정사와 권세와 이 어두움의 세상 주관자들과 하늘에 있는 악의 영들에게 대함이라"(엡 6 : 12).

바울은 우리로 하여금 주 안에서 주님의 능력으로 강하여 이 악한 세력과 능히 대적해야 한다고 힘주어 말하고 있다(엡 6 : 10-11, 13). 또한 바울은 우리가 마귀들의 모든 악한 것들(속임수, 간사함, 교활함)에 충분히 대적하여 설 수 있음을 선언하면서 예언을 따라 선한 싸움을 싸우고 믿음의 선한 싸움(딤전 1 : 18, 6 : 12) 즉, 분명한 목적이 있는 지혜로운 싸움(고전 9 : 26-27)을 권고하고 있다.

바울은 이런 싸움은 일반적인 싸움이 아니므로 일반적인 무기는 무력한 것임을 강조한다.

영적 전쟁이란 영적인 무기로 싸우는 것이다. 이 영적인 무기는 바로 하나님께서 주시는 영적인 전신갑주이다. 이제 에베소서 6 : 13-18에 나타난 우리들의 영적인 전신갑주(Armor)를 구체적으로 하나하나 살펴보기로 하자.

진리의 허리띠(The Belt)

허리띠는 모든 다른 무기들을 보관할 수 있기 때문에 영적으로 무장해야 할 첫 번째 무기로 꼽는다. 하나님의 말씀은 모든 영적 무기가 붙어있어야 할 영적인 허리띠이다. 에덴 동산에서 사단이 최초로 사람을 공격할 때 "참으로 하나님께서 그렇게 말씀하시더냐"라고 말하므로 하나님 말씀의 진리를 공격했다. 하나님 말씀의 진리는 거짓말이나 적들의 잘못된 교리들로부터 우리를 보호해 줄 것이며 우리들의 영적인 전신갑주를 단단하게 떠받쳐줄 것이다.

우리는 진리로 허리(영적으로 중요한 기관)를 감싸야 한다(엡 6 : 14). 진리로 허리를 감싼다는 것은 진리로 선포되신 예수님(요 14 : 6)을 영접했으며, 진리의 영이신 성령의 능력(요 14 : 17)을 소유했다는 뜻이다. 하나님은 진리(롬 3 : 4)이시므로 하나님의 말씀도 진리(시 119 : 151)이며, 전파되어야 할 복음도 진리이다(골 1 : 5). 이 모든 진리들이 진리의 허리띠 안에 포함되어 있는 것이다.

사람의 소화 기관이나 생식 기관 그리고 창자 조직들은 허리 부분에 있다. 영적인 경우도 진리의 허리띠가 정확한 장소에 있을 때 하나님의 말씀이 온전하게 소화될 수 있고 다른 사람들을 진리의 길로 인도하여 재생산할 수 있으며 영적으로 불순한 것들을 내 보낼 수 있는 것이다.

의의 흉배(The Breastplate)

흉배는 사람의 가장 중요한 기관인 심장이나 허파 같은 것을 보호하기 위해 군사들이 사용하는 것인데, 주로 몸 상부를 가리운다. 영적인 의의 흉배는 우리들의 의가 아닌 그리스도의 의(義)를 가리키는 것으로(빌 3 : 9) 진리의 허리띠와 같이 채워져야 한다.

우리는 예수님의 의라는 보호망 없이 적들을 대면할 수 없다. 예수님의 의는 그리스도 군사들의 "좌우"(고후 6 : 7)에 둘러싸여 있다고 성경은 설명한다. 그리스도의 의는 사단의 공격과 불의로부터 우리의 영적인 중요한 기관들을 보호해 준다. 만약 우리가 영적인 싸움에서 실패한다면 우리 자신들이 의롭게 되기 위해 노력할 필요도 없고, 우리의 패배에 대해 변명할 필요도 없으며 범죄하지 않기 위해 고민할 필요도 없다. 따라서 단순하게 다음과 같이 선언해야 한다. "나는 내 자신의 의로써는 설 수 없으므로 예수 그리스도의 의의 흉배로 옷을 입고 서야 한다."

평안의 복음을 예비하는 신(The Shoes)

군사들의 신발은 전쟁을 위해 특별히 설계되어 만들어진 것이다. 군사들이 전쟁터에서 전진할 수 없다면 패배하기 때문에 발을 보호할 신발은 중요하다. 옛 로마 군인들은 미끄러운 것을 방지하기 위해 신발 밑바닥에 구두 징이나 큰 못을 박았다. 평안의 복음을 예비하는 신을 신는다는 것은 영적 세계로 전진한다는 것을 가리키며 이러한 영적인 신은 잘못된 길로 인도하는 대적들의 시험으로부터 우리를 보호해 준다. 또한 영적 신은 우리로 영적인 구두 징이 땅속 깊이 박혀 대적들을 강하게 대항할 수 있도록 도와준다(엡 6 : 15).

믿음의 방패(The Shield)

방패는 군인의 몸 전체를 보호해 주는 것이다. 우리의 영적인 방패는 "믿음의 방패"라 말할 수 있다. 성경에는 여러 가지 모형들의 믿음을 언급하고 있는데 그것은 구원에 이르는 믿음, 은사로써의 믿음 그리고 성령의 열매로써의 믿음 등이다. 그러나 여기서 **믿음**이라는 말은 방어적인 믿음을 뜻하는 것으로 믿음의 방패와 관련해서 사용되었다. 이러한 믿음은 하나님을 굳게 신뢰하며 우리 자신들의 전인격을 보호해 준다.

이 믿음은 대적인 사단이 일으키는 불같은 의심과 불신앙으로부터 우리를 보호해 주며 사단이 발사하는 불화살을 목표물에 빗나가게 할 수 있는 하나님의 능력을 보여준다.

믿음의 방패는 하나님의 말씀을 삶의 문제들에 대하여 계속해서 적용하는 것과 같다. 세상을 이기는 것이 우리의 믿음(요일 5 : 4)이듯이 세상의 악한 세력들을 극복할 수 있도록 하는 것 또한 이 믿음이다. 우리는 믿음 없이 진리를 소유할 수 없고 구원의 투구를 썼다고 말할 수 없다. 뿐만 아니라 믿음이 없이는 평안의 복음을 전파할 수 없고 그리스도의 의를 소유할 수 없으며 성령의 검을 유효 적절하게 사용할 수 없다. 믿음은 추측하는 것이나 가정하는 것이 아니고 하나님의 말씀에 기초를 둔 사실이다. 우리는 하나님의 말씀을 들으므로(롬 10 : 17) 믿음의 생활을 할 수 있고, 이를 위해서(롬 1 : 17) 하나님을 구하므로(히 12 : 2) 믿음을 굳건하게 할 수 있다.

구원의 투구(The Helmet)

에베소서 6장에서 말해 주고 있는 구원의 투구 역시 영적인 전신갑주 중 하나이다. 이것은 우리가 구원받을 때 쓰는 투구가 아니라 거듭난 마음이나 생활 가운데서 변화되고 새로워진 사상을 표현한 것이다. 사단은 우리들의 마음을 정복하기 위해 필사적으로 싸운다. 그러므로 훈련되지 못한 미숙한 마음은 대적이 정복하기에 아주 쉬운 목표물이다.

바울은 이 투구를 "구원의 소망"으로 말하고 있다(살전 5 : 8). 이 소망의 투구는 예수님께서 재림하실 때 우리 과거의 죄책감과 죄의 대가로부터, 현재의 죄의 힘으로부터 그리고 미래의 지을 죄로부터도 구원받을 것임을 선포해 주는 것이다. 이러한 포괄적인 구원에 대한 소망은 사단의 공격으로부터 우리의 마음을 강하게 만들어 준다.

성령의 검(The Sword of the Spirit)

"성령의 검"이란 하나님의 말씀으로써 사단의 공격으로부터 지키기 위해 사용된다. 즉, 상황에 맞는 특별한 성경말씀을 인용하므로 시험에 직면했을 때 직접적으로 적용할 수 있는 것이다. 예수님께서도 사단에게 시험을 받으실 때 특별한 성경말씀을 인용하셨다. 마태복음 4장에서 "말씀"이란 단어는 하나님의 레마(Rhema)적인 말씀을 뜻한다. 베드로는 우리로 "믿음에 굳게 서서 저를 대적하라"(벧전 5 : 8-9)고 권고하고 있다.

믿음으로 대적한다는 것은 하나님 말씀의 권위로 사단을 대적한다는 의미로 이것은 능력 있는 영적 무기인 것이다.

"하나님 말씀은 살았고 운동력이 있어 좌우에 날선 어떤 검보다도 예리하여 혼과 영과 및 관절과 골수를 찔러 쪼개기까지 하며 또 마음의 생각과 뜻을 감찰하나니"(히 4 : 12).

기도와 간구(Prayer)

바울은 군사로서 그리스도인들의 전신갑주(Armor)를 언급한 후 "모든 기도와 간구로 하되 무시로 성령 안에서 기도하고 이를 위하여 깨어 구하기를 항상 힘쓰며 여러 성도를 위하여 구하고"(엡 6 : 18)라는 말을 덧붙이고 있다.

우리가 전쟁을 대하는 태도로 기도할 때는 개개인들의 소원하는 것, 필요한 것, 문제 등만을 위해 기도하는 것이 아니다. 지도자들과 민족들을 위해서도 중보 기도하는 것이다. 이것은 사단과 마귀들 세력의 중심부를 허물어 뜨리는, 보이지 않는 세계에서의 싸움이다. 여러분은 이 책에서 기도하는 모형들에 대해 더 많은 것을 배울 것이다.

■ 우리 아버지의 전신갑주를 소유하기

전신갑주의 목적은 사단의 시험들에 대해 대적하기 위한 것이다. 바울은 영적인 전신갑주를 "입으라"고 명령하고 있다. 하나님께서 예비해 주신 것을 소유하는 것은 우리의 책임이라는 것을 뜻하고 있으며, 입는다는 의미는 어떤 것을 굳게 잡아 그것을 나 자신에게 적용한다는 뜻이다. 따라서 하나님의 전신갑주를 입는다는 것은 예수님을 우리들의 매일 생활에 적용하는 것이다. 바울은 빛의 갑옷을 입으라고 우리들에게 명령하고 있고, 보다 구체적으로는 "주 예수 그리스도로 옷 입고"(롬 13 : 12, 14)라고 분명히 설명하고 있다. 육신의 아버지들이 자녀들을 위해 옷을 사주는 것처럼 하늘에 계신 우리 아버지께서도 우리들에게 하나님의 전신갑주로 입히시는 것이다.

바울은 하나님의 "모든"(Whole) 전신갑주를 입으라고 권면하고 있다 (엡 6 : 11). 어떤 사람들은 하나님의 전신갑주 중에서 독특하게 하나만을 집착하는가 하면 그것을 대수롭지 않게 여겨 소홀히 하는 경우도 있다. 그러나 우리는 말 그대로 전신갑주를 입어야 한다. 만약 전신갑주로 무장하지 않는다면 자신이 성령의 검을 사용하는 데 능수 능란할지라도 믿음의 방패를 잃어버려서 패배할 수 있기 때문이다.

하나님의 무장에 관한 이러한 표현은 단순한 은유적 표현이 아니라 우리가 매일의 전투하는 영적 격전지에서 반드시 소유해야 할 것을 명시하는 것이다. 나는 이 영적 전신갑주를 입을 때 전신갑주의 정반대 쪽의 태도들을 꽁꽁 묶는 것이 중요한 것임을 배웠다. 여기에 영적인 전신갑주를 요약했는데 이것들은 여러분이 매일 기도하면서 입었다고 고백해야 할 내용이며 동시에 묶어 두어야 할 각각의 정반대 쪽의 태도들이 무엇인지 보여주는 것들이다. [5]

전신갑주	고백해야할 내용	성경말씀	묶어 두어야 할 반대 태도
진리의 허리띠	예수님, 주님은 나의 진리입니다.	요 14 : 6	속임수
의의 흉배	예수님, 주님은 나의 의가 되십니다.	고후 5 : 21	불의함
평안의 복음의 예비하는 신	예수님, 주님은 내가 준비해야 될 분입니다.	빌 4 : 13	무기력함
믿음의 방패	예수님, 주님은 나의 믿음이십니다.	갈 2 : 20	불신앙, 의심
구원의 투구	예수님, 주님은 나의 구원이십니다.	히 5 : 9	허황된 공상, 악한 사상
성령의 검 (하나님의 말씀)	예수님, 주님은 나의 살아계신 말씀입니다.	요 1 : 14	잘못된 아버지의 거짓말
항상 성령안에서 기도에 힘쓰기	예수님, 주님은 나에게 성령으로 세례주시는 분입니다.	롬 8 : 27	기도하지 않음

본 장을 마감하면서 나는 여러분을 위해 다음과 같은 특별 기도를 드리고 싶다.

하나님 아버지

지금까지 언급한 영적인 전신갑주들을 내가 입었을 때 나는 악한 자로부터 구원을 받았음을 확신하며 이 시간 이 책을 읽고 있는 각 성도들을 위해 대신해서 싸울 수 있는 천군 천사들을 보내 주시옵소서. 주님의 이름으로 나아가는 자마다 예수님의 이름으로 활동하는 모든 삶의 영역과 사역에서 흑암의 세력이 활동치 못하도록 자유를 허락해 주시옵소서.

예수님의 이름으로 기도합니다. 아멘.

이제 여러분이 성령의 전신갑주를 입고 하나님 아버지께 "악에서 구하옵소서"라고 기도한다면 하나님께서는 여러분의 영적 싸움에서 여러분을 대신해서 싸워줄 사자들을 보내 주실 것이다. 여러분은 악한 자가 쉽게 접근할 수 없는 보호 벽을 쌓기 시작하고 있는 것이다. 다음 장에서는 여러분의 생활 가운데 이러한 보호 벽을 정확하게 어떻게 세울 수 있는지를 언급하도록 하겠다.

❖ 각주 ❖ ────────────

1) 제13장 William Barclay, *The Beatitudes and the Lord's Prayer for Everyman*(New York : Harper and Row, 1968), P. 253.

2) Ibid., P. 245.

3) George Dorn, *The Creed of Jesus*(Burlington : Lutheran Literary Board, 1937), P. 80.

4) Henry Bast, *The Lord's Prayer*(Grand Rapids : Church Press, 1957), P. 67.

5) Larry Lea, *Could You Not Tarry One Hour?* (성경공부 지침서)(Rockwall : Church on the Rock, 1987), P. 86.

14

아버지의 보호 벽

세상에서 좋은 아버지로서 할 수 있는 가장 중요한 역할 중의 하나는 자녀들을 보호하는 것이다. 하늘에 계신 우리 아버지는 우리의 모든 가족들과, 그들의 사업, 교회, 가족들이 소유하고 있는 모든 것을 지켜줄 수 있는 보호 벽을 세워 주신다. 악한 사단도 이 영적인 벽의 능력에 대해서 알고 있다. 욥기 1 : 10에서 사단이 욥이라는 사람에 대해 불평하는 것을 보게 된다. "주께서 그를 산울로 두르셨기 때문에 내가 칠 수가 없습니다."

하늘에 계신 우리 아버지께서 잘 세워두신 이 보호 벽은 내가 영국 경찰에게 경험했던 무시무시한 상황 속에서 나를 구원해 주었음을 내가 믿는 것처럼 여러분의 생명을 구해 줄 것이다. 우리가 이 보호 벽을 확신할 때 보호 벽으로 인한 성공, 행복, 번성 등의 유익들을 단언할 수 있게 된다. 시편 91편에는 이러한 보호 벽으로 인한 놀라운 유익들의 목록이 기록되었다.

● 여러분은 "전능하신 자의 그늘 아래 거하게" 된다(1절). 여기에서 거한다는 말은 하나님 안에 "앉은" 혹은 "거주하는" 이란 뜻이고 "장소를 소유하고 그곳에 사는 것"을 의미한다.

● 여러분은 "사냥꾼"으로부터 구원을 받을 것이다(3절). **사냥꾼**이란 "사냥하는 자"란 뜻으로 세상을 두루 다니며 삼킬 자를 찾는 사단의 모습을 잘 묘사하는 말이다.

● 여러분은 "극한 염병"에서 구원받을 것이다(3절). **극한 염병**이란 "진절머리나는 악" 또는 "긴급한 재난, 모든 것을 쓸어버리는 자연"등을 의미한다.

● 하늘에 계신 우리 아버지는 날개와 깃털로 여러분을 덮어주실 것이다(4절). 날개와 깃털은 우리 아버지 하나님께서 포근하고 부드럽게 보호해 주시는 모습을 말해주는 것이다.

● 주님의 진리는 "여러분의 방패와 손 방패"가 될 것이다(4절). 군인들이 가지고 있는 방패와 손 방패는 대적들의 공격으로부터 중요한 기관을 보호해 주는 것이다. 이 말들은 여러분에 대한 하나님 아버지의 능력 있는 보호하심을 반영해 주는 용어들이다.

● 여러분들은 밤의 놀램이나 흑암 중에 행하는 염병을 두려워할 필요가 없다(5-6절). 미국 내의 많은 사회적인 공포가 밤을 지배할 때 문이 닫혀진 뒤에서, 사람들이 혼잡하게 몰려드는 곳에서, 악을 물리칠 수 있는 강한 열쇠나 창살은 없다. 그러나 하늘에 계신 우리 아버지의 보호벽은 여러분을 안전하게 보호해 주실 뿐만 아니라 그러한 공포와 두려움으로부터 구해 줄 것이다.

● 여러분은 낮에 날아다니는 화살과 백주에 황폐케 하는 파멸을 두려워하지 않을 것이다(5-6절). 친구들과 생활하는 낮에도 여러분에겐 위험이 뒤따른다. 이 말은 화살이 날아다니지 않는다거나 혹은 황폐케

하는 일이 없을 것이라는 것을 말하는 것이 아니고 여러분은 그런 것들이 있을지라도 두려워할 필요가 없음을 말하고 있는 것이다.

● 천만인들이 여러분 주위에서 엎드러질지라도 "이 재앙이 여러분에게는 가까이 못할 것이다"(7절). 파괴자들이 여러분에게 손을 대지 못할 것이다. 여러분 주위에 있는 어떤 사람들이 사단이 파멸하는 재물로 엎드러질지라도 여러분은 하나님의 보호 벽 안에서 살아 남을 수 있다.

● 오직 여러분의 눈으로 악인들의 보응을 목도할 것이다(8절). 여러분은 악인들의 멸망을 볼 것이지만 멸망의 한 부분은 되지 않을 것이다.

● 어떠한 화도 여러분에게 미치지 못할 것이며 어떠한 재앙도 여러분의 장막에 가까이 오지 못할 것이다(10절). 이 말씀은 하나님의 보호 벽 안에 가족 전체가 보호받음을 말해 주는 것이다. 여러분과 여러분의 가족 그리고 여러분이 살고 있는 장소 모두가 재앙이나 화로부터 보호받는 것이다.

● 하나님께서는 사자들을 명하여 여러분의 모든 길을 지켜주실 것이다(11절). 여러분이 비록 위험한 일이 없을지라도 여러분의 모든 길에 여러분을 지켜주기 위해 사자들이 파송될 것이다. 사자들의 손으로 여러분을 지탱해 줄 것이며 영적으로 상처받지 않도록 지켜 줄 것이다. 여러분은 아버지의 구원의 상속자들이기 때문에 여러분을 지켜주는 일은 사자들의 책임이다(히 1 : 14).

● 여러분은 사자와 독사, 젊은 사자와 용들을 짓밟을 것이다(13절 : KJV). 사자나 독사, 젊은 사자 혹은 용은 모두 사단의 상징들이다. 여러분은 예수님께서 이미 대적의 머리를 박살내었기 때문에(창 3 : 15, 눅 10 : 19, 골 2 : 15) 대적들을 짓밟을 수 있다. "짓밟는다"는 것은 대적에 대한 강력하고 완전한 승리를 말해 주는 상징적인 것이다.

● 하나님께서는 여러분을 건져 높이실 것이다(14절). 여러분은 부정

적인 환경들을 극복하여 활동 할 수 있다.

● 하나님께서는 여러분이 간구할 때 응답하시며 환란 때에 함께 하여 주실 것이다(15절). 하나님께서 능력 있는 기름부음의 기도를 할 수 있도록 여러분에게 부어 주실 것이며 간구할 때마다 응답해 주실 것이다.

● 하나님께서 여러분을 영화롭게 하고 장수함으로써 만족케 하며 하나님의 구원을 보여줄 것이다(15-16절). 여러분이 주어진 일을 완수할 때 하나님의 영광을 반사할 것이며(단, 명하는 일이 없을 것이다) 여러분은 지난 과거에 지은 죄에 대한 징벌을 용서받고 현재의 죄를 이길 수 있는 능력을 소유하게 될 것이다. 또 미래에 지을 죄에 대해서도 구원받을 것이며, 아버지의 구원의 영원한 유익들을 경험할 것이다.

■ 보호 벽

시편 91편에는 우리에게 필요한 모든 것이 나타나 있다. 여러분이 신뢰할 수 있는 안전함 속에서 살기를 바라는가? 그렇게 살 수 있다. 시편 기자는 하늘에 계신 우리 아버지의 보호를 받을 수 있고 이러한 놀라운 초자연적인 세계에서 살 수 있는 세 가지 이유들을 제시해주고 있다. 이 세 가지 이유들은 각각 왜냐하면이란 말로 시작하고 있다.

1. 왜냐하면 우리가 주님을 우리의 거처로 삼았기 때문이다(시 91 : 9)

거처란 말은 지상에서 자녀들이 아버지와 같이 사는 것처럼 하나님과 같이 집에 거하고, 하나님과 대화하며, 하나님을 기뻐하고 의지하는 것을 말한다. 우리는 하나님을 찬양함으로 하늘에 계신 우리 아버지를 거처로 삼았다(시 22 : 3). 하나님을 찬양할 때 하나님께서는 우리 가운데 거하시며 우리의 찬양 가운데서 거룩하게 되신다. 바울은 성령의 충만함으로 시와 찬미와 영적인 노래들로 우리의 마음을 다해 주께 찬양하라고 권면하고 있다(엡 5 : 18-20).

다윗이 하나님을 분명하게 자신의 거처로 삼았다는 것은 하나님의 말씀으로 보존된 놀라운 시편들의 모음 속에 잘 증명되고 있다. 다윗은 하나님께서 자신의 피난처, 요새, 피하는 보호처임을 고백했다. 뿐만 아니라 하나님은 자신이 어려울 때 그분의 장막 가운데 자신을 숨겨 주셨다고 말하고 있다(시 27 : 4-6). 장막이란 말은 "임시적으로 설치한 움직일 수 있는 천막" 또는 "보다 영구적인 건축물" 등 모두를 의미할 수 있는 말이다. 구약성서에 의하면 전쟁시 왕가의 장막이나 왕이 거하는 천막은 군대 중심부에 세웠고 그 주위는 강력한 군인들이 계속해서 지켰다. 전쟁터에서 이러한 왕의 천막을 가져보았던 다윗은 "어려울 때 하나님께서 하나님의 군대 중앙에 있는 천막으로 자신을 숨겨주시고 하나님의 능력 있는 천사들로 계속해서 보호해 주셨다"고 고백하고 있는 것이다. 우리도 찬양과 예배를 통해서 하나님을 우리들의 영적 거처로 삼는다면 보호해 주시는 이와 같은 은밀한 장소에 들어갈 수 있다.

2. 왜냐하면 우리가 하나님을 사랑하기 때문이다(시 91 : 14)

누가복음 18 : 18-27에는 예수님께서 젊은 부자 관원을 만났을 때 "네가 오히려 한가지 부족한 것이 있다"라고 말씀하셨다. 베다니에 예수님께서 방문하셔서는 "마르다야… 한 가지만이라도 족하니라"(눅 10 : 41-42)고 언급하셨다. 사도 바울은 "오직 한가지 일"(빌 3 : 13)을 표명했다. 지금까지 언급한 내용을 통해 진정한 그리스도인들의 생활 가운데 하늘에 계신 우리 아버지께서 바라시는 우선 순위가 무엇인지 볼 수 있다. 그 한 가지 일은 가장 중요한 것으로 바로 하나님께 최우선권을 두는 것이다!

시편 91편에서 하나님께서는 우리가 생활의 최우선권을 하나님께 둘 때 당신도 백성들 주위에 안전한 보호 벽을 세워두실 것이라 확언하셨다. 마음속에서 다윗이 했던 다음과 같은 말이 울려 퍼질 때까지.

군대가 나를 대적하여 진칠지라도 내 마음이 두렵지 아니하며
전쟁이 일어나 나를 치려 할지라도 내가 오히려 안연하리로다
내가 여호와께 청하였던 한 가지 일 곧 그것을 구하리니
곧 나로 내 생전에 여호와의 집에 거하여
여호와의 아름다움을 앙망하며 그 전에서 사모하게 하실 것이라
여호와께서 환난 날에 나를 그 초막 속에 비밀히 지키시고
그 장막 은밀한 곳에 나를 숨기시며
바위 위에 높이 두시리로다
이제 내 머리가 나를 두른 내 원수 위에 들리리니
내가 그 장막에서 즐거운 제사를 드리겠고
노래하여 여호와를 찬송하리로다

시편 27 : 3-6

3. 왜냐하면 우리가 하나님의 이름을 알기 때문이다(시 91 : 14)

하나님의 보호 벽이 있다고 주장할 수 있는 세 번째 이유는 우리가 하나님의 이름을 알기 때문이다. 주님의 이름은 의인이 달려가는 안전한 피난처인 견고한 망대로 표현되었다(잠 18 : 10). 시편 기자가 하나님을 "지극히 높은 자", "전능자", "주님" 그리고 "하나님"으로 말하고 있음은 그가 자신의 하나님 아버지의 이름을 알고 그 이름의 유익과 관계들을 소유하고 있기 때문임을 분명히 알 수 있다.

우리는 하나님의 이름들이 가지고 있는 의미들을 8장에서 이미 배웠다. 우리가 그러한 하나님의 이름으로 기도하며 그 이름들로 인한 유익

을 누리는 생활을 시작할 때 하나님의 이름에 대해 보다 친밀한 경험을 폭넓게 할 수 있는 것이다. 즉, 우리는 매일의 생활에서 하나님의 이름을 실제로 경험하는 것이다.

■ 하나님의 보호 벽 안에서의 삶

세상 아버지가 자녀들을 보호해 주는 것처럼 하늘에 계신 우리 아버지께서도 아버지로서 그분의 자녀들을 보호해 주신다. 이것은 여호와 닛시(Jehovah Nissi)라는 이름으로 인한 독특한 유익이다. 우리 아버지의 이름은 악한자로부터 우리가 구원받았다는 것을 선포해 주는 우리들 위에 휘날리고 있는 승리의 깃발이다.

우리가 매일 "악에서 구하옵소서"라고 기도할 때 우리 자신들과, 우리가 사랑하는 자들, 우리들의 사업체, 가정, 그리고 우리에게 속한 모든 것 주위에 이러한 하나님의 보호 벽이 있음을 확신하라. 말로 선언할 때 시편 91편을 사용해 다음과 같이 주장하기 바란다.

나는 오늘 지극히 높으신 자의 은밀한 곳에 거하길 소원하여 주님의 날개 그늘 아래 거할 것입니다. 주님은 나의 피난처시요, 나의 요새시며, 나의 하나님이므로 내가 주님을 신뢰합니다. 나는 주님의 진리로 나의 방패와 손 방패로 삼았기 때문에 주님께서는 모든 올무와 질병으로부터 나를 구원해 줄 것을 확신합니다. 나는 어떤 공포나 위험 또는 파멸을 두려워하지 않습니다. 내 주위에서 죽어 가는 재앙들이 나와 내 집에 미치지 못할 것을 확신합니다. 아버지를 나의 거처로 삼고 주님은 나의 요새시며 주님은 악으로부터 나를 구원해 주실 것을 담대히 확언할 수 있습니다.

나의 모든 길에서 나를 지켜주시고 오늘날 내가 처한 어떤 환경
이든 주님께 부르짖을 때 주님께서 응답해 주실 것입니다.

■ 개인적인 세 가지 간구

지난 몇 장에서 우리는 모범적인 기도에 나타난 개인적인 세 가지 간
구를 분석해 보았다. 그 세 가지는 다음과 같다. (1)"오늘날 우리에게
일용할 양식을 주옵시고" (2)"우리가 우리에게 죄 지은 자를 사하여 준
것같이 우리 죄를 사하여 주옵시고" (3)"우리를 시험에 들게 하지 마옵
시고 다만 악에서 구하옵소서"이다.

이제 우리는 일용할 양식을 확신하며, 용서를 받았고 해주었으며, 악
한 자로부터 확실히 구원 받았음을 확인했다. 이제 모범적인 기도 가운
데 마지막 절정 부분을 언급하려고 한다. 13가지 단어(영어 문장)로 구
성된 이 단순한 문장은 문자 그대로 우리들의 세계를 변화시킬 수 있고,
우리 자신들을 기름부음을 받은 능력 있는 기도의 초자연적 영역으로 좀
더 깊게 인도해 줄 수 있다.

15

세상을 변화시킬 수 있는 13가지 단어

우리가 성령이라는 현미경으로 모범적인 기도를 분석해 보면, 모범적인 기도의 구조가 마치 눈의 섬세한 패턴처럼 아름답게 잘 조직된 것을 보게 되는 데 이것이 우연하게 된 것이 아님을 쉽게 발견할 것이다. 이제 모범적인 기도 중에서 송영이라 불리는 "… 나라와 권세와 영광이 아버지께 영원히 있사옵나이다. 아멘"(마 6 : 13) 부분을 배울 시점에 이르렀다. 이 송영은 심포니 오케스트라 연주가 마지막 절정에 이르는 것과 비슷하게 힘이 느껴지는 주기도문(The Lord's Prayer)의 절정이다.

이 결론적인 문장의 놀라운 의미를 완전히 이해하기 위해서는 영적인 현미경을 사용해서 다시 한번 분석해 보아야 할 것이다. 우리는 순서대로 나타난 각 단어들을 자세히 살펴보고 이 13개의 단어(영어 문장)가 우리들의 세상을 변화시킬 수 있는 능력이 있음을 발견코자 한다.

■ **왜냐하면**(For : 한글성경에서는 이 말이 표현되어있지 않음. 역자주)

왜냐하면이란 단어는 모범적인 기도로 기도할 때 권위가 있음을 나타낸다. 나라와 권세와 영광이 우리 아버지께 속하기 때문에 우리는 이 기도에 나타난 하나님의 공급, 약속들, 그리고 보호해 주심 등을 구할 수 있다. 우리는 하나님의 자녀들이기 때문에 가족의 일원으로서 가질 수 있는 상속자의 유익들을 가질 권리가 있다는 것이다.

■ **주님의 나라** (Yours is the Kingdom)

우리는 9장에서 모범적인 기도 중 "나라이 임하옵시며" 부분을 살펴봄으로써 하나님의 나라에 대하여 구체적으로 논하였다. 그리고 이 하나님 나라는 하나님의 속성이 생활 가운데 나타난 것임을 배웠다. 우리는 하나님 나라에 대한 과거, 현재, 미래의 영역에 대해서도 배웠고 하나님 나라의 내적 요소인 의와 평강과 희락이 일반적으로 어떻게 나타나는지에 대해서도 언급했었다.

우리가 모범적인 기도의 마지막 부분인 "주님의 나라"를 확언하였다면 하나님께서 그의 나라에 관해 말한 모든 것에 동의하게 된다. 다윗과 같이 "나라는 여호와의 것이요"(시 22 : 28)인 것을 증거하게 된다. 더 나아가 이 말이 뜻하는 바를 진실로 이해한다면 우리가 한 고백은 외부적으로 나타난 것 이상으로 훨씬 강력한 것이다. 왜냐하면 예수님께서 "적은 무리여 무서워 말라 너희 아버지께서 그 나라를 너희에게 주시기를 기뻐하시느니라"(눅 12 : 32)고 말씀하셨기 때문이다.

우리가 "주님의 나라"를 선포할 때 예수님께서는 "내가 너에게 나의 나라를 이미 주었다!"라고 선언하시고 있는 것이다. 이것은 강력한 아버지와 아들 관계이며 우리가 하늘에 계신 우리 아버지와 친밀하게 연결된 관계임을 말해 주는 것이다. 하나님의 나라이지만 우리가 그 나라를 물려받을 상속자이므로 또한 우리의 나라인 것이다. 이 나라는 우리 아버지께서 주신 유산이며 하나님께서는 이것을 우리에게 주시기를 기뻐하신다.

■ 주님의 권세(Yours is the Power)

권세라는 말은 헬라어로 뒤나미스(Dunamis)인데 다이나믹(dynamic)과 다이나마이트(dynamite)라는 영어 단어가 이 헬라어에서 파생되었다. 우리가 "주님의 권세"라는 말로써 주기도문을 마칠 때 우리는 하나님의 강력한 능력 혹은 권세가 우리의 간구한 것들을 이루어주는 데 있어서 다이나마이트 같은 능력으로 작용하고 있음을 인식하는 것이다.

우리가 "주님의 나라"를 확언한 후 "주님의 권세"를 고백한다는 것은 보다 깊은 의미가 있다. "주님의 권세"를 확언할 때 하나님께서는 "내가 너희에게 모든 대적의 능력을 이길 수 있는 권세를 주노라"는 말씀을 반복하신다. 하나님께 위임받은 이러한 권세는 마귀들이나 질병보다 훨씬 강하며(눅 9 : 1) 모든 대적들을 우리의 발 아래 굴복시킬 수 있는 능력이 우리에게 주어진 것이다(눅 10 : 19).

이 독특한 권세는 우리가 기도할 때, 약속이나 공급 그리고 보호에 대해 요구할 수 있는 권한이 있음을 말해 주고 있다. 뿐만 아니라 이 권세는 힘이 없는 자를(시 68 : 35) 소생시켜 능력을 준다(사 40 : 29). 이 권세는 부를 얻을 수 있는 능력이며(신 8 : 18), 아버지와의 언약 관계를 유지할 수 있는 능력이다(벧후 1 : 4).

우리들은 이 놀라운 권세를 영적인 거장들만 소유할 수 있는 것으로 생각하기 쉽지만 이는 잘못된 생각이다. 성경이 수많은 예로 보여주듯이 성경에는 일반적인 평범한 그리스도인들도 이러한 권세를 구하기만 하면 소유할 수 있다. 아브라함은 사라에 대해 아내가 아니라고 거짓말한 죄를 범했지만 하나님께서는 그를 이스라엘 민족의 아버지로 지명하셨다. 모세는 애굽인을 죽인 살인자였으나 하나님께서는 그를 약속의 땅으로 이스라엘 민족을 인도하는 지도자로 사용하셨다. 베드로는 어린 계집 앞에서 예수님을 부인했지만 후에 오순절날, 수천 명에게 예수님을 전하는 능력 있는 증거자가 되었다. 기드온은 곡식 추수 때 두려움으로 숨어 있었으나 하나님께서는 그를 사용하시어 압제자들로부터 전 이스라엘을 구원하셨다.

위의 사람들은 스스로가 하늘에 계신 아버지께서 예비하신 놀라운 권세를 받을 수 있음을 깨달았을 때 그에 따라 적합한 자(권세를 받을 만한 자격을 갖춘)가 되도록 변화되었다. "주님의 권세"라고 말하는 순간 하나님께서는 "모든 권세가 너희에게 주어졌다"라는 말씀을 하고 계신 것이다. 만약 우리가 하늘에 계신 우리 아버지로부터 이러한 능력의 은사를 받았다면 능력 있는 생활을 하게 될 것이며 이전에 전혀 경험해 보지 못했던 새로운 기름부음을 받은 능력 있는 기도생활을 경험하게 될 것이다.

■ 주님의 영광(Yours is the Glory)

영광(Glory)은 영어로 다양하게 표현 할 수 있는 단어 가운데 하나이다. 영광은 한 단어로 표현할 만한 비슷한 단어는 없으나 영광을 묘사할 수 있는 다음과 같은 몇 개의 말이 있다. 경외, 찬양, 탁월, 광채, 능력, 높임, 존경, 형상, 아름다움, 명성, 고귀 등이다. 하나님의 영광은 하나님의 전인격에 대한 탁월성, 아름다움, 주권, 능력과 완전성을 보여

주는 신적 본질의 표현이다. 성경은 하나님께서 영광으로 표시되고 영광으로 상징되며 영광으로 휩싸였음을 가르쳐주고 있다. 그러므로 영광이란 하나님 본질의 상징이므로 우리가 하늘에 계신 우리 아버지와 친밀한 관계를 유지하기 위해서는 영광 가운데 나타나시는 하나님을 알아야만 한다. 그렇기 때문에 모세는 "주의 영광을 내게 보이소서"(출 33 : 18)라고 간구한 것이다.

하나님은 구약성서에 성막과 성전에서 자신의 영광을 보이셨다. 또한 창조하실 때(욥기 38-41장) 특히 천지 창조시(시 57 : 11, 72 : 19)와 구원의 계획(시 21 : 5) 가운데 영광을 계시하셨다. 그러나 하나님의 영광이 가장 크게 나타난 곳은 바로 예수님 안에서이다(요 17 : 5). 예수님은 자신의 영광을 구하지 않으시고 아버지 하나님의 영광을 나타내셨다(히 5 : 5, 요 13 : 31-32).

구약 시대에는 하나님께서 이스라엘 가운데 자신의 영광을 보이셨으나 이스라엘 백성이 우상숭배에 빠지자 그들이 "그 영광을 무익한 것과 바꾸었다"(렘 2 : 11)고 선언하셨다. 이제 하나님께서는 자신의 영광을 교회를 통하여 계시하신다. 하나님의 새로운 백성은 양자된 "이스라엘"로 표현되어 구약의 이스라엘 백성에게 약속했던 영광을 동일하게 받을 수 있는 상속자가 된 것이다(롬 9 : 4).

교회는 성도 개개인들로 구성되어 있기 때문에 하나님의 영광은 교회의 공동체 뿐만 아니라 성도 개개인들에게도 나타난다. 학개 2 : 3-9은 "후대 성전"(성전으로써의 몸)에서 주님의 가장 크신 영광이 계시될 것임을 기록해 주고 있다.

하나님의 영광은 우리 생활의 "질그릇"에 담겨져 있다(고후 4 : 7). 그러므로 우리가 흠없는 생활(금 그릇처럼)을 한다면 사람들은 내용물보다 그것을 담고 있는 그릇에 매력을 느낄 것이다. 우리는 하나님의 영광을 위해 창조되었다(사 43 : 7). 그러므로 하나님께서는 우리를 부르사 하나님의 나라와 영광에 이르게 하사 우리 아버지께 합당한 생활을 하도록 권고하시며(살전 2 : 12) 그 영광의 풍성함을 우리가 깨닫기를 간절히 소원하신다(골 1 : 27).

어떤 사람은 하늘에 계신 우리 아버지의 영광에 참여해야 한다는 것은 알고 있지만 "어떻게 그 영광에 참여할 수 있는가?"를 물어 볼 것이다. 영광이란 말 자체로 독특하고 다양한 뜻을 가지고 있는데 이 놀라운 하나님의 영광은 이미 우리들에게 선물로 약속된 것이다. 이 영광은 하나님의 나라와 권세와 같이 거져 주어진 것이다. 예수님께서 "내게 주신 영광을 내가 저희에게 주었사오니 이는 우리가 하나가 된 것같이 저희도 하나가 되게 하려 함이니이다"(요 17 : 22)라고 말씀하셨다. 하나님 아버지께서 예수님께 주신 것과 같은 영광을 우리에게도 선물로 주신 것이다. 그러므로 우리가 할 일이란 시편 84 : 11의 "여호와께서 은혜와 영화를 주실 것이다"라고 선언했기 때문에 그 영광을 구하는 것이다.

우리가 하나님의 말씀과 기도 그리고 생활 속의 경험을 통하여 변화될 때 이러한 영광을 받는 단계에 이미 들어선 것이다. "우리가 다 수건을 벗은 얼굴로 거울을 보는 것같이 주의 영광을 보매 저와 같은 형상으로 화하여 영광으로 영광에 이르니 곧 주의 영으로 말미암음이니라"(고후 3 : 18).

우리 하나님 아버지의 영광은 거울(말씀)로부터 우리 생활 가운데 비추어진다. 하나님께서는 전적으로 텅 비어 있는 우리 같은 사람들을 택하여 영광을 계시할 수 있는 도구로 변화시키길 원하신다. 세상에 있는 아버지의 모습이 그의 자녀에서 반사되는 것처럼 우리들은 하늘에 계신 우리 아버지의 형상을 반사해야만 한다. 윌리엄 바클레이(W. Barclay)는 이러한 하나님의 영광의 본질에 대해 다음과 같이 주석하고 있다. "우리는 하나님의 영광의 현현 가운데 있음을 기억하면서 주기도문을 마쳐

야 한다. 이는 우리가 하나님의 영광의 광채 가운데 살고 있다는 것을 결
코 잊어서는 안 된다는 경외의 태도로 생활을 해야함을 뜻하는 것이다."[1]

■ 영원히(Forever)

영원히라는 말은 단어 자체가 정확하게 "끝이 없는 영원한 것"을 말
한다. 주기도문을 마치면서 나라와 권세와 영광을 우리 아버지께 영원
히 돌리는 것이다. 우리는 하나님의 나라와 권세 그리고 영광을 공유하
기 때문에 우리 아버지와 우리 사이를 영원한 관계로 맺어 주는 것이다.
이러한 관계는 결코 분리될 수 없는 아버지와 자녀 관계를 말해 준다.

■ 아멘(Amen)

한 단어가 가지고 있는 힘에 대해 생각해 보자. 예를 들면 제2차 세
계 대전시 군인들에게 디데이(D-day)란 말이 갖는 의미와 같은 것이다.
모범적인 주기도문의 마지막 단어인 아멘이란 말이 갖는 힘도 이와 같
은 것인데 아멘이란 문자적인 의미는 "그렇게 되어지리라"는 뜻이다.

아멘이란 말의 내력은 모세 시대까지 거슬러 올라간다. 제사장들이
엄숙한 임무를 집행할 때 간구하는 사람들은 단순히 아멘이라 응답하였
다. 하나님의 복과 저주의 율법이 에발 산과 그리심 산 정상으로부터 선
포될 때 이스라엘 백성들도 이와 같은 모습으로 "아멘"(Amen)이라 응
답했었다.

아멘이란 말을 사용하는 것은 우리가 드린 기도를 능력 있는 하나님
의 권위로써 인을 친 것이라 할 수 있다. 이는 아멘이란 말이 예수님의
이름 가운데 하나이기 때문이다(계 3 : 14). 하나님의 모든 약속들이 그

리스도 안에서 성취되었기 때문에 그리스도는 "하나님의 아멘"이라 칭할 수 있는 것이다. 그러므로 우리가 "아멘"하며 기도하는 것은 예수님의 이름으로 우리의 모든 간구들을 구한다는 의미이다.

예수님께서는 그러한 자신의 이름을 우리로 하여금 사용하도록 하는 권한을 주셨다. 따라서 우리가 응답 받을 수 있는 기도의 중요한 요소는 예수님의 이름이다. 때때로 우리는 기도에 실패하게 되는데 이것은 우리 자신의 능력이나 권위에 의존해서 기도하기 때문이다. 우리가 기도할 때 우리 아버지께서 응답해 주실 것이라 확신할 수 있는 것은 우리 자신들의 이름이나, 위치 혹은 권위 때문이 아니라 예수님의 이름 때문이다.

예수님의 이름이 가지고 있는 능력은 그 이름을 찬양하는 가운데 나타나는 것이 아니라 그 이름에 대해 우리가 가지고 있는 믿음에서 나타난다. 이는 사도들이 걷지도 못한 사람을 고친 후에 강조한 사실이다. 베드로는 "그 이름을 믿음으로" 그 사람이 고침을 받았다고 말했다(행 3 : 16). 우리가 "아멘"하며 말하는 것은 "예수님의 이름"으로 말한 것과 다름이 없기 때문에 그 이름에 대한 믿음을 사용하는 것은 놀라운 영적인 권위를 행사하는 것이다.

예수님께서 자신의 이름으로 우리가 아버지께 구하는 것마다 주실 것이라고 말씀하셨다(요 16 : 23). 얼마나 능력 있는 약속인가! 그러나 이 약속은 성경에서 가르치고 있는 기도의 다른 원리들과 일치하여야 이루어질 수 있다. 우리는 어떤 한 주제를 언급할 때 한 절만으로 결론을 내려서는 안된다. 하나님의 말씀에서 그 주제에 대해 언급하고 있는 모든 부분을 살펴보아야 한다.

성경은 정욕으로 구하지 말 것을 가르친다. "구하여도 받지 못함은 정욕으로 쓰려고 잘못 구함이니라"(약 4 : 3).

또한 우리는 하나님 앞에서 올바르게 살아야 한다. 우리가 죄를 범했다면 죄를 고백하고 용서를 구해야 한다. "너희 죄를 서로 고하며 병 낫기를 위하여 서로 기도하라 의인의 간구는 역사하는 힘이 많으니라"(약 5 : 16). 우리가 죄 가운데 거하면서 예수님의 이름으로 구했기 때문에 구한 모든 것을 응답받을 수 있다고 생각할 수는 없다. 의인의 기도를 하나님께서 이루어 주시는 것은 예수님께서 다음과 같이 말씀하셨기 때문이다. "너희가 내 안에 거하고 내 말이 너희 안에 거하면 무엇이든지 원하는 대로 구하라 그리하면 이루리라"(요 15 : 7).

예수님의 이름으로 기도한다는 것은 하나님의 뜻에 순종하는 것이다. 예수님께서 "만약" 아버지의 뜻이거든 자신의 고통의 "잔"을 옮겨달라고 기도하셨다(눅 22 : 42). 육신의 연약함 때문에 자신의 고통의 잔이 옮겨지기를 원하셨지만 예수님께서는 기도하시므로 자신의 뜻을 하나님의 뜻 앞에 순복하셨던 것이다.

우리는 어떤 문제에 있어서 성경에 드러난 하나님의 뜻에 정확하게 어떻게 기도해야 할지 알고 있다. 다른 문제에서도 예수님께서 그러셨던 것처럼 우리의 뜻을 표현할 수 있다. 단, 그리하되 놓치지 말 것은 우리의 뜻을 하나님의 뜻에 순복해야 한다는 것이다. 즉, 예수님의 이름으로 모든 것을 순복해야 한다. 우리가 하나님의 뜻에 언제나 순복해야 하는 이유는 때때로 우리의 기도가 인간적인 논리에 따라 드려지기 때문이며 또 우리의 지식으로는 하나님의 보다 높은 목적을 언제나 분별할 수 없기 때문이다(사 55 : 8-9).

어떤 사람들은 이러한 성경적 가르침에 동의하지 않고 예수님의 이름으로 어떤 것이든 구할 수 있고 구한 것을 받을 것이라고 주장한다. 그러나 우리가 하나님의 뜻에 순복하지 않고 오만한 기도를 한다면 하나님께서 그 기도에 응답하실 수는 있으나 그러한 응답은 우리에겐 별 관심거리가 되지 못할 것이다(시 106 : 15).

또한 우리는 다른 사람을 대신해서 어떤 것을 구할 때 그 사람의 뜻이 환경에 개입 되었음을 알아야 한다. 예수님의 이름으로 기도할지라도 어떤 사람도 자신이 원하지 않는 것을 원하게 할 수는 없는 것이다. 그것은 영적인 마술일 수 있다. 하나님께서는 한 사람의 자유의지를 빼앗지 않으시기 때문이다.

예를 들면 예수님께서는 하나님께서 자신에게 제자로 주신 사람들에 대해서 중요한 기도를 하셨다(요 17장). 이 모든 제자들은 똑같은 훈련을 받았고 똑같은 기적들을 증거했으며 똑같이 하나님의 말씀으로부터 교훈을 받았다. 그러나 그들 중의 한 명은 낙오되었다. 유다는 모든 것을 듣고 보았지만 자신의 뜻대로 불 신앙을 품고 하나님의 말씀을 거부했다.

아멘이란 말은 "나는 이제 기도가 끝이 났습니다"라는 뜻이 아니다. 이 말의 실제 뜻은 "그럴지라도, 내가 기도한 후 그렇게 이루어질지라"는 의미이다. 우리가 "아멘"하고 기도하는 것은 믿음을 선포하는 것과 같다. 그것은 땅에 표지 막대기가 꽂혀 있는 경계선을 운전하는 사람의 모습이며 재산의 한 부분에 대해 당당하게 요구하는 사람의 모습에 비유될 수 있다.

우리가 마지막 부분인 "나라와 권세와 영광이 아버지께 영원히 있사옵나이다. 아멘"을 반복할 때마다 우리는 하나님이 누구인지를 알게되고, 그분께서 상속자들인 우리에게 주신 것에 대해 경외심을 갖게 된다. 이처럼 우리는 모범적인 기도를 통해 우리의 구하는 기도마다 응답해 주시는 하나님을 찬양하는 것이다.

■ 실제로 시작인 끝 부분

여러분이 할 수 있는 사역 가운데 가장 위대한 사역이 무엇이라 생각하는가? 아마 여러분은 곧바로 빌리 그래함(Billy Graham)이 이루어 놓은 정도의 전도 사역을 생각하거나 영향력이 많은 치유 사역과 구제 사역 등을 상상할 것이다. 여러분은 이보다 더 위대한 특별한 사역은 없을 것이라 생각하겠지만 하나님의 말씀은 우리가 참여할 수 있는 최고의 사역을 말해 주고 있다. 우리가 지금까지 살펴보았던 모범적인 기도는 바로 이것으로 시작되었고 끝을 맺었다. 그것은 다름아닌 예배와 찬양 사역이다.

내가 왜 이러한 주장을 하겠는가? 예배와 찬양은 하나님께서 원하시는 영적 상태로 우리를 회복시켜 주고 승리의 생활을 할 수 있도록 초자연적인 에너지를 공급해 주기 때문이다. 우리가 찬양으로 기도를 시작할 때 우리는 하나님의 현현이 거하는 곳인 주님의 궁정에 들어가게 되며 찬양으로 기도를 마치는 순간, 그날의 어떤 환경과도 투쟁할 수 있는 능력을 체험하게 되는 것이다. 우리가 기도하는 시간 만큼은 "찬양의 옷"을 입고 있으며 기도를 마친 후 그곳을 떠날 때는 그날 온종일 찬양할 것을 결심하게 된다. 하루 종일 우리 입에서 나오는 말마다 하나님께 드리는 찬양이 되도록 마음을 정하자. "이러므로 우리가 예수로 말미암아 항상 찬미의 제사를 하나님께 드리자 이는 그 이름을 증거 하는 입술의 열매니라"(히 13 : 15).

모범적인 기도의 절정은 "나라가 주님의 것입니다. 권세가 주님의 것입니다. 그리고 영광이 영원히 주님의 것입니다. 아멘!"이라고 우리가 찬양하므로 최고의 절정을 이룬다. 찬양은 하나님께서 살아 계심을 표현하는 믿음의 언어이다. 우리가 찬양하는 말로 결론을 내릴 때 우리는 우리 자신이 가지고 있는 문제에 관심을 기울이기보다는 하늘에 계신 우리 아버지께 우리의 관심을 집중시키는 것이다. 우리는 우리가 하나님의 권세를 요구할 수 있고 하나님의 영광을 반사할 수 있는 하나님의 나라에 있다는 것을 확신할 수 있는 기업을 주신 하나님께 감사를 드리는 것이다.

세상의 아버지들이 자녀들의 찬양을 기뻐하는 것처럼 하늘에 계신 우리 아버지도 하나님의 말씀에 기초하고 마음속 깊이 우러나는 신실하고 무한한 경배를 바라신다. 우리는 잠잠하게 하나님을 찬양할 수 있으며(슥 2 : 13), 말하며, 소리치며 노래하면서 찬양할 수 있고(시 146 : 2), 악기를 사용하여 찬양하기도 하며(시 150 : 3-6), 하나님 앞에 서서 찬양할 수 있고(대하 20 : 19), 손을 들고 찬양할 수 있으며(시 63 : 3-4), 손뼉 치며(시 47 : 1), 고개를 숙이고 무릎을 꿇고 찬양할 수 있고(시 95 : 6), 걷기도 하고 뛰기도 하면서(행 3 : 8), 또한 춤을 추면서 하나님을 찬양할 수 있다(출 15 : 20).

우리는 예수님께서 제자들에게 가르쳐 주셨던 모범적인 기도를 강력한 13가지 단어로 결론을 맺었다. 그러나 이것은 진정으로 새로운 출발점으로써의 결말이다. 솔로몬이 예루살렘의 성전 헌당 기도를 마칠 때 다음과 같이 기록되었다. "솔로몬이 기도를 마치매 불이 하늘에서부터 내려와서 그 번제물과 제물들을 사르고 여호와의 영광이 그 전에 가득하니 여호와의 영광이 여호와의 전에 가득하므로 제사장이 그 전에 능히 들어가지 못하였고"(대하 7 : 1-2).

솔로몬이 기도를 마칠 때 강력한 하나님의 권능과 기름부음이 나타났다. 솔로몬과 같이 우리도 기도의 첫 단계를 이미 완성했다. 우리는 예수님께서 가르쳐 주셨던 방법대로 기도하는 법을 배웠고 하늘에 계신 우리 아버지와 친밀한 관계를 발전시켜 왔다. 그러나 이것은 끝이 아니다. 왜냐하면 개인 기도를 하도록 기름부음을 받았으므로 하나님의 현현이 우리의 영적 성전 안에 능력으로 채워지게 되고 그에 따라 우리는 아버지의 새로운 계시를 받을 수 있는 위치에 도달하기 때문이다.

우리는 이제 졸업이 없는 영적인 기도 전문학교에 등록되었다. 그러나 개인적인 기도에 대한 책임이나 하나님 아버지와 관계를 발전시키는 일이 완전하다는 단순한 추측은 하지 말기 바란다. 우리가 받았던 모든 것을 파멸하는 데 목표를 삼은 거짓의 아버지가 영적인 그늘 아래 숨어 있다. 왜냐하면 "… 저는 처음부터 살인한 자요 진리가 그 속에 없으므로 진리에 서지 못하고 거짓을 말할 때마다 제 것으로 말하나니 이는 저가 거짓말쟁이요 거짓의 아비가 되었음이니라"(요 8 : 44). 이 거짓 아비의 교활한 책략은 우리가 권능 있는 기도를 하도록 기름부음을 받는 기도의 두 번째 단계로 진보해 나아갈 때 드러날 것이다.

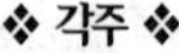

❖ 각주 ❖ ───────────────

1) William Barclay, *The Beatitudes and the Lord's Prayer for Everyman*(New York : Harper and Row, 1968), P. 256.

제 2 부

권능 있는 기도를 하도록 기름부음을 받는 법

16
거짓의 아비

제1부에서는 예수님께서 가르치셨던 모범을 사용하여 개인 기도를 하도록 기름부음 받는 법을 배웠다. 우리는 예수님께서 어떻게 성전을 깨끗이 청소하여 기도하는 집이 되었고, 하나님의 강력한 권능이 나타나므로 눈먼 사람들이 보게 되었으며, 듣지 못한 사람들이 듣게 되었고, 절름발이들이 고침을 받았는지를 배웠다.

성전이 기도하는 집으로 변했을 때 찬양과 권능과 기쁨의 축제가 시작되었다. 그러나 그 와중에 반대의 목소리 또한 커지기 시작하였다. 대제사장들과 서기관들에게서 나온 비난의 소리가 그것이다. 이 기록은 우리의 영적 성전이 깨끗이 청소되고 개인 기도생활에 기름 부음을 받는 권능을 받아 기도의 집으로 변할 때에도 나타나는 현상임을 말해 주고 있다. 우리는 권능 있는 기도생활을 위한 새로운 차원의 문턱에 서 있으나 가나안 입구에 서 있던 이스라엘 백성들처럼 반대자들의 저항 없이는 들어갈 수 없을 것이다.

우리는 이미 언급했던 권능 있는 기도생활 즉, 기도의 새로운 차원에 들어가기 전에 먼저 개인 기도생활부터 기름부음을 받아야 한다. 개인 기도는 본질상 객관적이어서 모범적인 기도의 개요를 사용할 수 있다. 따라서 드리는 기도에 대하여 시작하는 때와 마치는 때를 알고 있다. 그러나 권능 있는 기도는 객관적이라기 보다는 주관적이다. 주관적이란 뜻은 우리가 지적으로 터득하기보다는 영적으로 터득해야할 것이라는 의미이다. 권능 있는 기도가 주관적이기 때문에 분명한 출발점이나 정지하는 장소가 없으며 단순히 개요적인 것으로 축소시킬 수도 없는 것이다.

권능 있는 기도를 할 수 있도록 기름부음을 받는 것은 남녀노소 누구든지 스스로의 마음이나 사상을 위해 싸울 때 중보할 수 있는 새로운 영역의 기도 차원으로 우리를 인도해 줄 것이다. 우리도 예수님께서 기도하심으로 죄와 병마, 억압, 그리고 귀신들림 같은 죄의 쇠사슬로부터 사람들을 풀어 주셨던 것과 같은 권능 있는 기도, 응답을 받을 수 있는 기도를 할 수 있다. 심지어 우리들의 기도는 우리 민족 전체의 운명에도 영향력을 미칠 수 있을 것이다.

권능 있는 기도는 실제로 기도의 전쟁이다. 왜냐하면 우리는 기도를 통해 세상에서 활동하고 있는 보이지 않는 악한 세력과 영적 차원에서 싸우고 있기 때문이다. 우리가 승리하기 위해서는 먼저 우리가 싸워야 할 적이 누구인지 알아야 하며 그들의 전략이 무엇인지 알고 있어야 한다. 그리고 중요한 부분인 하나님께서 이러한 기도를 위해 공급해 주신 놀라운 영적 무기를 사용할 수 있어야 한다.

■ 대적은 아비이다

예수님께서 바리새인을 경고하실 때 사단을 "아비"로 칭하셨다. "…

저는 처음부터 살인한 자요 진리가 그 속에 없으므로 진리에 서지 못하고 거짓을 말할 때마다 제 것으로 말하나니 이는 저가 거짓말쟁이요 거짓의 아비가 되었음이니라"(요 8 : 44). 이 성경 본문은 사단은 거짓의 아비이기 때문에 사단이 실행하는 첫째 방법은 거짓이라는 것을 보여주고 있다. 또한 사단도 하늘에 계신 우리 아버지처럼 그들 나름의 목적을 가지고 있는데 그 목적이란 "도적이 오는 것은 도적질하고 죽이고 멸망시키려는 것뿐이요…"(요 10 : 10)이기 때문에 사단의 의도는 오직 멸망시키는 것이다.

■ 거짓 아비가 물려준 유산

거짓 아비는 원래 하나님께서 창조한 선악을 선택할 수 있는 자유의지를 가진 천사였다(겔 28 : 12-17). 그는 천사 그룹 가운데 하나였으며 거룩하고, 아름답고, 완전하였다. 그는 천사 그룹의 지도자였고 "수호" 혹은 "엄위"그룹으로 칭하였다. 그의 이름은 원래 "계명성"이란(사 14 : 12) 뜻을 가진 루시퍼였다. 그는 황금과 각종 보석으로 단장했고, (겔 28 : 13, 출 28 : 15-21 참조) 하나님의 거룩한 성산에서 예배를 인도하던 자였다(겔 28 : 14).

그러나 사단은 하나님과 친밀한 관계를 유지하지 못했다. 성경은 이사야 14 : 12-14에서 사단의 비참한 반역을 서술해 주었는데 사단의 타락 원인은 그가 하나님의 보좌를 점령하여 하나님과 동등한 위치에서 예배를 받으려고 하는데서 분명하게 나타난 교만 때문이었다. 사단은 스스로 "지극히 높은 자"와 같이 되길 원한다고 말했다. 지극히 높은 자라는 명칭은 천지의 주인이신 하나님을 말해 주는 칭호이다. 사단은 하나님 아버지와 같이 되길 원했던 것이다.

사단은 이러한 범죄 때문에 하나님 앞에서 쫓겨났고, 그의 인격은 타락되었으며, 그의 능력은 하나님께서 하시는 모든 일마다 반대하는 일로 악용되었다(겔 28 : 16-17). 천사들의 일부분은 이 사단의 타락에 참여했는 데 그들이 오늘날 사단의 명령을 수행하는 악령들이다. 결과적으로 사단은 자신의 왕국을 형성하고 자신이 아비로서 악한 가정을 이루고 있는 것이다.

욥기 1장에서 사단은 하나님 아버지 앞에서 "하나님의 아들들"과 같은 수준으로 침범하려고 노력하는 모습이 그려져 있다(욥 1 : 6). 성경 본문을 통해 우리는 사단이 세상에서 영적으로 존재하고 있음을 알 수 있다. "여호와께서 사단에게 이르시되 네가 어디서 왔느냐 사단이 여호와께 대답하여 가로되 땅에 두루 돌아 여기저기 다녀왔나이다"(욥 1 : 7).

■ 거짓 아비의 전략

어떤 사람들은 영적 전쟁을 하나님과 사단과의 싸움으로 알고 있으나 사단은 하나님의 능력에 대적할만한 적수가 못된다. 영적 전쟁은 전설적으로 내려온 햇필드와 멕코이 종족간의 경계 말뚝 싸움인 한가족 싸움과 비교될 수 있다. 하나님께서 남자와 여자를 처음으로 창조하실 때 부터 하늘의 아버지께 속한 "하나님의 자녀들"과 거짓 아비에 속한 "불순종의 자녀들"간의 싸움은 시작되었다. 하나님의 자녀들과 사단의 자녀들간의 가족 분열은 사회 전체를 영적 불화로 휩싸이게 만들었다.

사단이 거짓된 전략으로 멸망시키고자 한 목표는 무엇인가? 그것은 우리와 하나님과의(아버지-자녀) 친밀한 관계를 파괴하는 것이다. 사단이 뱀의 모습으로 에덴 동산에 있는 하와를 처음으로 유혹할 때 이 목표가 분명히 나타났다. 사단은 선악을 알게 하는 금지된 나무의 열매를

"너희가 그것을 먹는 날에는 너희 눈이 밝아 하나님과 같이 되어 선악을 알 줄을 하나님이 아심이니라"(창 3 : 5)고 하와를 유혹했다.

하와는 하나님의 형상을 따라 창조되었다. 하나님께서 에덴 동산에서 아담과 같이 거니실 때 그 또한 함께 걸었고 대화도 하면서 매일 친밀한 교제를 나누었다. 사단이 하와와 하나님과의 친밀한 관계에 도전했을 때 하와는 "나는 이미 하나님과 같이 되었다"라고 대답했어야 했다.

사단의 이런 유혹적인 전략은 예수님을 공격할 때도 분명히 나타났다. 예수님께서 세례를 받으실 때 하나님께서는 "… 이는 내 사랑하는 아들이요 내 기뻐하는 자라 하시니라"(마 3 : 17)고 선언하시므로 하나님의 아들 되심을 강력하게 증거하셨다. 그 일 직후에 놀라운 영적 싸움이 일어났다. 사단은 광야에서 예수님을 시험할 때 바로 하나님의 아들 되심의 관계를 공격했다. "… 네가 만일 하나님의 아들이어든 명하여 이 돌들이 떡덩이가 되게하라 … 네가 만일 하나님의 아들이어든 뛰어 내리라[성전꼭대기에서]…"(마 4 : 3,6). 제자 빌립은 처음에 예수님을 "요셉의 아들"(요 1 : 45)로 알고 있었으며, 예수님께서 병을 고치시고 구원의 기적을 일으키실 때에도 사람들은 "… 이 사람이 요셉의 아들이 아니냐?"(눅 4 : 22)하고 물었다.

사단은 예수님과 하나님과의 친밀한 연합 관계를 예수님께서 십자가에 달려 죽으실 바로 그 시간까지 계속 공격했던 것이다. 예수님께서 산헤드린 공회에 인도될 때 대제사장들과 서기관들은 "… 네가 하나님의 아들이냐…"(눅 22 : 70)라고 물었고, 유대인 중 어떤 사람들은 "우리에게 법이 있으니 그 법대로 하면 저가 당연히 죽을 것은 저가 자기를 하나님 아들이라 함이니다"(요 19 : 7)라고 선언하였다.

예수님께서 십자가에 달리실 때 종교 지도자들은 예수님을 다음과 같이 조롱하였다. "… 저가 이스라엘의 왕이로다 지금 십자가에서 내려올

지어다 그러면 우리가 믿겠노라 저가 하나님을 신뢰하니 하나님이 저를 기뻐하시면 이제 구원하실지라 제 말이 나는 하나님의 아들이라 하였도 다"(마 27 : 42-43). 이처럼 사단은 예수님이 하나님의 아들 되심을 공격 했다. 그러나 결국에는 이 모든 것이 수포로 돌아갔음이 증거되었다. 십 자가에서 예수님께서 자신의 아버지께 하신 마지막 말씀이 그 증거이다.

■ 전략은 아직도 바꾸어지지 않았다

약 2천년이 지난 오늘날에도 사단의 전략은 변하지 않았다. 왜냐하면 그들은 아직도 아버지와 자녀 관계를 목표물로 삼고 있기 때문이다. 사 단은 예수님께서 가르쳐 주신 모범적인 기도문 가운데서 하나님 아버지 와 관련되어 선언하는 것이면 모두 부정해 버린다. "우리 아버지"라고 기도하면 사단은 "하나님은 너희 아버지가 아니며 너는 하나님 앞에 나 아갈 수 있는 자격이 없다"라고 속삭인다. "우리의 삶 가운데 하나님의 뜻이 이루어지리이다"라고 선언하면 대적은 "네가 하나님의 뜻을 행하 였다는 증거를 제시해 보아라. 과거에 네가 행했던 치욕적인 죄를 바라 보라. 하나님께 쓰임 받지 못할 것이며, 하나님의 너를 향한 계획도 결 코 이루지 못할 것이다"라고 조롱한다. 사단은 냉혹하고도 교묘하게 "하 나님이 너의 아버지라면 왜 너는 그렇게 가난하느냐? 네가 하는 사역에 는 왜 기적이 일어나지 않느냐? 네 생활은 왜 이같은 비극적인 일이 일 어나느냐? 왜 하나님은 너를 도와주지 않느냐?"는 거짓말로 우리들의 심 령 속에 스며들게 할 것이다.

권능 있는 기도의 기름부음을 받고 거짓 아비를 대항하여 효과적으로 싸우기 위해서 우리는 사단의 거짓을 폭로해야 하며 이러한 거짓말들을 어떻게 물리쳐야 하는지 배워야 한다. 예수님께서는 제자들이 대적자들의 비난 앞에 섰을 때 아버지의 성령이 직접 그들에게 말하실 것이라고 가르치셨다(마 10 : 20).

다음 몇 장에서는 모범적인 기도문을 다시 분석하여 하늘에 계신 아버지께서 우리에게 확신시켜 주신 아들의 신분으로서 갖는 모든 유익들을 사단이 어떻게 공격하는지에 초점을 맞출 것이다. 이러한 사단의 공격과 그 공격을 잘 대항할 수 있는 방법을 설명하기 위해 다윗 왕(King David)을 예로 언급하고자 하는 데 이는 성경에서 "하나님의 마음에 합한 자"(A man after God's own heart)라고 말한 사람은 오직 다윗뿐이었기 때문이다. 우리가 주기도문에 나타난 것처럼 하늘에 계신 우리 아버지와 친밀한 연합을 원한다면 아버지의 성령으로 거짓 아비가 행한 모든 거짓에 대해 직접 말할 수 있도록 하는 방법을 배워야 한다. 이것은 우리가 권능 있는 기도에 보다 깊은 기름부음을 경험할 때 나타난다.

17

거짓 아비는 당신의 아버지가 아니다

어느 젊은 여인의 팔에 끔찍하고 사악한 말이 문신으로 새겨져 있었다. 그녀의 얼굴은 마약 중독으로 인하여 거친 그대로의 모습을 보여 주고 있었고, 그녀의 20대 초반의 얼굴은 온데 간데 없었다. 그녀는 미국 주(州) 정부 교도소에 범죄자로 수차례 수감생활을 반복했었다. 그녀의 이름은 타라(Tara)였는 데 자신에 대해 환멸을 느끼고 있음을 그녀가 다음과 같이 말한 것에서 분명히 알 수 있었다. "세상에는 선한 사람과 나쁜 사람으로 나누어진다고 믿는다. 나는 하나님께 나의 죄를 용서해 주기를 구했지만 내가 행하였던 죄악 때문에 나를 용서해 주시지 않을 것임을 알고 있다. 나는 사악한 사람으로 운명지워졌는 데 내가 악하지 않으려고 싸울 이유가 어디 있겠는가?"

　타라는 거짓 아비가 꾸며낸 거짓말의 희생자인 것이다. "너는 하나님 전에 들어갈 자격이 없어. 하나님은 너의 아버지가 아니야. 그러므로 너는 하나님 아버지 이름으로 얻을 수 있는 모든 유익들을 결코 소유할 수 없어. 어느 누가 너를 하나님의 자녀라고 생각할 수 있겠는가? 네가 저질렀던 악한 일들을 보라. 엉망진창이 되어버린 너의 생활을 보라.”

우리가 개인 기도를 하도록 기름부음을 받는 법에 대해 공부할 때 “하늘에 계신 우리 아버지”라고 기도하며 하나님 전에 들어갈 수 있는 특권은 예수님의 보혈 때문에 주어진 것이라고 언급했다. 그런데 우리가 이렇게 모범적인 기도의 시작을 말하는 순간 거짓 아비도 무차별 공격을 시작한다. 대적인 사단은 우리도 타라와 같이 하늘에 계신 우리 아버지와 친밀한 관계를 발전시킬 수 없다는 것을 믿도록 하려는 것이다. 사단은 우리들을 하나님의 자녀로부터 분리시켜 하나님의 전에 들어갈 수 있는 자격이 없으며, 받아주지도 않는다고 속이려 한다. 그러나 타라가 결국은 하나님의 자녀가 될 수 있음을 알았고 이제는 하나님의 자녀가 된 것처럼 우리도 사단이 말하는 모든 주장들이 전혀 힘을 발휘하지 못하는 거짓임을 알 수 있다.

■ 하나님의 마음에 합한 자

다윗은 성경에서 “하나님의 마음에 합한 자”라고 칭함을 받은 유일한 사람이었다. “하나님의 마음에 합한 자”란 비슷한 자세를 가진 자 즉, 그 사람 안에서 특별하게 하나님과 비슷한 점을 발견한 자를 뜻한다. 다윗은 우리가 발전시켜야 할 하늘에 계신 하나님 아버지와의 친밀한 관계를 모범적으로 보여주었다. 이제 다윗의 생애를 분석하므로 그가 대적의 공격들을 어떻게 성공적으로 대처했는지 살펴보고자 한다.

이스라엘 역사에서 다윗의 자손은 언제나 통치하는 자리에 있었다. 그의 자손을 통해서 메시야가 나왔을 만큼 다윗은 가장 위대한 왕이었다. 그렇다고 해서 그가 전 생애를 화려한 모습으로 단장된 왕궁에서 보낸 것은 아니다. 그의 생애는 베들레헴 주위에 있는 들판에서 목동 소년으로부터 시작되었다. 다윗은 가족들에 의해 평가절하 되었고 언제나 존경할만한 사람이라고는 느껴지지 않았을 뿐만 아니라 그런 사람으로 받아주지도 않았다.

다윗의 소년 시절은 이스라엘 백성이 하나님의 통치를 거부하며 사무엘 선지자에게 "우리를 다스릴 왕을 우리에게 주소서"라고 요구하던 시대였다. 이스라엘 백성의 요구대로(삼상 8 : 6) 사울이 이스라엘의 첫 번째 왕으로 선택되었으나 그는 불순종함으로 왕의 위치를 잃고 말았다. 그리고 하나님께서는 사무엘을 이새의 집으로 보내 새로운 왕이 될 사람에게 기름을 붓도록 하셨다.

사무엘이 베들레헴 이새의 집에 도착했을 때 사무엘은 이새와 그 아들들을 희생제사에 참여하도록 초청하여 그들로 희생음식을 나눈 후 하나님께서 선택한 사람에게 기름을 부으려고 했다. 한 가족이 하나님의 선지자를 모시고 희생제사에 참여하여 교제를 나누는 것이란 당시 그 가족에게는 보기 드문 특권이었다.

이새는 이를 대비하여 잘 준비했고 아들들을 불렀다. 젊은 아들들이 모였을 때 사무엘의 눈에 첫 번째로 띤 사람은 이새의 장자 엘리압이었다.

> 그들이 오매 사무엘이 엘리압을 보고 마음에 이르기를
> 여호와의 기름 부으실 자가 과연 그 앞에 있도다 하였더니
> 여호와께서 사무엘에게 이르시되 그 용모와 신장을 보지 말라
> 내가 이미 그를 버렸노라 나의 보는 것은 사람과 같지 아니하니
> 사람은 외모를 보거니와 나 여호와는 중심을 보느니라
>
> 사무엘상 16 : 6-7

엘리압은 왕으로서 좋은 외모를 지녔으나 하나님께서는 그의 마음속

에 있는 것을 보셨다. 사무엘상 17장에서 우리는 엘리압의 됨됨이를 작게나마 볼 수 있는 데 그는 오해하여 다윗의 교만과 오만함에 대해 화를 내면서 비난했던 것이다. 하나님께서는 비난하는 사람에겐 기름을 붓지 않으시고 다윗과 같이 중보하며 찬양하는 사람에게 기름을 부으셨다.

엘리압 다음으로 이새의 아들 아비나답과 삼마를 불렀으나 그들도 역시 거부되었다. 이새의 아들 일곱 명이 사무엘 앞을 지나갔으나 그때마다 하나님께서는 "이 사람을 택하지 않았다"라고 말씀하셨다.

결국 사무엘은 "네 아들들이 다 여기 있느냐"하고 이새에게 물었다. 이새는 "말째가 남았는데 그가 양을 지키고 있습니다"라고 대답했다. 분명히 다윗은 그의 아버지와 형제들로부터 귀하게 여김을 받지 못했다. 왜냐하면 하나님의 선지자가 희생제사와 잔치를 초청했음에도 다윗은 참석하도록 부름을 받지 못했기 때문이다. 그는 들판에서 양들을 치고 있는 무의미한 소년에 불과했다.

사무엘이 이새에게 다윗을 불러오라고 했고 소년 다윗이 도착했을 때 하나님께서 사무엘에게 다음과 같이 말씀을 하셨다. "… 이가 그니 일어나 기름을 부으라… 이 날 이후로 다윗이 여호와의 신에게 크게 감동되니라…"(삼상 16 : 12-13). 다윗은 가족들조차도 희생제사와 잔치에 초대하지 않을 정도의 어린 소년이었지만 하나님께서는 "이가 그니라… 내가 그를 선택하였다"라고 말씀하신 것이다.

하나님께서는 우리가 가지고 있는 교육 수준이나 외모 또는 재산, 지식 그리고 인기 정도에 따라 기름을 부으시지 않는다. 하나님께서 우리를 자녀로 받아 주시는 것은 우리가 성취한 외적인 어떤 것 때문이 아니다. 왜냐하면 하나님의 판단 기준은 속사람이기 때문이다. 로비 캐슬맨 (Robbie Castleman)은 다음과 같이 말했다. "하나님께서는 우리가 어떤 외적인 자격을 갖추었느냐에 따라 왕이나 제사장으로 임명하신 것이 아니라 하나님 자신과 어떤 관계에 있느냐에 따라 임명하신다.”[1]

사울에 관해 언급한 것을 보면 그는 이스라엘에서 다른 사람들보다 어깨만큼 더 컸다고 했다(삼상 9 : 2). 이것에 대해 사울은 어깨가 평가 대상이 되었고 다윗은 속마음이 평가 대상이 되었다고 아이버 파웰 (Ivor Powell)이 해석했다.[2]

■ 아버지의 집으로 오기

여러분은 다윗과 같이 가정에서 소외당하고, 아버지의 집에서 가장 천대받은 자이며, 이 세상에서 소외당하고 있다고 느껴본 적이 있는가? 하나님과 친밀한 관계를 가질 수 있는 고귀한 기름부음을 받기 위해 하나님 아버지의 집으로 들어가기에는 하찮은 존재로써 자격이 없다고 느끼고 있는가? 예수님께서는 “하늘에 계신 우리 아버지”라고 기도하라고 가르치셨다. 사무엘이 다윗에게 아버지의 집으로 오도록 불렀던 것처럼 예수님께서도 이러한 영적인 부르심을 우리들에게 주시고 있는 것이다. 다윗처럼 가족과 주위 사람들이 여러분을 염두에 두지 않고 거절하며, 소외시키고 있을지도 모른다. 그러나 하나님께서는 우리들의 마음속 깊은 부르짖음을 듣고 계시며 우리들에게 기름부을 준비를 이미 하고 계신다.

탕자는 돼지 우리에 앉아 스스로 “내가 아버지 집에 돌아가리라… 나는 아버지의 아들이라 일컬음을 감당치 못하겠나이다”라고 생각했다. 사단은 거짓말로 우리를 속여 우리가 탕자처럼 스스로 생각한 것을 믿게 하려 할 것이다. 그러나 우리는 이미 선지자(예수님)가 아버지의 집으로 부르심을 받아 선지자의 기름부음을 받도록 되어 있는 자임을 기억해야 한다. 탕자의 아버지처럼 하나님 아버지는 우리들을 큰 기쁨을 가지고 영접해 주실 것이다. 대적들이 주장하는 거짓 증거들 바로 그 앞

에서 우리들은 기름부음을 받을 것이며 우리들을 위한 상이 베풀어질
것이다(시 23 : 5-6).

■ 새로운 인생과 새로운 목적

기름부음 받은 후 다윗의 생애는 이전과는 전혀 달랐다. 왜냐하면 기
름부음 받음이란 새로운 인생의 의미와 새로운 목표의 형성을 의미하기
때문이다. 다윗은 자신의 아버지와 형제들이 자신에 대해 어떻게 생각
하든 그것과는 상관이 없었다. 외모가 왕처럼 생기지 않았어도, 들판에
서 양을 치고 있으면서도, 또한 동굴 속에서 숨어 지냈어도 전혀 상관하
지 않았다. 다윗은 자신이 왕이 될 인생임을 알고 있었다. 우리가 하나
님과 아버지와 아들로서의 친밀한 관계를 맺고 기도생활에 기름부음을
받을 때, 이와 같이 새로운 인생과 목적을 경험하게 될 것이다.

우리가 "하늘에 계신 우리 아버지"라고 기도를 시작함은 우리가 하나
님의 자녀와 하나님의 나라를 물려받은 상속자로서 기름부음 받았음을
확신하는 것이다. 사단이 우리가 물려받은 이러한 권리를 공격할 때마다
우리는 다음과 같이 선언해야 한다. "나는 창세 전에 하나님 아버지께서
선택하셨고 하나님의 자녀가 될 것임이 이미 예정되었으므로(엡 1 : 3-5)
이제는 하나님의 자녀가 되었고(요일 3 : 2), 하나님 앞에서 제사장과 왕
으로 봉사하기 위해 기름부음을 받았다. 하나님은 나의 아버지이시다!"

다윗은 기름부음을 받은 후 다시 고독하고 외로우며 단조로운 들판으
로 돌아갔다. 찰스 스윈돌(Charles Swindoll)은 이것을 다음과 같이 주
석했다. "다윗은 왕관이나 빛나는 마차를 향해 달려가지 않았고 새로운
왕권을 선언하기 위해 베들레헴에서 말을 타고 나오지도 않았다. 그는
즉시 양을 치는 들판으로 돌아갔다."[3] 그러나 다윗에게 "하나님의 신"이

임한 날부터 다윗의 생애는 예전과는 아주 달랐다.

다윗처럼 우리도 들판에 있을 수 있다. 그 들판에서 매일 틀에 박혀 할 일들을 하는 단조로운 일로 지루함을 느낄 수도 있다. 그러나 이제는 모든 것이 달라졌다. 우리는 권능 있는 기도를 하도록 기름부음 받음을 경험하고 있는 것이다. 권능 있는 기도를 하도록 기름부음 받음이란 우리 속에 성령님께서 자유롭게 역사하시도록 하는 능력이며 우리 심령 깊은 곳에서 "하나님은 나의 아버지입니다"라고 담대히 선포케 하는 것이다.

❖ 각주 ❖ ────────────

1) Robbie Castleman, *David : Man After God's Own Heart*(Wheaton : Harold Shaw, 1981), P. 11.

2) Ivor Powell, *David. His Life and Times*(Grand Rapids : Kregel, 1990), P. 25.

3) Charles Swindoll, *David : A Man After God's Own Heart*(Waco : Word Educational Products, 1988), P. 12-13.

18

그의 이름은 거룩히 여김을 받지 못함

"아돌프 히틀러"(Adolf Hitler)는 실로 우리 마음을 섬뜩하게 하는 이름이다. 그 이름은 적어도 600만명의 생명을 살상했던 세계적으로 알려진 대학살 과정에서의 극심한 고통을 상징하는 이름이다. 우리의 마음속에 악한 것, 기분 나쁜 것 등의 기억으로 남아 있으며 앞으로도 영원히 그렇게 새겨질 이름이다.

개인 기도생활에서 우리는 이름들 속에 포함된 의미의 중요성과 하나님의 이름들이 드러나는 하나님의 속성 그리고 그 이름들로 인한 복이 무엇을 보여주는지 배웠다. 뿐만 아니라 하나님의 8가지 합성 이름들과 우리가 "이름이 거룩히 여김을 받으시오며"라고 기도할 때 그 이름들로 인하여 받을 수 있는 복들을 어떻게 우리들의 것으로 만들 수 있는지에 관해서도 배웠다.

거짓 아비도 역시 자신의 인격과 저주들을 상징하는 이름들이 있다. 그 이름 자체는 히틀러란 이름보다 훨씬 악한 것을 표현하는 이름들이다. 우리가 하나님의 이름으로 인하여 주어진 복을 확신할 때마다 거짓 아비도 역시 자신이 가진 정반대의 이름으로 도전해 온다. 하나님 아버지가 가지신 각각의 이름마다 거짓 아비도 그에 대응하는 이름들을 가지고 있기 때문이다.

■ 거짓 아비의 이름이 물려준 유산

우리가 사단의 불경건한 이름들의 의미들을 잘 살펴본다면 그들이 하나님 아버지와 우리와의 관계를 이간하는 속임수들을 더 구체적으로 알 수 있을 것이다.

참소(Accusation)

우리가 하늘에 계신 우리 아버지의 이름들을 분석할 때, 여호와 시드케이누(여호와는 우리의 의)와 여호와 마카데쉬(성결케 하시는 여호와)란 이름들을 통해서 죄사함과 죄로부터 구원을 확신할 수 있다고 배웠다.

거짓 아비는 죄사함과 죄의 지배로부터의 구원에 대해 도전하려는 목적을 가진 "우리 형제들을 참소하는 자"로 불려진다(계 12 : 10). 우리가 예수님의 보혈로 용서함을 받으려는 순간 사단은 죄책과 수치심으로 우리를 참소할 것이다. 이럴 때 우리는 우리 안에 거하신 아버지의 성령으로 인하여 예수님의 보혈로 이미 의롭게 되었고 거룩하게 되었다고 선언해야한다. 우리는 예수 그리스도의 보혈로 인하여 우리에게 전가된 의 때문에 하나님의 전에 들어갈 수 있게 되었다. 따라서 "나는 과거에 지은 모든 죄의 형벌로부터, 현재의 죄의 힘으로부터, 미래에 지을 죄 앞에서 구원함을 받았다. 나는 그 보혈 때문에 예수님의 의로 옷입고 하나님 앞에 당당히 설 수 있다"라고 하나님을 찬양하며 선포하길 바란다.

불경건한 영(An Unholy Spirit)

성령 충만함은 우리가 여호와 살롬(여호와는 평화)과 여호와 삼마(그 곳에 계신 여호와)라는 하나님 아버지의 이름을 우리의 것으로 소유할 때 얻어질 수 있는 것이다. 사단도 영을 가지고 있으나 그것은 "불순종의 아들들"가운데 역사한다(엡 2 : 2). 사단이 우는 사자(벧전 5 : 8)로, 뱀(계 12 : 9)으로, 또한 대적(벧전 5 : 8)으로 표현되었던 것처럼 그것은 평화의 영이 아니며 원수(마 13 : 39), 악한 자(요일 5 : 19)를 칭하므로 거룩한 영이 아니다.

우리가 평화를 주장할 때 거짓 아비는 두려움을 속삭이므로 우리의 마음을 혼란스럽게 한다. 사단은 "파멸 또는 파괴자"라는 뜻인 "아바돈과 아볼루온"이라 불리며 이 이름은 우리들 생활 가운데 있는 하나님의 평화를 없애려는 사단의 목적을 나타내 주는 이름이다(계 9 : 11). 우리가 "하나님은 그 곳에 계시다"라는 하나님의 현현을 주장할 때 거짓말의 아비는 다음과 같이 이간하는 말이나 자포자기로 속삭인다. "하나님은 너를 사랑하지 않는다. 하나님께서 정말로 너에게 관심을 두고 있다면 어떻게 너의 환경이 변하지 않고 똑같을 수 있겠는가?"

사단이 우리 안에 있는 평화를 불안케 하고 하나님과 우리 사이를 이간하려 할 때 우리는 우리 안에 있는 아버지의 성령이 일어나 하나님의 말씀에 기초하여 다음과 같이 선언토록 해야 한다. "하나님은 나의 평화시며 그 곳에 늘 거하시는 하나님이십니다. 하나님은 나에게 있어서 여호와 살롬이며 여호와 삼마이십니다!"

질병(Unsoundness)

우리가 여호와 라파(치료하시는 여호와)라는 하나님 아버지의 이름을 소유할 때 우리는 건강할 수 있는 권리를 가진다. 반면 이 하나님의 이름에 반하는 거짓 아비의 이름인 "살인자"에는 사악한 의도가 나타나 있어 우리의 마음속에 질병과 죽음에 대한 두려움을 심어주고 우리의 질병이 치료될 수 없다는 의심의 씨앗을 뿌린다. 사단은 "다른 사람들의 병은 치료될 수 있으나 너의 병은 치료될 수 없어"라고 말한다. 뿐만 아니라 "기적과 신유의 역사는 과거의 사건이야" 혹은 "너는 치료받을 만한 선한 사람이 되지 못해. 네가 이러한 병에 걸리는 것은 당연하다. 네가 행한 것을 바라보라!"고 사단은 말하곤 한다. 이럴 때 우리는 여호와 라파라는 하늘에 계신 우리 아버지의 이름을 선언하므로 사단의 거짓말들에 대해 대항해야 한다. 우리들의 입으로 "아버지, 주님은 나를 치료하시는 여호와이십니다. 나는 예수님께서 채찍에 맞으심으로 나음을 입었습니다"라고 고백해야 한다.

실패(Failure)

여호와 이레(여호와는 나의 예비자)라는 하나님의 이름에는 우리의 **성공**이 보장되어 있다. 하늘에 계신 우리 아버지는 우리의 필요한 모든 것을 공급해 주시는 공급자시지만 사단은 이를 도적질하기 위해 온 도적이다(요 10 : 10).

거짓 아비는 "너는 그것을 이룰 수 없다. 그 많은 빚을 어떻게 지불할 수 있겠느냐? 하나님이 진정으로 너의 아버지라면 너에게 보다 좋은 것으로 주어야 되지 않겠느냐?"라며 우리에게 말한다. 이러한 사단의 말이 들려올 때마다 우리 안에 거하신 하나님 아버지의 성령으로 일어나 "여호와는 나의 예비자시다!"라고 선언토록 해야 하며 우리의 마음속 깊은 곳에서 그러한 고백이 계속되도록 해야 한다. 우리의 심령 가운데 이러한 메시지가 울려퍼질 때까지 필요하다면 사단을 향하여 큰 소리로 외쳐야 한다.

불안(Insecurity)

여호와 닛시(여호와는 나의 깃발)와 여호와 라아(여호와는 나의 목
자)는 우리에게 죽음과 지옥에 대한 두려움으로부터 안전과 자유를 보
장해주는 우리 아버지의 이름이다. 사단도 우리의 생활 가운데 자신의
승리의 깃발을 세우길 원하지만 이 깃발은 우리를 돌보려는 목자의 깃
발이 아니라 스스로 왕이 되려는 깃발이다. 사단은 "귀신의 왕"(마 9 :
34), "세상 임금"(요 12 : 31), "공중의 권세 잡은 자"(엡 2 : 2) 등으로
불려지며 또한 "광명의 천사"(고후 11 : 14)나 "세상 신"(고후 4 : 4)으로
가장하여 나타난다. 사단 스스로 능력이 있다고 주장하는 것은 우리의
목자이신 예수님의 부드러운 음성을 없애려는 의도이다.

사단이 여러분의 생활 가운데 그 능력을 미치려 한다면 "아버지, 주
님은 나의 목자시며 나의 생활 가운데 어떤 환경도 극복할 수 있는 승리
의 깃발입니다. 주님의 능력이 이 세상의 신과 악한 왕들의 힘보다 훨씬
크십니다"라고 선언하기 바란다.

■ 다윗은 하나님의 이름을 알았다

본 장에서 우리가 살펴보고 있는 소년 다윗은 왕으로 기름부음을 받은
후 미래에 대해 별 뚜렷함 없이 기다려야만 했다. 그렇다고 해서 그가
베들레헴 주변의 들판에서 나태한 생활을 한 것은 아니었다. 시편에서
그가 쓴 시들은 그가 그 동안에 하늘에 계신 그의 아버지의 이름들을 소
유하는 방법을 배우면서 하나님의 마음에 합한 사람으로 변해가고 있었
음을 보여주고 있다.

다윗은 하나님의 이름들을 소유하므로 인하여 거짓 아비가 주장한 모
든 것에 대하여 어떻게 대적할 것인가 하는 것을 배웠다. "여호와의 산

에 오를 자 누구며 그 거룩한 곳에 설 자가 누군고"라고 질문한 후 다윗은 담대하게 "저는 여호와께 복을 받고 구원의 하나님께 의를 얻으리니"(시 24 : 3-5)라고 선언했던 것은 죄로부터 구원을 확신했기 때문이다.

또한 다윗이 죄를 범했을 때 그에게서 주의 신을 거두지 말라고 간절히 간구하였던 것은 그가 성령 충만함의 필요성과 가치를 충분히 알고 있었음을 보여주는 것이다(시 51 : 11).

다윗이 "여호와여… 나를 고치소서"(시 6 : 2)라고 부르짖는 부분 역시 그가 하나님의 이름을 소유한 자란 사실을 보여주고 있다. 그는 이 말을 통해 그가 건강의 축복을 받았음을 주장하면서 육적인 면이나 영적인 면으로 받은 고통을 하나님께서 모두 고쳐주실 것이라고 믿었다(시 25 : 18).

다윗은 하나님의 이름을 통해서 자신이 성공할 것을 알고 대적의 협박은 실패할 것이며 자신이 하는 일마다 다 형통하리라고 선포했다(시 1 : 3). 다윗은 "여호와는 나의 목자시니 내가 부족함이 없으리로다"라고 말함으로써 하나님이 다윗 자신의 예비자임을 선언했다(시 23 : 1).

다윗은 하나님 아버지의 이름으로 주어진 안전을 확신했다. 그는 여호와는 자신의 목자(시 23 : 1)시며, 깃발(시 20 : 5)이시고, 자신을 보호해주시는 분(시 20 : 1)임을 알고 있었기에 다른 사람들이 병거 혹은 말을 의지할 때에도 자신만은 여호와의 이름을 신뢰했다(시 20 : 7). 다윗은 죽음의 두려움을 극복함으로써 하나님 아버지의 집에 영원히 거할 것임을 선포했다(시 23 : 6).

우리는 시편에 언급된 하나님의 이름을 통해서 다윗이 하나님의 이름들이 가지고 있는 놀라운 의미들을 알았을 뿐 아니라 그 이름으로 주어진 복들을 계속적으로 소유했음을 분명하게 알 수 있다. 다윗은 의인의 회중 가운데 하나님의 이름을 선언했고(시 22 : 22), 열방 중(이방인들 시 18 : 49)에도 하나님의 이름을 선언(시 102 : 15)했다. 또한 하나님의 이름을 지상에 있는 다른 어떤 것보다 더 높이 찬양했고(시 8 : 1), 세상의 호흡 있는 자들에게 하나님의 이름에 합당한 영광을 돌릴 것을 권고했다(시 29 : 2). 다윗은 하나님의 이름으로 인해 상속된 놀라운 유산을 알고 있었으므로 그 심령의 깊은 곳에서 다음과 같이 부르짖었던 것이다. "내영혼아 여호와를 송축하라 내 속에 있는 것들아 다 그 성호를 송축하라"(시 103 : 1).

■ 하나님의 이름을 선포하기

다윗의 생애는 왕으로 예정되었으나 대적은 다윗으로 왕이 되지 못하도록 방해했다. 다윗은 골리앗을 정복해야 했고, 대적들의 나라들과, 사울 왕, 밧세바와의 범죄한 부끄러움, 그 범죄로 인하여 그의 생애에 문제가 된 가정 불화 등을 극복해야 했다. 그러한 여러 가지 어려움을 직면했음에도 다윗은 하나님 아버지의 이름으로 주어진 복들을 알고 있었기 때문에 대적의 바로 앞에서 담대하게 다음과 같이 선언할 수 있었다. "… 나는 만군의 여호와의 이름으로 가노라… 오늘 여호와께서 너를 내 손에 붙이시리니…"(삼상 17 : 45-46).

믿는 자들인 우리들도 영적으로는 하나님의 나라에서 다스리도록 결정되어진 왕이며, 여왕들이다. 우리가 아버지의 이름으로 인하여 상속될 유산을 확신하고 주장할 때 하나님의 나라에서 다스릴 수 있는 것이다. 다윗이 "… 우리 하나님의 이름으로 우리 기를 세우리니…"(시 20 : 5)라고 선언 할 수 있었던 것은 그가 자신의 생애 가운데 어떤 환경에서도 승리로써 극복할 수 있도록 하신 하나님의 이름을 확실히 소유했기 때문이다. 우리도 이 시대에 주어진 우리의 생애에서 하나님의 목적을 성취해야 한다면 다윗과 같아야 한다. 권능 있는 기도를 하도록 기름부음은 바로 하나님 아버지의 이름의 깃발 아래서 역사한다. 다윗은 시편 20편에서 다음과 같이 기록했는 데 이는 참으로 권능 있는 기도이지 않는가?

> 환난 날에 여호와께서 네게 응답하시고
> 야곱의 하나님의 이름이 너를 높이 드시며
> 성소에서 너를 도와주시고…
> 네 마음의 소원대로 허락하시고
> 네 모든 도모를 이루시기를 원하노라…
> 여호와께서 네 모든 기도를 이루시기를 원하노라
> 여호와께서 자기에게 속한 바 기름부음 받은 자를 구원하시는 줄
> 이제 내가 아노니 그 오른손에 구원하는 힘으로
> 그 거룩한 하늘에서 저에게 응락하시리로다

시편 20 : 1-6

여러분도 하나님께서 환난 날에 응답해 주시고 보호해 주시길 원하는가? 하나님의 성소에서 하나님의 구원하시는 오른손의 능력으로 여러분을 도와 주시길 바라는가? 여러분의 생애 가운데 주어진 하나님의 목적을 이루기를 바라고, 또 기도하고 소원하는 것마다 이루어지길 바라는가? 주위가 모래알처럼 산산이 부수어진다 할지라도 여러분만큼은 살아 남아 있기를 바라는가? 거짓 아비가 거짓말로 속삭일 때 하늘로부터 직접적으로 내려온 응답을 받고 거짓 아비의 공격에 대항하기를 소원하는가? 그렇게 바라고 소원한다면 다윗과 같이 하나님 아버지의 이름을 대적에게 선포하기 바란다. "… 너는 칼과 창과 단창으로 내게 오거니와 나는 만군의 하나님의 이름으로 네게 가노라 오늘 여호와께서 너를 내 손에 붙이시리니…"(삼상 17 : 45-46) 그리고 여호와의 이름으로 승리의 깃발을 세우기 바란다!

19
동굴 안에서의 나라

기도생활에 기름부음을 받음은 예수님께서 가르쳐 주신대로 기도하기 시작할 때 일어날 수 있다. 그러나 여기서 알아야 할 것은 기름부음은 받는 것보다 그것을 계속적으로 유지하는 것이 더 어렵다는 사실이다. 기름부음 받는 것으로써 우리의 심령은 날로 새롭게 되지만 동시에 사단도 쉴 틈을 주지 않고 공격해 오기 때문이다. 우리가 생활 가운데서 최우선적으로 "주님의 나라가 임하옵시며, 주님의 뜻이 이루어지이다"라고 확언할 때마다 거짓 아비도 즉각적으로 "너는 너의 삶 가운데서 하나님의 뜻을 결코 이룰 수 없을 것이며, 너는 하나님의 뜻을 이룰 수 있는 능력이 없다"라고 속삭이며 대항하기 시작한다.

소년 다윗은 사무엘 선지자로부터 왕으로 기름부음을 받았다. 그후 그는 골리앗이라는 거인을 정복하므로 이스라엘에서 위대한 용사로 불리우며 왕으로서의 부름받은 생애를 향하여 전진하기 시작했다. 다윗은 크게 성공하는 듯 보였다. 그런데 예상치 못한 사울 왕의 질투로 인하여 죽음의 위기에 처하게 되고 결국엔 사울을 피하여 쫓겨다니는 생활을 하게 되었다. 그때 다윗에게 은혜를 입고 사울에게 불만을 가지고 있던 400명의 사람들이 예루살렘 남서쪽에 위치한 암벽 산에 있는 아둘람 (Adullam)이란 동굴에 숨어 있는 다윗에게 모여들었다.

우리 중 많은 사람들은 대적의 영역과 우리에게 영적으로 작정된 생애 중간 어느 지점에서쯤 서성이고 있다. 바꿔 말하자면 우리 대부분은 바로 아둘람이란 영적인 동굴 속에 숨어 있다고 생각할 수 있다. 하나님께서 택하사 왕으로 기름부음을 받은 다윗에게 아둘람의 동굴은 마지막이었을까? 다윗이 통치해야 할 나라는 그 동굴 속에서 "동굴 속에 모인 사람"으로 끝나야 하는가?

■ 동굴 속에 갇힘

믿음의 사람이었으며 약속을 확신했던 다윗이 어떻게 어둡고 삭막한 이 동굴 속에서 인생이 끝날 수 있겠는가? 여기 다윗의 발자취를 살펴보면 우리에게도 하나님 아버지의 뜻을 찾고자 할 때 직면할 수 있는 영적인 "동굴"(Caves)이 왜 있어야 하는지를 발견할 수 있을 것이다.

다윗은 개인적인 지도자였던 선지자 사무엘이 죽었을 때 기름부음 받은 생애를 향하여 다시 출발하기 시작했다. 그러나 다윗의 아내였던 미갈은 다윗을 배신했고 가장 친한 친구인 요나단과는 서로 이별해야만 했다. 다윗은 사울 왕 밑에서 누렸던 용사의 위치를 잃었고 사울 왕의 질투적인 분노의 대상이 되었다.

이와 비슷한 어려운 문제를 접했을 때 다윗이 그러했던 것처럼 우리 또한 그러한 환경을 피하려는 경향이 있다. 다윗은 스스로 "… 내가 후 일에는 사울의 손에 망하리니 블레셋 사람의 땅으로 피하여 들어가는 것이 상책이로다…"(삼상 27 : 1)라고 생각했다. 찰스 스윈돌(Charles Swindoll)은 이에 대해 다음과 같이 언급했다. "우리가 생각한 것을 뒤돌아 볼 때 올바른 것을 생각해야 하는 것은 중요하다. 그러나 다윗은 그렇지 않았다. 갑자기 몰아닥친 폭풍우처럼 우리를 오싹하게 만드는 자포자기적인 감정들에는 윤리적, 도덕적, 혹은 영적으로 잘못된 것은 없을지라도 그것이 불순종의 시작점인 대적의 진영에 숨으려 할 때는 이처럼 잘못된 선택이 나타나는 것이다."[1]

다윗은 왕으로 기름부음 받았음을 고백하기보다는 패배하는 부정적인 말들 "나는 언젠가는 사울의 손에 망할 것이다. 나는 하나님께서 작정하신 목표를 결코 이루지 못할 것이다"라고 고백했다.

다윗은 모든 것을 잃어버렸다는 생각에 골리앗의 고향인 가드로 도망갔으나 가드 사람들이 거인 골리앗을 죽였던 자신을 알아보았을 때 큰 위기에 직면했음을 직감했다. 다윗은 스스로 살아남기 위해 미친 척했고 그 순간 자존심이 크게 상한 것을 경험했었다. 아이버 파웰(I. Powell)은 다음과 같이 주장했다. "이스라엘의 왕이 되도록 예정되었던 다윗은 문 입구에 앉아 땅을 긁으며 턱과 수염 그리고 옷에 침을 질질 흘리는 등 혐오스런 모습으로 변해 버렸다… 그의 이런 모습은 예전 골리앗 앞으로 두려워함 없이 순박하고 굳건한 믿음을 가지고 당당히 걸어갔던 소년의 모습과 비교해 볼 때 우리의 마음을 혼란스럽게 만든다."[2]

■ 동굴 속에 거한 자의 일기

도망자의 생활을 하고 있던 다윗은 아둘람 동굴 속에서 한동안 시간을 보냈다. 하나님의 나라에서 능력 있게 쓰임받았던 다윗은 이제 끝이

났다고 모든 사람들은 생각했다. 동굴 속에 앉아있는 다윗의 마음속에 자신을 괴롭게 했던 많은 기억들이 파노라마처럼 지나갔다. 선지자의 향기로운 기름이 머리에 부어졌던 날을 기억했고, 여호와의 이름으로 당당하게 승리했던 골리앗과의 싸움을 떠올렸다. 이스라엘 여인들이 자신을 찬양했던 목소리가 마음속 깊이 울려 퍼지고 있었다.

그때 다윗은 자신의 주위를 둘러보았다. 여기는 어떤 나라인가! 그는 암석으로 둘러싸인 어둠 가운데 앉아 있으며 피난처를 지키는 사람들도 그저 평범한 서민들로 구성된 자들이다. 다윗은 목마른 사슴이 시냇물을 찾는 것처럼 하늘에 계신 자신의 아버지와 친밀한 관계를 간절히 바라고 있었다. 그 순간 다윗은 자신을 괴롭히는 다음과 같은 사단의 속삭임을 들었다. "만약 네가 왕이라면 너는 여기서 무엇을 하고 있느냐? 하나님께서 너에 대해 상관하지 않는다. 만약 상관하고 있다면 네가 어떻게 이 동굴 속에 숨어 있을 수 있겠느냐. 너는 절대로 네 인생에서 하나님의 뜻을 이룰 수 없을 것이다." 깊은 낙심 가운데 빠진 다윗은 자신의 마음 상태를 일컬어 자신은 사냥꾼이 찾는 메추라기 같은 존재(삼상 26 : 20)이며 광야의 당아새(Pelican : 사다새라고도 함 - 역자) 같고 황폐한 곳의 부엉이와도 같다고 표현했다(시 102 : 6). 그는 자신의 영혼이 사자 가운데 있으며(시 57 : 4) 대적들은 자신의 걸음에 그물을 쳐놓았다고 생각했다(시 57 : 6).

여러분은 다윗이 느끼고 있었던 감정이 어떠한 것인지 알 수 있겠는가? 여러분은 지금 기름부음 받은 인생의 목적을 이루며, 하나님의 나라가 임할 수 있는 큰 일을 행하길 원한다. 때문에 하늘에 계신 여러분의 하나님 아버지와 친밀한 관계를 간절히 바라고 있을 것이다. 그런데 혹시 그것은 마음일 뿐 표면상으로는 어려운 환경의 동굴 속에서 소외당하고 자포자기하고 있는 여러분 자신을 보고 있지는 않은가?

다윗은 선택했다. 그는 거짓 아비의 음흉하게 비난하는 소리를 들으면서 아둘람 동굴 속에 영원히 남아 있을 수도 있었고, 일어나 새롭게 창조된 자신의 생애를 붙잡을 수도 있었다. 다윗은 시편 142편의 시를 다음과 같이 기록하고 있다.

내가 소리 내어 여호와께 부르짖으며 소리 내어 여호와께 간구하는도다

내가 내 원통함을 그 앞에 토하며 내 우환을 그 앞에 진술하는도다

내 심령이 속에서 상할 때에도 주께서 내 길을 아셨나이다

나의 행하는 길에 저희가 나를 잡으려고 올무를 숨겼나이다

내 우편을 살펴보소서 나를 아는 자도 없고

피난처도 없고 내 영혼을 돌아보는 자도 없나이다

여호와여 내가 주께 부르짖어 말하기를 주는 나의 피난처시오

생존 세계에서 나의 분깃이시라 하였나이다

나의 부르짖음을 들으소서 나는 심히 비천하나이다

나를 핍박하는 자에게서 건지소서 저희는 나보다 강하니이다

내 영혼을 옥에서 이끌어 내사 주의 이름을 감사케 하소서

주께서 나를 후대하시리니 의인이 나를 두르리이다

시편 142 : 1-7

다윗의 처한 환경은 변화되지 않았을지라도 그러나 그 인생의 방향은 분명히 변했고 또한 입술의 말도 달라졌다. 다윗은 영적으로 일어나 자신의 생애를 분명히 선언하기 시작한 것이다. "주님은 나의 피난처시오 주님은 나를 후대하시리이다! 주님은 내 영혼을 옥에서 이끌어 내시어 나로 내 생애에 주어진 목적을 성취케 하시리이다"라고 하늘에 계신 그의 아버지께 고백한 것이다.

시편 142편을 쓴 후 다윗은 얼마 동안 사막의 요새에 남아 있었다. 그는 아직도 대적이 노리는 목표물이었다. 다윗의 적은 변하지 않았다. 그러나 다윗의 태도는 완전히 달라졌다. 다윗은 동굴 속에 거하고 있는 동안 하나님 아버지의 뜻을 확신하므로 자신의 부정적인 모든 생활 환경들을 극복할 수 있는 비밀을 배웠던 것이다.

■ 하나님의 나라가 임함

다윗은 동굴 속에서 자신이 다스릴 나라가 임했음을 깨닫지 못했다. 그러나 아둘람 동굴 속에 있었던 힘든 기간 동안에 하나님께서는 그 나라에 대한 기반을 쌓도록 역사 하셨다. 하나님께서는 동굴 속에 있는 다윗이 해야 할 사역 즉, 그와 같이 있는 군사들을 도와주는 일을 통해서 다윗이 다스릴 나라에 대한 기반을 세우도록 하셨다. 찰스 스윈돌(Charles Swindoll)은 이를 다음과 같이 설명 했다. "하나님께서는 우리의 삶에서도 우리들이 겪었던 동굴 속의 경험을 사용하시어 삶의 목적과 방향을 제시해 주신다. 그러므로 우리들은 동굴 속에 있는 자신들을 발견할 때 하나님께서 우리들을 어떻게 사용하시기를 원하는지 깨닫게 될 것이다. 그때 우리는 그 동굴 속에서 나와 새로운 사역을 할 수 있도록 준비해야 할 것이다."[3]

환멸감에 빠져 있는 부랑자와 같은 자들에게서, 그 불확실한 기반 위에서 어떻게 다윗의 나라가 세워질 수 있겠는가? 그러나 실제로 하나님께서는 세우셨다. 다윗이 자신을 왕이라 생각하며 담대히 일어섰을 때, 불확실하게만 느껴지던 사람들 또한 다윗의 나라를 위해 큰 승리를 이끌 수 있는 힘 있고 용기 있는 자들로 변했다. 아이버 파웰(Ivor Powell)은 이에 대해 다음과 같이 말했다

수백 년이 지난 후 다른 사람들이 다윗의 먼 후손을 도와주고자
했다. 그들은 문둥병자들, 어부들, 가난한 사람들과 놀란 사람들
과 억압당한 사람들로서 구세주의 부르심에 따르기 위해 자신의
모든 소유를 헌납했다. 하나님께서는 그처럼 여유치 못한 자들의
물질로 교회를 세우셨다. 어떻게 그러실 수 있었겠는가? 그러나
하나님께서는 분명히 하찮은 것을 기반으로 삼고 세우시고자 하
셨다. 그리고 그 결과 2천년이 지난 오늘날에도 교회는 든든히
서 가고 있다. 이제 지옥의 문이 교회를 대항해서 절대 열릴 수
없는 것이다.[4]

다윗은 시편 142편을 쓴 후 얼마 되지 않아 그의 적인 사울 왕의 다
음과 같은 선언을 통해 다시금 왕이 될 자신의 생애를 확인할 수 있었
다. "보라 나는 네가 반드시 왕이 될 것을 알고 이스라엘 나라가 네 손
에 견고히 견고히 설 것을 아노니"(삼상 24 : 20). 사도행전 13 : 36은
다윗이 그 시대에 자신에게 주어진 하나님의 뜻을 행하므로 하나님의
목표를 이루었다고 확증하고 있다.

■ 여러분은 동굴 속에 있습니까?

우리가 하나님의 자녀인 만큼 우리 주위는 하늘에 계신 우리 아버지
와의 관계를 위협하는 적들로 쌓여 있다. 세상이나 육신적인 것 또한 마
귀적인 것들이 바로 우리가 말하는 적들이며 그들은 쉴새 없이 우리를
공격하고 있다. 여러분이 만약 영적인 동굴 속에 지금 숨어 있다면 이
말을 기억하기 바란다. "하나님의 마음에 합한 사람은 동굴 속에서의 낙
심 같은 것들을 경험하지 않는다는 뜻이 아니다. 비록 낙심이 있을지라

도 다윗이 그랬던 것처럼 언젠가는 하나님께서 나를 후대해 주실 것임을 확신하고 고요한 어둠 가운데서도 찬송할 수 있는 존재여야 함을 뜻하는 것이다."5)

거짓 아비가 험담하기를 우리는 하나님의 뜻과 너무 동떨어진 생활을 하고 있기 때문에 우리의 삶에서 하나님의 뜻이 이루어지지 않을 것이라고 한다. 그러나 하나님의 말씀은 이미 하나님의 뜻이 이루어졌다고 선언하고 있다. "우리는 그의 만드신 바라 그리스도 예수 안에서 선한 일을 위하여 지으심을 받은 자니 이 일은 하나님이 전에 예비하사 우리로 그 가운데서 행하게 하려 하심이니라"(엡 2 : 10). 그러므로 생활 가운데 하나님의 뜻을 이루려 노력한답시고 우리의 방법대로 몸부림쳐서는 안될 것이다.

다윗은 왕좌에 오르기 위해 자신의 방법대로 싸우지 않았다. 왜냐하면 사무엘이 이미 다윗이 보좌에 오를 것이라고 예언해 주었기 때문이다. 하나님께서는 우리의 생활 가운데도 똑같이 선언해 주셨다. 그러므로 이제 우리가 할 일은 이미 선포된 것을 우리의 입술로 고백하므로 동의하는 일이다. 하나님의 나라는 우리의 생활 가운데 임할 것이며 하나님의 뜻도 이루어질 것이다!

바로 지금 거짓 아비가 여러분의 귀에 속삭이는 비난의 목소리와 함께 갇혀 있는 환경의 동굴 속에서 일어나 다음과 같이 기도하므로 여러분의 생애를 선언하기 바란다.

사랑의 하나님

주님의 종 다윗의 영혼처럼 내 영혼이 대적들이 쳐놓은 덫으로 인하여 휩싸여 있습니다. 나를 도와줄 사람은 한사람도 없고 내가 안전하게 피할 곳은 어느 곳에도 없습니다. 그러나 주님께서는 내가 어디에 있는지 정확하게 알고 계시며 주님만이 나의 피난처시며 대적으로부터 나를 보

호해 주시는 장벽이십니다. 주님께서 현재 처해 있는 동굴 속에 있는 내
영혼을 인도하시사 주님께서 바라시는 나의 생애를 이룰 수 있도록 일으
켜 주실 것을 믿음으로 선언합니다.
예수님의 이름으로 기도합니다. 아멘.

❖ 각주 ❖ ————————————

1) Charles Swindoll, *David : A Man After God's Own Heart*(Waco : Word educational Products, 1988) P. 67.

2) Ivor Powell, *David : His Life and Times*(Grand Rapids : Kregel, 1990), P. 85.

3) Swindoll, *David : A Man After God's Own Heart*, P. 47.

4) Powell, *David : His Life and Times*, P. 92.

5) Swindoll, *David. A Man After God's Own Heart*, P. 46.

20

양육권을 포기한 아버지

10대 자녀들을 둔 한 여인은 남편이 그들을 버리고 떠난 후 자녀들을 키우기 위해 온갖 고생을 다해 왔다. 여인은 정부에 생활 보조를 신청하여 가족들이 빈곤 가운데 살아가는 동안 사회 보장 보조로 연명해 가고 있었다. 남편은 많은 유산을 가지고 있었음에도 자신에게 합법적으로 속한 자녀들에게 생활 보조금을 조금도 지불해 주지 않았다. 이런 사람을 사회 보장 제도에서는 자녀 생활비 지급을 거부한 아버지(Deadbeat Dad)란 이름을 붙여 부른다.

예수님께서는 "오늘날 우리에게 일용할 양식을 주옵시고"라는 기도를 가르치실 때 여호와는 나의 예비자라는 뜻인 여호와 이레의 이름을 통해서 내려오는 복을 주장하라고 말씀하셨다.

그러나 거짓 아비는 그러한 복을 도둑질하며, 살인하고 패망케 하고자 한다. 자신의 자녀 생활비 지급을 거부한 아버지처럼 사단은 우리가 하나님의 자녀로서 정당하게 받는 재산, 돈, 육체적 건강, 정신적 안정 그리고 영적인 유산들을 도둑질하고 있다.

권능 있는 기도의 중요한 요소는 우리가 대적에게 빼앗긴 것을 다시 찾아오는 방법을 배우는 것이다. 왜냐하면 경제적 손실이나, 건강 상실, 그리고 감정적 문제점들 때문에 괴로움을 당하는 한 우리는 하늘에 계신 우리 아버지의 나라에 최우선으로 관심을 기울일 수 없기 때문이다. 우리가 대적을 보복할 수 있는 전략을 알고 있다면 "오늘날 우리에게 일용할 양식을 주옵시며"라는 말씀은 우리로 우리 아버지의 유산을 주장케 할 수 있는 능력 있는 영적인 권위를 일으키게 해 줄 것이다.

그러한 보복을 효과적으로 할 수 있는 전략이 사무엘상 30 : 1-25에 잘 나타나 있다. 이 말씀은 사울이 죽기전 자신이 왕으로서의 위치를 부끄러워하고 있을 때 일어났던 이야기이다. 사단은 언제나 우리가 하나님으로부터 기름부음을 받기 바로 직전에 공격한다. 사단의 공격으로 일어난 문제는 우리들의 생애에 치명적인 무덤 비석이 될 수도 있고 반대로 생애 목표를 이룰 수 있는 돌 발판이 될 수도 있다.

다윗은 사무엘에게 기름부음을 받은 후 도망자 같이 살았다. 다윗은 사울 왕의 질투심으로 인하여 자신의 생명까지 두려움을 느끼면서 유다를 떠나 팔레스틴 지역에서 피난처를 찾았고, 그곳에서 아기스란 지도자와 친구가 되었으며 시글락를 거처로 달라고 요구했다(삼상 27 : 5-6).

다윗과 그와 동행했던 사람들은 시글락에 그들의 아내와 가족들을 두고 팔레스틴 사람들을 위해 그술 사람들과 기르스 사람들을 공격했다. 팔레스틴 군사들은 다윗이 전쟁 중 언젠가는 자신들을 대적할 수도 있다는 두려움 때문에 아기스로 하여금 다윗과 그와 동행하는 사람들을 시글락으로 돌려보내도록 강요했다(실제적으로 이 일은 다윗이 자신의 백성 이스라엘을 침공하는 비극을 막고 다윗을 보호하기 위해 하나님께서 역사하신 것이다).

뒤 이은 사무엘상 30장을 보면 다윗과 그와 동행한 사람들이 피곤하고 지친 몸으로 전쟁터에서 시글락으로 돌아와 보니 아말렉 사람들에 의해 도시는 점령되어 불타버렸고 그들의 아내들과 자녀들은 모두 사로잡혀가버린 상황에 처해 있는 것을 볼 수 있다.

다윗과 그와 동행한 사람들은 폐허가 된 시글락의 모습을 바라보며 기력이 다할 때까지 소리를 높여 울었다. 특히나 다윗은 모든 것을 잃어버린 것 외에도 그와 동행한 사람들이 너무 화가 치밀어 다윗을 돌로 쳐 죽이자고 했기 때문에 더욱 괴로웠다(삼상 30 : 4-6). 아이버 파웰(Ivor Powell)은 이를 다음과 같이 설명하고 있다.

"다윗과 동행한 사람들은 다윗을 따라 원정 갔던 것이 그들과는 직접적으로 상관되는 일이 아니라고 느꼈기 때문에 다윗에 대하여 반란을 일으켰던 것이다. 만약 그들이 원정을 가지 않았더라면 아말렉이 시글락을 공격했을 때 자신들의 가족들을 보호했을 것이다. 그들은 필요 없는 군사 원정에 참여하는 결정에 대해 강하게 불만을 품었던 것이다."[1]

비난하는 사람들은 "우리는 모든 것을 잃어버렸다. 그것은 네가 잘못했기 때문이다"라고 비난할 것이며 이러한 말은 언제나 보복의 돌로 치도록 만들어 버린다. 얼마나 어려운 난관인가? 다윗은 쫓겨다니는 도망자로서 이국 땅에서 살고 있었고 다윗 역시 가족과 재산 등 모든 것을 잃어버렸다. 뿐만 아니라 그와 동행한 사람들은 이제 그를 대적하고 있는 것이다. 매튜 헨리(Matthew Henry)는 이에 대해 다음과 같이 주석했다.

이것은 하나님의 마음에 합한 사람으로서 쓰라린 시련이었다…

사울은 이스라엘 땅으로부터 다윗을 쫓아 보냈고, 팔레스틴 사람들도 다윗을 쫓아 보냈으며, 아말렉 사람들은 다윗이 거처한 도시를 약탈하였고, 다윗의 아내와 자녀들은 사로잡혀가 감옥에 들어가 있고, 이제는 자신의 불행한 삶에 더하여 다윗의 친한 친구들은 다윗을 동정해 주고 위로를 해 주는 대신 돌로 치려고 하는 위협을 다윗은 당하고 있는 것이다.[2]

우리도 이와 비슷한 절망적인 상황에 빠졌을 때 다윗처럼 우리가 잃어버렸던 것을 슬퍼하며 재 가운데 머물러 있든지 아니면 다윗과 동행한 사람들처럼 일어나 어떤 잘못 때문에 이런 일이 일어났는지 찾거나 하게 될 것이다.

다윗에게는 결정해야 할 중요한 순간이었다. 이 어려운 상황을 잘 해결하면 다윗은 기름부음을 받은 생애로 발전해 나갈 수 있지만 그렇지 못할 경우 귓가에 계속해서 메아리쳐 오는 비난의 목소리에 다윗 자신을 잃어버린 채 계속해서 그 비난 가운데 머물러 있어야만 한다.

■ 재 가운데서 일어남

우리도 다윗의 경우와 비슷한 상황으로 대적이 공격해 올 수 있다. 그때 우리가 취해야 할 네 가지 요소가 있는 데 이는 다윗이 행동한 모습에도 잘 나타나 있듯이 (1) 찬양하며 (2) 기도하고 (3) 대적을 추적하고 (4) 공급해 주는 것이다.

1. 찬양(Praise)

다윗은 어려운 곤경 가운데서도 "… 다윗이 크게 군급하였으나 그 하나님 여호와를 힘입고 용기를 얻었더라"(삼상 30 : 6)고 성경은 기록하고 있다. 이는 동행했던 사람들로 감정적인 원기를 북돋게 하기 위한 행동이 아니다. 그는 영적으로 일어나 하나님께서 주신 자신의 생애를 붙들었던 것이다.

다윗은 하나님께서 자신에게 기름을 부어 왕이 되게 하신 것과 자신의 후손을 통해서 메시야가 탄생할 것을 알았지만 이 약속이 실현되기 위해서는 자신이 영적으로 일어나 자신에게 주어진 합당한 유산을 요구해야만 했다. 만약 우리가 하나님께서 주시고자 한 것을 요구하기 위해 잃어버린 재 가운데서 일어난다면 우리도 다윗처럼 하나님께서 주신 꿈과 비전을 품고 우리의 생애를 이룰 수 있을 것이다.

다윗의 생애는 점점 잘못되어 갔다. 상황은 더욱 어려워졌으며 머물렀던 도시는 파괴되었고, 모든 사람들은 비난의 손가락질을 하며 "너의 잘못이다"라고 말했다. 이때 다윗은 이 모든 비난의 말에 대해 귀를 기울이지 않고 여호와 안에서 스스로 용기를 얻었다. 어느 누구도 다윗에게 여호와께 예배하도록 인도해 주지 않았고, 예배드리도록 조언도 해주지 않았다. 이미 적들이 가족들을 사로잡아 가버렸기 때문에 다윗은 그렇게 해 줄 수 있는 가족도 없었다. 그러나 다윗은 여호와 안에서 <u>스스로</u>를 격려하기 시작했다. 사실 우리에게도 이렇게 해 줄 수 있는 사람은 아무도 없다. 우리 주위에 은사를 가진 사람이 기도해 주고 격려해 줌으로써 우리의 감정을 일으킬 수는 있을지라도 진정으로 힘을 얻을 수 있는 근원은 하나님 뿐이며 그러한 격려는 안에서 밖으로 나오는 것이지 밖으로부터 얻어지는 것은 아니다.

다윗은 대적들이 공격하기 훨씬 이전에 하나님 안에서 스스로 자신을 격려하는 방법을 배웠는 데 이는 베들레헴의 들판에서의 고독함과 피난 생활의 외로움 가운데 하나님과 친밀한 관계를 통해서 배운 것이었다.

다윗은 시편을 신학교에 다니면서 혹은 수도원에서 기도하면서 또는 예루살렘의 왕궁에서 휴식하며 썼던 것이 아니라 매일 매일의 전쟁하는 생활 환경 가운데서, 언덕을 넘나들면서, 대적들의 무서운 추적을 피하여 동굴 속에 숨어 있는 동안 기록했던 것이다.

다윗이 시글락에서 자신의 불행한 환경을 부인하지 않았음을 우리가 알 수 있는 것은 그가 울 기력이 없도록 소리를 높여 울었다고 성경에 기록되었기 때문이다. 그러나 다윗은 그러한 환경이 자신의 미래까지도 지배할 수 있는 능력이 있다는 것은 부인하고 있었다. 다윗은 일어났다. 그리고 눈물을 닦고 하나님 안에서 용기를 얻었다.

2. 기도(Prayer)

다윗은 하나님 안에서 용기를 얻은 후 아비아달을 불러 에봇을 가져오도록 했다. 버논 맥기는 이를 다음과 같이 설명했다. "에봇은 기도를 의미하는 것으로 대제사장의 옷의 한 부분이다. 이 에봇은 일반 제사장들과 기도의 금 촛대로 나아가야 했던 대제사장들이 입었던 옷이다."3)

다윗과 아비아달은 기도의 옷인 에봇을 들고 어떻게 해야할지 계시해 달라고 같이 기도했다(삼상 30 : 8). 신약성서는 이를 기도의 일치라고 부른다. "일치"(agreement)라고 번역될 수 있는 헬라어는 두 사람이 같이 기도하는 것만을 뜻하지 않는다. 이 단어는 언약적인 단어로써 "나는 너와 일치하여 그 기도가 응답될 때까지 계속 기도할 것이다"라는 뜻이다. 우리 대부분의 사람들은 우리의 전 생활을 영적인 탁구공처럼 환경에 반발하는 태도로 보낸다. 우리는 하나님께서 말씀하신 것을 들을 때까지 하나님과 의견이 일치되는 기도를 해야만 대적들에 따라 반사적으로 행동하지 않고 적극적으로 대항할 수 있다. 다윗은 자신의 환경에 단순히 반사적으로 행동하지 않았고, 환경에 대해 적극적으로 대항하기 원했다. 아이버 파웰(Ivor Powell)은 이를 다음과 같이 기록하고 있다.

"다윗이 즉시 취해야 할 것이란 적들을 추적하는 일이었다. 이는 다윗이 아내와 자녀들을 구하는 일을 위해 서둘러야만 하는 중요한 일이었던 것이다. 그러나 먼저 다윗은 하나님께 어떻게 해야할지 인도해 주실 것을 묻기 위해 멈추었다… 슬픔에 가득찬 기도자는 하나님의 인도하심이 없이는 자신이 어떠한 좋은 계획을 세웠다 할지라도 무용지물임을 알았던 것이다."[4]

하나님께서는 다윗과 아비아달의 언약적인 기도에 대해 응답하시어 "… 쫓아가라 네가 반드시 미치고 정녕 도로 찾으리라"(삼상 30 : 8)고 안내해 주셨다.

3. 추적(Pursue)

우리에게 필요한 것은 하나님 안에서 스스로 용기를 얻기 위해 우선 하나님을 찬양하고 다음엔 우리가 어떤 행동을 취해야 하는지 결정할 수 있도록 언약적인 일치를 이루기 위해 기도하는 것이다. 그리고 나서 우리가 처한 환경의 재 가운데서 일어나 하나님께서 주신 말씀을 붙들고 대적을 쫓아가야 한다. 우리는 잃어버린 것을 도로 찾기 위해 스스로는 아무런 노력도 않는 채 마냥 하나님의 도우심만을 기다려서도 안 된다. 망설임 없이 바로 일어나 방어적인 자세에서 공격적인 자세를 취하므로 잃었던 모든 것을 도로 찾아야 한다.

내가 복음 사역을 시작할 당시 나의 아이들은 어렸다. 대적은 가끔 아이들을 병에 들게 하므로 나를 공격했다. 내가 아이들을 위해 기도함에도 불구하고 병은 쉽게 낳지 않았고 나의 아내 멜바 조는 결국 피곤에 지쳐버렸다. 그러나 나는 "우리 아이들이 병들었을지라도 내 앞에 있는 모든 병든 사람들을 위해 기도할 것이다. 나는 계속해서 우리 아이들의 건강이 회복될 때까지 대적들을 향해 보복을 계속할 것이다!"라고 담대히 선포했다. 그후 어떤 일이 일어났는지 알겠는가? 우리가 했던 그 기도의 역사가 일어났던 것이다.

나는 모든 삶의 영역에서 대적을 보복할 수 있는 원리들을 실제로 실천하기 시작했다. 경제적 여건이 극도로 악화되어 해결할 수 있는 어떤 방법도 보이지 않았을 때 나는 희생하므로 그들에게 보복했다. 낙심되어 더 이상 설교할 수 없도록 나를 만들었을 때도 오히려 나는 사역 스케줄을 더욱더 늘렸고, 미국 전역을 다니면서 또한 세계 여러 나라들을 다니면서 복음 사역을 했다.

다윗은 대적을 보복하기 위해 추적했다. 그리고 다윗은 아말렉에게 빼앗겼던 모든 것을 다시 찾아왔다고 성경은 기록하고 있다(삼상 30 : 18-19). 다윗은 자신에게 속한 것들을 다 찾아왔을 뿐만 아니라 전보다 더 많은 양떼와 소떼를 탈취했다.

4. 공급(Provide)

다윗이 대적으로부터 모든 것을 다시 찾아왔을 때 그는 즉시 다른 사람들의 필요한 것을 공급해 주었다. 그는 대적으로부터 취한 것들을 전쟁에 참여했던 사람들 뿐 아니라 연약해서 뒤에 남아 있었던 모든 사람들에게도 똑같이 나누어 주었으며 일부분은 벧엘(하나님의 집이란 뜻임)로 보냈다. 다윗은 "… 보라 여호와의 원수에게서 탈취한 것을 너희에게 선사하노라"고 말하고 있는 것이다(삼상 30 : 26).

우리가 사단에게 빼앗긴 것을 다시 되찾을 때 그것들을 혼자만 소유하겠다고 감추지 말고 주님의 일을 위해 헌납하고 필요한 사람들에게 나누어 주어야 한다. 다윗은 "내가 취한 것을 모두 나누어줄 것이다"라고 선언했다. 그 결과 모든 것을 잃어버렸던 다윗은 큰 부자가 되었던 것이다.

■ 모든 것을 회복함

하나님께서는 다윗을 향해 하나님의 자녀로서의 영원한 계획을 세우셨지만 당시 다윗은 매우 가난했다. 그가 그러한 가난을 걱정하고 있는 한 하나님께서 계획하신 생애를 이룰 수 없었다. 그러나 다윗은 매일 합당하게 자신에게 주어진 일용할 양식을 요구하는 방법을 배웠고 그렇게 요구함으로써 회복할 수 있는 4가지 원리들을 정립했다. 여러분도 환경 가운데 이 4가지 원리를 적용할 준비가 되었는가?

1. 찬양(Praise) : 지금 손을 들고 다음과 같이 선언하기 바란다. "나는 언제나 주님을 찬양할 것입니다. 대적, 너는 어떤 상황에서도 침묵하고 있을 뿐이다! 대적, 너는 나의 생애에 대해 간섭하도록 내버려두지 않겠다. 나는 하나님께서 계획하신 생애를 이룰 것이다." 하나님께 찬양하며 하나님 안에서 스스로 용기를 얻기 바란다.

2. 기도(Prayer) : 하나님과 일치할 수 있는 언약적 관계를 형성하기 위해 기도하기 바란다. 대적에게 단순히 반사적인 것이 아닌 적극적으로 어떻게 대항할 수 있는지 가르쳐 달라고 기도하기 바란다. 나는 지금 이 시간 언약적인 관계 속에서 여러분과 일치되었다. 내가 이 글을 쓰며 또한 여러분이 그대로 기도할 때 하나님께서는 여러분이 취해야 할 합당한 행동이 무엇인지 보여주실 것이다.

3. 추적(Pursue) : 여러분은 대적에게 보복하기 위해 무엇을 하고 있는가? 여러분은 잃어버린 재 가운데 앉아 여러분 자신을 스스로 포기해 버렸는가? 그렇다면 일어나라! 무엇인가 변화될 수 있다고 바라면서 여러분의 환경의 재 가운데서 머물러 앉아 있지 말라. 여러분의 기도가 응답을 받았다면 믿음을 가지고 한 발자국씩 대적을 추적하기 바란다.

소망이란 하나님께서 이루어 주신다는 사실을 확신하는 것으로 그리고 믿음이란 그에 따른 행동으로 드러난다. 히브리서 11장에서 노아는 믿음으로 방주를 지었으며, 아브라함은 믿음으로 약속의 땅을 향해 떠났고, 모세는 믿음으로 이스라엘 백성을 애굽으로부터 인도하였다. 이 모든 것은 믿음의 행동들이다. 믿음은 "보지 못한 것들의 증거이다". 이는 믿음이란 "사실"이며 "행동"이라는 뜻이다.

4. 공급(Provide) : 여러분이 잃어버렸던 것의 두배를 대적으로부터 찾을 수 있도록 이사야 61 : 7의 약속의 말씀을 구하기 바란다. 그런 후 대적으로부터 모든 것을 다시 찾게 되면(회복한다면) 그것이 필요한 사람들과 "하나님의 집"에 나누어주기 바란다. 여러분 자신들을 위해 허비하기보다는 생산적으로 사용할 때 여러분은 충분한 보상을 받을 것이다.

주 여호와의 신이 내게 임하셨으니 이는 여호와께서 내게 기름을 부으사…
갇힌 자에게 놓임을 전파하며… 슬픈자를 위로하되…
화관을 주어 그 재를 대신하며 희락의 기름으로 그 슬픔을 대신하며…

이사야 61 : 1-3

우리가 하나님 나라를 세우는 데 참여하게 되었다면 하나님께서는 우리에게 열방의 재물을 먹을 것이며 배나 얻고 영원한 기쁨을 얻을 것이라고 말씀하셨다(사 61 : 4-7).

여러분이 찬양하는 것, 기도하는 것, 대적을 추적하는 것, 그리고 공급하는 것의 4가지 원리들을 생활 가운데 적용한다면 여러분은 생활의 어려운 환경의 재 가운데서 일어나 무너진 세계를 재건할 것이며 모든 파괴된 것을 수리할 수 있고 양육권을 포기한 아버지로부터 모든 것을 회복할 수 있을 것이다. 여러분 앞에 있는 패배의 무덤 비석은 여러분의 밝은 생애를 향한 돌발판으로 변할 것이다. 다윗의 생애가 왕궁에서 왕으로서 생활하는 것이었다면 여러분의 생애는 기도의 기름부음을 받을 수 있는 장소에서 기도하는 것이다.

❖ 각주 ❖ ───────────────

1) Ivor Powell, *David. His Life and Times*(Grand Rapids : Kregel, 1990), P. 144.

2) Matthew Henry, *Commentary on the Whole Bible*(Old Tappan. Revell, n.d), 제2권 P. 438.

3) J. Vernon McGee, *Through the Bible*(Nashville. Thomas Nelson, 1983), 제2권, P. 183.

4) Powell, *David. His Life and Times*, P. 144.

21
수치스런 장애물을 제거하기

"우리가 우리에게 죄 지은 자를 사하여 준 것같이 우리 죄를 사하여 주옵시고" 이 부분은 예수님께서 우리에게 가르쳐 주신 기도 중 기본적인 부분이다. 이 부분은 간단한 부분이지만 거짓 아비의 주장에 대하여 강력하게 대항할 수 있다는 점에서 모범적인 기도 가운데 가장 어려운 부분일 수 있다. 우리가 이 부분을 인용하여 기도하면 거짓 아비가 수치스런 공격을 시작하기 전에 예수님의 보혈의 권능(죄를 사하는 권능)에 대해 지식적으로 인정할 수 있을 것이다.

수치란 죄책과 정죄로 인하여 발생되는 고통스런 감정이다. 이는 다른 사람 혹은 스스로 자신에 의해서 행하여지는 불명예스러운 것, 불합리한 것, 우스운 것 혹은 범죄적인 어떤 것에 대해 양심 속에서 일어나는 것이다. 우리가 "우리 죄를 사하여 주옵시고"라고 기도할 때마다 거짓 아비가 말하는 "네가 행한 것을 보라. 하나님께서는 너를 용서하실 수가 없고 설사 용서해 주신다 할지라도 너는 하나님께 절대로 쓰임을 받지 못할 것이다. 너는 끝난 인생이다!"라는 수치스런 말을 들을 것이다. 사단은 우리의 마음과 영혼 속에 다음과 같은 수치스런 비난을 하고 있다.

- "너는 이혼을 했다. 그러므로 목회자가 될 수 없다."
- "너는 간음을 범했고, 그 범죄에서 결코 벗어날 수 없다."
- "너는 임신되었던 어린아이를 낙태했다.
  어떻게 하나님께서 너같은 사람을 용서하실 수 있겠는가?"

우리가 권능 있는 기도를 할 수 있도록 기름부음을 받기 위해 우리가 물리쳐야 할 가장 큰 장애물은 이런 수치스런 목소리이다. 수치심은 우리가 하나님의 전에 담대히 들어가기 전에 반드시 제거해야 할 영적인 장애물이다. 이는 우리가 후에 공부할 기도의 모형인 쉬지 않는 기도를 경험하기 위해 산산이 부서져야 할 것이다. 왜냐하면 쉬지 않고 기도하는 것은 "담대히 구하는 것"이기 때문이다.

나는 수년 동안 알코올 중독자의 아들로서 수치심을 지니고 있었다. 나는 죄로 인한 수치심과 나의 부친이 나에게 한 부정적인 말들로 인하여 지녔던 수치심과 투쟁했다. 내가 지녔던 수치심은 나로 하여금 하나님의 전에 들어갈 수 있는 자격이 없다고 느끼게 했고, 하늘에 계신 하나님과 사랑의 관계를 맺지 못하도록 엄청난 장애물을 세워 놓았다.

여러분도 이와 비슷하게 느껴본 적이 있는가? 그러한 좌절은 모든 사람이 공통적으로 느끼는 것으로 여러분 혼자만 가지고 있는 것이 아니다. 예수님께서도 공생애 동안 그러한 감정에 대처하셔야만 했다. 왜냐하면 많은 사람들이 예수님을 하나님의 아들이라 인정하지 않았기 때문이었다. 예수님의 고향은 사람들이 우러러 볼 수 있을 만큼 좋은 지역이 아니었고, 어떤 사람들은 "나사렛에서 어떤 선한 것이 나올 수 있겠는 가?"하고 의구심을 품었으며, 또한 예수님의 육신적인 부친은 분명하게 존경을 받지 못한 천한 직업이었음을 "이 사람은 목수의 아들이 아니 냐?"하며 말했던 것을 보아 알 수 있다. 예수님은 자신의 신성을 부정하 며 비난하는 사람들의 수치심을 감당하셨으며, 십자가 상에서는 모든 사람들의 수치심과 불명예를 공개적으로 감당하셨던 것이다.

■ 수치심이 지닌 힘

수치심이 지니고 있는 힘이란 우리의 삶 영역에서 다음과 같이 나타 나고 있다. 유전된 수치심, 부과된 수치심, 단체적인 수치심, 개인적인 수치심, 그리고 영원한 수치심이다.

유전된 수치심(Inherited Shame)

유전된 수치심이란 에덴 동산의 원죄로 인하여 모든 사람이 태어날 때부터 물려받은 죄의 속성 때문에 나타난 수치심이다. 아담과 하와는 범죄한 직후 그들의 행동에 대한 수치심으로 괴로워했고 무화과 나뭇잎 으로 벌거벗은 몸을 가리웠으며 하나님 앞에서 피하여 숨었다. 성경은 이 원죄 때문에 죄의 속성이 아담 후손들에게 전가되었고 "모든 사람이 죄를 범하였으매 하나님의 영광에 이르지 못하더니"(롬 3 : 23)라는 슬 픈 결과를 가져왔다. 모든 사람은 기본적인 죄의 속성으로 인하여 물려 받은 유전된 수치심을 해결해야만 한다.

부과된 수치심(Imposed Shame)

부과된 수치심이란 다른 사람들이 우리를 무시하거나 선한 사람이라고 인정하지 않을 때 느끼는 수치심을 말한다. 부모나 배우자에게 버림을 받았을 때 자신의 잘못으로 인하여 관계가 단절되었다고 생각하기 때문에 언제나 수치심을 느끼게 된다. 이 수치심은 우리 자신을 계속적으로 확인하려는 데서 오며 우리를 다른 사람들의 기준과 늘 비교하게 만든다.

단체적인 수치심(Institutional Shame)

단체적인 수치심은 사회 제도가 우리에게 느끼게 만든 것이다. 우리는 피부색이나 출생 배경 때문에 부끄러움을 느낄 수 있다. 또한 흉악한 범죄를 저질렀을 때 혹은 전과자라는 제도적인 꼬리표 때문에 소외당할 수도 있다. 우리는 태어난 도시나 나라 때문에 단체적인 수치심을 겪을 때가 있다. 예를 들면 많은 독일 사람들은 제2차 세계 대전시 유대인들을 대량 학살했다는 단체적인 수치심을 지금까지 느끼고 있는 것이다.

개인적인 수치심(Individual Sham)

개인적인 수치심은 우리 자신들이 개인적으로 저질렀던 범죄 때문에 느끼는 수치심으로 죄책감이나 처벌을 동반한다. 이것이 우리가 처리해야 할 가장 어려운 수치심인 것은 우리의 잘못이나 현명치 못한 판단에 대해 우리 자신을 용서하기 어렵기 때문이다.

영원한 수치심(Incessant Shame)

우리가 수치심을 성공적으로 잘 해결하지 못한다면 이 수치심은 우리 자녀들에게까지 전달될 것이며 그 후대에까지도 전달되는 일이 반복되어 수치심이 대대로 계속해서 쉬지 않고 순환되는 것이다.

■ 다윗은 수치심이란 장애물을 만났다

수치심은 우리에게 주어진 영적 사명을 완수하지 못하도록 만드는 장애물이다. 다윗의 생애 속에 이 수치심은 다윗에게 주어진 사명을 실현하지 못하도록 방해하는 대적들을 정복하는 데 있어서 가장 큰 위기였다. 다윗이 수치심을 느낀 시기는 하나님께서 기름부으신 생애를 이루는 도중이었다. 찰스 스윈돌(Charles Swindoll)은 다음과 같이 해석했다.

"다윗의 생애는 언제나 최고의 정점에 있었다. 전쟁에서 계속해서 승리하므로 다윗은 공개적으로 최고의 존경을 받았다. 물질과 권력, 그리고 명예까지도 언제나 풍성하게 누렸다. 우리가 다윗과 같이 많은 것을 누리고 있을지라도 취약점은 있다. 다윗의 경우도 결코 예외는 아닌 것이다."[1]

어느 날 오후 다윗은 낮잠에서 깨어 대낮 뜨거운 햇살을 피해 시원한 바람이 불어오는 왕궁 지붕 위를 거닐었다. 그 시간 다윗은 화려한 왕궁에서 휴식을 취하고 있을 때가 아니었다. 왜냐하면 이스라엘은 전쟁 중이었고, 전쟁할 때는 왕이 진두 지휘해야 할 의무가 있기 때문이다. 매튜 헨리(Matthew Henry)는 다음과 같이 말했다. "만약 다윗이 군대 지휘자로 나갔더라면 그러한 유혹을 피할 수 있었을 것이다. 우리는 주어진 의무를 하지 않을 때 유혹을 받게 된다."[2]

그 왕궁 지붕 위에서 다윗은 목욕하고 있는 아름다운 젊은 여인을 바라본 것이다. 다윗은 유혹의 길에 들어섰고 돌이킬 수 없는 범죄에 휩싸여 수치심을 자초했다. 다윗은 밧세바가 다른 사람의 아내임에도 불구하고 왕궁으로 불러들여 동침해 버린 것이다. 얼마 후 밧세바는 다윗과 간음적인 관계를 통하여 임신했다는 사실을 다윗에게 알렸고 그 소식은 다윗을 당황케 만들었다. 밧세바의 남편 우리아(Uriah)는 다윗의 용사였으며 이스라엘에서도 영웅적인 사람이었다(삼하 23 : 39). 매튜 헨리(Matthew Henry)는 다음과 같이 지적했다.

"우리아(Uriah)는 존경과 덕을 지닌 사람이었다. 그는 다윗을 섬기는 외국사람이었고 다윗의 명예와 안전 그리고 다윗 왕국을 위해 다윗 대신 자신의 생명의 위험을 무릅쓰고 봉사했던 사람이다."[3]

율법에 의하면 다윗은 밧세바와 같이 돌에 맞아 죽어야 될 존재이다. 다윗은 자신의 죄를 감추기 위해 우리아에게 전쟁 소식을 가져오라는 명목으로 그를 예루살렘으로 불러들였다. 다윗은 우리아에게 술을 마시게 하고 밧세바와 같이 밤을 보내도록 했으나 우리아는 그러한 즐거움을 거부했다(삼하 11 : 11). 다윗의 교묘한 작전이 실패로 돌아가자 다윗은 보다 더 악독한 계획으로 군대 장관에게 명령하여 우리아를 싸움이 가장 치열한 곳에 두어 적에게 그를 죽도록 했다. 다윗의 생애 가운데 알 수 있는 것은 하나의 죄는 또 다른 죄를 짓게 한다는 것이다. 첫 번째로 죄를 범하고 그 다음엔 그 죄를 숨기기 위해 조작하고, 살인하기까지 이른 것이다. 그러므로 찰스 스윈돌(Charles Swindoll)은 다음과 같이 경고하고 있다.

"죄를 숨기려 조작하는 일은 불을 가지고 있는 것이다. 만약 여러분의 마음에 유혹이 속삭일 때 유혹을 소멸시키지 못한다면 그 불은 걷잡을 수 없이 타오를 것이다. 다윗의 마음 가운데 일어난 정욕적인 생각은 간음까지 퍼져 나갔고 더 나아가 거짓말까지 하게 되었으며 결국은 살인까지 이르게 되었다. 유혹이 올 때 심각하게 취급하라. 유혹의 활동이 시작하기 전에 과감히 범죄를 멈추어라."[4]

전쟁터에서 우리아가 죽고 밧세바가 남편의 죽음을 통곡한 후 다윗은 밧세바를 데려와 자신의 아내로 삼았고 밧세바는 아들을 낳았다.

■ 죄의 수치심

다윗이 저질렀던 간음과 살인이란 두 가지 죄가 잠시 동안은 다윗에게서 끝나는 것처럼 보였으나 성경은 다음과 같이 기록하고 있다. "… 다윗의 소위가 여호와 보시기에 악하였더라"(삼하 11 : 27). 죄가 끝난 것처럼 생각할 수 있겠지만 실제로는 그렇지 않다. 우리는 죄 문제를 해결하지 않는 한 그 죄로 인한 수치심을 결코 없앨 수 없다.

나단 선지자가 다윗의 죄를 물으러 왕궁 문을 두드린 것은 그 일이 있은지 몇 개월 후였다. 그 몇 개월 동안 다윗은 그 범죄로 인한 수치심 때문에 고통받고 있었다. 시편 32편은 다윗이 회개하지 않은 상태에서 마음을 표현한 것이다.

> 내가 토설치 아니할 때에 종일 신음하므로 내 뼈가 쇠하였도다
> 주의 손이 주야로 나를 누르시오니
> 내 진액이 화하여 여름 가물에 마름 같이 되었나이다
>
> 시편 32 : 3-4

이 말씀을 보면 하나님의 마음에 합한 사람이라는 모습은 전혀 보이지 않는다. 우리가 다윗에 대해 지닌 좋은 인상이 그 죄로 인하여 산산이 부서지며 수치심으로 황폐해져 버린 것 같다. 그러나 우리의 말이 비난하는 자들의 비난과 함께 휩쓸리지 않도록 하기 위해 버논 멕기(J.vernon McGee)는 다음과 같이 말하고 있다.

"다윗의 죄는 눈밭에 빠진 어린아이처럼, 크림 속에 있는 딸기처럼 마지 못해 저질러진 죄이다. 이 죄는 우리로 하여금 다윗이란 인물의 위대한 점을 보지 못하게 한 것일 수 있다. 그러나 그 죄는 다윗의 생애에서 예외적

인 것으로 그의 생애가 그러한 범죄 패턴이 아님을 기억해야 한다."[5]

■ 수치심이란 장애물을 제거하기

다윗이 범했던 밧세바와의 죄에 대한 이야기는 이것으로 끝나지 않는다. 다음에 일어난 내용은 죄와 수치심이 가지고 있는 힘이 무기력한 모습인 진리를 자유케한 것인데 이는 다윗이 자신의 죄와 그 죄로 인한 수치심을 처리했던 중요한 3가지 단계에서 잘 나타나 있다.

제1단계 : 수치심에 대항해 적극적으로 행동하라
다윗이 범죄한 몇 개월 후 하나님께서는 나단 선지자를 다윗에게 보내셨다. "하나님께서 다윗이 간음한 후 혹은 살인한 후 즉시 나단 선지자를 보내지 않으셨음을 주시하여 보라. 하나님께서는 언제나 범죄 초기에 문제를 해결하시지 않으신다. 가끔은 우리의 영혼 깊이 죄에 대한 초라한 모습을 경험할 때까지 기다리신다."[6]

나단 선지자는 다윗이 고백하지 않은 죄를 드러내기 위해 비유를 사용하였다. 비유는 감동적인 이야기로 애지중지하며 양 한 마리를 기르던 가난한 사람과 많은 양과 소를 기르고 있던 부자의 이야기이다. 어느 날 손님이 부자의 집을 방문했다. 그런데 부자는 저녁을 준비하기 위해 자신의 가축을 잡지 아니하고 가난한 사람이 그토록 아끼던 양을 빼앗아 잡았다는 것이다.

이 비유를 들은 다윗은 크게 노하여 나단 선지자에게 "여호와의 사심을 가리켜 맹세하노니 이 일을 행한 사람은 마땅히 죽을 자라"고 말했을 때 나단 선지자는 "당신이 그 사람이라!"고 말했고 그 후 나단 선지자는 다윗의 범죄를 구체적으로 나열했다(삼하 12 : 7-9). 나단 선지자가 이 말을 마쳤을 때 다윗은 자신의 죄를 부인하거나 정당화하려 하지 않았고 즉시 그 죄에 대해 적극적인 행동을 취했다. 다윗은 나단 선지자에게 "내가 여호와께 죄를 범하였노라"(삼하 12 : 3)고 말했으며 시편 51편은 다윗이 자신의 죄에 대하여 간구의 모습을 보여주고 있다.

하나님이여 주의 인자를 좇아 나를 긍휼히 여기시며
주의 많은 자비를 좇아 내 죄과를 도말하소서
나의 죄악을 말갛게 씻기시며 나의 죄를 깨끗이 제하소서
대저 나는 내 죄과를 아오니 내 죄가 항상 내 앞에 있나이다
내가 주께만 범죄 하여 주의 목전에 악을 행하였사오니…

시편 51 : 1-4

다윗이 회개할 때 나단 선지자는 하나님의 말씀을 빌어 "… 여호와께서도 당신의 죄를 사하셨나니 당신이 죽지 아니하려니와"(삼하 12 : 13)라고 응답해 주었다.

예수님께서도 십자가 상에서의 수치심을 감당하셨다. 왜냐하면 성경은 예수님께서 "부끄러움을 개의치 아니하셨다"(히 12 : 2)라며 십자가와 죄인들의 적대심을 참으셨다고 기록했기 때문이다. 예수님께서 우리의 수치심을 취하여 십자가 상에서 해결하셨기 때문에 우리는 더이상 유전된 수치심, 부과된 수치심, 단체적인 수치심, 개인적인 수치심 그리고 영원한 수치심에 대한 죄책으로 살 필요가 없게 되었다. 하나님께서는 우리의 삶에서 수치심이란 장애물을 제거하므로 다시는 정죄받지 않기를 바라시며 다윗처럼 수치심에 적극적으로 대항하길 원하신다.

만약 우리가 행하고 있는 것이나 행동했던 것의 결과로 수치심을 느끼고 있다면 그것은 사단이 주는 것이며 사단은 그 수치심을 사용하여 우리를 파괴하려 할 것이다. 우리에게 수치심을 느끼게 하는 어떠한 것

에 대하여도 회개해야 한다. 진정한 회개란 죄를 멀리하는 외적 행동을 동반한 내적 결단이다. 다윗은 "내 죄악을 고하고 내 죄를 슬퍼함이니이다"(시 38 : 18)라고 말했다. 또한 하나님께서 마음을 살피고, 뜻과 생각을 아시사 알지 못한 죄로부터 자신을 깨끗케 해달라고 기도했다(시 139 : 23-24). 수치심이란 무엇인가 잘못되었다는 신호이다.

어떤 심리학자는 수치심에 대해 "우리 내부에 있는 계기판에 빨간불"이라고 말하면서 다음과 같이 경고해주고 있다.

> 우리가 운전할 때 차에서 무엇인가 타는 듯한 연기와 불빛이 보일 때 우리는 결단을 해야만 한다. 차를 옆에 세워두고, 차 밖으로 나와 차 보닛(bonnet)뚜껑을 열고 무엇이 잘못되었는지 살펴보든지 혹은 불빛만 꺼버리고 그대로 계속 운전해야 하는 것이다. 첫 번째는 문제를 고치는 것이며, 두 번째는 증상만을 없앨 뿐이다. 물론 연기나는 불빛에서도 계속 운전을 할 수 있으나 몇 마일 후엔 전체 엔진이 타버릴 것이다. 우리는 범죄의 빨간 불을 어떻게 대처할 것인가? 여러분들은 연기가 왜 나고 있는지 알아보기 위해 멈추어서 빨간 불에 심각하게 대처하고 있는가?[7]

우리가 수치심을 유발시키는 죄를 회개하므로 수치심에 대항하여 적극적으로 행동하면 수치심이란 장애물을 제거하는 첫 단계에 들어선 것이다.

제2단계 : 자신의 수치심을 말하라

다윗은 수치심에 대해 회개한 후 적극적으로 행동했다. 자신의 수치심을 폭로하므로 비난하는 것들에 적극적으로 대항한 것이다.

내 허물을 여호와께 자복하리라 하고

주께 내 죄를 아뢰고 내 죄악을 숨기지 아니하였더니

곧 주께서 내 죄악을 사하셨나이다

시편 32 : 5

예수님께서 우리의 수치심을 십자가 상에서 감당하셨으므로 우리는 수치심을 다시 질 필요가 없게 되었다. 그러나 우리가 수치심을 유발시키는 행동에 대해 회개를 한 후라 할지라도 비난하는 자들의 목소리는 계속해서 우리들의 심령 속에 메아리 칠 것이다. 이러한 모습을 우리는 신약성서에서 간음한 여인의 행동을 통해 발견할 수 있다. 이제 우리는 그러한 비난하는 소리에 귀를 기울이지 않겠다는 결단을 해야만 한다. 비난자들은 간음한 여인에게 "그녀는 죄를 지었다. 그녀를 돌로 쳐라"고 말하지만 중보하는 자는 "나도 너를 정죄하지 아니하노니 가서 다시는 범죄하지 말라"고 말한다. 가룟 유다는 비난자의 소리를 듣고 자살함으로써 죽음에 이르렀다.

스스로에게 물어보라. 내게 들리는 소리는 사망에 이르게 하는가 아니면 생명에 이르게 하는 것인가? 이 질문은 수치심의 소리와 자비의 소리를 분간할 수 있도록 우리를 도와줄 것이다.

성경에서 "고백하는 것"은 구원을 경험할 수 있는 도구라 말할 수 있다. 이는 우리가 예수님은 "주시라 우리의 입으로 고백하고 마음에 믿으면 구원을 얻을 것"이라고 기록했기 때문이다. 또한 우리는 입으로 고백하므로 구원 이외의 영적인 승리들을 얻을 수 있다. 비난자의 소리가 "수치스런 너"라고 말할 때 다음과 같은 말로 대응하길 바란다. "수치심은 이미 예수님께서 감당하셨고 나는 의로 옷 입었다. 죄를 알지도 못했던 예수님께서 나의 죄와 수치심을 감당하셨기에 나는 예수님을 통해서 하나님 앞에 의인으로 서 있다." 돌을 들고 우리들을 향해 죽이려고 서 있는 사람들에게 말하는 것처럼 기도할 때 수치심을 향해 말하기 바란다. 우리가 수치심에 굴복해 버린다면 가룟 유다가 행한 발자취를 우리도 따르게 될 것이다. 우리는 수치심 때문에 죽어야 할 필요가 전혀 없다. 예수님께서 이미 십자가 상에서 우리의 수치심을 다 감당하셨기 때문이다.

제3단계 : 하나님과 새로운 열정적인 관계를 구하라

우리가 수치심에 대해 적극적으로 행동하고 말했다면 이제 하나님과 새로운 적극적인 관계를 구해야 한다. 그러한 관계는 수치심의 영향력으로부터 우리가 벗어날 수 있는 유일한 방법이기 때문이다. 베드로가 예수님을 부인한 후 주님께서는 "네가 나를 사랑하느냐?"라는 세 번의 질문으로 그를 찾아오셨다. 예수님께서 물어보실 때마다 사랑이라는 헬라어 표현에서 점점 베드로와의 관계가 깊어지는 모습을 볼 수 있다. 베드로는 세 차례 질문에 대하여 "내가 주를 사랑하는 줄 주께서 아시나이다"라고 대답했고 예수님께서는 "내 양을 치라"는 사명을 주셨다. 이 근본적인 의미는 예수님께서 베드로에게 "너는 나에 대하여 실패했지만 회개했기 때문에 너는 용서 받았다. 이제 네가 내 양을 치기 위해 필요한 것은 나와 적극적인 관계를 가지는 것이다"라고 말씀하신 것이다.

다윗은 자신의 수치심에 대항하여 적극적으로 대처하고 고백한 후 하나님과의 열렬한 관계를 구하였고 다음과 같이 기도했다.

나를 주앞에서 쫓아내지 마시며
주의 성신을 내게서 거두지 마소서
주의 구원의 즐거움을 내게 회복시키시고…
주여 내 입술을 열어주소서

시편 51 : 11-15

많은 사람들은 실패로 인한 수치심 때문에 하나님께서 예정하신 생애를 이루는 데 지장을 초래한다. 다윗은 용서함을 받고 하나님과 열렬한 관계가 회복된 후 다음과 같이 선언했다. "내가 범죄자에게 주의 도를 가르치리니 죄인들이 주께 돌아오리이다"(시 51 : 13). 다윗의 일은 아직 끝나지 않았다. 다윗은 수치심이 묶고 있는 쇠사슬을 끊고 자신의 생애를 이루고 있는 것이다.

■ 죄의 그늘

다윗이 자신의 죄를 고백하고 회개할 때 선지자 나단은 "여호와께서 당신의 죄를 사하셨나이다"라고 대답하였지만 곧이어 죄의 결과가 있을 것임을 경고했다. 즉, 다윗과 밧세바 사이에 낳은 아이가 죽으리라는 것이었다. 찰스 스윈돌(Charles Swindoll)은 다음과 같이 주석 했다.

여러분이 하나님의 은혜를 가볍게 취급하고 하나님의 나라에서 의도적으로 죄 혹은 의를 행하는 데 있어 가볍게 취급한다면 폭풍우가 지평선에서 파란을 일으킬 준비를 하고 있을 것이다. 하나님께서 확실하게 용서해 주실지라도 죄에 대한 값은 분명히 지불해야 한다. 그러므로 속지 말기 바란다. 하나님의 은혜는 죄에 뒤따른 결과인 어두운 구름을 필연적으로 없애는 것이 아니다.[8]

우리가 죄를 회개하고 죄 때문에 수치심을 고백한다 할지라도 이미 우리가 범한 죄의 그늘을 피할 수는 없다. 죄에 뒤따른 결과는 반드시 있다. 예를 들면 우리가 죄를 범하여 투옥되었을 때 하나님께 용서를 구하고 죄로 인한 수치심을 고백했다 할지라도 선고받은 형량만큼은 살아야 되는 것이다. 그러나 우리가 죄의 그늘 밑에 어느 시간 동안 거한다 할지라도 더이상 그 죄로 인한 수치심을 가지고 살아서는 안 된다. 찰스 스윈돌(Charles Swindoll)은 이 문제에 대해 다음과 같이 말했다.

"다윗이 밧세바와 낳은 첫 아들을 잃어버린 후 얼마 되지 않아 다윗은 팔로 안을 수 있는 아들을 얻었다. 이와 같이 하나님께서는 우리를 영원히 징벌하지 않으시며 우리의 축복된 삶을 무시하지 않으신다."[9]

다윗과 밧세바는 죄로 인해 첫 아들을 잃어버린 후 아들을 낳았고 이름을 솔로몬(Solomon)이라 지었다. 솔로몬이란 이름은 "평화스럽다"는 뜻으로 솔로몬이 태어난 것은 하나님과 그들간의 평화스런 관계를 말해 주는 하나의 상징이 되었다. 선지자 나단은 솔로몬을 여디디아(Jedidiah)라고 칭할 수 있음을 말했다. 이 이름은 "하나님께서 사랑하는 자"라는 뜻으로 "진노와 불순종의 자녀로 태어났지만 현재는 은혜 언약으로 화목되었을 뿐만 아니라 하나님께서 사랑하시는 자가 되었다는 것을 의미하는 것이다."[10]

우리의 삶이 죄의 결과로 인하여 지연되고 있음을 경험하고 있다 할지라도 그 죄로 인한 수치심 때문에 우리에게 주어진 생애를 성취하지 못하게 막아서는 안된다.

1. **수치심에 대항해 적극적으로 행동하라.** 우리가 행동하고 있는 것이나 행했던 결과로 인하여 수치심을 느낄 때, 그것은 사단이 주는 것이며 우리를 파괴시키려고 사단이 사용한 것이다. 그 수치심을 일으키는 모든 것을 회개하기 바란다.

2. 자신의 수치심을 말하라. "수치스런 자여"라고 비난하는 말이 들릴 때는 담대하게 말하라. "아니다. 수치심은 예수님께서 다 감당하셨다. 그러므로 나는 의로운 사람이다. 죄를 알지도 못한 예수님께서 나의 죄와 수치심을 모두 감당하셨으므로 나는 예수님을 통해서 하나님 앞에 의인으로 설 수 있다. 그러므로 수치심아, 물러가라!"

3. 하나님과 새로운 열정적인 관계를 구하라.

우리가 이상의 세 가지 단계를 밟았을 때 수치심이 가지고 있는 힘은 우리의 삶 속에 활동하지 못할 것이며 다윗과 밧세바에게처럼 우리에게도 새로운 꿈과 비전을 가질 수 있는 기회가 주어질 것이다.

❖ 각주 ❖ ─────────────

1) Charles Swindoll, *David : A Man After God's Own Heart*(Waco : Word Educational Products, 1988), P. 101-102.

2) Matthrew Henry, *Commentary on the Whole Bible*(Old Tappan : Revell, n.d.), 제2권, P. 438.

3) Ibid., 제2권, P. 495.

4) Swindoll, *David. A Man After God's Own Heart*, P. 110.

5) J. Vernon McGee, *Through the Bible*(Nashville : Thomas Nelson, 1983), 제2권, P. 210.

6) Swindoll, *David : A Man After God's Own Heart*, P. 105.

7) Ibid., P. 109-10.

8) Ibid., P. 119-20.

9) Ibid., P. 126.

10) Henry, *Commentary on the Whole Bible*, 제2권, P. 105.

22
비난하는 영

독일 나치에 대한 가장 지독한 기억들이라면 독일 점령 지역인 아우슈비츠(Auschwitz)로 알려진 폴란드의 남서쪽에 있는 포로 수용소에서 일어났던 일일 것이다. 역사가들은 당시 유럽 지역의 사람들이 적어도 백만 명이 죽어갔는 데 대부분이 샤워를 가장한 가스실에서 죽어갔고 나머지는 굶주림과 고문 그리고 사형 집행과 과로로 인해 죽어갔다고 말한다. 또한 그곳에서 요세프 멩겔이란 자는 죽어가는 어린이들에게 파렴치한 의료 실험까지 가했으며 화장터에서 화장할 수가 없어 빈터에 시체를 쌓아 놓고 화장해 버릴만큼 죽은 시체의 수는 엄청났다.

이토록 잔인한 죄도 과연 용서받을 수 있을까? 예수님께서 기도하신 것처럼 우리도 죄를 용서해 달라고 기도하면 비록 용서할 대상이 아우슈비츠에서 유태인을 잔인하게 학살한 독일 사람들일찌라도 자진해서 용서해 줄 수 있을까?

코리 텐 붐(Corrie Ten Boom)은 그것이 가능하다고 증명했다. 그녀의 동생과 부모가 그 포로 수용소에서 죽었고 코리 자신도 나치의 손에 비인간적인 고통을 받았지만 코리는 그들을 용서했다. 그리고 나중에는 하나님의 사랑의 빛이 어둠을 비추어 준다는 메시지를 전 세계에 다니며 증거했다.

하나님 아버지와 친밀한 관계를 가진 다윗은 사울 왕이 자신에 대해서 악이 극도에 달했음에도 불구하고 그것에 보복하지 않았고 오히려 사울의 목숨을 구해주기까지 했다. 다윗은 범죄했을 때 하나님께 어떻게 용서함을 받을 수 있는지 알았다. 이는 그가 사울과의 경험을 통해 용서해 주는 방법을 알고 있었기 때문이다. 반대로 사울 왕은 용서를 구하고 받는 방법을 몰랐다. 모범적인 기도는 "우리가 우리에게 죄 지은 자를 사하여 준 것같이 우리 죄를 사하여 주옵시고"라고 기도하도록 가르친다. 이 기도는 악한자로부터 구해달라는 간구보다 먼저 구해야 할 부분이다. 죄사함과 구원받는 것은 분명하게 다른 사람을 용서해 주고자 하는 의도와 관련되어 있다. 모리스 세룰로는 이와 관련해 다음과 같이 말했다. "예수님께서 하나님의 용서와 인간의 용서는 서로 연관되어 있다고 반복해서 말씀하셨다. 또한 다른 사람을 용서해 주는 것이란 하나님께 용서함을 받았다는 증거로써 매우 중요한 것이라고 말씀하셨다."[1]

■ 연합의 능력

사단은 그리스도인들과 교회가 협력하는 연합의 능력이 얼마나 큰지 잘 알고 있다. 두 세 사람일지라도 연합하여 모인 곳에는 예수님께서 그 곳에 계신다. 초대 그리스도인들이 예루살렘의 한 다락방(Upper Room)에서 한마음으로 모였을 때 성령의 놀라운 능력으로 인하여 수천 명이 믿게 되었다. 성경에서 한 사람은 백 명을 물리치지만 두 명이면 만 명을 쫓아낸다고 말한다.

세상 사람들은 우리가 하나님 아버지와 관계를 맺고 있음을 우리의 믿음이나 기적 혹은 방언하는 것을 보고 아는 것이 아니라 우리 서로가 얼마나 사랑하는가 하는 것을 통해 알게 된다고 성경은 선포하고 있다.

> 빛 가운데 있다하며 그 형제를 미워하는 자는
> 지금까지 어두운 가운데 있는 자요
> 그의 형제를 사랑하는 자는 빛 가운데 거하여
> 자기 속에 거리낌이 없으나 그의 형제를 미워하는 자는
> 어두운 가운데 있고 또 어두운 가운데 행하며
> 갈 곳을 알지 못하나니
> 이는 어두움이 그의 눈을 멀게 하였음이니라
>
> 요한일서 2 : 9-11

이 말씀은 형제를 사랑하는 것인지 아니면 미워하는 것인지가 어둠의 자녀와 빛의 자녀를 결정할 수 있는 요소임을 가르쳐 주고 있다. 우리가 어두움 가운데 행하고 있다면 권능 있는 기도를 한다 할지라도 사단의 나라인 어두움을 꿰뚫어 알지 못할 것이다. 왜냐하면 오직 빛만이 어두움을 쫓아 낼 수 있기 때문이다. 아직 풀리지 않았던 화, 쓰라림, 용서 받지 못한 것들은 악한 자로 우리 생활 가운데 활동할 수 있는 장소와 계기를 마련해 주는 것이다(엡 4 : 25-27).

■ 비난자 혹은 중보자 … 우리의 선택이다

성경은 오늘날 하늘과 이 세상에는 두 가지 세력이 활동하고 있다고

가르친다. 한 세력은 계시록 12 : 10에 나타난 거짓 아비인 "형제를 참소하는 자"로 계속해서 하나님의 백성들을 중상 모략하고 비난하는 자들을 말한다. 또 다른 세력은 우리들을 대신하여 계속해서 중보하고 계신 예수님이시다. 이 두 세력은 온 우주에 계속해서 활동하고 있다.

우리는 이 두 가지 세력 중의 하나를 따르게 되는 데 대인 관계에 있어서, 다른 사람과의 태도에 있어서, 혹은 우리 입에서 나오는 말 속에서 스스로가 어디에 속해 있는지 그 소속이 나타나게 된다.

예수님께서는 십자가에서 죽으실 때에 비난의 소리를 잠잠케 하셨는데 오늘날 그러한 비난의 소리가 들리도록 하는 유일한 방법은 우리가 다른 사람들을 용서하지 않는 말을 하거나 용서하지 않는 감정을 유지하는 것이다. 이것은 사단으로 하여금 활동케 하여 다른 사람을 해악하게 만든다. 비난의 영은 "너는 화를 낼 수 있다. 너를 대항하는 사람이 행하는 것을 한 번 보아라!"고 말하고 있다.

그러나 중보하는 영은 이와 반대로 예수님께서 십자가 상에서 말씀하신 것처럼 적극적으로 대응한다. 예수님께서는 십자가에 매달리실 때 주위에 있는 모든 사람들의 잘못을 추궁할 수 있는 권위를 가지고 계셨다. 왜냐하면 예수님께서는 그들의 죄가 무엇인지를 아셨고, 지금 죄인인 그들의 손에 고통을 당하고 계시기 때문이다. 그러나 예수님께서는 그들을 대신해서 중보하기를 택하시어 "아버지, 저들을 용서하여 주옵소서"라고 기도하셨다.

비난케 하는 힘은 우리로 거짓 아비의 형상을 닮도록 역사하지만 중보하는 영은 하나님의 형상을 닮도록 역사하신다. 우리가 잘못한 사람들을 용서해 주고 그 사람들을 위해 중보해 줌으로써 예수님을 닮아가는 생활을 할 때 비난하는 자들을 죽음의 관에 못 박게 되는 것이다.

■ 우리의 적들을 친구로 만드는 법

히브리어로 적이란 말은 "관찰자"라는 의미를 가지고 있다. 우리의 대적은 우리를 바라보며 비난할 수 있는 근거를 찾기 위해 우리들의 실수나 잘못들을 관찰하고 있다.

"사람의 행위가 여호와를 기쁘시게 하면 그 사람의 원수라도 그로 더불어 화목하게 하시느니라"(잠 16 : 7) 어느 날 내가 이 성경말씀을 읽으면서 어떻게 하면 나의 행동이 하나님을 기쁘시게 하고 나의 적들이 나와 화목하게 될 것인가? 하고 의문하였다. 이런 의문에 대하여 하나님께서는 나로 하여금 다음 성경말씀을 읽도록 인도해 주셨다. "나는 너희에게 이르노니 너희 원수를 사랑하며 너희를 핍박하는 자를 위하여 기도하라 이같이 한즉 하늘에 계신 너희 아버지의 아들이 되리니…"(마 5 : 44-45).

이 말씀은 우리의 대적들을 친구로 변화시킬 수 있는 4가지의 단계를 말해주고 있다. 우리가 이 4가지 단계를 실행한다는 것은 우리가 하나님의 진실한 자녀임을 말해 주는 것이며 하늘에 계신 우리 아버지의 초자연적인 속성을 나타내는 것이기도 하다.

제1단계 : 사랑하기로 선택하라

진실한 사람은 선택한다. 감정적인 행동이 아니라 의지적인 행동을 말한다. 예를 들면 하나님께서는 "세상을 이처럼 사랑하사" 예수님을 우리 죄를 위해 죽으시도록 보내시기로 결정하신 것이다. 하나님께서 이러한 의지적인 행동을 선택하신 것은 독생자의 고통스런 비하와 죽음에 대한 감정 때문이 아니다. 그것은 자신의 유일한 아들을 희생시킨 것에 대해 하나님께서 느끼는 모든 감정이 대치되기 때문에 감정에 의해 사랑하신 행동을 하신 것이 아니라 의지적으로 선택하여 사랑으로 행하신 것이다.

만약 우리가 하나님을 기쁘시게 하기를 바란다면 하나님께서 하신 그대로 행하여야 한다. 우리의 의지적인 행동으로 사랑하는 것을 선택해야 한다. 우리가 육신의 자연적인 본능에 따라 행하여 어떤 사람을 미워한다면 이는 죽이고 도둑질하며 멸망케 하는 거짓 아비의 속성대로 우리가 닮아 가는 것이다. 그러나 우리가 초자연적 차원인 하나님의 사랑으로 대응하길 택하였다면 그것은 하늘에 계신 우리 아버지의 성품으로 닮아가는 것이다. 용서란 십자가를 기초로한 선택이다. 예수님의 보혈을 근거로 하여 우리는 용서해 주어야만 한다.

제2단계 : 축복하기로 선택하라

우리가 예수님께서 하신 대로 용서해 주려면 잘못한 것을 모른 체 하거나 잘못한 일이 일어나지 않는 것처럼 가장해서도 안 된다. 우리에게 잘못한 사람을 우리는 적극적으로 축복해야 한다. 부정적인 힘이란 저주하고 무너뜨리며 멸망시키고자 하는 말로써 이는 우리를 겨냥하고 있는 대적으로부터 나오는 것이다. 그러나 우리가 그들을 먼저 축복한다면 대적들이 역사하는 저주를 축복으로 바꿀 수 있다.

제3단계 : 대적들을 위해 선을 행하라

전기선에서 음극과 양극은 전기를 발생시킨다. 영적인 면에서도 이와 비슷하다. 우리가 미움과 쓰라린 부정적인 감정들을 부정하고 대신 축복하기로 바꾼다면 그 안에서는 특별한 능력이 나타날 것이다. 우리는 이 능력으로 말미암아 우리의 대적들을 위해 선을 행할 수 있게 된다. 예수님께서는 "너를 미워하는 사람들에게 선을 행하라"고 말씀하셨다. 대적들을 위해 무엇인가 좋은 일을 하도록 노력하기 바란다. 그리고 그 일을 할 때는 예수님의 이름으로 하기 바란다.

제4단계 : 대적들을 위해 중보 기도하라

우리가 미워하는 것 대신 사랑하고, 저주하는 것 대신 축복하며, 대적들을 위해 무엇인가 선한 일을 행한다면 우리는 잘못한 사람들을 위해 기도할 수 있다. 이것을 행하는 데는 하나님의 초자연적인 능력을 받지 않고서는 할 수 없는 일이다. 때문에 대적들을 위해 기도할 수 있다는 것은 진정한 기도의 능력인 것이다. 대적들을 위해 기도하는 것이란 자연적으로 일어나는 반응이 아니다. 우리가 진정으로 중보기도를 할 때 대적의 생활 가운데 성령의 역사가 나타나게 되며 그 결과 "하늘에 계신 너희 아버지의 온전하심과 같이 너희도 온전하라"하신 말씀이 그대로 실현되는 것이다. 우리가 온전하게 될 때, 우리의 행한 것이 하나님을 기쁘시게 할 때, 하나님께서는 우리의 대적으로 우리와 화목케 만들어 주실 것이다. 대적을 사랑하고 온전히 축복할 때 우리는 권능 있는 기도를 할 수 있도록 기름부음 받게 될 것이다. 우리가 대적을 위해 중보할 때에 비로소 우리는 중보하는 세력에 합류하게 되고 비난하는 세력을 거부하게 될 것이다.

❖ 각주 ❖ ──────────

1) Morris Cerullo, *Forgiven*(Eastbourne, E. Sussex, Great Britanin : Kingsway Publications, 1993),

23

거짓 아비로부터 해방

1944년 6월 6일. 후대 역사책에는 이 날에 디데이(D-day)란 이름이 붙여졌다. 이 날은 연합군이 프랑스의 노르망디 해변을 공격하며 적들에게 치명적인 타격을 주었고 이 사건은 제 2차 세계 대전의 전환점을 가져왔다. 이 일후 2차 대전은 독일과 일본군이 공식적으로 항복하기까지 전투는 1년간이나 진행되었다. 그 1년동안 이 2차 대전 중에서 가장 피비린내 나는 치열한 전투로 기억되는 것은 적들이 자신의 종말이 다가왔음을 알고 맹렬한 공격을 가했기 때문이었다.

오늘날 교회도 영적인 면에서 이와 비슷한 환경에 처해 있다고 생각한다. 예수님께서 십자가 위에서 사단의 대적을 물리치셨을 때가 바로 승리의 디데이였다. 예수님께서 영원한 나라를 세우시기 위해 재림하시어 사단의 최후 항복을 받을 때까지 믿는 자들은 격렬한 영적 싸움을 하고 있는 것이다. 대적은 이미 때가 임박했음을 알고 최후의 싸움을 위해 자신의 전진 기지에 모든 사단의 세력을 집결시켜 놓았다.

성경이 사단에 대해 삼킬 자를 찾고 있는 우는 사자, 거짓말쟁이, 도둑질하고 죽이며 멸망시키는 자로 비유한 점을 볼 때 사단은 수동적으로 공격하는 것이 아니다. 우리가 "악에서 구하옵소서"라고 기도할 때 이 대적의 영은 우리를 위협하기 위해 일어나 멸망시킬 프로그램을 계획하고 있으며 사단은 "너는 전에도 하나님을 위해 살려고 노력했지만 실패했었다. 그 모습이 바로 너의 운명이다. 하나님이 참으로 너의 하나님이라면 너를 도와주지 않겠는가?"

대적의 이러한 무차별적 공격으로부터 살아남기 위해 우리는 방어적이며 공격적인 영적 전투 방법을 배워야 한다. 영적 전투전에 주의할 것은 우리는 다윗처럼 영적 무기가 무엇인지를 먼저 알아야 하며 그것들을 사용하는 방법 또한 알고 있어야 한다는 것이다.

본 장과 다음 두 장에서 우리는 "악에서 구하옵소서"의 기도가 권위를 선언함과 동시에 기도의 확실한 응답을 알 수 있도록 하는 영적 무기의 사용법을 배울 것이다!

제1부에서 우리는 영적 싸움을 하기 위해 입은 유니폼인 하나님의 전신갑주를 입는 것이 얼마나 중요한지에 대해 앞서 언급했다. 그리고 시편 91편을 통해 구체적으로 설명된 영적인 보호 벽을 세우는 방법을 배웠다. 이것들은 우리가 "악에서 구하옵소서"라고 기도하며 매일 사용해야 할 기본적인 방어 무기들이다.

권능 있는 기도를 위한 보다 깊은 기름부음을 받기 위해 우리는 대적들의 전략들을 더 배워야 할 필요가 있다. 우리가 이미 알고 있는 방어적인 무기처럼 공격적인 무기들을 사용하는 방법을 아는 것은 중요하다. 이 공격적인 무기들은 예수님의 보혈, 예수님 이름의 능력, 증거의 말씀, 그리고 찬양이다. 또한 우리는 강한 자의 능력을 무기력하게 만들어 주는 결박하는 법을 배울 것이다.

■ 거짓 아비를 들어내기

군사 단체는 적들의 속성과 작전에 대해 정보를 수집하는 데 많은 시간을 투자한다. 우리도 믿는 자로서 이와 같아야 한다. 이점에 대해 찰스 스윈돌(Charles Swindoll)은 다음과 같이 상세하게 설명해주고 있다.

어떤 상대자에 대항하여 지탱할 수 있으려면 그 상대의 활동 방법에 대해 알고 있어야만 한다. 상대방에 대해 무지한 것은 반드시 배척되어야 할 것이다. 올바른 권투 선수라면 상대방 선수의 스타일을 연구하지 않고서 링에 올라가는 선수는 한 명도 없을 것이다. 싸움터에서도 마찬가지이다. 어떤 때에는 수일(때로는 수개월)동안 상대방의 전략이나, 약한 점, 강한 점등을 알아보기 위해 노력해야 한다. 대적을 알지 못한다면 대적에게 승리를 넘겨주는 것과 같기 때문이다.[1]

거짓 아비인 사단은 사울 왕이 다윗을 추적했던 것처럼 믿는 자들을 추적하는 영적인 대적이다. 사단은 계속해서 배회하며 하나님께 기름부음 받은 자를 멸하기 위해 찾아다닌다. 사단이 사용하는 파괴적인 모든 전략들은 하나님의 목적, 계획 그리고 하나님의 백성들을 대적하는 데 언제나 그 초점을 맞추고 있으며 그 개요를 요약할 수 있다. 사단은 교묘하고(고후 11 : 3), 그 속임수는 하늘에 계신 우리 하나님과의 친밀한 관계를 유지하지 못하도록 하는 데 표적을 맞추고 있다(고후 11 : 13-15). 이들 사단의 모든 프로그램이 우리의 심령을 속여 모범적인 기도에 잘 나타나 있는 하늘에 계신 우리 아버지께서 제공해 주신 모든 것을 부정하도록 한다.

■ 거짓 아비의 가족

영적 전쟁은 하나님의 자녀와 "사악한 자의 자녀" 즉, 불경건한 자들로 구성된 거짓 아비의 세력간의 싸움이다. 우리가 싸워야 할 이 싸움은 "혈과 육"의 대립이 아니다(엡 6 : 12).

사단은 편재하지 못한다. 즉, 동시적으로 어느 곳에나 존재하지 못한다는 의미이다. 그러나 사단은 지상 전체에 자신의 목적을 달성키 위해 악한 귀신들을 보내고 있다. 루시퍼가 하나님을 대항하여 반역을 저질렀을 때 그 반역에 참여했던 다른 천사들도 그와 함께 하늘나라에서 쫓겨나게 되었다(계 12 : 7-9). 이때 쫓겨난 천사들은 두 그룹이 있는 데 한 그룹은 하나님의 자녀들을 대적하는 활동을 한다. 반면 또 다른 그룹은 결박되어 있는 천사들이다(유 1 : 6). 귀신의 "왕" 또는 "지도자"라 불린 사단(마 12 : 24)은 이 두 그룹 중 첫 번째 즉, 현재 활동 중인 귀신 그룹을 통치하고 있다. 귀신들은 공중의 권세 잡은 자(엡 2 : 2), 흑암의 권세들(골 1 : 13)로 구성되어 있으며 이 귀신들은 말을 할 수 있고(막 5 : 9, 12), 악을 행하는(눅 8 : 29), 영적인 존재(마 8 : 16)들로 묘사되었다. 뿐만 아니라 그들은 많은 것을 알고 있고(막 1 : 24), 사단으로부터 초자연적인 능력과 속성을 부여받았다(행 19 : 16).

사단은 거짓 아비로서 하나님처럼 되려고 노력한다. 그래서 하나님의 천사들과 비슷하게 사단도 계급적으로 구성된 귀신들의 세력을 조직하고 있다.

사도 바울에 의하면 하나님의 천사들의 조직은 보좌, 주관자, 정사, 그리고 권세들로 구성되었다고 한다(골 1 : 16).

사단의 계급 조직과 대항하여 싸워야 하는 우리의 싸움은 "… 정사와 권세와 이 어두움의 세상 주관자들과 하늘에 있는 악의 영들에게 대함이라"(엡 6 : 12)에 대한 것으로 표현되어 있다. 사단의 세력들은 더럽고 악한 영들이며, 질병의 영들이고, 억압하고 붙어다니며, 사람들을 괴롭히며, 속이는 영들이다. 그러나 사단이 전능(모든 것을 할 수 있는 능력)하지 않다는 것은 다행이다. 믿는 자 안에 역사 하시는 하나님의 능력은 이 사단의 능력보다 훨씬 더 크다. "자녀들아 너희는 하나님께 속하였고 또 저희를 이기었나니 이는 너희 안에 계신 이가 세상에 있는 이보다 크심이라"(요일 4 : 4).

사단은 하늘에 계신 하나님의 올바른 권위에는 순종하지 않으면서 자신의 권위에 양보하는 사람들에게는 보다 강한 척 한다. 그러므로 우리가 대적이 원하는 대로 피상적으로 살아가거나 또 하늘에 계신 우리 아버지와의 친밀한 관계를 파괴하는 등 실패한 그리스도인의 생활을 살았다면 이제는 그 사단의 올무에서 벗어나 변화해야 할 때가 됐다. "저희로 깨어 마귀의 올무에서 벗어나 하나님께 사로잡힌 바 되어 그 뜻을 좇게 하실까 함이라"(딤후 2 : 26).

여러분은 영적 생활에서 자유의 디데이를 맞이할 준비가 되었는가? 거짓 아비로부터 해방될 준비가 되었는가? 이 세상에서는 여러분의 이름과 혈통을 통해 여러분이 누구의 가족인지 알 수 있다. 영적 세계에서도 비슷하다. 예수님의 보혈과 이름이 여러분이 새로운 존재임을 선포해 주며 더 나아가 거짓 아비의 가족과 진노의 자식으로부터 여러분이 해방되었음을 선포해 주고 있다.

■ 어린양의 보혈

우리는 앞서 개인 기도를 언급할 때, 예수님의 보혈이 가지고 있는 구속적 특성을 통해서 우리는 담대하게 하늘에 계신 아버지 전에 나아갈 수 있다고 배웠다. 그러나 예수님의 보혈은 구속의 권능 이외에 또 다른 놀라운 영적인 권능들이 있는 데 예수님의 보혈에 관한 두 부분의 기록이 있다. 그 한 부분은 하나님 아버지와 우리가 친밀한 관계를 가질 수 있는 특권을 보장해주는 것이다. "이제는 전에 멀리 있던 너희가 그리스도 예수 안에서 그리스도의 피로 가까와졌느니라"(엡 2 : 13). 또 다른 한 부분은 거짓 아비의 권세로부터 자유롭게 됨을 보증해 주는 것이다. "또 여러 형제가 어린양의 피와 자기의 증거하는 말을 인하여 저를 이기었으니…"(계 12 : 11).

구약성서 전체를 통해서 볼 때 어린양의 피는 죄로부터 구원을 확실하게 해 주기 위해 희생적으로 흘려진 것이다. 예수님께서 죽으실 때 "창세로부터 죽임 당한 어린양"의 피가 단번에 흘려졌다(계 13 : 8). 구원이나 신유, 그리고 해방됨은 예수님의 보혈을 통해서 확정되었고 이 보혈은 대적의 거짓 주장들로부터 우리를 자유롭게 해 준 것이다. 보혈은 사단이 율법적으로 우리 생활을 붙잡고 있는 것을 부수어뜨릴 수 있고 거짓 아비가 주장하는 부모로서의 특권을 종결시킬 수 있다. 히브리서 9 : 15은 예수님께서 새 언약의 중보자임을 말해주고 있는 데 이는 예수님의 죽음을 통해서 우리에게 보증되어진 하나님의 복인 것이다. 히브리서 10 : 19은 예수님의 보혈을 통해서 우리가 "성소"에 들어갈 담력을 얻었다고 기록한다. 여기서 성소란 우리가 전적으로 구원받았고, 치료 받았으며, 자유케 되었다는 즉, "가장 거룩한" 차원으로 우리를 인도해 준다는 의미를 지녔다.

우리는 죄책감이나 수치심 그리고 패배감 같은 무거운 짐을 진 채 우리 아버지의 현현 밖에 거할 필요가 없게 되었다. 권능 있는 기도를 하도록 기름부음을 받는 것은 죄 때문에 세워진 죄책감이나 수치심 그리고 패배감 같은 장벽들을 예수님의 보혈로 극복하여 하나님의 현현으로 담대히 나아갈 때 받을 수 있는 것이다. 아버지와 우리를 갈라놓았던 그 죄가 사함 받았음을 경험했다면 그것은 우리들의 생활 가운데 이미 이 예수님의 보혈이 적용되었다는 뜻이다. 이제 우리는 그리스도 안에서 의롭게 되었으므로 사단은 우리에게 어떠한 합법적 힘도 미치지 못하게 되었고 또한 우리는 의심할 여지 없이 의로움에 속했기 때문에 어떤 잘 못된 기준에 도달하기 위해 노력할 필요가 없는 것이다.

　거짓 아비의 사명이란 우리를 고소하고 우리가 진정한 아버지께 속했 다는 사실을 훼손코자 하는 것이다. 거짓 아비가 우리의 잘못에 대해 정 죄하며 접근해 올 때 보혈이란 합법적인 자료를 들고서 다음과 같이 말 하길 바란다. "사단아! 이것을 보라! 이것이 나의 의이다. 예수님의 보 혈이 내가 진실로 누구인지 증거해 주고 있기 때문에 내 생활 가운데서 네가 어떤 주장을 한다 할지라도 나는 이미 자유롭게 되었다!" 테리 로 우는 다름과 같이 우리를 격려해 주고 있다. "우리가 선언해야 할 것은 '나는 의롭게 되었다' 라는 것이다. 우리가 이렇게 말하고 입술로 계속해 서 고백한다면, 진리를 볼 수 있는 영적인 눈을 뜰 것이며, 우리는 우리 자신들이 그리스도 안에서 하나님의 의로운 존재임을 알게 될 것이다. 그때 사단은 고소할 수 있는 어떤 근거도 가질 수 없을 것이다."[2]

　혈액형은 태아가 수태하는 순간 결정되는 데 이 혈액형은 부모로부터 결정된다. 예수 그리스도는 자연적인 방법을 통해서 잉태된 것이 아니 고 성령으로 인해 마리아의 뱃속에 잉태하게 되었다. 마리아는 예수님 을 임신하기 위해 아담으로부터 내려오는 어떤 혈액도 공급받지 않았기 때문에 예수님의 보혈은 전혀 오염되지 않은 하나님의 피이다.

　우리는 수태할 때부터 혈액형을 이미 물려받았으므로 육적으로는 아 담의 본질적인 오염을 그대로 물려받은 것이다. 그러나 거듭났을 때의 우리는 십자가 위에서 예수님으로부터 영적인 수혈을 받은 것이다. 이제는 하나님 아버지의 피가 우리의 영적 동맥에 흐르고 있기 때문에 거짓 아비의 혈통으로부터 자유롭게 됐다고 말할 수 있다.

■ 예수님의 이름

우리는 제1부에서 개인 기도에 대해 배울 때 예수님의 이름으로 기도할 수 있음을 알았다. 예수님의 이름은 권능 있는 영적 무기이다. 앞에서 영적으로 수혈을 받았다는 것은 우리가 하나님의 자녀가 됐음을 의미한다. 그 증거로써 우리의 영적 입양 양식에는 예수님의 보혈로 사인이 되어 있다. 세상에서의 가족이 그 이름과 연관된 여러 가지 권리들을 소유한 것처럼 이제 우리도 예수님의 이름에 대한 권위를 소유하게 된 것이다.

골리앗을 향해 "만군의 여호와의 이름"으로 나아갔던 다윗은(삼상 17:45) 전쟁 상황 때 사용할 수 있도록 예비된 하나님의 이름을 연상했다. 예수님은 여호와께 속한 만군의 대장으로 표현되어 있다(수 5:15). 우리가 이 만군의 여호와의 이름을 사용한다면 예수님의 이름과 천상의 모든 만군이 가지는 근본적인 권능을 접할 수 있다. 우리가 예수님의 이름으로 주어진 권능 있는 영적 무기들을 사용할 때 우리가 소속된 전체적인 영적 가족은 우리에게 많은 도움을 주게 된다.

유명한 사람들은 3가지 방법 면에서 그들의 명성을 높여가고 있다. 그 첫 번째는 부나 정치적으로 잘 알려진 가족의 일원으로 태어나 자연스럽게 저명한 이름을 물려받는 경우이다. 이와 다르게 어떤 이들은 자수성가로 그 이름이 유명해지기도 하는 데 유명한 작가나 발명가, 정치가 혹은 지도자가 그 예이다. 세 번째는 주위의 다른 사람들 때문에 이름이 유명해 진 경우이다. 예를 들어 가난한 여인이 정치가인 남자나 왕 혹은 어떤 가문의 지도자와 결혼을 했다면 여인은 그 남자의 이름을 가지게 되어 유명해 지는 것이다. 예수님께서도 앞에서 말한 유명한 사람들처럼 세 가지 측면에서 자신의 이름을 받으셨다. "구세주"라는 뜻을 가진 예수란 이름은 하늘에 계신 자신의 아버지로부터 물려받은 것이다. 히브리서 1 : 4은 "… 저희보다 더욱 아름다운 이름을 기업으로 얻으심이니"라고 언급하고 있다. 예수님은 대적의 모든 권세를 스스로 정복하여 성취하심으로써 그 이름을 받으셨다(골 2 : 15). 뿐만 아니라 예수님은 하늘에 계신 아버지께서 친히 주신 이름을 가지셨다. "하나님이 그를 지극히 높여 모든 이름 위에 뛰어난 이름을 주사"(빌 2 : 9-11).

예수란 이름은 우주에서 가장 능력 있는 이름이며, 세상의 유명한 사람들이 얻었던 그 어떤 이름보다도 확실한 이름으로 이 예수님의 이름은 모든 정사와 권세 그리고 주관자들보다 훨씬 뛰어난 이름이다. 예수란 이름은 기도한 후 응답을 보장해 주기 위해 사용된 마술적인 말이 아니다. 그 이름 자체가 주어진 권위로 인하여 권능이 있는 것이다. 이것은 마치 정부에서 어떤 사람을 체포할 수 있도록 권력이 주어진 경찰관과 같다. 경찰관은 자신에게 위임된 권력을 근거로하여 경찰 임무를 수행한다. 우리도 마찬가지이다. 하나님께서는 예수님께 권력을 주시고 예수님께서는 대적의 모든 능력을 능가하는 권력을 우리에게 위임해 주셨다(마 28 : 18). 그러므로 경찰관이 잘못한 사람들을 정부의 이름으로 체포할 수 있는 것처럼 우리는 예수님의 이름으로 대적의 모든 능력을 "체포"할 수 있는 것이다.

단순히 예수님의 이름을 반복한다는 것은 신약 시대에 바리새인들이나 서기관들이 했던 것과 같이 "중언 부언"하는 것이다. 예수님의 이름이 가지는 권능은 이름을 사용하는 데 있어서 근본적으로 믿음을 함께 동반한다(행 3 : 16). 우리는 예수님의 이름을 찬양하는 예식에는 강한 모습이지만 그 이름에 대한 믿음에는 연약하다. 우리는 이것을 어떻게 수정할 수 있을 것인가? 어떻게 하면 단순히 예수님의 이름을 반복하지 않고서 능력 있게 나타나는 믿음으로 변화될 수 있을 것인가?

성경은 "믿음은 들음에서 나며 들음은 그리스도의 말씀으로 말미암았느니라"(롬 10 : 17)고 말해 주고 있다. 예수님의 이름에 대한 우리의 믿음은 하나님께서 주신 말씀이 무엇인지 듣고 믿으며 고백하는 과정을 통해서 점점 성장되어진다. 예수님의 이름에는 치유의 권능이 있으며(행 3 : 6), 표적과 기사 그리고 기적을 일으킬 수 있는 권능도 있다. "믿는 자들에게는 이런 표적이 따르리니 곧 저희가 내 이름으로 귀신을 쫓아내며 새 방언을 말하며 뱀을 집으며 무슨 독을 마실지라도 해를 받지 아니하며 병든 사람에게 손을 얹은즉 나으리라"(막 16 : 17-18).

A. L. 길이란 사람은 본문을 다음과 같이 주석 하였다. "번역할 때 본문의 의미를 정확하게 표현하기 위해 '믿는 자들에게는' 이란 말 뒤에 구두점을 찍었다. 그러므로 이 본문을 보다 정확하게 읽어 본다면 '예수님의 이름을 믿는 자들에게는' 이란 말이 될 수 있다. 많은 사람들은 예수님의 이름에서 오는 권능을 알지 못한다. 만약 우리가 예수님 이름의 권능을 믿고 그 이름을 사용한다면 표적은 나타날 수 있게 된다."[3]

귀신들은 예수님의 이름으로 쫓겨났고 예수님의 이름으로 우리는 모든 대적들로부터 보호를 받는다(막 16 : 17). 설교하고 가르치고 세례를 줄 수 있는 권위가 바로 예수님의 이름을 통해서 나오는 것이다(마 28 : 18-20). 예수님의 이름에는 구원의 능력이 있으며(행 4 : 12), 하나님의 자녀가 될 수 있는 권세가 있다(요 1 : 12). 악한 자의 유혹을 능히 극복할 수 있는 능력을 가져다 줄 수 있는 성화는 예수님의 이름을 통해 점차적으로 형성될 수 있는 것이다(고전 6 : 11). 우리는 생명 안에서 왕노릇하며 예수님의 이름을 통해서 올 자들이다(롬 5 : 17). 이는 예수님의 이름으로 우리의 모든 부정적인 생활 환경을 지금 바로 다스릴 수 있다는 의미이다. 진실로 예수님의 이름에 대해 성경이 언급해 주고 있는 것이 무엇인지 영적인 귀로 듣기 시작할 때 우리의 믿음이 자라게 되며 기도 속에서 대적의 능력 있는 세력들을 정복하는 데 예수님의 이름을 사용할 수 있는 것이다.

예수님께서 다음과 같이 말씀하셨다. "… 내가 진실로 진실로 너희에게 이르노니 너희가 무엇이든지 아버지께 구하는 것을 내 이름으로 주시리라"(요 16 : 23).

■ 진실로 우리가 누구인지 주장하기

우리는 세상에 있는 아버지의 이름과 혈통을 가지고 있다. 어떤 경우에 있어서는 그러한 가족 관계를 높이 존경해 주지 않는다. 우리는 세상에서는 범죄한 사람의 자식일 수도 있고, 유명한 사기꾼의 자식일 수도 있다. 그러나 영적으로 우리 자신이 누구인지 기억하길 바란다. 우리는 하늘에 계신 우리 아버지의 자녀이다. 따라서 우리의 영적인 동맥에는 하늘에 계신 우리 아버지의 보혈이 흐르고 있고, 동시에 우리는 하나님 아버지 가족으로서 기본적인 권세들을 가지고 있다. 우리가 하늘에 계신 아버지의 한 자녀라는 사실을 진정으로 인식할 때 세상에서 물려받은 수치스런 느낌이나 열등감 같은 것들은 깨끗하게 지워질 것이다.

우리가 본 장을 마감하면서 예수님의 보혈을 확언할 수 있는 권능 있는 기도가 있는 데 이 기도는 우리의 해방을 보장해 주기도 한다. "로마서 5 : 9에 의하면 나는 예수님의 보혈로 의롭게 되었다. 에베소서 1 : 7에서는 예수님의 보혈이 사단의 손에서 나를 구속해 주었으므로 나의 모든 죄는 용서받았다. 사단은 나에 대해 어떤 권세도 가지고 있지 않다! 히브리서 13 : 12에서 나는 예수님의 보혈로 성화되었다. 나는 거룩

한 삶을 살 수 있고 하나님께 거룩하게 구별되었다. 히브리서 10 : 19에
의하면 나는 하나님 전에 담대히 들어갈 수 있다. 보라 사단아, 내가 하
나님의 전에 들어가고 있다!"

❖ 각주 ❖ ──────────────

1) Charles Swindoll, *Demonism*(Portland : Multnomah, 1981), P. 5.
2) Terry Law, *The Power of Praise and Worship*(Tulsa : Victory House, 1985),
P. 99.
3) A. L. Gill, *Not Made for Defeat*(Fawnskin, Calif : Powerhouse, 1988), P.
149.

24
거짓말쟁이의 유산

거짓 아비는 자신이 비축해 놓은 악한 자원으로부터 거짓말로 구성된 유산을 전파하고 있다. 예수님께서는 바리새인들에게 다음과 같이 말씀하셨다.

"너희는 너희 아비 마귀에게서 났으니 너희 아비의 욕심을 너희도 행하고자 하느니라 저는 처음부터 살인한 자요 진리가 그 속에 없으므로 진리에 서지 못하고 거짓을 말할 때마다 제 것으로 말하나니 이는 저가 거짓말쟁이요 거짓의 아비가 되었음이니라"(요 8 : 44).

제1부의 개인 기도 부분에서 보았듯이 우리가 예수님께서 가르쳐 주신대로 기도할 때 거짓말하는 영도 계속적으로 우리에게 대항한다. 사단은 하늘에 계신 우리 아버지께서 행하신 모든 권능에 도전을 한다. 때문에 우리는 모범적인 기도를 통해서 그들의 거짓말을 분명히 드러내며 그들의 가혹한 세력을 무력하게 만들어야 한다. 또한 권능 있는 기도를 하기 위해 기름부음 과정에 놓여 있는 여러 가지 장애물들을 깨끗이 해

야 한다. 우리가 "악에서 구하옵소서"라고 기도할 때마다 거짓 아비도 자신의 쇠사슬에서 절대 빠져나갈 수 없다고 위협한다.

그러나 바로 앞장에서 어린양의 보혈이란 영적 무기와 예수님의 이름이란 무기를 사용하므로써 우리는 이러한 쇠사슬로부터 자유롭게 될 수 있음을 배웠다. 이번 장에서는 또다른 효과적인 무기를 사용하는 법을 배우기 위해 우리의 영적 가족의 무기 창고를 다시 언급하고자 한다. 그것은 바로 우리가 증거하는 말씀이다.

■ 우리가 증거하는 말씀

대적이 하는 거짓말은 그들의 사악한 영적 자원으로부터 나온다. 이러한 거짓 주장들을 저지하기 위해서 우리도 우리가 가진 영적 자원인 증거하는 말씀을 통해 진리를 말해야 한다. 계시록 12 : 11은 "… 증거하는 말을 인하여 저를(대적을) 이기었으니…"라고 선포하고 있다.

우리의 증거는 하나님의 권위가 대적이 가진 능력보다 훨씬 크다는 것을 인정하는 것이 된다. 그것은 마치 범죄 사실을 증명하기 위해 법정에서 사용되는 증거와 같은 것이다. 우리가 증거를 제시하는 것은 법정에서 검사가 범죄 사실의 증거를 제시하는 것처럼, 대적에 대해 공격적인 싸움을 하는 것이다. 이것이 예수님께서 고침을 받은 사람들에게 그들을 위해 하나님께서 행하신 것을 증거하라고 명령하신 이유이다.

우리가 증거할 수 있는 권세는 그리스도께서 증거하신 말씀의 권능(權能)으로부터 기인하는 것인 데 우리가 증거하는 말씀은 하나님의 말씀처럼 전달되는 효과적인 권능이 있음을 뜻하는 것이다. 이 증거를 통해서 우리는 대적을 물리칠 수 있고 우리가 죄인이었을 때의 악한 행위를 더이상 반복하지 않게 되며 또한 우리가 현재 어떠한 어려운 상황에 처했다 할지라도 극복할 수 있는 것이다. 이것은 성경의 진리가 우리 생활 가운데 실현 되고 있음을 보여주는 놀라운 증거이다. 성경의 말씀이 우리의 입 안에서 성령의 권능을 가진 검으로 변하여 대적들의 거짓말들을 박살낼 수 있다.

우리의 입으로부터 나오는 검을 묘사하는 것이란 어려운 것이다. 일반적인 검이란 손 안에 들고 있기 때문이다. 하나님의 전신갑주를 입은 그리스도인들을 군사로 표현하는 부분에서도 검은 손에 있는 것으로 나타난다. 그러나 사도 요한은 천군들을 인도하는 예수님을 묘사하는 말씀에서 이 점을 다르게 표현하고 있다. "그가 피 뿌린 옷을 입었는 데 그 이름은 하나님의 말씀이라 칭하더라… 그의 입에서 이한 검이 나오니…"(계 19 : 13-15). 사도 요한은 지상에서 일어날 최후의 전쟁을 묘사하고 있는 데 이 전쟁에서 거짓되고 사악한 세력들은 전멸될 것이다. 예수님께서 이 전쟁 중에 대적을 물리치시는 방법은 우리가 대적과 벌이는 매일 매일의 싸움에서도 역시 사용해야 할 방법이다. 그 방법은 하나님의 말씀인 성령의 검을 사용하는 것이다. A. L. 길은 다음과 같이 언급했다. "우리는 하나님의 말씀으로 싸워서 승리해야 한다. 그 말씀은 우리의 입으로 해야 하는 데 이것은 승리하신 예수님께서 이 땅에 다시 오실 때 그분 자신의 입으로 말씀하실 것과 같은 것이다."[1]

이것은 하나님과의 말씀을 이기적이며 정욕적인 목적을 위해 남용하는, 분명한 표적이 없는 것과는 전혀 다른 것이다. 이는 죽이고 도둑질하고 멸망시키기 위해 다가오는 대적들을 대항하여 표적을 맞추고 있는 우리 입을 통해 말하는 하나님의 말씀이다.

■ 로고스 말씀이 레마 말씀으로 변함

성경에서 하나님의 말씀에 대해 사용된 두 가지 다른 단어가 있다. 하나는 성경에서 전체 계시를 가리키는 **로고스**(Logos)이며 또 다른 하나는 개개인의 환경에 적용되는 하나님의 특별한 말씀을 가리키는 레마이다.

레마(Rhema)는 에베소서 6 : 17에 "성령의 검"을 표현하는 데서 사용된 용어이다. 우리가 증거하는 말씀은 우리 생활 가운데 하나님의 로고스적인 말씀이 실현되는 레마의 실례이다. 우리가 하나님의 말씀이 과거 우리의 생활 가운데 어떻게 역사했는지를 고백하며 미래에 있어서 어떻게 이루어질지를 믿음으로 선포할 때 이 레마의 말씀이 증거되는 것이다.

히브리서 저자는 세상은 하나님의 말씀으로 지어졌는데 이처럼 하나님께서 말씀하실 때 온 우주가 존재할 수 있다는 것은 그의 말씀이 놀라운 창조적인 권능을 가지고 있기 때문임을 관련지어 언급했다.

우리가 권능 있는 기도를 하도록 기름부음을 받기 위해 이 역동적이며 창조력이 있는 하늘에 계신 우리 아버지의 레마 말씀을 사용해야 한다.

사단이 여러분의 재정 여건을 악화시킬 경우 경제의 좋고 나쁨이나 혹은 모든 청구서를 지불할 수 없는 현재 상황을 애써 언급하지 말라. 오히려 과거 하나님께서 공급해 주셨던 때를 증거하면서 그리스도 예수 안에서 그 영광 가운데 현재 여러분의 필요한 것을 다시 한번 풍성하게 채워주실 것을 인정하라. 여러분이 병들었을 경우엔 과거 하나님께서 우리를 고쳐 주셨던 때를 증거하며 예수님의 보혈로 말미암아 다시 한번 고침받을 수 있음을 고백하라. 여러분이 범죄를 저질렀을 때 사단이 죄책감과 수치심을 느끼게 한다면 즉시 죄를 고백하고 여러분의 생활 가운데 그리스도의 의가 통치하고 있음을 선포하기 바란다.

아버지 하나님과의 친밀한 관계를 모범적으로 보여주었던 다윗은 이러한 긍정적인 증거가 가지고 있는 능력을 알고 있었다. 전쟁터에서 골리앗을 만났을 때 다윗은 골리앗이 얼마나 크냐 혹은 얼마나 무거우냐 그렇지 않으면 그가 가지고 있는 무기가 주는 협박 이 어떠한가 등을 언급하지 않았다. 다윗은 과거에 하나님께서 자신을 위해 행하신 역사에 초점을 맞추었다. 즉, 사자와 곰들을 죽일 수 있는 초자연적인 힘을 자신이 어떻게 가질 수 있었는지를 회상했다. 그런 후 다윗은 미래도 동일하게 하나님께서 역사하실 것에 관한 하나님의 레마 말씀을 다음과 같이 선언했다. "여호와께서 나를 사자의 발톱과 곰의 발톱에서 건져 내셨은 즉 나를 이 블레셋 사람의 손에서도 건져 내시리이다…"(삼상 17 : 37).

성경은 죽고 사는 것이 혀의 권세에 달려 있다고 말한다(잠 18 : 21). 사단으로부터 공격을 받을 때 우리의 혀가 어떤 말을 하느냐하는 것은 영적으로 죽느냐 사느냐하는 문제와 관련돼 있다. 우리가 부정적인 말을 한다면 죽게 되지만 하나님의 말씀을 묵상할 때엔 그 말씀이 우리의 영에 들어가 우리의 증거하는 말씀을 통해서 생명을 주는 권능(權能)으로 배출하게 된다.

■ 하나님의 말씀을 말함

예수님께서는 광야에서 대적들의 시험을 받으실 때 그 모든 도전들을 하나님의 말씀으로 물리치셨다. 지상 공생애 사역을 통해서 볼 때에도 예수님께서는 자신의 말씀이 아닌 하나님 아버지의 말씀을 가지고 계속해서 말씀하시고 계심을 알 수 있다(요 3 : 34, 14 : 10,24, 17 : 8,14).

우리는 거짓 아비가 한 거짓말들의 문제가 심각함에 대해 다음과 같이 증거하고 있음을 자주 볼 수 있다.

- "나는 하나님께서 치료하실 수 있음을 알고 있지만 나의 병은 치료될 수 있는 것이 아니다."
- "이것은 내가 가지고 있는 성품이지만 그런 까다로운 성품은

우리 가족이 갖고 있는 특성으로 나는 유전으로 물려받은 것이다.”
● “나는 하나님께서 나의 결혼 생활이 잘 되기를 바라심을 알고 있지
만 내 배우자는 모든 문제에 대해 사사건건 걸고 넘어지므로
나는 더 이상 그러한 것을 용납할 수 없다.”

성경은 우리가 한 말로 인하여 스스로 함정에 빠졌다고 말하는 데 이는 우리가 잘못 말한 것으로 인하여 우리 스스로가 어려움에 빠질 수 있다는 의미이다(잠 6 : 2). 사단은 우리의 부정적인 증거를 이용하여 우리의 영혼에 문제를 일으킨다. 성경은 “온량한 혀는 곧 생명나무라도 패려한 혀는 마음을 상하게 하느니라”(잠 15 : 4)고 선언하고 있다. 우리의 영혼이 상함을 받도록 열려있는 것은 사단으로 하여금 우리 생활 가운데 들어와 영적 본거지를 형성토록 만들어 주는 것이다.

부정적인 증언은 문제(잠 21 : 23)를 일으키며 멸망(잠 13 : 3)을 초래하게 되고 우리의 영혼으로 함정에 빠지도록 한다(잠 18 : 7). 우리의 말은 전 인격에 영향을 미친다. “혀는 곧 불이요 불의의 세계라 혀는 우리 지체 중에서 온 몸을 더럽히고 생의 바퀴를 불사르나니 그 사르는 것이 지옥 불에서 나느니라”(약 3 : 6). 사단이 우리 입술의 증언들을 조정하고 있다면 그것은 사단이 우리를 다스리고 있다는 것이다. 실제로 우리가 악에서 구원받기를 원한다면 우리는 믿음으로 하늘에 계신 우리 아버지의 언어를 말해야 하고 거짓 아비가 선전하고 있는 그들이 물려받은 유산인 거짓말을 하는 대신 하나님의 말씀을 선포해야 한다.

민수기 13장은 올바른 고백이 얼마나 중요한 것인지에 대해 설명해 주고 있다. 이스라엘이 약속의 땅 경계선에 서 있었을 때 하나님께서는 그 땅은 이스라엘 백성들의 것이라 했고, 그 땅을 정복할 수 있도록 능력을 주시겠다고 말씀하셨다. 그들은 그 땅을 어떻게 정복해야 할지 결

정하기 위해 정탐꾼들을 파송했다. 임무를 마치고 돌아온 정탐꾼 중 10명은 그 땅은 거인들로 가득차 있었고, 이스라엘 백성들은 메뚜기처럼 보였다고 부정적으로 보고하였다. 대적들을 정복할 수 있는 어떤 방법도 없다고 말하는 그들의 부정적인 고백은 이스라엘 사람들로 하여금 그 땅에 들어갈 수 없다는 불신을 심어 주었고 40년동안 고통 당하는 결과를 초래했다. 하나님의 말씀과 반대되는 것이면 어떠한 보고라도 부정적인 고백이며 이처럼 불행한 결과를 초래하게 되는 것이다.

■ 하나님 말씀의 권능(權能)

사단은 우리가 증거하는 말씀 속에 놀라운 권능이 있음을 알고 있다. 또 우리의 입술로 하나님의 말씀을 선포할 때 그것은 권능 있고 날카로운 영적 무기로 변한다는 것도 알고 있다(히 4 : 12). 하나님의 말씀은 권능이 있다. 왜냐하면 하나님 말씀은 하나님께서 뜻하신 바대로(사 55 : 11), 그 말씀대로 이루시겠다고 약속하셨기 때문이다(렘 1 : 12).

예수님께서는 입으로 한 말씀의 놀라운 권능을 알고 계셨다. 예수님께서 손 마른 사람에게 하나님의 말씀으로 선포하실 때 고침을 받았고(막 3 : 1-5), 문둥병 걸린 사람에게 말씀하실 때 깨끗함을 받았다(마 8 : 2-3). 또한 예수님께서는 연못가에 누워 있는 병든 자에게 "… 일어나 제 자리를 들고 걸어가라"고 말씀하셨으며(요 5 : 8), 눈먼 자들에게는 "보아라"(눅 7 : 21), 귀신들에게는 "나오라"(마 9 : 32-33), 귀머거리에게는 "들으라"(막 7 : 32-35), 죽은 자에게는 "일어나라"(요 11 : 44)고 말씀하신 것이다. 초대교회는 이러한 하나님의 말씀에 대해 놀라운 증거를 보여 주었다. 그들은 가는 곳마다 하나님의 말씀을 서로 나누었고 그들의 증거는 기적의 표적을 통해서 계속적으로 확인되었다.

우리가 탐욕과 게으름 혹은 어리석은 말을 한다면 그것은 우리가 거짓 아비의 능력을 증거하는 것이다. 우리가 비난하는 영을 받들어 다른 사람들에 대해 악한 말을 하고 투덜거리며 불평할 때 우리는 마귀가 물려받은 유산인 거짓말의 희생자가 되어 버린다. 그러한 말들을 한 후에는 다음과 같은 징조들이 나타나는 데 우울증, 불일치, 낙담, 그리고 패배감 등이다. 다음의 로마서 10장은 믿음이 말하는 것을 보여 주고 있다. 믿음이 무엇을 말해주고 있는가?

말씀이 네게 가까와 네 입에 있으며
네 마음에 있다 하였으니 곧 우리가 전파하는 믿음의 말씀이라
네가 만일 네 입으로 예수를 주로 시인하며
또 하나님께서 그를 죽은 자 가운데서 살리신 것을
네 마음에 믿으면 구원을 얻으리니
사람이 마음으로 믿어 의에 이르고
입으로 시인하여 구원에 이르느니라

로마서 10 : 8-10

이 말씀은 우리가 마음에 믿는 것이 무엇인지, 우리의 입으로 고백하는 것이 무엇과 결합되는지, 그리고 우리의 생활 가운데 증명된 것으로 그 믿음이 실제로 나타나는 결과들이 무엇인지 보여 주고 있다.

■ 대적에게 증거함

다윗이 골리앗을 대면했을 때 그는 담대하게 다음과 같이 선언했다.
… 이 할례 없는 블레셋 사람이 누구관데
사시는 하나님의 군대를 모욕하겠느냐…
그를 인하여 사람이 낙담하지 말 것이라

주의 종이 가서 저 블레셋 사람과 싸우리이다…
주의 종이 사자와 곰도 쳤은즉 사시는
하나님의 군대를 모욕한 이 할례 없는 블레셋 사람이리이까
그가 그 짐승의 하나와 같이 되리이다

사무엘상 17 : 26,32,36

나는 사단이 내 과거의 수치스러웠던 점을 말하면서 내 장래에 대해 무시무시한 거짓말을 할 때마다 단호하게 '사단에게는 내 장래에 영향을 미칠 수 있도록 나의 과거나 현재의 어떤 환경도 사용할 수 있는 권세가 없다'고 거부했다. 그리고 나는 사단의 과거를 들추어냈다. 사단(Satan)은 하나님을 배반했던 자였고, 천국에서 쫓겨난 자이며, 십자가의 보혈로 인하여 패배당했던 자이므로 이제는 내 발 밑에 있는 자라고 단언 했다. 그리고 나서 사단의 운명에 대해 그는 천년 동안 쇠사슬에 묶인 후에 지옥에 떨어질 존재이며 결국엔 영원한 암흑의 무저갱으로 던져질 존재라고 말했다.

여러분은 본 장을 마감하면서 이 방법을 지금 사용해 보지 않겠는가? 여러분이 대적 앞에서 증거할 때 사단들의 위협적인 힘은 모두 없어질 것이며 여러분은 각자 생애를 성취하는 데 한 걸음 더 가까이 다가가는 승리자가 될 것이다. 뿐만 아니라 여러분의 기도생활에는 풍성한 기름이 부어지게 될 것이다. 여러분이 한 믿음의 말들은 다윗이 사용했던 돌멩이처럼 대적들의 유산인 거짓말들을 산산조각 낼 것이며 대적들이 거짓말할 때마다 그들의 목표를 정확히 파악하여 명중시킬 것이다.

❖ 각주 ❖ ─────────────

1) A. L. Gill, *Not Made for Defeat*(Fawnskin : Calif. Powerhouse, 1988), P. 99

25

가족 인연을 끊음

우리는 우리 부모들이 낳았다. 임신되는 순간 부모들의 혈액형으로부터 우리의 혈액형이 결정된다. 이런 이유로 사람은 각자 자신의 아버지의 키 혹은 어머니의 눈을 닮기도 한다. 우리가 가지고 있는 신체적 특징들은 이처럼 부모에 의해 유전되어 결정된다. 심지어 의학에서는 암, 심장 질환 혹은 당뇨 같은 병들도 유전적으로 잘 걸리는 체질이 있음을 인정하고 있다. 의사들이 진단할 때 가족과 관련된 질병들에 대해 물어보는 이유가 여기에 있다.

비정상적인 행동의 경우에도 전형적으로 어떤 점들이 유전되었느냐 하는 것은 임상 연구의 주제가 된다. 연구자들은 가끔 범죄와 학대 혹은 알코올 중독에 빠진 부모들의 자녀들에게서 그들의 부모와 비슷한 문제점들이 발견되고 있음을 감지하고 있다. 하루는 뉴스위크지 (Newsweek)에서 "이혼 주기를 해소하기"란 제목으로 전면을 할애하여 기사를 실었다. 그 기사에 의하면 1970년대와 80년대에 100만 명의 어린이들이 매년 자신들의 부모들이 이혼하는 것을 목격했으며 그 어린이들이 이제 어른이 되었는데 이들은 보편화된 이혼을 직접 경험한 첫 세대가 되었다는 것이다. 이혼은 그들의 삶 가운데 핵심적인 문젯거리가 되어 최선의 선택을 한다고 해도 문제는 계속 남아 있게 된다. "이혼한 부모의 자녀들이 성장했을 경우에 대인 관계에 있어서 더 많은 문제점들을 안고 있다. 그러므로 어른들이 이혼을 했을 경우 그들이 남긴 고통스런 유산은 그들의 후손들에게도 그대로 물려지게 된다."[1]

그런데 대부분의 의사들과 심리학자들은 영적 문제가 비정상적인 행동, 질병 그리고 사회적 문제 등 보이는 현상 이면에 존재하고 있음을 깨닫지 못한다. 그러나 성경은 그러한 것들을 사단의 "저주들" 혹은 "요새들"이라고 표현하고 있다. 우리가 권능 있는 기도를 하도록 기름부음을 받을 때 거짓 아비의 간교한 거짓말들을 배격할 수 있게 된다. 하늘에 계신 우리 아버지께서 "다만 악에서 구하옵소서"라고 기도할 때마다 거짓 아비는 "너는 알코올 중독에 빠져 있고, 부정적인 감정에 포로가 되어 있으며, 신체적으로 병들어 나에게 포로로 잡혀 있고, 너는 육신의 악한 욕망에 포로가 되어 있다"라고 반박할 것이다. 거짓 아비는 다음과 같이 말하므로 우리로 그것들을 생각나게 한다.

- "너의 어머니는 암으로 죽었기 때문에
  너도 역시 암으로 인하여 죽을 것이다."
- "너의 아버지는 알코올 중독 상태로부터 빠져 나오지 못했기 때문에 너도 역시 빠져 나오지 못할 것이다."
- "너는 달라지지 않는다. 너는 너의 부모와 똑같다."

우리가 만약 거짓 아비를 그대로 내버려 둔다면 하늘에 계신 우리 아버지의 양자가 되었다 할지라도 계속해서 이와 같은 거짓말을 반복할 것이다. 우리가 거짓 아비의 주장한 바를 잘 처리하지 못한다면 우리는 대대로 내려온 저주와 주장들의 희생자가 될 뿐만 아니라 마찬가지로 다음 세대까지 유산으로 물려주게 될 것이다. 말하자면, 거짓 아비의 주장들이 그대로 세습되는 것이다.

이번 장에서는 이러한 유전적 고리가 무엇인지를 밝히고 우리의 삶 가운데 유전적 고리가 어떻게 얽매여 있는지를 설명할 것이며 그러한 악한 유산으로부터 우리 자신을 탈출시킬 수 있는 구체적인 방법들을 살펴볼 것이다.

■ 세습된 위험들

세습이란 것은 한 세대에서 다음 세대로 전달되는 신체적, 감정적 혹은 개인적인 기질들을 포함하는 어떤 특성이 있느냐 없느냐하는 것과 관련을 가지고 있다. 과학은 신체적 특징이 성적 관계를 통해서 화학적으로 물려받은 결과에 의해서 결정된다고 오랫동안 인정해 왔다. 환경 유전의 영향도 마찬가지다. 사람들은 음식이나 기후 혹은 성장 교육 환경, 수입 등 기타 환경의 다른 요인에 의해 영향을 받는다고 관찰되었다.

그러나 과학은 외부로 나타난 영적 유전 현상에 관해서는 그것이 얼마나 영향을 미치는지는 깨닫지 못하고 있다. 하나님의 말씀에서는 사람의 눈에 보이지 않는 영적인 유전들은 동일하게 보이지 않는 힘에 영향을 받는다고 가르친다. 성경은 이렇게 보이지 않는 세대간 유전에는 부정적인 면과 긍정적인 면이 있음을 보여준다.

하나님께서 말씀하시길 "… 나 여호와 너의 하나님은 질투하는 하나님인즉 나를 미워하는 자의 죄를 갚되 아비로부터 아들에게로 삼 사대까지 이르게 하거니와"(출 20 : 5)라고 하셨다. 이것은 영적인 저주가 다음 세대로 물려진다는 것을 말해 주는 것이다. 이와 비슷하게 영적인 축복도 똑같은 방법으로 전해진다고 말하고 있다. 즉, "천대까지"(출 20 : 6) 전달된다고 했다.

대부분의 사람들은 유산으로 축복을 물려받는다는 개념은 쉽게 이해를 하지만 중세 암흑 시대의 모습을 연상케 하는 저주들을 유산으로 물려받는다는 생각에는 다소 회의적이다. 그러나 성경은 이 문제에 대해 분명히 말해주고 있다. 축복과 저주는 긍정적인 결과 혹은 부정적인 결과를 초래할 수 있는 영적인 권능이 나타나는 통로이기 때문에 세대간의 고리를 통해서 유전될 수 있는 것이다.

■ 어떻게 가족간의 문제 고리들이 발전 되는가

성경은 우리의 생활 가운데 사단이 활동할 수 있는 "공간" 또는 "여유"를 주지 말라고 경고한다(엡 4 : 27). 거짓 아비에게 우리의 생각이나 실제 범죄 행동을 할 수 있도록 그러한 기회를 제공해 준다면 우리의 영혼은 불화가 일어나게 된다. 이것은 우리의 생활 속에서 저주 혹은 무너뜨릴 수 없는 영적인 요새로 나타날 수 있다.

저주를 영구히 하는 요새나 범죄적인 행동들은 생각에서부터 시작된다. 바울은 "모든 이론을 파하며 하나님 아는 것을 대적하여 높아진 것"을 다 파하고 모든 생각을 사로잡아 그리스도께 복종하도록 훈계하고 있다(고후 10 : 4-5). 생각은 행동을 가져오고 행동은 습관을 형성하게 되는데 이 습관은 개개인의 저주가 다음 세대까지 영향을 미치므로 세습되는 요새와 같은 것이다. 요새는 너무 강하여 계속적으로 우리를 정복하여 이용하고 억압하는 부정적인 세력이다. 하고자 하는 욕망이 너

무 강해 우리가 무엇을 하고 있는지 조차 알지 못하는 것은 바로 이 요
새에 의해 이끌리게 된 것이다.

성경은 정욕이나 중독 등 수많은 부정적인 행동들과 감정들은 한 사
람의 생활 속에서 실행되고 있거나 형성된 어떤 마음에 의해서 기인되
었다고 가르친다. 마음먹은 대로 여러 가지 문제들을 일으키는 것은 모
든 일들이 사단에 의해서 일어나는 것을 뜻하는 것이다. 예를 들면 두려
움이 어떤 마음인지 알고 있는가? "하나님이 우리에게 주신 것은 두려워
하는 마음이 아니요 오직 능력과 사랑과 근신하는 마음이니"(딤후 1 :
7). 만약 두려워하는 마음이 하나님께서 주신 것이 아니라면 누가 주는
것인가? 어떤 마음들이 사람들로 하여금 질병과 죽음 그리고 무능력에
대한 두려움을 느끼게 하는가? 왜 사람들은 빗장과 볼트로 죄어진 창문
과 닫혀진 집 안에서 위축되는가?

모든 사람들은 언제나 두려움을 느낀다. 두려워하는 마음은 우리의
사역을 완성하지 못하도록 무력하게 만드는 힘이다. 성경에서 바울은
디모데에게 "하나님의 은사를 다시 불일 듯"하게 하여 그의 생애에서 하
나님의 목적을 성취하는 데 방해되는 두려워하는 마음이 일어나지 않도
록 권면하고 있다(딤후 1 : 6). 두려움이 하나님의 목적들을 성취하는
데 방해가 된다면 그것은 더 이상 감정이나 혹은 돌발적인 공격이 아니
다. 그것은 요새인 것이다.

■ 어떻게 저주들이 발생되는가

성경은 "까닭 없는 저주는 … 이르지 아니하느니라"(잠 26 : 2)고 언
급했는데 이는 모든 저주에는 영적인 원인이 있음을 뜻하는 것이다. 신
명기 27 : 15-26은 도덕적, 윤리적 죄가 나열되었는 데 이는 생각으로

시작된 것이 악한 행위로 표현되고 그것은 다시 우리 안에 영적인 불화를 일으켜 저주까지 임하게 하며 결국엔 요새를 형성하게 한다. 거짓 신들을 숭배하며 부모를 공경하지 않는 것, 압제와 불공평의 모든 모형들, 부정하고 자연스럽지 않은 성관계의 모든 형태들, 하나님의 말씀에 반항하는 것 등이 그 예라 하겠다(하나님의 말씀에 반항하는 것은 오히려 포괄적이며 구체적으로 명시되지 않는 죄들을 포함하고 있다).

이와 관련된 다른 성경말씀들은 이 죄 목록에 대해 다음처럼 덧붙이고 있다. 잘못된 복음을 전하는 자는 저주를 받을 것이며(갈 1 : 6-9), 주님을 믿지 않고 "육신"(행위)을 신뢰하는 자는 저주를 받을 것이라(렘 17 : 5)는 것은 바로 주님께서 하신 선언이다. 하나님의 십일조와 헌금을 도둑질하면 경제적 저주를 불러들인다(슥 5 : 1-4, 말 3 : 8-9). 또한 반유대주의는 영적으로 위험하다. 왜냐하면 하나님께서 유대 백성에게 '너를 저주하는 자에게는 내가 저주하리라"(창 12 : 3)고 말씀하셨기 때문이다.

신명기 28장은 영적인 저주 혹은 요새가 활동하는 8가지 신호들을 보여준다. (1) 정신적 · 감정적 쇠약 (2) 만성적 질병 (3) 불임이나 유산 경향 (4) 결혼이나 가족관계의 이혼이나 파괴 (5) 비자연적인 죽음 혹은 조숙한 죽음 (6) 가난의 연속 (7) 대적에게 계속적인 패배 (8) 계속적인 실패

내가 멜바(Melva)와 결혼할 때 나의 아내는 대대로 이어지는 저주로 인하여 질병과 우울증에 빠져 있었다. 그녀의 어머니는 한 맺힌 마음과 싸우고 있었고, 류머티스 관절염 같은 질병들은 온 가정을 초토화시키고 있었다. 멜바는 자주 병들었고 그렇지 않을 때는 우울증으로 시달렸다. 나 또한 나의 조상들에게서 나타났던 저주 즉, 만성 심장 질환과 알코올 중독현상으로 어려움 가운데 있었다. 멜바와 나는 이러한 요새들을 인식하고 문제점들을 해결하기 시작했을 때 모든 저주들은 물러갔고 우리는 더 이상 그 저주들을 우리 자녀들에게 물려주지 않았다.

■ 가족간에 문제 고리들을 제거하는 방법

우리는 나약한 마음과 싸우는 등 우리 몸 안에서 계속적인 공격을 받고 있다. 계속된 가난에 빠져 있을 수 있고 결혼 생활에 타격을 받고 있을 수도 있다. 어쩌면 정욕, 알코올, 마약 그리고 다른 중독 증세로 인하여 싸우고 있을 수 있다. 이 모든 것들은 거짓 아비 가족인 진노의 자식들이 남긴 유산이다. 그러나 우리는 더 이상 유산으로 물려받은 부정적인 성향의 쇠사슬에 얽매여 살 필요가 없다. 우리는 하나님의 자녀로서 이러한 것들이 우리 가정에 얼마 동안이나 계속되는가에 상관없이 용납해서는 안 된다. 우리는 대대로 물려받은 저주들을 중단시킬 수 있고 우리 생활 가운데 형성된 대적의 요새를 무너뜨릴 수 있다. 우리 자신이 바로 그 연결 고리를 제거하는 사람이 될 수 있다.

예수님께서는 사단의 영들은 강하지만 정복될 수 있다고 가르치셨다. "강한 자가 무장을 하고 자기 집을 지킬 때에는 그 소유가 안전하되 더 강한 자가 와서 저를 이길 때에는 저의 믿던 무장을 빼앗고 저의 재물을 나누느니라"(눅 11 : 21-22).

성경은 우리 안에 있는 하나님의 권능이 대적의 권능보다 크다고 확언하고 있다. 하나님의 자녀로서 어두움의 영적 세력이 우리의 행동이나 생각에 미치지 못할 것을 선언할 수 있다는 것은 우리가 가지고 있는 특권이다. 우리는 강한 자를 묶어 우리의 생활 가운데서 쫓아 낼 수 있다. 바로 여기에 쫓아내는 7단계(7R)를 제시한다.

제1단계 : 계시를 요청하라(Revelation)

우리 생활에 영향을 미치고 있는 대대로 내려오는 저주나 요새가 존재하고 있는지 하나님께 보여달라고 기도하길 바란다. 하나님께서는 우

리가 기도할 때 보여주실 수도 있고 우리가 가족 안에서 분명하게 나타
난 행동 패턴들을 억제하려는 관심을 기울일 때 보여주실 수도 있다.

제2단계 : 인식하라(Recognitiol)

우리는 하나님의 자녀로서 대대로 물려받은 범죄의 저주나 대적의 요
새 가운데 더 이상 살 필요가 없다. 우리 생활 가운데 저주는 더 이상
존재하지 않는다. 로마서 6:14은 죄가 더 이상 우리를 주관치 못한다고
단호히 언급하고 있다. 우리 가족의 근원은 더 이상 아담의 죄 기원에
두지 않고 예수 그리스도의 의에 기원을 두고 있다는 것을 인식하라

제3단계 : 회개하라(Repentance)

하나님께서 우리들에게 저주나 요새를 계시해 주신 후 우리가 그 가
운데 살 필요가 없음을 인식할 때 해야 할 다음 단계는 회개이다. 우리
자신이나 우리 가족들이 점을 치거나 마술에 휘말려 있다면 회개하면서
단호히 중단해야 한다. 대대로 내려오는 저주들은 가끔 이러한 방법을
통해서 가족들에게 접근한다. 요새가 죄임을 우리가 고백할 때 요일
1 : 8-9은 우리 아버지께서 우리를 용서해 주실 뿐만 아니라 "모든 불
의"로부터 우리를 깨끗케 하실 것임을 확증하고 있다. 이것은 우리가 알
지 못한 대적들의 요새까지도 제거시켜 주시겠다는 뜻이다.

제4단계 : 꾸짖어라(Rebuking)

성경은 예수님께서 대적에게 말씀하실 때 대적들의 세력들을 꾸짖으
시며 나가도록 말씀하셨다. 우리도 생활의 요새 이면에 있는 악한 영적
세력들을 꾸짖을 수 있다. 우리에게도 예수님께서 대적에게 말씀하신
것과 같은 권세가 있기 때문이다. 그러므로 이렇게 말하라. "예수 그리

스도 이름과 그의 보혈의 권세로 내가 너를 묶었으니 너는 나갈지어다!"
이름을 부르면서 잘못된 것들에게 말하기 바란다. 정욕, 노여움, 두려
움, 우울증 등 어떤 것이든 우리를 지배하고 있는 것들을 묶어 버려라.
예수님의 보혈을 사용할 때 정욕의 마음, 두려운 마음, 빈곤 등 어떤 것
이든 우리에게 더 이상 권리를 주장하지 못한다. 사단의 능력은 십자가
의 보혈 앞에는 전혀 힘을 발휘하지 못하기 때문이다.

제5단계 : 대적하라(Resisting)

요새는 마음에서 시작되는 데 이것은 영적 전쟁에서 중요한 싸움 주
제이다. 사단은 하와에게 말했던 것처럼 우리에게도 다음과 같이 속삭
일 것이다. "하나님이 그렇게 말씀하셨느냐?" 그러면서 다음과 같이 주
장하면서 요새를 형성하려고 노력할 것이다.

- "다른 사람들에게 통할지 몰라도 너는 다르다.
  그 일이 너에겐 통하지 않을 것이다."
- "너는 실제로 해방되지 못했다."
- "꼭 한 번만 해보라. 너에게 상처가 되지 않을 것이다.
  한 번만 하고 그 다음에 그만두어라."

우리는 거짓 아비의 이러한 교활한 거짓에 대해 단호히 대적해야 한
다. 성경은 "… 마귀를 대적하라 그리하면 너희를 피하리라"(약 4 : 7)고
가르친다. 또한 우리로 믿음을 굳게 하여 사단을 대적하도록 권면하고
있다(벧전 5 : 9). 대적한다는 것은 사단이 공격할 때 그곳에 멈추어 사
단의 거짓말을 진리로 바꾸는 것을 뜻하는 것이다. 그러므로 이렇게 말
하라. "사단아 내가 너를 대적한다. 너는 거짓말쟁이다. 예수님의 보혈

과 이름으로 이미 내 생활은 깨끗해졌다."

제6단계 : 채워라(Replacing)

예수님께서는 귀신들이 쫓겨나갔을 때 영적 공간의 비어 있는 곳에 다시 귀신이 들어오지 못하도록 채워야할 것을 말씀하셨다. 나를 마음 대로 조정했던 요새 자리에 우리 삶의 주인이신 하나님 아버지를 왕으로 모시는 것이다. 두려움의 자리에 믿음을 채우고, 정욕의 자리에는 사랑을, 알코올이 있었던 곳에는 성령의 새 술로 채우기 바란다.

제7단계 : 서로 관계를 맺어라(Relating)

만일 우리가 시험 당할 때 굴복하여 다시 옛 습관적인 행동으로 돌아가려 한다면 우리를 사랑해 줄 수 있고 같이 기도할 수 있는 다른 믿음의 사람들과 같이 언약의 관계를 맺어라. 진실하게 믿는 자들과 교제할 수 있는 것을 찾고 그 지도자에게 순종하길 바란다. 믿음이라는 환경으로 치료하면 우리는 저주로부터 자유롭게 될 것이다.

■ 저주가 여기에서 멈추다!

여러분은 이렇게 말할지 모른다. "이것은 너무 쉽게 들린다. 당신은 나의 엄청난 가족 배경을 알지 못한다. 당신은 내가 얼마나 나쁜 사람이었는지 모른다. 나는 수년 동안 치료를 받아왔으나 아무 것도 달라진 것이 없다. 어떻게 내가 변화될 수가 있겠는가?"

여호수아 2장에는 여리고 성안에 살고 있었던 창기 라합에 대한 이야기가 기록되어 있다. 라합은 죄 많은 직업을 가졌고, 악한 환경에 있었음에도 불구하고 자신과 가족의 삶에 임했던 저주를 멈추게 했다.

어느 날 라합은 하나님의 사람 두 명을 만났다. 라합은 그들의 하나님이 하늘과 땅에 있는 어떤 세력보다 크다는 것을 믿었다(수 2:9-11). 그녀가 집 창문 밖으로 달아맨 붉은 줄은 그녀 자신과 전 가족을 구원해줄 수 있는 보혈에 대한 그녀의 믿음을 말해 주는 표이다. 라합은 혈통 대대로 내려오는 저주를 멈추게 했다. 뿐만 아니라 "하나님의 마음에 합한 자"로서 하나님과 친밀한 모범적인 관계를 우리에게 보여주었던 다윗의 고조모가 되었다. 라합은 자기 삶 속의 요새들을 무너뜨렸기 때문에 거룩한 유산을 후손들에게 물려줄 수 있었다. 그리고 훗날 그녀의 계보로부터 예수 그리스도께서 오시는 영광을 얻은 것이다.

우리 자신들도 본 장에 있는 7단계(7R)를 삶 가운데 적용할 때 라합과 비슷한 영적 탈출을 확신할 수 있다. 우리는 후손들에게 저주 아니면 복을, 영적 죽음이 아니면 생명을 유산으로 물려줄 것이다.

> … 내가 생명과 사망과 복과 저주를 네 앞에 두었은 즉
> 너와 네 자손이 살기 위하여 생명을 택하고
>
> 신명기 30:19

❖ 각주 ❖ ─────────────

1) *Newsweek*, January 13, 1992, 48-53.

26

최후의 강함

제1부에서 우리는 예수님께서 제자들에게 가르쳐 주신 모범적인 기도문을 활용하는 방법을 배움으로써 개인 기도생활을 하도록 기름부음을 받았다. 제2부에서는 모범적인 기도문을 다시 한번 살펴보면서 권능 있는 기도생활을 하도록 기름부음 받는 것을 통해 대적들의 모든 속임수를 물리치는 법을 배웠다. 그리고 기도문을 통해 공급해 주시는 하나님의 복에 대응되는 것들을 거짓 아비 또한 가지고 있다는 것을 알았고 권능 있는 기도생활의 원리들을 설명하기 위해 하나님의 마음에 합했던 사람으로 기름부음을 받았던 다윗의 발자취를 추적해 보았다. 이번 장에서는 다윗 왕 이야기와 더불어 모범적인 기도문의 마지막 부분인 "나라와 권세와 영광이 아버지께 영원히 있사옵나이다. 아멘"을 살펴보면서 모범적인 기도문의 결론을 내리고자 한다.

모범적인 기도문의 이 마지막 부분을 통해 우리는 대적의 마지막 비난을 물리쳐야 한다. 우리는 개인 기도에 대하여 배우면서 하나님께서는 우리에게 하나님의 나라를 허락해 주셨고, 하나님의 권능을 위임해 주셨다는 것을 알았다. 그러므로 하나님께서 우리에게 하나님의 목적을 실현시킬 수 있도록 권능을 주신 것은 우리가 삶 가운데서 하나님의 영광을 드러내길 바라시기 때문이다. 그러나 거짓 아비는 "너는 결단코 가지고 있는 것을 전부 발휘하지 못할 것이다. 너는 네가 해야 할 일을 마치지 못할 것이다"라고 협박한다.

사도행전 13 : 36은 "다윗은 당시에 하나님의 뜻을 좇아 섬기다가 잠들어 그 조상들과 함께 묻혀…"라고 선언했으며 다윗의 주위에는 많은 대적이 있었다. 그는 자신의 범죄로 실패했을지 모르나 자신의 생애에 있어 하나님의 바라시는 목적을 완성했고 당시 하나님의 뜻대로 그분을 섬겼는 데 사울 왕과는 대조가 되었다. "어떤 사람들은 사울 왕과 같이 아주 좋은 시작을 한다. 사울은 신체적, 감정적, 영적 그리고 직업적인 면에서 모든 것을 가졌다. 사울은 그렇게 높고 고귀하게 시작을 했지만 그러나 그 끝은 불명예스럽게 마쳤다. 우리는 그의 비문에 "나는 바보처럼 행하였다"라고 쓰여진 문구를 읽을 수 있는 것이다."[1]

여러분의 비문에는 어떻게 쓰여지기를 바라는가? 사울의 비문은 "나는 바보처럼 행하였다"라고, 야곱의 비문에는 "짧지만 험악한 세월을 살아왔다"라고 쓰여졌다. 삼손의 비문에는 "그는 시작했다"라고 쓰여진 것뿐 이었으나 다윗의 비문에는 "다윗은 당시에 하나님의 뜻을 좇아 섬겼다"라고 강조되어 쓰여졌다.

여러분이 살고 있는 현시대에 하나님께서 여러분에게 주신 사명이 무엇이라고 생각하는가? 여러분은 다윗처럼 인생을 잘 마무리하고 싶지 않은가? 아니면 자신에게 주어진 권능과 목적을 다 이루지 못한 채 벧산 가까운 산에서 죽었던 사울과 같이 살고 싶은가? 찰스 스윈돌(Charles Swindoll)은 다음과 같이 이 부분에 대해 주석하고 있다.

벧산(Beth Shan) 도시는 사울이 왕으로 등극할 때 승리의 나팔을 불었던 곳으로부터 멀지 않는 곳이다. 사울은 40년 동안 통치하면서 자신의 나라에 대한 근거를 마련하지 못했다. … 여러분도 사울처럼 하나님의 나라에서 시작은 했지만 전혀 성장하지 못한 채 그 나라에서 그리 멀지 않은 곳에서 죽을 것인가? 그렇지 않으면 영적으로 계속 성장하여 수십 마일의 발전을 이룬 곳에서 죽을 것인가? 하나님의 나라는 여러분의 생애로 인하여 많은 확장을 가져왔는가?[22]

■ 완성자의 자세

하나님은 완성자이시다. 세상 태초로부터 계획하신 일을 시작하신 하나님께서는 자신의 의도대로 모든 것이 이루어지도록 계속 역사하고 계신다. 요한계시록에서는 그 모든 것이 완성될 것임을 선언하고 계신다.

예수님께서는 하나님께서 자신에게 맡기신 사명을 열심히 완성하셨다. 그런 열망은 자신의 뜻을 훨씬 초월한 것으로 예수님께서는 다음과 같이 선언하셨다. "나의 양식은 나를 보내신 이의 뜻을 행하며 그의 일을 온전히 이루는 이것이니라"(요 4 : 34). 이렇게 온전히 이루려는 예수님의 마음이 십자가의 고통의 순간에도 계속되었다는 것은 십자가 상에서 남긴 "다 이루었다"는 말로 알 수 있다.

사도 바울도 이와 같이 온전히 이루려는 태도를 가졌고 이러한 태도는 모든 문제들과 상황들을 극복할 수 있도록 했다. 바울은 다음과 같이 선언했다. "나의 달려갈 길과 주 예수께 받은 사명 곧 하나님의 은혜의 복음 증거하는 일을 마치려 함에는 나의 생명을 조금도 귀한 것으로 여기지 아니하노라"(행 20 : 24). 또한 쉬지 않고 푯대를 향하여 하나님께서 위에서 부르신 부름의 상을 위하여 최선을 다해 살았음(빌 3 : 14)을 바울의 생애를 마치는 순간 다음과 같이 확언할 수 있었다. "… 나의 떠날 기약이 가까왔도다 내가 선한 싸움을 싸우고 나의 달려갈 길을 마치고 믿음을 지켰으니"(딤후 4 : 6-7).

대적과 싸워 승리하는 것은 단순히 노력하는 것으로 얻어지는 것이 아니다. 그것은 완성을 통해 이룰 수 있다. 대적들이 예수님의 첫 번째 손에 못을 박을 때 예수님께서 "이것으로 됐다. 나는 이것으로 고통에서 벗어났다!"라고 말하면서 천사를 불러 구원을 요청하실 수도 있었다. 그러나 만약 그렇게 했다면 하나님의 계획을 이룰 수 없음을 예수님께서는 알고 계셨다. 하나님의 계획은 예수님께서 갈보리 상에서 희생 제사를 완성하심으로써 구원하시고 고치시며 또 그 고침을 완성하시는 것이었다.

우리는 거짓 아비를 정복할 수도 있고 거짓 아비에게 정복을 당할 수도 있다. 우리가 거짓 아비를 정복하기 위해서는 하나님의 말씀에 기초를 해서 우리의 마음 자세를 확고히 해야 한다. 이러한 태도만이 우리를 향한 하나님의 계획을 완성할 수 있는 것이다. 바울은 "너희 속에 착한 일을 시작하신 이가 그리스도 예수의 날까지 이루실 줄을"(빌 1 : 6) 확신할 수 있으며 우리도 "… 우리 주 예수 그리스도 강림하실 때에 흠 없게 보전"(살전 5 : 23)될 수 있다고 말하고 있다.

하나님께서는 우리가 태어나기 전부터 하나님께서 원하시는 우리의 삶 가운데 이루어야 할 것을 작정해 두셨다. 우리는 하나님으로부터 지음을 받은 존재들이다. "우리는 그의 만드신 바라 그리스도 예수 안에서 선한 일을 위하여 지으심을 받은 자니 이 일은 하나님이 전에 예비하사 우리로 그 가운데서 행하게 하려 하심이니라"(엡 2 : 10). 이 말씀은 하나님께서 우리가 행해야 할 일들을 이미 작정해 두셨다는 것이다. 그러나 대적은 환경, 실패, 혹은 나이 같은 것들을 이용하여 우리를 향하신 하나님의 뜻을 이룰 수 없다고 말한다.

혹은 "너는 너무 나이가 어리기 때문에 하나님의 뜻을 이룰 수 없다" 고도 말한다. 그러나 교회 역사에서 대부분의 위대한 인물들은 젊은 시절에 부흥의 역사를 이루었다. 다윗이 사무엘에게 기름부음을 받을 때와 골리앗을 죽였을 때 그리고 하나님의 백성들의 침체되었던 마음을 새롭게 하고 부흥의 역사를 일으켰던 때는 그가 젊었을 때였다. 모세는 광야에서 수십년 동안 '너는 실패했다. 하나님께서 너에게 말씀하셨고 너를 준비하셨지만 너는 실패했다. 너는 하나님의 뜻을 이룰 수 없을 것이다'라는 비난자의 말을 들어왔다. 그러나 하나님께서는 모세에게 "일어나 바로에게 가서 내 백성을 보내라"고 말씀하셨다.

거짓 아비는 "너의 흉악한 죄 때문에 하나님의 뜻을 이룰 수 없다"고 말한다. 그러나 성경에는 비참하게 실패하여 죄로 얼룩졌던 사람들이 다시 일어나 하나님께서 뜻하신 생애를 살았음이 기록되어 있다.

■ 완성자의 특성

베드로 전서 5 : 5-10에는 완성자의 5가지 특성이 기록되어 있다. 이 본분을 펴서 5가지의 특성이 무엇인지 살펴보자.

1. 예수님을 삶의 주인으로 인정하는 것

예수님을 우리 삶의 주인으로 생각하고 전적으로 의지하는 것이란 완성자가 가지는 첫 번째 특성이다. 이는 왜 하늘에 계신 우리 아버지와 친밀한 관계가 그토록 중요한지 말해 주는 이유이다. 세리로 악명이 높았던 삭개오는 하나님께 대한 이러한 헌신적인 삶을 자원하였는 데 나는 이러한 헌신을 커다란 교환이라 칭하고 있다(눅 19 : 1-9). 그러나 부자 청년은 이 커다란 교환을 하지 못했다(막 10 : 17-22). 바울은 이 커다란 교환을 십자가의 죽음과 비교하였는 데 "내가 그리스도와 함께 십자가에 못 박혔나니 그런즉 이제는 내가 산 것이 아니요 오직 내 안에 그리스도께서 사신 것이라 이제 내가 육체 가운데 사는 것은 나를 사랑하사 나를 위하여 자기 몸을 버리신 하나님의 아들을 믿는 믿음 안에서 사는 것이라"(갈 2 : 20).

이 커다란 교환은 내적인 마음이나 만물을 보는 시각, 삶의 우선권 등이 전적으로 변화하는 것을 전제로 하고 있다. 이것은 이 세상에서의 삶을 예수님 안에 있는 생명과 바꾸는 것이며 이 세상 재물과 천국의 보화를 교환하는 것이다. 완성자의 마음을 소유했다는 첫 번째 증거는 하나님 아버지와 예수 그리스도의 주권에 이렇게 순종할 수 있는 속성이다(벧전 5 : 5).

2. 지역 교회의 한 공동체로 가입하는 것

완성할 수 있는 능력은 지역 교회의 필요에 순종함으로써 더욱 강화되어진다. 베드로는 "장로들에게 순복하라"고 권고하고 있다. 「앰플리파이드 성경」은 장로들을 교회의 목회자와 영적 지도자로 해석하고 있다(벧전 5 : 5). 예수님의 이름으로 두 세 사람이 모인 곳은 그곳이 어디든 교회 안이며, 그곳에는 예수님께서 이적과 기사를 행하시기 위해 같이 계신다. 다시 말해 우리들이 위기를 만났을 때 평안과 도움을 얻을 수 있는 장소가 교회인 것이다.

3. 근심 걱정을 하지 않는 것

베드로는 우리들에게 다음과 같이 권고하고 있다. '너희 염려를 다

주께 맡겨 버리라 이는 저가 너희를 권고하심이니라"(벧전 5:7). 완성자의 마음을 가지고 있는 사람은 부정적인 잡다한 환경에 머물러 울부짖지 않는다. 그들은 하나님의 안내를 잘 경청하면서 일어나고 인도해 주시는대로 행동하면서 어려운 환경을 해결해 나아간다.

「앰플리파이드 성경」은 이 말씀을 다음과 같이 번역하고 있다. "너희의 모든 염려, 모든 걱정, 모든 근심, 모든 관심들을 단번에 그에게 던져 버려라"(벧전 5:7).

바울은 이 문제에 대해 다음과 같이 말하고 있다. "아무것도 염려하지 말고 오직 모든 일에 기도와 간구로 너희 구할 것을 감사함으로 하나님께 아뢰라"(빌 4:6). 우리의 모든 문제들에 대해 아무것도 염려하지 말고 감사함으로 하나님께 기도하면서 우리가 바라는 것이 무엇인지 고해야 한다. 염려는 부정적인 것이지만 찬양 즉, 감사하는 것이란 긍정적인 능력이며 믿음의 언어이다(마 6:25).

우리는 환경에 커다란 도전을 받거나 처절한 문제들을 직면했을 때 "이제 나는 어떻게 해야 되나?"라고 말하기보다는 손을 들고 다음과 같이 선언해야 할 것이다. "하나님 아버지, 주님께서는 주님께서 내 안에 시작하신 일을 반드시 마무리 하시겠다고 말씀하셨습니다. 뿐만 아니라 내 생애에 일어난 모든 일은 나로 하여금 주님의 형상을 본받게 하기 위해 합력하여 선을 이루게 하시겠다고 말씀하셨습니다. 이제 저에게 다음과 같은 어려운 문제가 있습니다…" 이렇게 주님 앞에 모든 것을 내려놓고 응답해 주실 것을 믿고 주님을 찬양하기 바란다. 그러면 하나님의 평화가 임하여 우리의 마음을 염려로부터 평안하게 지켜줄 것이다.

역대하 20장에는 이와 똑같은 원리를 말해 주고 있는 이야기가 있다. 여호사밧 왕이 꽤 어려운 난관에 처하게 되었다. 암몬과 모압의 대적들로부터 포위를 당하게 되었던 것이다. 두려운 상황에 처해 있던 여호사밧은 주님을 찾았다. 그는 염려하거나 초조하게 기다리지 않고 자신의 문제를 해결하기 위해 하나님을 찾았고 여호사밧은 하나님께 기도했다. 자신이 무엇을 해야 하는지를 알지 못함을 인정하며 "우리는 오직 주만 바라보나이다"라고 선언했다. 여호사밧은 기도한 후 일어나 하나님의 백성들에게 여호와께서 어떻게 응답하시는지를 기다리라고 말했다.

하나님께서는 야하시엘을 통해서 응답해 주셨는데 그는 "… 여호와께서 너희에게 말씀하시기를 이 큰 무리로 인하여 두려워하거나 놀라지 말라 이 전쟁이 너희에게 속한 것이 아니요 하나님께 속한 것이니라 내일 너희는 마주 내려가라… 이 전쟁에는 너희가 싸울 것이 없나니…"(대하 20 : 15-17)라고 선포했다. 이스라엘 백성들은 다음날 대적에게 내려갔다. 그들은 말씀대로 인간이 만든 전쟁 무기를 가지고 간 것이 아니라 초자연적인 영적 무기인 찬양을 가지고 내려갔다. 그러자 하나님께서는 대적들 사이에 혼란스러움을 일으켜 그들끼리 싸워 서로 죽이도록 만드셨다.

완성자의 자세를 가지고 있는 사람들은 여호사밧과 같은 사람들이다. 그들은 자신들의 문제를 보는 것이 아니라 하나님을 바라보면서 과거, 현재 혹은 미래에 대해서도 염려하지 않는다. 왜냐하면 그들은 어떠한 환경에서도 하나님께서 그 문제를 해결해 주실 것이라는 믿음을 가지고 기도하기 때문이다. 기도한 다음 그들은 어려움과 대적을 극복하기 위해 찬양이라는 무기를 가지고 하나님의 말씀에 따라 행동한다.

4. 전쟁 상황의 마음가짐을 소유한다

우리는 언제나 전쟁의 영역에 살고 있음을 결코 잊어서는 안된다. 그러므로 전쟁을 좀더 심각하게 생각하고 마음가짐을 단단히 해야 한다(벧전 5 : 8-9). 대적에 대하여 무심한 태도를 가질 수 있는 시대는 이미 지나갔다. 마귀는 삼킬 자를 찾기 위해 우는 사자 같이 두루 다니고 있다. 마귀가 우리를 삼키려는 것에 대해 우리는 놀랄 필요가 없다. 오직 매일 하나님의 전신갑주를 입고 마귀의 유혹을 물리쳐야 한다. 또한 마귀의 불 같은 화살 방향을 다른 곳으로 돌릴 수 있는 방패를 들고 우리들의 입술에 하나님의 말씀인 성령의 검을 추구해야 한다.

이러한 마귀에 대해 A. L. 길은 다음과 같이 말해 주고 있다. "마귀가 삼킬 자를 찾기 위해 우는 사자 같이 주위를 배회하고 있을지라도 우리가 각자 영적인 특권을 알고 있다면 전혀 두려워할 필요가 없는 것이다. 우리는 예수님의 보혈로 덮어져 있다. 하나님의 말씀을 통해서 우리가 알고 있는 사실은 예수님 이름의 권세를 우리도 가지고 있다는 것이다. 그러므로 마귀는 이미 패배를 당한 것이나 마찬가지이다."[3]

사단이 사자 같이 부르짖을 때 하나님께서는 "시온에서 부르짖을"(욜 3:16) 날이 올 것이라고 말씀해 주시고 있는 데 "시온"은 교회이다. 하나님께서는 우리가 더 이상 연약한 모습으로 "오 주님, 도와주소서"라고 말하지 아니하고 우리 마음속 깊은 데서 하나님의 군대 같은 부르짖음이 울려 퍼질 그 날을 말씀해 주시고 계신 것이다. 이 말씀에 힘입어 우리는 하나님의 성령에 의해 우리의 심령으로부터 강하고 담대하게 기도할 수 있다. 우리는 담대하게 다음과 같이 선언하므로 사단을 대적할 수 있다. "나라이 임하옵시며, 주님의 뜻이 이루어지리이다… 나라와 권세와 영광이… 있사옵나이다."

기도하는 데 있어서 조용하게 묵상할 때가 있다. 그러나 하나님을 예배하는 장소에서는 마치 기도의 권능이 폭발하는 것과 같이 부르짖어야 한다. 나는 감정주의적인 면을 말하는 것이 아니라 살아계신 하나님의 영이 우리의 영 안에 역사하는 것을 언급하고 있는 것이다. 요엘 선지자는 이스라엘 제사장들이(오늘날엔 우리 그리스도인들임) 성전 문과 제단(구약 성막에서 제단은 성소 바로 앞에 있음) 사이에서 여호와께 봉사할 때 다른 민족들이 더 이상 "당신의 하나님이 어디 있소?"라고 의심하지 않을 것임을 예언했다. 권능 있는 기도생활 가운데서 중보할 때 하나님의 성령의 늦은 비는 내리게 될 것이며 "대적들의 메뚜기"에게 빼앗겼던 모든 것들이 회복될 것이고 성령의 능력이 모든 사람들에게 부어질 것이다(욜 2장).

이와 같은 회복은 예수님께서 재림하시기 전에 초대교회에서 역사했던 것처럼 가장 큰 수확을 결단하는 순간 이루어질 것이다. 그러므로 어떤 사람들이 기도를 요구할 때는 푸념하거나 불평하지 말고 전쟁시 같은 마음을 가져야 한다. 효과적인 싸움을 위해 우리들의 심령 깊은 곳에서부터 부르짖음으로써 권능 있는 기도가 사단의 세력을 파괴하도록 하기 바란다.

5. 반드시 완성하겠다는 결단을 강조한다

베드로는 완성자의 특성을 말해 주는 본문의 결론을 내리면서 은혜로 우신 하나님께서 우리들을 그의 영원한 영광에 들어가도록 우리를 "…온전케 하시며 굳게 하시며 강하게 하시며 터를 견고케"(벧전 5 : 10)하실 것이라 말했다. 다시 말해 베드로는 우리가 결단만 한다면 완성할 것임을 선언하고 있는 것이다.

어느 때인가 내 부친은 공군 82사단의 요원으로 제2차 세계 대전 때 참전했던 경험을 언급한 적이 있었다. 당시 300일 동안이나 쉬지 않고 계속된 공습과 전투로 인해 수많은 희생이 있었지만 부친은 그 전투에서 살아남았던 극소수 중의 한명이었다.

나는 부친에게 물어보았다. "아버지! 주위의 수많은 동료들이 피비린내 나는 전투에서 쓰러져가는 그 순간과 아버지께서 오랫동안 포위되었던 곳에서 살아남도록 해 준 것은 무엇이었습니까?"

나의 부친은 "반드시 승리해야만 한다는 생각이 나를 살아남도록 한 것이다"라고 대답하셨다.

나는 "그렇게 믿게 된 이유가 무엇이지요?" 하고 물었다.

부친이 대답하시기를 "나는 히틀러와 제3 독일 제국을 생각했었다. 나의 어머니와 형제들이 히틀러의 지배 아래 남은 생애를 살아야 한다고 생각하니 그 곳에는 다른 선택의 여지가 전혀 없었다. 우리가 승리해야만 한다는 것 뿐이었다!"

우리는 히틀러보다 더 악한 대적과 싸우고 있다. 우리들이 대적을 대항해서 승리하지 못한다면 우리 자신들은 물론 자녀 그리고 손자, 손녀들에게까지 무슨 일이 일어날 것인지 생각해 보라. 대적과의 전투에서 승리하는 것은 그만한 가치가 있다는 것을 마음 속에 결심하기 바란다. 완성자의 마음을 소유하고 대적과 싸울 때 우리가 권능 있는 기도생활을 통해서 얻었던 은사들을 사용하기 바란다. 우리의 결혼 생활을 계속 유지할 것을 기대하고 자녀들을 경건한 사람으로 성장시킬 것을 바라보기 바란다. 우리의 교회 사역을 통해서 하나님의 나라에 더해질 새로운 영혼들을 기대하기 바란다. 이러한 일을 하는 데 있어서 우리들의 필요한 모든 것이 풍성하게 채워져 반드시 이루어질 것이며 또한 그때까지 용서하는 마음으로 살 수 있다고 결심하기 바란다. 하나님께서 악한 자의 모든 세력으로부터 구원해 주시고, 치료해 주시며, 극복할 수 있도록 힘 주심을 기대하기 바란다. 그리고 반드시 승리로 완성하겠다는 것을 결심하라!

■ 실패하지 않는다는 자세

지금까지 우리는 권능 있는 기도에 대해서 배웠다. 이것은 하나님의 성령으로 우리 가운데 역사하시게 하여 중보 기도의 놀라운 기름부음을 받을 수 있도록 인도해 주며 대적의 모든 위협도 담대히 물리칠 수 있게 해 주었다. 휴겔(F. J. Hugel)은 다음과 같이 언급했다. "우리는 기도의 힘이 우주에서 가장 강하다는 말을 가끔 듣는다. 이 말은 결코 과장이 아니다. 오늘날과 같은 원자 시대에서 원자력의 세력들로 인해 사람들의 마음과 상상력이 무력하게 될 때 기도는 이 모든 힘들을 능가하는 힘이 된다는 것을 기억한다는 것은 참으로 적절한 것이다."[4]

이제는 우리의 마음 가운데 쓸데없는 생각으로 행하는 것은 필요가 없게 되었다. 거짓 아비의 거짓말 때문에 자신이 하나님이 원하시는 것과 먼 존재라는 어두운 생각을 한다는 것이 필요치 않는 것이다(엡 4 : 17-18). 왜냐하면 우리는 권능 있는 기도를 하도록 기름부음을 받는 법을 알았기 때문이다. 이제 우리는 전쟁 가운데서도 실패하지 않는 자세를 가질 수 있다. "그러므로 하나님의 전신갑주를 취하라 이는 악한 날에 너희가 능히 대적하고 모든 일을 행한 후에 서기 위함이라"(엡 6 : 13).

제3부를 시작하기에 앞서 지금까지 언급했던 완성자의 특성들에 대해 기도하는 시간을 갖기를 바란다. 언급했던 모든 특성들은 권능 있는 기도를 하도록 기름부음을 받는 영역으로 발전하는 데 필연적이기 때문이다.

❖ 각주 ❖ ────────────

1) Charles Swindoll, *David : A Man After God's Own Heart*(Waco. Word Educational Products, 1988), P. 72.

2) Ibid., P. 74.

3) A. L. Gill, *Not Made for Defeat*(Calif : Powerhouse, 1988), P. 177.

4) F. J. Hugel이 말한 것을 Leonard Ravenhill이 *Revival* Prayering(Minneapolis : Bethany House, 1961, P. 14) 책에서 인용한 것임.

제 3 부

효과적인 기도를 하도록 기름부음을 받는 법

27
쉬지 말고 기도하라

어떤 한 사람이 닫혀진 문이 열릴 것을 기대하고 문을 두드리고 있었다. 그러나 문을 열어주는 사람은 아무도 없었으며 그가 문을 두드리는 소리는 긴 복도 길을 따라 울려 퍼졌다. 결국 그는 화가 나서 문을 발로 차버리고 어깨가 처진 채로 가버렸다.

하나님께서 나에게 이 환상을 보여주셨을 때 "주님 내가 본 것이 무엇입니까?"라고 물어보았다. 이때 주님께서는 이 환상이 많은 성도들이 기도생활에 어려움을 겪고 있는 모습을 보여주는 것이라고 말씀하셨다. 우리는 효과적이고 역사하는 기도생활을 원하지만 기도할 때마다 닫혀진 문과 같은 장애물을 만나게 된다. 우리 자신들의 힘에 의지하며 결심하고 계속해서 문을 두드린다 할지라도 그 기도는 역사하지 않으며 불행하게도 많은 사람들은 기도하기를 포기해 버린다.

나는 환상 가운데 보았던 사람이 누구인지 쉽게 알 수 있었다. 왜냐하면 수년 동안 나는 기도하는 데 어려움을 겪었기 때문이다. 하나님께서 이 환상을 나에게 보여주셨을 때 나는 "사람들로 하여금 그 문을 통과할 수 있도록 하기 위해 제가 해야만 하는 일이 무엇입니까?"하고 물어보았다.

제1부와 2부에서 우리는 개인 기도와 더불어 권능 있는 기도를 하도록 기름부음을 받았다. 제3부에서는 성공적인 기도생활의 세 번째 영역인 효과적인 기도를 하도록 기름부음을 받는 것을 경험할 것이다. 나는 닫혀진 문을 통과할 수 있는 방법을 여러분에게 가르쳐 줄 것이며 또한 하늘에 계신 우리 아버지와 어떻게 대화할 수 있는지에 대해서도 여러분도 배울 것이다. 성령으로 기도할 때 분명한 목표를 설정하고 계속적인 기도를 할 수 있도록 놀라운 자극점을 사용할 수 있는 방법을 배울 것이다. 그러므로 마지막 장에서는 우리들의 기도생활에 있어서 획기적인 전환점에 도달하게 될 것이다. 그때에 "구하라, 찾으라, 문을 두드리라, 그러면 문이 열릴 것이다"처럼 권능 있는 기도를 하도록 기도생활에 기름부음을 받게 될 것이다.

■ 쉬지 말고 기도하라는 명령

성경은 계속해서 기도할 것을 호소하는 내용으로 가득차 있다. 데살로니가전서 5 : 17인 "쉬지 말고 기도하라"는 말씀은 이를 잘 증거해주고 있다. 에베소서 6 : 18은 "모든 기도와 간구로 하되 무시로 성령 안에서 기도하고 이를 위하여 깨어 구하기를 항상 힘쓰며 여러 성도를 위하여 구하고"라며 그리스도인의 군사로서 싸우기 위해 계속적인 기도로 무장할 것을 말해 주고 있다. 또한 "기도를 항상 힘쓰고 기도에 감사함으로 깨어 있으라"(골 4 : 2)고 우리에게 충고하고 있으며, 로마서 12 : 12은 "…기도에 항상 힘쓰며…"라고 했고, 고린도전서 7 : 5은 금식하며 기도할 것을 교훈하고 있으며 예수님께서도 "… 항상 기도하라…"(눅 21 : 36)고 말씀하셨다. 이 모든 말씀은 우리가 기도할 때에 직면했던 문이 닫혀진 모습을 보여준 것이 아니라 오히려 하늘에 계신 우리 아버지께서는 "… 나를 간절히 찾는 자가 나를 만날 것이니라"(잠 8 : 17), "너희가 전심으로 나를 찾고 찾으면 나를 만나리라"(렘 29 : 13)고 약속해 주셨다.

찰스 스펄전(Charles Spurgeon)은 이런 성경말씀들의 명령에 관심을 기울이며 다음과 같이 쓰고 있다. "기도는 우리가 필요할 때만 하는 것이 아니라 우리들이 매일 해야할 일이며 습관적으로 사명감을 가지고 기도해야 한다. 예술가들이 모델에 따라 일을 하는 것처럼, 시인이 자신만이 추구하는 전형에 따라 시를 쓰는 것처럼 그리스도인인 우리들은 기도에 흠뻑 젖어 있어야 한다. 기도가 생명인 우리들은 기도에 푹 빠져 있어야 하기 때문에 쉬지 말고 기도해야 한다."[1]

■ 효과적인 기도의 범례들

성경은 끊임없이 기도했던 사람들의 예들로 가득차 있다. 아브라함은 자신의 나이 많음과 사라의 임신하지 못함에도 불구하고 아들을 얻기 위해 효과적인 기도를 했다. 뿐만 아니라 소돔의 악한 도시를 위해서도 계속 중보 기도를 했다. 이삭은 리브가가 임신할 수 있도록 기도했으며, 야곱은 온 밤을 기도함으로 싸웠다. 이렇게 기도한 사람들의 생활은 결코 이전과 같지 않았다.

모세는 이스라엘과 아말렉과의 기나긴 전투에서 하나님의 백성이 승리하리라는 확신을 가지고 기도하기를 쉬지 않았다. 뿐만 아니라 이스라엘 백성이 범죄했을 때 하나님의 심판과 이스라엘 백성 사이에 서서 백성들을 위해 힘을 다해 기도했다. 아기를 낳을 수 없었던 한나는 하나님께서 아들을 주실 때까지 쉬지 않고 간절히 기도했다. 다윗 왕은 "기도에 충실하겠다"라고 선언했으며, 엘리야는 가뭄이 끝이 나고 비가 올 때까지 계속적으로 기도했다.

사도들은 기도하는 일에 전념할 것을 결정했다. 그들은 쉬지 않고 기도함으로써 베드로로 하여금 감옥에서 풀려나도록 한 것이다. 예수님께서도 쉬지 않고 하나님께 기도하셨고 겟세마네 동산에서 "동일한 말씀으로 기도하신 후"(마 26 : 44) 같은 기도를 세 번씩 기도하셨다.

■ 확신해야 할 3가지 문제점들

세상에서 육신의 아버지가 자녀들과 서로 대화하기를 바라는 것처럼 하늘에 계신 우리 아버지께서도 계속적으로 효과적인 기도를 할 수 있는 친밀한 관계로 들어오는 자들을 찾고 계신다. 성경은 우리로 이러한 친밀한 관계를 어떻게 경험할 수 있는지에 대해 분명한 지침을 보여주고 있다. 그러나 이 문제에 대해서는 다음 장에서 취급하기로 하고 그 이전에 3가지 기본적인 문제들을 확실하게 해 둘 필요가 있다. 이 문제들은 효과적인 기도를 하도록 기름부음을 받는데 근본적인 중요한 문제들이다. 이것들은 문을 두드리는 사람의 환상을 통해 하나님께서 내게 보여주신 것이다. 이 3가지 문제는 우리의 과거, 현재 그리고 미래에 대해 언급해 주고 있는 것이다.

과거(Past)

우리가 확실하게 해 두어야 할 첫 번째 기본적인 문제는 우리의 과거이다. 우리는 수치스런 마음을 가지고 하나님의 보좌 앞에 담대히 나아갈 수 없다. 실제 **끊임없는 기도**란 "수치심을 가지지 않고 요구하는 것" 이기 때문이다. 우리는 지난 21과에서 우리가 물려받았고, 우리에게 유 전된 수치심, 부과된 수치심, 단체적인 수치심, 개인적인 수치심, 그리 고 영원한 수치심이 가지고 있는 힘을 언급했었다. 그러나 우리는 예수 님께서 우리들의 수치심을 감당하셨다는 것을 알고 있기 때문에 더 이 상 수치심을 느낄 필요가 없다. 수치심이라는 장애물을 극복하기 위한 3가지 단계가 있는데 첫째는 수치심을 적극적으로 대항하는 것이요, 둘 째는 수치심에 대해 직접 명령하는 것이며, 마지막으로 하나님과 새로 운 적극적인 관계를 구하는 것이다. 만약 우리가 가지고 있는 과거의 수 치심에 대해 확실하게 해결하지 못한 어떤 이유가 있다면 본서의 21과 를 다시 복습해 보기 바란다. 수치심이 무기력해질 때만이 우리는 수치 심을 느끼지 않고 끊임없이 "구하고, 찾고, 두드릴 수"있으며 보좌의 방 으로 담대하게 들어갈 수 있는 것이다.

현재(Present)

효과적인 기도를 하도록 기름부음을 받을 수 있는 두 번째 기본적인 문제 요소는 예수님께서 가르쳐 주신 모범적인 기도를 사용하여 매일 기 도하는 데 전념하는 것이다. 이 기도의 7가지 주요 패턴을 사용한다면 우리는 영적인 존재로서의 생명과 건강을 유지할 수 있다. 이것은 몸 안 에 있는 7개의 중요한 동맥선과 같은 기능을 발휘할 것이다.

1989년도에 기도에 대한 세미나를 인도하면서 모범적인 기도문을 인 간 몸 속에 있는 7가지 주동맥과 비교하면서 예를 든 적이 있었다. 자정 쯤 되었을 때 내가 묵고 있던 호텔방에 한 랍비가 찾아 왔다. 그 랍비는 내가 인도했던 기도 세미나에 참석했고 예수 그리스도를 아무도 모르게 믿는 사람으로 그는 나에게 다음과 같이 질문했다.

"인간 몸 안에 있는 동맥과 비교해서 영적인 7가지 동맥이란 개념을
어디에서 착상했습니까?"

나는 "예수님께서 가르쳐주신 모범적인 기도문의 7가지 주요한 대지
를 연구하면서 발견했습니다"라고 대답했다.

랍비는 한참 동안 무슨 생각에 잠기더니 "내가 이것을 묻는 이유는
우리 랍비들은 오랫동안 인간의 영혼에는 7가지 주요한 영역이 있다고
가르쳐 왔지만 오늘날까지 그것들을 어떻게 적용해야 할 것인지 알지를
못했습니다."라고 답변했다.

예수님께서 가르쳐 주셨던 모범적인 기도문의 구분은 7개의 영적인
동맥들이다. 이 동맥들은 우리들의 영적인 존재로 하여금 활동할 수 있
도록 강하게 해주는 통로 역할을 한다. 만약 이 동맥들이 막혀버린다면
우리는 효과적인 기도생활에 있어서 무력하게 될 뿐이다. 그러므로 우
리는 주기도문을 이용하여 매일 기도함으로써 7가지 영적인 동맥이 활
발하게 활동할 수 있도록 유지해야 한다.

제2부에서 우리는 권능 있는 기도를 하도록 기름부음을 받음에 대해
언급했고 지금은 효과적인 기도를 하도록 기름부음을 받는 데 목적을
두고 있다. 그러나 어떠한 것도 우리가 매일의 개인 기도를 하는 데 있
어서 주님께서 가르쳐주신 모범을 대신할 수는 없다. 사무엘 채드윅
(Samuel Chadwick)은 다음과 같이 이야기한다. "어떤 학자의 학문에
서건 그 학자가 연구한 가장 기초적인 것을 무시할 수 없는 것처럼 또
알파벳을 먼저 배우고 난 후 알파벳을 통해 알수 있는 모든 것에 대한
모양이나 색깔 그리고 표현들을 나타낼 수 있는 것처럼 그리스도를 배
우는 자에게 있어서도 주기도문은 결코 무시할 수 없는 기본적인 것이
다. 따라서 그리스도를 배우는 자는 주기도문을 기본으로 하여 보다 높
은 차원의 기도생활을 할 수 있다."[2]

우리가 효과적인 기도를 하도록 기름부음을 받기를 원한다면 지금 바로 모범적인 기도를 붙들고 기도하는 데 전념해야 한다.

미래(Future)

우리가 인내를 가지고 기도하기 위해 세 번째로 확실히 해두어야 할 문제는 미래에 관한 것이다. 우리는 두려움 없이 미래에 귀를 기울여야 한다. 나는 여기서 들을 수 있는 귀를 어떻게 발전시킬 수 있는지에 대해서 도와줄 것이다. 이는 하나님의 음성을 인식하고 대답할 수 있도록 여러분을 도와줄 것이다.

■ 열정적인 불

불은 성령을 표현해 주는 상징 중의 하나이다. 이 성령은 기도할 때 율법주의적이며 의식적인 행위로 하는 거짓 종교적인 자세를 불태워 버린다. 세상의 종교란 인간의 힘으로 하나님께 접근하고자 하는 시도이기 때문에 우리의 힘을 의지하도록 유도하며 우리가 실패했을 때는 수치심을 동반하는 것이다. 종교는 "너는 너의 힘으로 그것을 할 수 있다"라고 말한다. 그러나 우리가 실패했을 때 종교는 "보라 네가 얼마나 나쁜 존재인지"라고 말한다. 예수님을 십자가에 못 박은 사람들은 간음하다 잡힌 여인에게 던지기 위해 손에 돌을 들고 온 사람들처럼 종교적인 사람들이다.

내가 이미 언급했던 3가지 단계 즉, 과거의 수치심으로부터 자유함을 얻고 현재 기도하며 미래에는 말씀에 순종하는 단계를 거쳐갔다면 성령의 불은 우리들의 기도생활에 열정의 불을 피울 것이다. 예수님께 왔던 부자 청년은 종교적인 사람이었지만 열정이 부족했었다. 그는 자신이 가진 재물에 대한 애착이 하나님에 대한 열정보다 더 컸던 것이다. 현재 우리의 열정은 무엇인가? 취미 생활에 열정을 가지고 있는가? 사랑하는 사람에 대해 열정을 가지고 있는가? 그렇지 않으면 현재의 직업에 열정을 가지고 있는가? 성령의 불로 하여금 우리의 생활에서 이 잘못된열정들을 불태워 버리고 오직 기도생활에 열정을 가질 수 있도록 점화할 때 우리는 효과적인 기도생활을 성공적으로 할 수 있을 것이다.

모세는 하나님의 말씀을 따라 영적인 열정을 점화시킬 수 있는 떨기나무 불꽃 가까이 갔을 때 자신의 사명을 받아들였다. 선지자 엘리야는 하나님께서 불꽃 가운데 응답하심을 알았기 때문에 기도를 계속할 수 있었다. 말라기 선지자는 하나님의 정결케하는 불꽃을 환상 중에 보았다. 세례 요한은 성령과 불로 세례를 베풀 자에 대해 언급했다. 오순절 날에 성령은 불의 갈라지는 혀와 같이 나타났고, 밧모섬에 있던 사도 요한에게 놀라운 계시가 임하는 동안에도 나타났다. 성경은 우리로 "… 불로 연단한 금…"(계 3 : 18)을 사도록 권면하고 있고, 또한 우리 하나님은 "… 소멸하는 불…"(신 4 : 24)이심을 선포하고 있다.

성령의 정결케하는 불에 순종하는 것은 열심히 분투만을 계속하라고 말하는 종교적인 세력들을 단호히 부수어뜨릴 것이다. 그것은 우리가 기도할 때 단순히 고군 분투하는 것으로부터 자유롭게 해 줄 것이며 기도생활을 보다 열정적으로 할 수 있도록 만들어 주며 매일 우리의 삶에 동기를 부여해 줄 것이다.

바운즈(E. M. Bounds)는 성령의 불이 점화시키는 열정에 대하여 "성령은 불처럼 임하여 우리 가운데 거한다. 우리의 신앙이 이러한 불을 피워주지 못한다면 그것은 우리의 마음이 얼어 붙었기 때문이다. 우리 마음이 뜨겁고 열정적인 유성처럼 빛나는 이 성령의 불을 소유한다면 하나님께서 거하신 높은 천상(天上)에 담대히 들어갈 수 있을 것이다."[3]

■ 세 가지 선언할 것

우리가 이 장을 마감하면서 큰 소리로 다음과 같은 세 가지를 선언하기 바란다.

- "나는 과거의 수치심으로부터 자유롭게 되었다."
- "나는 매일 예수님께서 가르쳐 주신 기도를 통해서 기도하는 데 전념하겠다."
- "나는 미래에도 하나님께 순종하는 데 절대 두려워하지 않을 것이다."

이 세 가지가 정립될 때 능력 있는 문이 우리에게 활짝 열려질 것이다. 여러분은 이제 다음 장에서 내가 언급하고자 하는 효과적인 기도의 기본적인 원리로 넘어갈 수 있는 준비를 갖추었다.

❖ 각주 ❖ ─────────

1) Charles Spurgeon, *Morning and Evening*(Grand Rapids : Zondervan, 1980), 1월 15일

2) Leonard Ravenhill이 자신의 책인 *Revival Praying*(Minneapolis : Bethany House, 1961, P. 44)에서 Samuel Chadwick의 말을 인용한 것임.

3) E. M. Bounds, *The Complete Works of E. M. Bounds on Prayer*(Grand Rapids : Baker, 1992), P. 35.

28

효과적인 기도를 하는 원리

"그 때에 예수께서 대답하여 가라사대 천지의 주재이신 아버지여 이것을 지혜롭고 슬기 있는 자들에게는 숨기시고 어린아이들에게는 나타내심을 감사하나이다"(마 11 : 25). 우리가 이 말씀이 나오는 문맥을 자세히 살펴보면 예수님께 질문한 사람은 없는 데 예수님께서 "대답하여"라고 기록되어 있다. 그렇다면 누가 예수님께 질문한 것일까?

예수님께 질문한 사람에 대한 기록이 없을지라도 그분은 하늘에 계신 아버지이심이 분명하다. 왜냐하면 바로 그분께 예수님께서 말씀하시고 계시기 때문이다. 찰스 스펄전(Charles Spurgeon)은 이러한 예수님에 대하여 다음과 같이 언급하였다. "하나님께서는 예수님의 마음속에 자주 그리고 계속해서 말씀하셨다. 이러한 상황은 여러번 기록되었다… 이와 같이 우리도 하늘에 계신 아버지와 무언의 교제를 나눌 수 있으며 우리는 종종 그 아버지께 응답하는 것이다. 우리가 누구에게 말하고 있는지는 세상은 알지 못할지라도 우리들은 세상 어떤 귀로도 들을 수 없는 신비한 목소리에 응답하고 있는 것이다."[1]

예수님께서 하늘에 계신 아버지와 대화하시고 밤새도록 기도하시며 그리고 겟세마네 동산에서의 중보 기도하시는 등의 기록들은 예수님께서 계속적으로 기도생활에 기름부음 받으셨음을 증거해 주는 것이다. 예수님께서는 신약성서 기록 가운데 두 가지 비유에서 그러한 효과적인 기도생활을 결정하는 원리들을 말씀하셨다.

■ 가난한 주인

첫 번째 비유는 한밤 중에 가난한 주인을 방문한 그의 친구에 대한 기록이다. 예수님께서는 제자들에게 모범적인 기도를 가르치신 후 곧바로 이 비유를 말씀하셨다(눅 11 : 5-8). 어느 날 밤 가난한 주인에게 예기치 않았던 친구가 찾아왔다. 그러나 그에게는 대접할 만한 아무것도 없었기에 옆 친구 집에 가서 문을 두드렸다. 가난한 주인이 구하는 것은 구체적으로 "떡 세덩이를 빌려달라"는 것이었다. 그는 친구가 짜증을 낼지라도 자신이 필요한 것을 얻을 때까지 계속 문을 두드렸다. 매튜 헨리(Matthew Henry)는 이렇게 주석했다. "끈질기게 구하는 것은 그것으로 인하여 나타난 어떤 문제점도 극복할 수 있다. 하나님께서는 긍휼하심이 무한하기 때문에 다른 사람이 할 수 있는 것보다 우리에게 훨씬 더 좋은 것을 주실 준비가 되어 있는 분이다. 뿐만 아니라 하나님께서는 우리가 끈질기게 구하는 것에 대해 절대 화를 내지 않으신다."[2]

끈질기게 구한다는 단어는 신약성서 중에서 이곳에서만 나온다. 이 단어가 파생된 라틴어는 "귀찮음 혹은 건방짐"이란 의미를 가지고 있는 임포투나스(Importunas)이다. 헬라어의 의미는 어떤 사람으로 하여금 계속해서 구할 수 있도록 하는 "뻔뻔스러움" 혹은 "자유스러움"을 뜻한다. 그러므로 이 단어는 이전에 내가 언급했던 수치심을 극복하는 것에 대해 중요성을 강조해 주고 있다. 커티스 미첼(Curtis Mitchell)은 이를 다음과 같이 설명하고 있다. "끈질지게 구하는 것은 뻔뻔스러운 지점까지 도달케 하는 불굴의 집요한 인내력을 내포하고 있다. 이는 예수님께서 우리가 하나님 아버지께 어떻게 기도해야 될 것인지에 대하여 가르쳐 주신 방법이다."[3]

예수님께서는 다음과 같이 제자들에게 말씀하시면서 이 비유와 끈기 있는 기도를 직접적으로 관련지어 말씀하셨다.

> 내가 또 너희에게 이르노니 구하라 그러면 너희에게 주실 것이요
> 찾으라 그러면 찾을 것이요 문을 두드리라
> 그러면 너희에게 열릴 것이니
> 구하는 이마다 받을 것이요 찾는 이가 찾을 것이요
> 두드리는 이에게 열릴 것이니라.
> 너희 중에 아비 된 자 누가 아들이 생선을 달라 하면
> 생선 대신에 뱀을 주며 알을 달라 하면 전갈을 주겠느냐
> 너희가 악할지라도 좋은 것을 자식에게 줄줄 알거든
> 하물며 너희 천부께서 구하는 자에게
> 성령을 주시지 않겠느냐 하시니라
>
> 누가복음 11 : 9-13

구하라, 찾으라, 두드리라는 동사는 계속적인 행동을 암시하는 것으로 "계속해서 구하라, 계속해서 찾으라, 계속해서 두드리라"고 번역될 수 있다. 두드리다라는 단어는 원기 왕성한 건강한 모습으로 문을 두드리는 사람을 보여주고 있다. 이 비유에 나오는 사람과 내가 환상 가운데

보았던 사람과의 다른점은 전자는 적극적인 행동을 유발케 하는 인내심을 소유했고 후자는 소유하지 못했다는 점이다. 즉, 인내심을 소유한 사람에겐 문이 열렸던 것이다.

이어서 예수님께서는 빵이나 생선 그리고 알을 달라고 아버지께 구하는 아들의 예화를 들어 설명해 주셨다. 아들이 달라고 하는 것들은 본서의 제2부에서 분석했던 거짓 아비의 모습이 반영된 돌, 뱀, 전갈 등과 대치되는 것이다. 위 구절은 지상에 있는 아버지도 계속 달라고 조르는 그의 자녀에게 응답해 준다면 하늘에 계신 우리 아버지께서는 우리들이 구하는 것에 더욱더 응답해 주신다는 뜻을 담고 있다. 이것에 대해 커티스 미첼은 다음과 같이 주석하고 있다. "세상의 아버지들도 잘못이 있는 자기 자녀들이라도 그들에게 좋은 것으로 준다면 우리는 온전한 하나님 아버지께 의지하는 그의 자녀로서 하나님께서는 우리가 끈질기게 계속해서 구하는 것을 가장 좋은 방법으로 응답해 주신다."[4]

■ 과부와 불의한 재판관

예수님께서 효과적인 기도를 설명하기 위해 가르쳐 주신 두 번째 비유는 누가복음 18 : 2-8에 기록되어 있는 데 예수님께서는 이전에 먼저 "항상 기도하고 낙망치 말아야 될 것을…"(눅 18 : 1)이란 교훈을 서론으로 말씀하셨다. 이 서론에서 될 것(ought)이란 단어는 필요성을 강조하고 있고 항상(always)이란 "계속적으로"란 의미이며 또한 낙망치 말아야 한다(not lose heart)란 단어는 "돌아서지 않는다, 겁을 먹지 않는다, 혹은 포기하지 않는다"란 뜻이다. 이 비유는 불의한 재판관에게 도움을 청하는 가난한 과부에 관한 이야기다. 가난한 과부는 재판관에게 합법적으로 호소할 수 있는 어떤 정치적 힘도 가지고 있지 않았으나 자

신에게 있어서 절대적으로 필요한 문제를 가지고 담대하게 재판관에게
나아갔다. 우리는 그 과부가 원하는 구체적인 내용이 무엇인지는 모르지
만 원수에 대한 원한을 풀어달라고 호소하고 있음은 분명하다.

허버트 로크어(Herbert Lockyer)는 다음과 같이 말했다. "과부의 말은
'나는 내 원수에게 보복해 달라고 호소합니다' 라는 8마디(영어 문장)이다.
과부의 호소는 짧고 분명했다. 여인은 자신의 과부된 신세나 가족 혹은 불
의한 재판관이나 하나님의 심판에 대한 어떤 것도 말하지 않았다. 과부가
원한 것은 단 한가지, 자신의 원수에게 원한을 풀어달라는 것이다."[5]

이 비유에서 재판관은 하나님이나 사람들을 두려워하지 않는 불의한
재판관이라고 했다. 그러나 재판관은 과부가 "계속해서 올 것이라는"것
때문에 결국 과부의 요구를 들어주었다. 그 여인이 자신을 괴롭게 하지
않도록 하기 위해 과부의 요구에 응했던 것이다. "괴롭게 하다"란 헬라
어의 뜻은 "타격을 가하기 위해 오다, 눈 밑을 타격하다 혹은 상처나게
하다"의 뜻이다. 문자적으로 그 말씀은 분명하게 인내력의 강력한 수준
을 암시해 주는 "내가 보지 못하도록 하다"란 의미이다. 그것을 피하기
위해 재판관은 그 과부의 요구를 들어준 것이다.

끊임없이 혹은 부끄러워하지 않고 구하는 것이 아무리 악한 사람도
변화시킬 수 있다면 의로우시며 사랑이 많으신 하늘에 계신 아버지께서
어찌 자녀들의 기도에 응답해 주시지 않겠는가? 주님께서 이 땅에 다시
오실 때까지 믿음의 가장 큰 증거는 끝까지 기도하는 것이다. 실제적으
로 믿는 사람은 하나님과 계속해서 교제한다.

■ 두 비유의 비교

예수님께서 말씀하신 두 가지 비유는 비록 서로 다른 배경 하에 언급

되었을지라도 구성적인 면에서 비슷하다. 각각의 상황의 긴박성은 두 사람으로 하여금 구할 수 있도록 자극해 주었다. 그리고 두 사람 모두 중재해 줄 수 있는 어떤 사람을 찾기보다는 직접적으로 도움을 줄 수 있는 문제 해결책을 가진 사람에게 찾아 갔다. 두 사람 모두 자신의 원하는 것을 구체적으로 구했다. 한 사람은 "떡 세덩이"를 구했고 또 다른 사람은 원수에 대한 "원한"을 풀어주길 구했다. 두 사람은 모두 절박한 상황에 처해 있었다. 사람들은 이같이 절박한 상황에 처했을 때 계속적으로 혹은 부끄러움 없이 구하게 된다.

가난한 주인과 과부는 자신들이 원하는 것을 받을 때까지 계속 구했다. 그들의 작전이라곤 그저 계속해서 입으로 말한 것 뿐이다. 그저 한 번만 기도하면 하나님께서 응답해 줄 것이라고 믿는 사람들에게 예수님께서 경고하셨던 것처럼 그들은 중언 부언하지 않았을 뿐이다. 인내심을 가지고 구하는 것과 중언 부언하는 것은 계속적으로 그리고 반복적으로 구하는 것이지만 동기가 전적으로 서로 다르다. 인내심을 가지고 구하는 것은 절대적으로 필요한 것이기 때문에 구하는 반면에 중언 부언하는 것은 보여주기 위한 조작된 마음에서 구하게 된 것이다.

두 가지 비유는 끈기를 가지고 끝까지 인내하는 원리를 강조하고 있다. 커티스 미첼(Curtis Mitchell)은 다음과 같이 요약했다.

"예수님께서는 이 끈기 있고 끝까지 인내하는 점을 자신의 가르침 가운데서 보다 확실하게 강조하시며 분명하게 표현하셨다. 그러나 어떤 사람은 이상하게도 기도하는 데 있어서 이 인내심을 부정한다. 그들은 같은 것을 계속해서 매일 매일 거듭 구하는 것은 믿음이 약한 증거라고 주장한다. 또한 하나님께 한 차례만 구하고 다음에는 믿음을 가지고 물러서서 하나님이 응답해 주실 것을 기다려야 한다고 말한다. 그러한 생각은 논리적일지 모르지만 (인간적 차원에서) 성경에서 말하고 있는 바는 아니다."[6]

여러분도 이것이 옳다고 스스로에게 말할 수 있다.

이제 효과적인 기도를 위한 기본적인 원리들을 대답해 줄 준비가 된 것 같다. 그러나 주의하라. 예수님께 이 비유들과 원리들을 배웠던 제자들도 스스로는 준비된 자라고 여겼으나 제자들은 겟세마네 동산이라 불리운 한적한 곳에 이르러서야 자신들이 마음에는 원이로되 육신이 약하다는 사실을 알았다.

❖ 각주 ❖ ─────────────

1) Charles Spurgeon, *Morning and Evening*(Grand Rapids : Zondervan, 1980), Febrary 5.

2) Matthrew Henry, *Commentary on the Whole Bible*(Old Tappan : Revell, n.d) 5권 P.694.

3) Curtis C. Mitchell, *Praying Jesus' Way*(Old Tappan: Revell, 1977), P. 84.

4) Ibid.

5) Herbert Lockyer, *All the Parables of the Bible*(Grand Rapids : Zondervan, 1959), P. 301.

6) Mitchell, *Praying Jesus' Way*, P. 136.

29

성령님이 인도하신다

겟세마네 동산에는 연한 달빛이 그리고 그 안쪽 감람나무의 엉켜진 가지들 사이로는 깊은 어두움이 깔려 있었다. 그 부드러운 달빛은 아무런 관심도 없다는 듯 잠들어 있는 제자들을 지나 그리 멀지 않은 곳에서 무릎을 꿇은 채 간절히 기도하고 있는 한 사람을 비추고 있었다. 예수님께서는 졸고 있는 제자들을 안타깝게 보시며 "시험에 들지 않게 깨어 있어 기도하라 마음(영 : the spirit)에는 원이로되 육신이 약하도다 하시고"(마 26 : 41)라고 말씀하신다.

"마음에는 원이로되 육신이 약하도다"라는 간결한 표현을 통해서 주님께서는 효과적인 기도에 있어서의 문제점과 해결책을 요약해 두셨다. 이 수수께끼와 같은 것에 대해 많은 사람들은 그 원리를 알고 있으며 이를 통해 능력 있는 기도가 드려지길 간절히 원하고 있으나 많은 사람들은 그 원리를 그저 고군 분투하는 것으로만 알고 있다. 이에 대한 분명한 해결 방법은 마음(영)이 육신을 다스리도록 되어 있다는 사실이다.

■ 영과 육신의 대결

우리 사람들은 아담과 하와에게 물려받은 속성인 육신적 혹은 세속적인 생각을 하고 있다. 성경은 태초에 하나님께서 계시는 데 그분은 영이라고 선언하며 하나님의 영은 우주 공간을 운행하고 계셨다. 그러던 어느 날 하나님의 말씀이 "빛이 있으라"고 선포되었다. 주목할 점은 하나님의 영이 먼저 임하였고 그 다음에야 하나님의 말씀이 있었다는 것이다. 그렇게 어두움과 빛, 땅과 바다, 식물과 동물들이 창조된 것이다. 하나님께서는 똑같은 방법으로 아담과 하와를 창조하시어 그들에게 생명을 불어넣으셨다. 아담과 하와는 생령이 되었고 그 후 육체가 되었다.

아담과 하와가 하나님 아버지와 온전한 관계를 누릴 수 있었냐면 매일 하나님께서 그들과 교제하기 위해 오셨을 때 영과 영의 상호 관계가 일어날 수 있기 때문이다. 그러나 선악을 알게 하는 나무의 열매로 인해 두 사람은 이 초자연적 능력을 잃어버렸다. 사단은 선악과 열매로 "모든 것을 알 수 있게" 한다고 하와를 유혹했다. 그러나 하나님께서는 "실과를 먹는 날에는 정녕 죽으리라"고 경고하셨다. 그럼에도 아담과 하와가 먹지 말라고 한 열매를 따 먹은 후 그 죄의 댓가는 이어졌다. 그들은 하나님의 말씀처럼 죽지 않았고 영적으로 죽었다. 즉, 더 이상 영과 영으로 하나님과 교제할 수 있는 신적 능력이 없어진 것이다. 그러므로 육적인 마음("네가 알 것이다")은 영적인 속사람을 지배하게 된 것이다.

아담과 하와가 타락하고 수세기가 지난 후 범죄한 인간들은 바벨탑을 세웠다. 하나님께서 계신 곳에 도달키 위해 탑을 쌓은 것은 사단적 계획을 세우는 결과를 초래했다(창 11 : 1-9). 당시 사람들은 아담과 하와가 사용했던 언어로 말하고 있었다. 그들은 한 언어를 사용하기 때문에 하나님께서도 이들이 무슨 일이든 할 수 있다고 선언하셨다. 결국 하나님께서는 그들의 언어를 혼잡시켰고 사람들은 지구상에 흩어지게 되었다.

그리고 인간들로 하여금 다시 하나님 아버지와의 교제를 회복시켜 주기 위해 예수 그리스도께서 이 땅에 오셨다. 예수님의 죽음과 부활은 죄의 저주로부터 화해와 구속함을 성취시켰다. 지상에 계신 동안 예수님께서는 하나님과 인간 사이에서 신적으로 교제하는 수단이 되셨다. 이것은 예수님 자신이 인격화된 말씀이시기 때문에 가능한 일이었다.

또한 예수님께서는 승천하시기 전 아담이 잃어버린 영과 영의 교제를 회복시켜 줄 수 있는 새로운 영역이 되실 성령을 보내주시마 약속하셨다. 사도행전 2장은 그 약속이 성취되던 날에 성령이 예루살렘의 다락방에 있는 성도들에게 임하여 독특하고 흥미로운 현상이 벌어졌음을 기록하고 있다. 그곳에 있었던 성도들은 그들의 지식으로는 알 수 없는 초자연적인 역사로 인해 여러 가지 언어로 말하기 시작했다.

■ 성령이 먼저 임하고 다음이 말씀이다

창조 때부터 하나님께서 세우신 신적 패턴은 성령이 먼저 임하고 다음에 말씀이 임하는 것이다. 하나님의 영이 지상에 운행하신 후 말씀이 나왔고 창조의 역사가 이루어진 것이다. 재창조나 중생의 경험도 똑같은 방법으로 일어난다. 우리는 먼저 성령에 의해 인도함을 받고 말씀으로 인하여 중생의 역사가 일어난다(요 6 : 44). 예수님께서도 우리는 먼저 신령(영)으로 예배해야 하며, 그 다음 진정(진리, 말씀)으로 예배해야 한다고 말씀하셨다. 사도 요한은 "주의 날에 내가 성령에 감동하여 내 뒤에서 나는 나팔소리 같은 큰 음성"을 들었다(계 1 : 10).

성령이 먼저이고 말씀이 후에 온다는 패턴은 성경에서 계속해서 나타난다. 그런데 일반적으로 우리는 성령이 임해야 일어날 수 있는 것을 육신적인 마음으로 이루려고 노력하는 것이다. 겟세마네 동산에서 제자들이 역사하는 기도를 하려고 할 때 경험했던 문제가 그것이었다.

육신적 마음이 지배하는 이러한 경향은 우리가 물려받은 육적인 본성 때문이다. 이것은 또한 우리 중 많은 사람들이 그렇게 교육받았음을 반영해 주는 것이기도 하다. 한 성경학교에서 나는 설교 메시지를 위해 말씀을 연구한 후 하나님께서 그 메시지에 은총을 내려 줄 것을 기도하도록 교육받았다. 그러나 내가 성경에 계시된 패턴을 관찰한 후 배운 결과는 먼저는 내 영 가운데 메시지를 받아들이고 그런 다음 그 메시지를 보다 폭넓게 발전시키기 위해 말씀을 보아야 한다는 것이었다.

오순절에 일어난 현상도 이와 같다. 성령이 예루살렘의 다락방에 임한 다음 말씀이 등장한 것이다. 베드로는 신학교에 가본 적이 전혀 없다. 게다가 그는 예수님을 부인하고 버렸던 자다. 그러던 그가 성령을 체험한 후에는 3,000명이란 사람이 거듭나도록 능력 있는 말씀을 선포했다.

새로운 차원에서의 성령이 임할 때 계시가 안에서 밖으로 즉, 영에서 육신적 마음으로 흐르기 시작했다. 이것은 하나님의 성령에 의해서 인간의 영이 능력을 받게 하는 것이며 동시에 육신을 지배하도록 하는 것이다. 그렇게 되면 잘못된 자녀와 그의 아버지와의 관계가 새롭게 정립된 것처럼 사람과 하나님 아버지와의 교제도 회복되는 것이다.

제자들이 지식으로는 알 수 없는 언어로 말을 시작한 것은 그것에 대한 증거이다. 성령이 그들의 마음을 감화시키자 이전에는 한 시 동안도 깨어 기도할 수 없었던 사람들이 놀라운 기도의 용사들로 변화한 것이다.

■ 문은 열렸다

내가 환상으로 보았던 닫힌 문을 두드리던 한 사람을 기억해 보라.

그는 응답을 받지 못한 채 있지 않았는가? 우리의 지식에 의지해 역사하는 기도를 시도하고 있는 한 우리는 이와 비슷한 좌절을 경험하게 될 것이다. 나는 기도생활 가운데 이러한 좌절감을 경험했었다. 왜냐하면 내 마음은 원이로되 나의 육신(정신, 의지, 지식)이 약하기 때문이었다. 결론적으로 이러한 장애물을 극복하는 한가지 방법은 영으로 하여금 내 육신보다 먼저 활동하도록 하는 것이었다.

E. M. 바운즈는 우리가 영으로 기도하는 것은 단지 습관적인 혹은 틀에 박혀 기도하는 것 이상이라고 말했다. "기도는 습관적으로 해야만 한다. 그러나 기도는 하나의 습관보다 훨씬 이상의 것이다. 기도는 하나님과의 교제를 얼마나 사모하며 하나님과 어떠한 관계를 맺고 있는가를 표현해 주는 것이다. 기도는 영원한 분과 관련되었다는 아들을 주장하는 것이며 동시에 그분의 아버지를 확언하는 것이다."[1]

영은 즉각적으로 마치 우리들의 마음이 원할 때 기도하는 것처럼 기도할 수 있도록 성대를 자극한다. 그러므로 우리는 마음에 원치 않아도 영으로부터 기도를 할 수 있는 데 이는 하나님과 직접 교제하기 위해 혀를 사용하는 기도로써 성령 안에서 하는 기도라 부른다. 이러한 기도에 대한 하나님의 응답은 우리의 마음으로 알 수 있다. 즉, 우리는 이해하면서 기도할 수 있는 것이다(고전 14 : 13-15).

근본적으로, 쉬지 않고 기도하는 것과 효과적인 중보 기도를 하기 위해 제자들이 그랬던 것처럼 우리의 지식으로부터 벗어나야만 한다.

❖ 각주 ❖ ─────────

1) E. M. Bounds, *The Complete Works of E. M. Bounds on Prayer*(Grand Rapids: Baker, 1992) P. 39.

30

당신의 사고 방식을 극복하는 법

본 장의 제목을 누가 본다면 웃으면서 나는 내 사고 방식을 극복하라는 말을 들을 필요가 없다라고 생각할지 모른다. 그러나 나는 본 장이 끝날 즈음에는 우리가 지식을 벗어버리는 것이 얼마나 중요한지를 인식할 것이며 자발적으로 지식을 벗어나려 스스로가 준비할 것이라 믿는다.

지식을 벗어나는 것은 대다수의 사람들이 생각하는 습관에 젖어있는 것과는 전혀 다른 영적 생활의 모습이다. 왜냐하면 우리가 앞 장에서 배웠던 것처럼 우리의 대다수 사람들은 영적인 면이 아닌 육신적 지성면에서 습관에 젖어있기 때문이다. 육적인 마음은 "너는 쉬지 않고 기도할 수 없다"고 말하지만 영적인 마음은 "너는 쉬지 않고 기도할 수 있다"라고 말하는 것이다.

성경은 우리가 믿는 자로서 그리스도의 마음을 품어야 한다고 했으며 (고전 2 : 16), 성령의 언어는 우리로 하여금 논리적인 사고로 굳어진 육신적 마음을 피하여 그리스도의 마음을 품도록 한다고 기록되었다. 우리가 사용하는 기도의 언어는 우리로 하여금 육신적 지성을 벗어날 수 있도록 해준다.

그리스도께서 십자가에 못 박히심은 바벨탑 때문에 발생했던 여러 가지 언어를 포함하여 인간의 죄와 관계된 모든 저주를 해결해 주셨다. 언어라는 외적 상징 등으로 나타난 성령 세례는 원래의 천상 언어를 회복시켜준 것이다. 우리가 천상의 언어로 하나님과 교제할 때 성령님께서는 하나님의 메시지를 해석해 주신다.

오순절 치유 전도자인 오럴 로버츠 목사의 경우가 좋은 예이다. 어느 날 그는 성령의 기도 언어로 하나님과 교제하면서 오클라호마의 텅 빈 지역을 걷고 있었다. 그가 성령의 음성을 듣기 위해 잠시 기도를 멈추었을 때 성령님께서는 그의 마음에 "나를 위해 이곳에 대학교를 건축하라"고 하셨다. 그때 오럴 로버츠 목사는 자신의 사고방식으로부터 벗어나 영으로 기도했다. 그 결과 그가 하나님의 말씀을 받아 세운 그 학교를 통해서 나와 다른 25,000여 명의 졸업생들은 혜택을 받은 것이다.

■ 성령 세례

성경에서 사용된 세례 주다(Baptize)라는 단어는 "어떤 것에 완전히 가라앉다 혹은 잠기다"라는 의미이다. 신약성서에서는 몇 차례 세례라는 명사로 언급했는 데 예수님의 고난의 세례(눅 12 : 50), 물 세례(마 3 : 11-17), 그리고 성령 세례(행 2 : 1-13)의 경우가 그것이다.

구약성서에서 성령은 하나님의 사람들에게 임하였다. 그러나 예수님께서는 더 나아가셔서, 성령이 그들과 함께 하셨듯이 언젠가는 그들 안으로까지 친히 임하실 것이라고 말씀하셨다(요 14 : 17). 제자들은 그들이 이러한 세례의 새로운 영역 혹은 성령 안에 영적으로 잠기기 위해 예루살렘을 떠나지 말도록 권고받았다.

성령 세례의 증거

예수님께서는 육의 눈에 보이지 않는 성령을 바람으로 비유하셨다(요 3 : 8). 바람은 보이지 않지만 바람으로 인하여 나타난 현상은 볼 수도 있고 들을 수도 있다. 바람이 불면 땅에서 먼지가 나기도 하며 혹은 나뭇잎이 흔들리고 바다의 파도는 해변을 향해 밀어닥치며 구름은 하늘을 가로질러 움직인다.

성령도 마찬가지이다. 성령은 보이지 않지만 성령으로 인하여 나타난 현상은 볼 수도 있고 들을 수도 있다. 그 예가 바로 오순절(Pentecost) 날에 임하였던(행 2장) 기도의 언어이며, 고넬료(Cornelius)의 가족들(행 10 : 44-46)과 에베소(Ephesus)의 새 신자들에게(행 19 : 6) 충만하게 임하였던 성령 세례이다. 성경말씀을 통해 세 사건을 비교해 보면 공통적으로 외부적인 특징이 나타난 것을 볼 수 있다. 성령 세례를 받은 사람은 다른 언어 즉, 방언으로 말한다는 사실이다.

방언의 종류

오순절 날 나타났던 성령에 의한 방언들은 사람들이 알아들을 수 있었던 언어들이었다. "다 놀라 기이히 여겨 이르되 보라 이 말하는 사람이 다 갈릴리 사람이 아니냐 우리가 우리 각 사람의 난 곳 방언으로 듣게 되는 것이 어찜이뇨"(행 2 : 7-8).

그러나 기도의 언어는 사람들이 알지 못하는 언어일 수도 있다. "방언을 말하는 자는 사람에게 하지 아니하고 하나님께 하나니 이는 알아듣는 자가 없고 그 영으로 비밀을 말함이니라"(고전 14 : 2).

■ 성령께서 역사하심

기도의 언어가 중요하다는 것은 다음 말씀에 잘 나타난다.

이와 같이 성령도 우리 연약함을 도우시나니
우리가 마땅히 빌 바를 알지 못하나
오직 성령이 말할 수 없는 탄식으로
우리를 위하여 친히 간구하시느니라
마음을 감찰하시는 이가 성령의 생각을 아시나니
이는 성령이 하나님의 뜻대로 성도를 위하여 간구하심이니라

로마서 8 : 26-27

방언한다는 것은 다른 사람보다 더 낫다거나 못한 사람임을 말해주는 것이 아니다. 또한 방언은 구원을 받는 데 필요한 것도 아니며 영적인 모든 문제들을 치료해 주거나 해결해 주는 것도 아니다. 다만 방언은 영적인 교제를 할 수 있는 놀라운 도구이다.

우리가 개인 기도생활에 있어서 모범적인 기도를 사용할지라도 때로는 어떻게 기도해야 될지 정확하게 알지 못할 때가 있다. 이때 성령께서는 우리가 드리는 기도의 언어를 통해서 하나님 아버지와 직접적으로 교제하게 되는 것이다. 그 결과 우리는 지식을 초월해서 하나님의 온전한 뜻에 따라 기도할 수 있게 되는 것이다.

■ 기도 언어의 목적

효과적인 기도를 하기 위해 사용하는 기도 언어의 몇 가지 강력한 효과를 여기에 언급하고자 한다.

높임(Exaltation)

예수님께서는 "진리의 성령이 오시면… 그가 내 영광을 나타내리니…"(요 16 : 13-14)라고 말씀하셨다. 성령에 의한 기도 언어는 우리로 하여금 하나님과 예수 그리스도를 찬양토록 만들어 주며 우리 마음의 세속적인 유혹을 피할 수 있도록 도와주기 때문에 우리는 신령과 진정으로 예배를 드릴 수 있는 것이다. 기도할 때 우리가 하고픈 모든 기도를 다 한 후 할 말이 생각나지 않는다면 그 순간 성령에 도우심을 입어 주님을 찬양토록 하라.

능력을 받음(Impartation)

성령 세례와 기도 언어를 받은 사도들은 영적인 은사와 그에 따른 놀라운 능력을 받았다. 기도 언어는 우리로 하여금 전혀 알지 못하는 성령의 새로운 영역에 이르도록 발전시켜 준다. 이는 영적인 은사를 받을 수 있도록 방아쇠를 당겨주는 것이며 영적인 능력을 촉진시키는 결과를 가져온다. 예수님께서도 "오직 성령이 너희에게 임하시면 너희가 권능을 받고…"(행 1 : 8)라고 말씀하셨다.

중보 기도(Intercession)

우리가 방언으로 기도할 때 성령님께서는 하나님의 뜻에 따라 중보 기도를 하심으로 "우리의 연약함을 도와주신다"(롬 8 : 26). 여러분은 결혼 문제 때문에 어찌할 바를 모른 채 오랫동안 기도해 본 경험이 있을 것이다. 때로는 경제적 환경이 해결할 수 없을 정도로 악화되어 하나님께 무엇을 어떻게 구해야 할지 모를 때도 있을 것이다. 그러나 어쩌면 이러한상황이 우리로 하여금 성령님께서 하나님의 뜻대로 중보하시도록 절실하게 기도할 때인지도 모른다.

우리가 기도할 때에 우리를 대신해서 하나님께 간구해줄 보혜사가 필요할 때가 있는가? 성령께서는 이미 우리를 위해 보혜사로 지명되어 있다. 보혜사(Comforter : 요 16 : 7)란 말은 법정에서 합법적으로 도움이나 조언을 해주는 것과 비슷한 사람인 "어떤 사람 편에서 도움을 주는 목적으로 부름받은 자"를 뜻한다. 우리를 위해 성령님은 이 땅에서, 예수님은 하늘에서 중보 기도 하고 계신다.

우리가 성령의 도움을 받기 위해서는 우리의 연약함을 인정해야 한다. 우리의 필요성에 따라 자신을 너무 신뢰하거나 자기 중심적인 신앙자세를 취한다면 결코 성령의 도우심을 받을 수 없다. 우리가 알지 못한다는 사실을 인정할 때 우리의 영은 지성을 간과(看過)하게 되고 성령님은 우리에 관한 모든 것을 알게 되어 우리를 위해 중보 기도할 수 있다. 성령님은 우리의 배경, 수치심, 감정적 상처들, 그리고 아픔 등을 알고 있기 때문에 하나님 앞에 우리의 사정을 유효 적절하게 아릴 수 있다.

우리는 성령님의 도움을 받아 기도한 후 응답을 기다려야 한다. 성령님은 하나님께서 말씀하신 바를 우리의 영에게 증거해 주실 것이다. "그러하나 진리의 성령이 오시면 그가 너희를 모든 진리 가운데로 인도하시리니 그가 자의로 말하지 않고 오직 듣는 것을 말하시며 장래 일을 너희에게 알리시리라"(요 16 : 13).

계발(Edification)

교화이란 "영적 성장의 초석을 형성하고 증진시키는 것"을 뜻한다. 예수님의 친동생이었던 유다는 믿는 자들이 직면할 수 있고 현혹될 수 있는 상황에 대해 다음과 같이 훈계하고 있다. "사랑하는 자들아 너희는 너희의 지극히 거룩한 믿음 위에 자기를 건축하며 성령으로 기도하며 하나님의 사랑 안에서 자기를 지키며 영생에 이르도록 우리 주 예수 그

리스도의 긍휼을 기다리라"(유 1 : 20-21). 성경은 말세에 악이 편만하
며 많은 사람들이 무정하여 다른 사람들을 생각하지 않을 것이라 말하
고 있다. 말세의 시간이 빠르게 다가오고 있는 이때 믿음과 사랑을 증진
시킬 수 있는 방법은 성령 안에서 기도하는 것 뿐이다.

계시(Revelation)

영으로 기도하는 것은 육신적인 이성에 따라 살고 있는 우리를 성령
의 인도함을 받은 영역으로 이동시켜주는 것이다. 이전에 우리는 중보
기도하는 데 있어서 기도 언어로써 계속 기도하는 법을 배웠다. 이제 우
리는 분별력을 가지도록 기도하면서 우리 자신의 영에게 말하는 것이
무엇인지 해석하는 법을 배워야 한다. 성령으로 기도하는 것은 곧 하나
님과 대화하는 것이므로 기도 후에는 해석을 기다려야 한다.

하나님께서는 그 해석을 통해 기도에 대한 응답을 주신다. 성령님은
하나님의 응답을 깨닫게 하시려고 우리 마음에 성경구절을 빠른 속도로
보여주실지 모른다. 또는 영적인 개념이나 혹은 하나의 구절, 몇개의 단
어를 보여주실 수도 있다. 때로는 아예 구체적으로 하나님의 메시지를
보여주기도 한다. 해롤드 호톤(Harold Horton)은 다음과 같이 말했다.

> "우리 각자가 각기 다른 방언으로 기도한다고 해서 모든 내용이
> 분명하게 이해되야 할 필요가 있는 것은 아니다. 그러나 본인이
> 해석을 원하거나 해석이 필요할 경우에 하나님께서는 해석을 주시
> 는 데 그때의 분별력은 영으로 기도하는 것만큼이나 유익하다."[1]

회복(Restoration)

성령의 기도 언어는 영적인 안식과 회복을 가져다 준다. 이사야는 다

음과 같이 예언했다.

그러므로 생소한 입술과 다른 방언으로 이 백성에게 말씀하시리라
전에 그들에게 이르시기를 이것이 너희 안식이요 이것이 너희 상쾌함이니
너희는 곤비한 자에게 안식을 주라 하셨으나 그들이 듣지 아니하였으므로

이사야 28 : 11-12

성경은 우리에게 "그러므로 우리는 두려워할지니 그의 안식에 들어갈 약속이 남아 있을지라도 너희 중에 혹 미치지 못할 자가 있을까 함이라"(히 4 : 1)고 경고하고 있다.

■ 방언에 대한 반대 의견들

많은 사람들이 기도 언어로 영적 안식에 들어가지 못하는 이유는 방언으로 기도한 것에 대하여 반대 의견을 가지고 있기 때문이다. 여기서 성령의 기도 언어에 대한 몇 가지 공통적인 반대 의견을 언급해 보고자 한다.

"모든 그리스도인들은 성령을 소유했다"는 견해

어떤 그리스도인들은 성령은 회심할 때 받는 것이므로 성령 세례 같은 다른 경험들은 필요하지 않다고 생각한다. 그러나 사마리아에서 빌립의 전도로 인하여 회심했던 사람의 경우를 생각해보자(행 8 : 14-17). 사마리아 사람은 빌립의 전도를 통해 복음을 들었고, 믿었고, 물 세례를 받았다. 그런 후 그들은 베드로와 요한의 사역을 통해서 성령 세례를 받았다.

사도행전 19 : 1-6은 사도 바울이 에베소에 가서 "제자"로 칭한 사람들을 어떻게 만났는지를 말해 주고 있다. 바울은 첫 번째로 "너희들이

믿을 때에 성령을 받았느냐"라고 물었다. 만약 그들이 구원을 받을 때 자동으로 성령 세례도 함께 받았다면 바울의 이러한 질문은 어리석은 것일 수밖에 없다.

"모든 그리스도인들이 방언을 하겠느냐"라는 견해

방언 문제에 대한 또 다른 반대 견해는 바울이 말한 "다 방언을 말하겠느냐"(고전 12 : 30)라는 말을 잘못 이해하므로 나타난다. 여기에 대한 답변은 "모든 그리스도인들이 방언을 말하지 않는다"라고 말하는 것이다. 이 말씀에서 바울은 성령의 언어로 기도하는 것을 말하는 것이 아니고 방언의 다양성에 대한 성령의 은사에 대해 말하고 있는 것이다(고전 12 : 4-11). 이 성령의 은사는 성령의 능력 하에 방언을 통해서 교회에 특별한 메시지를 주는 것을 말한다. 그리스도인 대부분이 성령의 기도 언어는 받을 수 있을지 몰라도 이러한 방언의 특별한 은사는 모든 그리스도인들이 받지는 못한다.

"방언하는 것을 두려워한다"는 견해

어떤 그리스도인은 하나님의 성령 세례가 아닌 것을 받을까봐 두려워하기 때문에 구하지 않는다. 그러나 성경은 하늘에 계신 우리 아버지의 선하심은 세상의 아버지보다 훨씬 뛰어나기 때문에 하나님의 자녀들에게 피해가 되는 어떤 것도 주시지 않음을 말하고 있다. 성령으로 기도하는 언어는 하나님께서 자신의 자녀들에게 아버지로서 공급해 주시는 은혜이다(마 7 : 7-11).

"방언은 감정적인 체험일 뿐이다"는 견해

방언에 대한 또 다른 견해는 방언은 감정적인 체험일 뿐이라는 것이다. 하나님께서는 우리를 감정적인 존재로 창조하셨다. 그렇기 때문에 회심도 감정적인 문제를 전혀 배제하지는 않는다. 회심이란 죄의 통치에서 벗어나 자유롭게 되는 것이다. 성경에 나타난 **기쁨**이란 단어는 사도행전 13 : 52인 "제자들은 기쁨과 성령이 충만하니라"에서 성령과 병행구로 쓰여진 것을 통해 성령과 깊은 연관성이 있다. 실제로 성령 세례를 받은 사람들은 다른 사람들보다 감정적이기 때문에 더 큰 기쁨을 자연적으로 표현하게 된다. 그들은 소리치고, 웃는 등 여러 가지 다른 반응들을 자신의 감정적인 특성에 따라 표현하게 된다.

■ 자신의 사고 방식을 벗어나기

하나님께서는 인간이 죄로 인하여 잃어버렸던 의사 소통의 순수한 언어를 오순절 날 회복시켜 주셨다. 하늘로부터 성령이 강림하여 예수님께서 명하신대로 성령의 강림을 기다리던 그리스도인들에게 성령의 세례로 적셔 주었다. 베드로는 요엘 선지자를 통해서 예언했던 하나님의 약속이 성취된 것이라고 선언했다.

그 후에 내가 내 신을 만민에게 부어 주리니
너희 자녀들이 장래 일을 말할 것이며
너희 늙은이는 꿈을 꾸며
너희 젊은이는 이상을 볼 것이며
그때에 내가 또 내 신으로 남종과 여종에게
부어 줄 것이며

요엘 2 : 28-29

남자와 여자, 젊은이와 늙은이 모든 사람들이 이 성령의 충만함을 받을 것이다. 성령의 충만함을 받은 사람들은 예언하고, 꿈을 꾸며, 환상을 보는 등 하나님과 계속적으로 교제하는 경험을 할 것이다.

이러한 교제를 일컬어 성령으로부터 파생된 서로 공용하고, 협력하며, 서로 인정해주며 교제하고, 즐기며 참여한다는[2] 뜻의 **코이노니아**(Koinonia)라고 말한다. 요한계시록 3 : 20은 이러한 교제의 형태를 잘 보여준다. 즉 같이 음식을 먹고 있는 두 사람의 모습에서 우리는 그들이 서로 잘 아는 사이이며, 서로의 마음속 깊이 있는 친밀한 대화를 나누고 있다는 것을 알 수 있다.

오순절 역사에 대해 베드로는 그 일이 당시 듣고 있던 사람들과 그들의 자녀, 그리고 하나님께서 부르시는 먼 데 있는 사람들에게 이미 약속된 것이라고 말한다(행 2 : 38-39). 성령 세례는 민족적인(너희 유대인들에게), 가족적인(너희 자녀들), 그리고 세계적인(하나님께서 부르시는 먼 데 있는 사람) 약속이다.

여러분은 육신적 지성을 극복케 하는 이러한 놀라운 교제의 도구인 성령 세례를 받을 준비가 되어 있는가? 늦출 필요도 없고 또한 주지 않으려는 것을 달라는 것처럼 구걸할 필요도 없다. 세상 아버지가 자녀들에게 선물 주는 것을 기뻐하는 것처럼 하늘에 계신 우리 아버지는 이러한 선물을 우리가 기도하기만 하면 주실 것이다(눅 11 : 13). 단순히 입을 열어 믿음을 가지고 기도하라. 그러면 새로운 기도의 언어가 나올 것이다. 그러한 새로운 언어는 우리들의 마음으로부터 나오는 것이 아니라 우리의 영으로부터 나올 것이다. 기도하고 있는 내용이 무엇인가에 대해 생각하려 하지 말라. 그때 입술이 더듬는 것을 우선 느끼게 될 것이다. 그러나 혀를 계속해서 성령님께 맡겨라. 그러면 성령님께서 우리들을 통해 알아듣지 못한 말을 우리들의 깨달음으로 말씀하실 것이다(사 28 : 11). 어떤 사람들은 즉각적으로 유창한 언어를 할 수 있는 반면에 다른 사람들은 처음에는 몇몇 단어 혹은 짧은 말을 할 수 있을 것이다. 하나님께서 주시는 대로 기도하기 바란다. 하나님 나라의 원리로 보면 더 많은 것을 받기 위해서는 현재 가지고 있는 것을 잘 사용해야 하기 때문이다. 우리의 마음은 무엇인가에 의해 다스림을 받는 데 익숙해져 있다. 이제 성령님으로 우리를 다스리도록 하기 바란다.

성령으로 기도하는 것이 처음에는 우리들 자신들에겐 이상할지 모르지만 하나님께는 전혀 이상한 것이 아니다. 우리 중 많은 사람들은 생각의 지배를 받으므로 지식적으로 이해할 수 없는 것이라면 거부해 버릴 것이다. 그러나 초단파나 컴퓨터처럼 우리 주위에는 매일 사용하고 있지만 동작하는 원리나 과정을 알지 못하는 것들이 많이 있다. 영적인 영역에서도 마찬가지이다. 다음 장에서는 당신의 사고방식을 극복하는 것이 효과적인 기도를 하는 데 얼마나 중요한지를 언급할 것이다. 왜냐하면 사고방식을 극복할 때 성령님께서 하신 말씀을 들을 수 있는 귀를 소유할 수 있기 때문이다.

❖ 각주 ❖ ────────────

1) Harold Horton, *The Gifts of the Spirit*(Springfield : Gospel Publishing House, 1975), P. 148-149.

2) W. E. Vine, *Expository Dictionary of New Teatament Words*(Peabody, Mass : Hendrickson), P. 430.

31
들을 수 있는 귀

여러분은 일방적인 대화를 나누어 본 적이 있는가? 배우자나 친구에게 말할 때 그 사람의 주위가 너무 산만해서 말하는 사람에게 전혀 귀를 기울이지 못할 경우가 있을 것이다. 그런 경우 말한 것에 대해 응답을 듣지 못했을 때 우리 자신들은 좌절감 혹은 불안감을 느끼게 될 것이다.

우리가 지금 추구하는 기름부음 받은 기도 즉, 효과적인 기도는 틀에 박힌 일방적인 대화 이상의 것이며 효과적인 기도는 주고 받는 대화이다. 일방적인 대화란 오래 지속될 수 없는 것이기 때문에 기도를 하기 위해서는 말하는 법과 더불어 듣는 법도 배워야 한다.

겟세마네 동산에서 예수님께서는 효과적인 기도를 드렸었다. 예수님께서는 하나님 아버지와 주고 받는 대화를 나누셨기 때문이다. 그러나 제자들은 간절한 마음과는 다르게 잠을 잤고 결국엔 유혹을 극복하지 못했다. 왜냐하면 그들은 권능 있는 기도를 하도록 기름부음을 받지 못했기 때문이다. 제자들은 하나님의 뜻보다 자신들의 피곤한 육체에 더욱 관심이 있었다. 이에 대해 윌리엄 바클레이(William Barclay)는 "기도하는 데 있어서 가장 큰 실패는 기도가 쉽게 자기 중심적으로 흘러 자신만을 위해 구하기 때문이다. 우리는 우리가 원하는 것만 생각하기 때문에 하나님께서 원하시는 것이 무엇인지 생각할 여유가 없다. 우리는 자신의 바라는 것에만 관심을 기울이고 있기 때문에 하나님의 뜻에 대해서는 전혀 생각지 못한다. 우리는 하나님께 일방적으로 말하기만 할 뿐 하나님께서 우리에게 말씀하시도록 전혀 시간을 드리지 않는다. 하나님께 말하는 데만 바쁜 나머지 말하는 것을 멈추지 않는다."[1]

■ 들을 수 있는 귀

만약 우리가 효과적인 기도 가운데 주고 받는 대화를 하며 하나님과 그 분의 자녀된 우리의 관계를 보다 친밀하게 유지하려면 영적인 귀를 개발하므로 하나님의 목소리를 들을 수 있어야 한다. 언젠가 하나님께서는 친구를 통해 내가 영적인 면에서 "미키 마우스(Mickey Mouse) 귀처럼 큰 귀"를 가졌다고 말씀해 주셨다. 하나님께서 내 친구에게 "래리는 영적인 귀를 잘 계발했기 때문에 나의 말을 들을 수 있다"라고 말씀해 주신 것이다. 예수님께서도 "내 양은 내 음성을 들으며 나는 저희를 알며 저희는 나를 따르느니라"(요 10 : 27)고 말씀하셨다. 건강한 양들은 들을 수 있는 큰 귀를 가지고 있어 목자의 목소리를 알고 있으므로 안전한 양 우리가 있는 곳으로부터 멀리 가지 않는다.

나는 여러분으로 하여금 영적인 귀를 잘 계발할 수 있도록 도와주고 싶다. 왜냐하면 강도는 우리가 하나님 아버지의 보호하심을 받지 못하도록 강탈하기 위해 접근해 오기 때문이다. 하나님 아버지의 보호의 울

타리 안에 안전하게 거할 수 있는 비밀은 하나님의 목소리를 듣고 아는 것이다. 하나님께서는 우리가 건강하고 큰 영적인 귀를 잘 계발하여 육적인 아버지의 목소리를 알고 있는 것처럼 하나님의 목소리를 듣고 알 수 있기를 바라신다.

우리는 들을 수 있는 귀가 필요하다. 매일 매일의 상황에서 하나님의 온전한 뜻을 계속적으로 행하고 있는지 그리고 효과적인 기도를 하도록 기름부음을 받아 기도생활을 하는지를 계속적으로 판단해야 하기 때문이다. 아무리 작은 결정일지라도 그것은 미래의 운명에 영향을 미친다. 그렇기 때문에 하나님의 목소리를 아는 것은 매우 중요한 일이다. 우리가 하나님의 목소리를 듣기 위해서는 다음과 같은 4가지를 믿어야 한다. (1) 하나님은 존재하신다 (2) 하나님은 인간과 서로 교제하신다 (3) 하나님은 인간에게 말씀하신다 (4) 하나님께서 말씀하실 때 우리는 하나님의 목소리를 알 수 있다.

■ 성경의 기록

성경은 하늘에 계신 우리 아버지께서 우리와 함께 교통하심을 영감으로 기록한 책으로서 위에서 말한 4가지를 확증해 주고 있다.

세상과 최초의 인간인 아담과 하와의 창조를 기록한 창세기 1-3장을 읽어보라. 그러면 "하나님께서 말씀하신" 태초부터 하나님께서는 말씀하신 것을 멈추신 적이 없다는 사실을 알 수 있을 것이다. 하나님께서는 온 우주를 말씀으로 창조하셨고, 그 우주의 첫 번째 거주자인 아담과 하와에게 특별한 교훈을 주셨다. 아담과 하와는 막연한 감명을 받은 것이 아닌 하나님으로부터 직접적으로 말씀을 받았다. 아담과 하와에게는 설교해 줄 사람도 없었고, 예배드릴 수 있는 조직적인 교회나 하나님의 말씀이 기록된 계시도 없었다. 그들은 실제 하나님의 직접적인 목소리를 들었던 것이다. 그러나 죄가 들어와 지구상에 퍼졌을 때 하나님께서는 세상을 홍수로 심판하시기로 작정하셨다. 그리고 노아에게 방주를 건축하는 방법과 어떤 동물들을 방주 안으로 들여야 할지 등 모든 것들에 대해 특별한 교훈을 주셨다.

창세기 11-25장에 기록된 말씀을 읽어보면 아브라함이 약속의 땅과 자손에 대해 하나님과 계속적으로 대화를 나누었음을 알 수 있다. 그런데 어느 날 하나님께서는 아브라함에게 아들 이삭을 번제물로 받칠 것을 말씀하셨다. 여러분은 아버지된 아브라함이 그 일을 행해야 한다는 것이 얼마나 어려운지 상상할 수 있겠는가?

그러나 아브라함은 하나님의 목소리를 알고 있었기 때문에 그 소리에 순종하였던 것이다. 아브라함이 칼을 높이 들고 희생제사로 이삭을 드리려고 할 때 주의 사자(성육신 이전의 그리스도)는 아브라함에게 "… 그 아이에게 네 손을 대지 말라 아무일도 그에게 하지 말라…"(창 22 : 10-12)고 말씀하셨다. 아브라함은 교리적인 자신의 의로움으로 "나는 하나님께서 말씀하신 것을 들었기 때문에 들었던 하나님 말씀을 벗어나지 않겠다"라고 선언할 수 있었다. 그는 하나님의 말씀을 듣는 데 있어서 이미 익숙해 있었기 때문에 하나님의 목소리를 즉각 알았으며, 그 목소리에 순종할 수 있었다.

출애굽기 3-4장에는 하나님과 모세 사이의 대화가 구체적으로 기록되어 있다. 모세는 광야 생활을 통해 하나님의 목소리를 계속적으로 들었고 시내 산에서는 율법과 성막에 대한 계시를 받았다.

사사기 전체는 하나님의 말씀을 통해서 세워지고 지도받은 사람들에게 초점을 맞추고 있다. 특별히 사사기 13장에서의 기록을 보면 하나님께서는 마노아에게 아들을 주셨다. 그리고 그 아들을 어떻게 양육해야 하는지 특별한 교훈도 함께 주셨다.

하나님의 말씀이 흔하지 않을 때 하나님께서는 사무엘에게 말씀하여 주셨다(삼상 3 : 2-10). 당시 하나님께서는 계속적으로 말씀하셨지만 그 말씀에 귀를 기울이는 사람이 없었다. 그러나 하나님께서는 말씀을 들을 수 있는 어린 사무엘을 발견하신 것이다. 사무엘은 자신을 부르는 소리가 엘리나 혹은 다른 사람의 것이라고 처음에는 생각했다. 이것은 우리가 하나님의 목소리를 듣기 시작할 때도 일어나는 현상들이다. 즉 하나님의 말씀이 다른 사람의 말이나 혹은 우리 자신의 목소리로 생각하는 것이다. 그러나 우리가 사무엘처럼 "여호와여 말씀하옵소서 주의 종이 듣겠나이다"라고 확신한다면 쉽게 하나님과 교제할 수 있게 된다.

하나님께서는 폭풍 가운데 욥에게 말씀하셨다. 다윗 왕에 대한 모든 기록들과 시편들은 다윗(David)이 하나님과 얼마나 친밀한 교제를 나누었는지를 보여주고 있다. 그의 아들 솔로몬도 하나님으로부터 성전 건축에 관하여 특별한 말씀을 받았다.

구약성서는 하나님께부터 특별하고 직접적인 메시지를 받았던 선지자들에 대하여 보다 폭넓게 기록하고 있다. 요나에게 임한 하나님의 말씀(욘 1 : 1-2), 엘리야에게(왕상 17 : 8-9), 이사야에게(사 38 : 4-5), 그리고 예레미야(렘 1 : 4-5)에게 임한 하나님의 말씀이 나타나 있다. 에스겔은 "말씀하시는 자의 음성"(겔 1 : 26-28)을 들었다는 것을 기록했다.

옛 언약을 맺었던 백성들에게 하나님께서 말씀하셨다면 새 언약을 맺은 믿는 자들도 적어도 그와 동일한 특권을 누릴 수 있다고 생각되지 않는가? 히브리서는 우리 믿는 자들은 보다 나은 특권을 누린다고 선언하고 있다. 우리는 보다 좋은 소망(히 7 : 19), 언약(히 7 : 22), 약속(히 8 : 6), 제물(히 9 : 23), 산업(히 10 : 34), 부활(히 11 : 35)을 가지고 있다.

신약성서는 예수님과 세례 요한의 탄생을 알리시는 하나님의 목소리를 기록으로 시작하고 있다. 하나님께서는 예수님께서 세례를 받으실 때와 변화 산에서 기도하실 때에도 사람들이 들을 수 있도록 말씀을 주셨다. 공생애 사역 기간에 예수님께서는 하나님의 말씀을 통해서 제자들과 계속해서 교제를 나누셨다. 왜냐하면 예수님 자신이 바로 하나님의 음성이셨기 때문이다. "옛적에 선지자들로 여러 부분과 여러 모양으로 우리 조상들에게 말씀하신 하나님이 이 모든 날 마지막에 아들로 우리에게 말씀하셨으니 이 아들을 만유의 후사로 세우시고 또 저로 말미암아 모든 세계를 지으셨느니라"(히 1 : 1-2).

예수님 당시 종교 지도자들은 예수님의 음성을 듣기는 했지만 그 음성을 들을 수 있는 귀는 없었다. 예수님께서는 다음과 같이 말씀하셨다. "나를 보내신 아버지께서 친히 나를 위하여 증거하셨느라 너희는 아무 때에도 그 음성을 듣지 못하였고 그 형용을 보지 못하였으며 그 말씀이 너희 속에 거하지 아니하니 이는 그의 보내신 자를 믿지 아니함이니라(요 5 : 37-38)"예수님께서 승천하시고 성령께서 임하신 후에도 하나님께서는 계속해서 인간들에게 말씀하셨다. 하나님의 말씀은 사도들 뿐만 아니라 집사들, 그리고 평신도들에게도 들렸다. 한 예로 빌립 집사는, 마차를 타고 사막 길을 가고 있는 사람에게 전도하라는 특별한 명령을 받았다(행 8 : 29-31, 35). 또한 다메섹 도상에 있는 바울에게도 말씀하셨고, 아나니아에게도 말씀하셔서서 바울을 전도하도록 하셨다(행 9장). 하나님께서는 말씀을 전하고 그 말씀을 듣도록 준비시키기 위해 베드로와 고넬료에게 동시에 말씀하셨다(행 10장). 신약성서 전체를 통해 우리는 여러 개인들에게 들려주시는 하나님의 예언적 말씀을 자주 볼 수 있다. 그 중에서도 사도 요한이 밧모 섬에서 들었던 "… 나팔 소리 같은 큰 음성"은 가장 절정을 이루는 부분이다(계 1 : 10).

성경은 하나님께서 사람들에게 말씀하신 것 외에도 또 다른 음성이 있음을 우리가 알아야 한다고 기록하고 있다. 이 다른 음성이란 다른 사람의 목소리요, 내 자신의 음성이요, 거짓 아비의 소리이다. 다른 사람의 음성은 사람들이 말한 것을 들을 수 있기 때문에 쉽게 알 수 있다. 다른 사람의 음성이 하나님의 음성과 서로 상반될 때 우리가 사람의 말보다 하나님의 말씀에 순종해야 하는 것은 분명하다(행 5 : 29).

내 자신의 음성이란 나 자신에게 말하는 것이다(욘 4 : 8). 우리가 스스로에게 말할 때는 올바른 것을 말하는지 주의해야 한다. 예레미야 10 : 23의 경고를 명심하라. "여호와여 내가 알거니와 인생의 길이 자기에게 있지 아니하니 걸음을 지도함이 걷는 자에게 있지 아니하니이다."

사단의 음성은 에덴 동산에서 하와를 통해 처음으로 들린 음성이다(창 3 : 1, 4-5). 우리가 보듯이 거짓 아비의 음성은 언제나 거짓말이며, 속이는 것이며, 우리로 하여금 하나님을 떠나 죄를 범하도록 시도하는 것이다. 이러한 사단의 술책은 예수님을 시험할 때(마 4 : 1-13)도 심지어 하나님과의 대화(욥 1 : 7-12, 2 : 1-6)에서도 나타났음을 우리는 쉽게 알 수 있다.

때때로 사단은 그들에 의해 조정을 받은 개개인을 통해서 그들의 음성을 들려주지만 대부분은 들리지 않는 음성으로 말한다. 본서의 제2부에서 언급했던 것처럼 거짓 아비는 하나님 아버지께서 선포한 모든 진리를 기만하며 부정해 버린다. 하나님과 부자 관계를 유지하는 데 있어서 우리가 하나님의 음성을 알아야 하는 것은 지극히 중요하다. 우리가 영적으로 살고 죽는 것은 유혹하는 영들의 희생자가 되지 않도록 늘 지켜 주시는 하나님의 음성을 잘 듣는 것에 달려 있는 것이다.

성경에서는 신자들을 양으로 비유하고 있다. 이 양의 특징은 자신들이 가는 방향을 알지 못 한다. 예수님께서는 그의 양들이 다른 사람들이나 자신, 또는 사단의 음성을 듣지 않고 예수님의 음성을 듣고 예수님을 따르도록 말씀하셨다(요 10 : 3-5). 그렇다면 우리는 어떻게 하나님 아버지의 음성과 우리의 관심을 끌도록 경쟁하는 다른 소란스런 음성을 구분할 수 있을 것인가? 우리가 어떻게 해야 계속적으로 기도할 수 있으며 하나님 아버지와 효과적인 대화로 교제하는 것을 배울 수 있을 것인가?

■ 교제의 채널을 열기

우리가 육신의 아버지와 대화할 때 발견할 수 있을지도 모르겠지만 진정한 교제란 무엇보다 친밀한 관계가 우선되어야 한다. 만약 육신의 아버지와 풀지 못한 감정을 가지고 있다면 교제하는 것은 어려울 것이다. 영적으로도 이와 같다. 친밀한 관계란 하늘에 계신 우리 아버지의 음성을 들을 수 있는 요구 조건이다. 아담과 하와는 하나님과 친밀한 관계를 즐기며 하나님과 매일 대화를 나누며 동행했었다. 그러나 범죄 했다는 것을 깨달았을 때 그들은 곧 바로 하나님으로부터 피하여 숨었다. "여호와 하나님이 아담을 부르시며 그에게 이르시되 네가 어디 있느냐 가로되 내가 동산에서 하나님의 소리를 듣고 내가 벗었으므로 두려워하여 숨었나이다"(창 3 : 9-10).

죄와 그 죄 때문에 나타난 수치심은 우리로 하나님과 친밀한 관계를 맺지 못하도록 하여 우리의 마음을 강팍케하고 하나님의 음성을 듣지 못하도록 한다. 예수님께서는 범죄한 인간과 의로운 하나님과의 올바른 관계를 회복시키기 위해 오셨다. 때문에 우리가 거듭났을 때는 교제할 수 있는 통로가 하늘에 계신 우리 아버지와 자동적으로 연결되는 것이다. 어린아이들은 태어날 때부터 아버지의 음성을 알아들을 수 있는 선천적 능력을 가지고 있는 것 같다. 우리가 하나님의 자녀로 거듭날 때 이와 비슷한 영적 능력을 받게 된다. 즉, 하나님의 음성을 듣고 알 수 있는 초자연적인 권능을 하나님께서 우리 안에 주신 것이다.

그러므로 이제 우리가 해야 할 것은 이미 받은 것을 어떻게 발전시킬 것인가를 배우는 것이다. 이에 대하여 모리스 세룰로는 이렇게 말했다. "많은 사람들은 하나님께서 자신들에게 말해 준 것을 다른 사람들을 통해서 들으려고 한다. 하나님께서는 여러분이 스스로 하나님의 음성을 직접 듣기를 바라시며 그 음성에 순종하기를 원하신다."[2]

■ 하나님께서 말씀하실 때 듣고 있는가

예수님께서 말씀하시기를 "기록되었으되 사람이 떡으로만 살 것이 아니요 하나님의 입으로 나오는 모든 말씀으로 살 것이라"(마 4 : 4)고 하셨다. 나오는이란 말은 계속적인 기능을 말하는 데 과거에 일어났던 어떤 것이 현재에도 계속 일어나고 있으며 미래에도 계속 일어날 것임을 의미한다. 하나님께서는 과거에도 말씀하셨고, 현재에도 말씀하시며, 미래에도 계속해서 말씀하실 것이다. 문제는 우리가 듣고 순종하느냐이다.

예수님께서는 하나님의 말씀을 듣는 사람들을 두 종류로 구분할 수 있다고 말씀하셨다. 즉, 듣고 순종하지 않는 사람과 듣고 순종하는 사람이다(마 7 : 24-27). 어리석은 사람은 하나님의 음성을 듣지만 그대로 행하지 않는 사람이며, 지혜로운 사람은 하나님의 말씀을 듣고 그대로 행하는 사람이다.

너희는 도를 행하는 자가 되고
듣기만 하여 자신을 속이는 자가 되지 말라

누구든지 도를 듣고 행하지 아니하면
그는 거울로 자기의 생긴 얼굴을 보는 사람과 같으니
제 자신을 보고 가서 그 모양이 어떠한 것을 곧 잊어버리거니와
자유하게 하는 온전한 율법을 들여다보고 있는 자는
듣고 잊어버리는 자가 아니요
실행하는 자니 이 사람이 그 행하는 일에 복을 받으리라

야고보서 1 : 22-25

하늘에 계신 우리 아버지께서는 우리가 하나님의 음성을 듣고 순종할 때 계속해서 말씀해 주신다. 불순종하게 되면 마음이 강팍케 되며 영적으로도 듣지 못하게 된다. 그렇기 때문에 성령님께서 다음과 같이 경고해 주고 있는 것이다.

그러므로 성령이 이르신 바와 같이
오늘날 너희가 그의 음성을 듣거든
노하심을 격동하여 광야에서 시험하던 때와 같이
너희 마음을 강팍케 하지 말라
거기서 너희 열조가 나를 시험하여
증험하고 사십 년 동안에 나의 행사를 보았느니라

히브리서 3 : 7-9

위 성경말씀에서 언급된 광야에서의 "시험"과 열조의 "배반"은 노예되었다가 출애굽했던 이스라엘 백성들이 하나님께서 말씀하셨을 때에 계속해서 불순종했던 범죄를 말해 주고 있다. 이스라엘 백성들은 시내산 기슭에 서서 하나님의 음성을 들었고, 하나님의 권능과 영광의 놀라운 모습을 직접 목격하였다. 그런데 그들은 왜 순종하지 않았을까?

이스라엘 백성들은 빽빽한 구름과 성막 안에 있었던 휘장 때문에 하

나님의 현현에 나아가는 데 한계를 가지고 있었다. 그러나 신약 시대의 믿는 우리들은 이스라엘 백성들보다 더 직접적으로 하나님의 음성을 들을 수 있다. 때문에 순종하는 데 있어서도 그들보다 큰 책임을 가지고 있다고 할 수 있다. 언급된 성경 말씀에서 오늘날이란 말이 사용되었다는 것은 하나님께서 이스라엘 백성들에게 말씀하셨던 것처럼 오늘날에도 말씀하고 계심을 보여주고 있는 것이다. "들어라"고 경고하는 것은 하나님께서 말씀하시는 내용이 중요하다는 것을 의미한다. 하나님께서는 당신의 백성들에게 힘을 주고, 교훈을 주고, 격려해 주시기 위해 말씀하고 있는 것이다. 하나님께서는 우리들을 인도해 주시기를 원하시며 우리들의 삶에 있어서 하나님의 목적과 의도를 계시해 주셔서 우리를 교훈하고 경고하시기를 원하신다. 모리스 세룰로는 다음처럼 말한다.

"하나님의 음성은 우리들의 생활에서 예외 없이 들어야만 한다. 우리는 하나님의 음성을 듣는 곳에서 하나님의 인도와 지도를 받으므로 하나님과 계속적인 교제를 나누도록 생활해야 한다."[3]

여러분은 이제 하나님의 음성을 들을 수 있고 알 수 있는 새로운 영적인 영역으로 들어가기를 간절히 원하는가? 만약 원한다면 시편 말씀을 지금 묵상하기 바란다. "내가 하나님 여호와의 하실 말씀을 들으리니 대저 그 백성 그 성도에게 화평을 말씀하실 것이라…"(시 85 : 8).

❖ 각주 ❖ ────────

1) William Barclay, *The Beatitudes and the Lord's Prayer for Everman* (New York : Harper and Row, 1968), P. 157.

2) Morris Cerullo, *Victory Miracle Library*(San Diego : Morris Cerullo World Evangelism, 1995), 1995년 3월호 P. 9.

3) Ibid., P. 13.

32
하나님 아버지께서 말씀하시는 방법

하나님과 친밀한 관계를 유지하는 것은 하나님과의 교제에서처럼 효과적인 기도를 하도록 기름부음을 받는 데도 중요한 요소이다. 그러므로 하나님 아버지께서 우리에게 어떻게 말씀하시는가를 정확하게 배워야만 한다. 31장에서 하나님께서는 들을 수 있는 목소리로 말씀하실 뿐만 아니라 의사 소통하는 데 있어서는 다른 방법도 사용하신다. 즉, 쓰여진 말씀이나 환경, 천사, 혹은 기적, 꿈, 환상, 상담자, 그리고 우리 영 가운데 "세미한 음성"으로 말씀하신다. 그러므로 우리가 기도를 위해 기름부음을 받을 때 하나님께서는 이러한 모든 방법을 통해서 우리에게 말씀하실 수 있는 것이다.

■ 쓰여진 말씀을 통해서(The Written Word)

하나님께서 우리에게 말씀하실 때 이미 성경(The Scriptures)에 계시된 것 이외의 다른 방법으로 말씀하실 필요는 없지만 만약 다른 방법으로 말씀하신다 하더라도 쓰여진 말씀(Word)과 절대 상반되게 하시지는 않는다. 성경(The Bible)은 하나님께서 온 우주에 대한 하나님의 주권적 계획을 이미 작정하셨음을 보여주고 있다. 그 속에서 도덕적인 뜻도 계시해 주고 있을 뿐만 아니라 우리가 어떻게 살아야 하는지를 가르친 명령도 계시해 주고 있다. 그러므로 하나님께서 우리에게 들려주시는 그 말씀은 이미 쓰여진 말씀에 계시된 주권적인 계시와 또 도덕적인 계시가 언제나 조화를 이루는 것이다.

어린아이가 부모의 음성을 알아듣기 위해서는 어느 정도 성장해야만 한다. 영적인 세계에서도 마찬가지이다. 우리가 처음 거듭났을 때는 하늘에 계신 우리 아버지의 음성을 잘 알아듣지 못했다. 그러나 우리는 영적으로 성장하면서 점차 하나님 아버지의 음성을 알아듣게 될 것이다. 영적인 성장은 이미 쓰여진 하나님의 말씀을 잘 들으므로 이루어진다. "대저 젖을 먹는 자마다 어린아이니 의의 말씀을 경험하지 못한 자요 단단한 식물은 장성한 자의 것이니 저희는 지각을 사용하므로 연단을 받아 선악을 분변하는 자들이니라"(히 5 : 13-14). 이 말씀에서 언급된 "젖"과 "단단한 식물"이란 하나님의 말씀에 계시된 단순한 진리(젖)와 보다 깊은 교훈(단단한 식물)을 말해 주는 것이다. 그러므로 하나님께서 말씀하신 것을 공부하고 영적으로 보다 성숙해질 때 우리는 선과 악을 구별할 수 있고, 하나님께서 말씀하실 때 그 음성을 알 수 있는 것이다.

■ 환경을 통해서(Circumstances)

하나님께서는 부정적이든 긍정적이든 어떠한 환경을 통해서도 의사소통을 하신다. 창세기 37-50장에 기록된 요셉의 이야기는 좋은 예이다. 요셉의 형들은 요셉을 애굽의 노예로 팔아버렸다. 뿐만 아니라 요셉은 보디발의 아내의 잘못된 고소 때문에 억울하게 감옥에 들어가게 되었다. 그러나 그는 감당하기 어려운 환경을 통해서 심한 기근 중에 무수한 생명을 구할 수 있는 하나님의 도구가 되었다. 요셉(Joseph)은 그러한 자신의 경험을 하나님께서 주신 것으로 받아 들이고 형들에게 다음과 같이 말했다. "나를 이리로 보낸 자는 당신들이 아니요 하나님이시라…"(창 45 : 8).

하나님께서는 문을 열어 주시기도 하고 닫아 버리시기도 하는 환경을 통해서도 말씀하신다. 바울의 경우 에베소에 있을 때에는 "광대하고 공효를 이루는 문이 열렸다"고 말했고(고전 16 : 8-9), 아시아에서는 전도하기를 원했지만 문이 닫혀 있다고 했다(고전 16 : 6-7).

우리는 기도할 때 우리가 직면하고 있는 환경을 주님 앞에 내놓고 그 환경 중에 하나님께서 우리에게 들려주시는 말씀이 무엇인지 보여 달라고 기도해야 한다. 하나님께서는 우리의 삶 가운데서 문을 닫으시며 혹은 열어주기도 하시고 일을 진행시키시거나 중단하시기도 한다.

■ 천사들을 통해서(Angels)

성경에는 하나님께서 천사들을 통해 말씀하시는 부분이 많이 있다. 아브라함과 롯에게 소돔 성을 멸망시킨다는 메시지를 가지고 천사들은 나타났다(창 19 : 12-14). 세례 요한과 예수님의 탄생도 천사들에 의해서 전파되었다(눅 1장). 또한 한 천사는 빌립에게 예루살렘과 가자(Gaza) 사이에 있는 길로 가면 영적으로 갈급해 있는 내시를 만날 수 있을 것이라 말했다(행 8 : 26-27). 고넬료와 그의 가족이 이방인으로서 복음을 받아 들여 하나님의 나라에 들어오게 된 것도 사도행전 10 : 9-

22에 기록된 베드로에게 나타난 천사들을 통해서 이루어졌다. 천사라는 단어는 "사자"라는 뜻이므로 구원받을 자들을 섬기기 위해 하나님 아버지께서 임명한 자들이다(히 1 : 14). 천사들은 은밀한 장소에서 기도하고 있는 자들을 보호해 주며 어려운 상황에서 구원해준다(시 91편).

■ 기적들을 통해서(Miracles)

기적은 인간의 힘으로는 일으킬 수 없는 초자연적인 역사이며 하나님께서는 기적들을 통해서 말씀하시고 자신의 의도를 전달하신다. 열왕기상 18장에 기록된 사건은 이를 증거해 준 것으로 엘리야 선지자는 이교도들 앞에서 제단을 쌓고 하늘에서 불이 내려와 제물을 사르도록 기도했다(36-39절). 하나님께서는 이 기적을 사용하시어 우상을 섬기고 있는 백성들에게 말씀하셨고 여호와 하나님만이 진정한 살아 계신 신(神)임을 보여 주셨다.

우리가 기도할 때 우리 자신들을 통해서 하나님께서 기적을 행하시도록 기대하기 바란다. 우리가 올린 기도에 대해 기적으로 응답해 주신다는 증거가 나타나기 시작할 때 우리는 효과적인 기도를 할 수 있는 데 이것은 결코 어려운 일이 아님을 경험할 것이다.

■ 꿈들을 통해서(Dreams)

하늘에 계신 우리 아버지께서는 우리와 의사 소통하시기를 너무나 바라신 나머지 잠자는 동안 꿈을 통해서도 말씀하신다. 그러나 모든 꿈은 하나님께서 주신 것이 아니다. 그 중에는 하나님께서 주신 구체적이고 목적이 있는 특별히 초자연적인 꿈이 있다. 하나님께서는 꿈속에서 아

브라함의 아내인 사라를 취한 것은 범죄라고 아비멜렉에게 경고하셨다
(창 20 : 3). 한 천사는 꿈속에서 야곱에게 나타나 그가 전에 하나님께
서원한 것을 상기시켜 주었다(창 31 : 11-13). 하나님께서는 꿈을 통해
서 요셉을 인도해 주셨고(창 37 : 5-9), 동일하게 솔로몬에게는 무엇을
원하는지를 물어 보셨다(왕상 3 : 5). 동방박사들에게도 역시 꿈을 통해
나타나셔서 다른 길로 돌아갈 것을 지시해 주셨다(마 2 : 12-13).

■ 환상들을 통해서(Visions)

환상은 우리가 눈으로 볼 수 있다는 점에서 꿈과 비슷하지만 깨어 경
험할 수 있다는 점에서 분명히 다르다. 환상은 육적인 눈 뿐만 아니라
영적인 눈으로 볼 수 있다. 어쩌면 자연적인 눈으로는 보지 못할 수도
있다. 그러나 하나님께서는 우리의 영을 통해 "환상"을 보여주신다.
하나님께서는 환상 가운데 아브라함에게 나타나셔서 예언적 약속을 해
주셨다(창 15장). 다니엘서는 세상의 미래에 일어날 일을 보여주는 환상
들로 가득차 있다. 하나님께서는 다른 구약 선지자들에게도 환상을 통해
서 말씀하셨다. 신약에서는 하나님께서 베드로에게 이방인들을 위해 복
음이 전파되어야 할 필요성에 대한 환상을 보여주셨고(행 10 : 9-22), 바
울에게는 마게도냐로 오라는 환상을 보여주셨다(행 16 : 9). 성경의 마지
막 책인 요한계시록은 사도 요한이 보았던 환상을 기초로 하고 있다.

■ 상담자들을 통해서(Counselors)

하나님께서는 신앙적 상담자들을 통해서 의사를 소통하신다. 성경에
는 영적인 지도자들의 지도를 받았던 많은 사람들의 이야기들이 기록되

어 있다. 잠언 저자는 다음과 같이 기록하고 있다.

도략이 없으면 백성이 망하여도
모사가 많으면 평안을 누리느니라

잠언 11 : 14

미련한 자는 자기 행위를 바른 줄로 여기나
지혜로운 자는 권고를 듣느니라

잠언 12 : 15

성경은 경건치 못한 자들을 따르지 말라고 경고하고 있기 때문에(시 1 : 1) 우리는 보다 성숙한 그리스도인들의 조언을 구해야 한다. 어떤 사람들은 상담자가 자신들의 의견에 동의하기를 바라지만 이러한 태도로 상담을 한다면 아무 도움도 받지 못할 것이다. 상담이란 것은 하나님의 음성을 듣는 방법으로 생각해야지 이미 가지고 있는 생각을 확고히 하는 것으로 생각해서는 안 된다.

신앙적인 상담자들은 그리스도의 몸을 위해 중요한 기능을 수행하고 있다. 그러나 이들이 기억해야 할 것은 하늘에 계신 우리 아버지께서는 우리가 하나님의 음성을 듣는 방법을 배우기를 원하신다는 것이다.

■ 성령의 내적 음성을 통해서(The Inner Voice of the Holy Spirit)

하나님께서는 이처럼 기적이나 꿈, 환상, 환경, 또한 상담자들을 통해서 우리에게 말씀하신다. 하나님께서 원하시는 것은 우리가 효과적인 기도 가운데서 의사 소통을 할 수 있는 보다 친밀한 관계까지 경험하는 것이다. 그러므로 하나님께서는 성령의 내적 음성을 사용하시어 우리가 기도할 때 우리의 영 가운데서 말씀하신다. 이것이 바로 성령의 인도함을 받는 것이다. 이를 위해 로마서 8 : 14은 "무릇 하나님의 영으로 인도함을 받는 그들은 곧 하나님의 아들"이라고 확증해 주고 있다.

성령의 인도함을 받는다는 것은 성령의 인도함을 받는 자가 영적인 생활을 하고 있다는 것을 전제하고 있는 것이다. 죄로 인하여 죽은 영혼은 영적인 생활을 하지 못하며 이런 사람은 성령의 인도를 절대로 받을 수 없다. 또한 성령의 인도함을 받는다는 것은 스스로는 자신을 안내할 수 있는 능력이 없음을 전제하는 것이기도 하다. 우리가 구원이라는 거듭남을 경험할 때 하나님께서는 성령을 받아드릴 수 있는 새로운 영을 우리에게 주신다. "또 새 영을 너희 속에 두고 새 마음을 너희에게 주되 너희 육신에서 굳은 마음을 제하고 부드러운 마음을 줄 것이며 또 내 신을 너희 속에 두어 너희로 내 율례를 행하게 하리니 너희가 내 규례를 지켜 행할지라"(겔 36 : 26-27).

이 새 영은 "… 마음에 숨은 사람…"이다(벧전 3 : 4). 하나님께서 속사람에게 말씀하실 때는 우리의 영에게 말씀하시는 것이다. 잠언의 저자는 마음의 영혼은 "여호와의 등불(혹은 촛불)"이라고 말했다(잠 20 : 27). 세상에서 촛불은 우리로 어두움 가운데서도 볼 수 있도록 해준다. 영적인 세계에서 하나님께서는 우리를 안내해 주시고 가르치시며 인도해 주시기 위해 우리의 마음의 촛불을 사용하신다.

바울은 배로 항해하는 도중 선장에게 항해를 계속한다면 선박과 사람들의 생명에도 위험이 있을 것임을 "안다"고 말했다(행 27 : 10). 바울은 환상을 보았거나 꿈을 꾸었거나 혹은 하나님께서 들을 수 있는 음성으로 말씀하셨다고 언급하지 않았다. 바울 자신의 마음이 확실하다는 것을 하나님으로부터 증거받은 것이다.

우리는 하나님께 대하여 예민하도록 우리의 마음을 훈련시켜야 한다. 우리는 교육을 통하여 지적인 발전을 하거나 혹은 운동을 통해 신체적인 발전을 하는 데 많은 시간을 소비한다. 그러나 영적인 발전을 위해서는 일반적으로 많은 시간을 보내지 않는다. 우리의 마음은 신체적인 몸이 발달되는 것처럼 교육될 수 있고 영적으로 강해질 수 있다.

하나님께서는 성령의 내적 음성을 통해 우리의 양심을 자극하여 옳고 그름을 내적으로 깨닫도록 사용하신다. 감정은 육체의 음성이다. 육신은 영을 대적할 수 있기 때문에 감정은 우리를 속일 수 있다. 이성은 마음의 소리이므로 하나님께서는 인간의 이성을 가끔 초월하신다. 양심은 내 마음의 영혼의 소리이다. 성령은 우리 마음의 영혼에게 말씀하시고 우리의 마음의 영혼은 양심을 자극함으로써 하나님의 뜻에 순응하도록 인도해 준다.

지금까지 여러분은 하늘에 계신 여러분의 아버지께서 여러분과 의사소통하기를 원하신다는 것을 알았고 어떻게 하나님 아버지께서 말씀하시는지도 깨닫게 되었다. 이제부터 여러분은 성령으로 하여금 하나님의 음성을 듣는 데 있어서 장애물들을 제거하도록 허락하기 바란다.

33

하나님의 음성을 듣는 데 있어서의 장애물

어렸을 때 내 부친은 알코올 중독으로 인하여 고통을 당하고 있었으므로 내가 부친과 대화한다는 것은 매우 어려운 일이었다. 부친이 알코올 중독에서 벗어났을 때 내가 깨달은 것은 부친과 내가 몇 년 동안 수차례 대화를 나누었지만 그것이 진정으로 의사 소통을 한 것은 아니었다는 사실이다. 나는 신체적으로나 정신적으로는 물론 들을 수 있었다. 그러나 알코올 중독이라는 장애물이 제거된 후에야 비로소 부친과 진정한 의사 소통을 할 수 있었다.

세상에 태어날 때 우리는 심장, 손, 발, 눈 그리고 귀 등, 신체적 영역에서 온전히 활동할 수 있도록 신체적 기관을 가지고 태어났다. 우리가 영적으로 태어날 때도 이와 비슷한 능력을 이미 받았다. 영적인 세계를 볼 수 있는 눈을 받았고, 하나님께서 주신 것을 받을 수 있는 능력의 손을 받았으며, 하나님의 뜻대로 살아갈 수 있는 새 마음과 발을 받은 것이다. 뿐만 아니라 하나님의 음성을 들을 수 있는 영적인 귀도 받았다.

하늘에 계신 우리 아버지와 의사 소통을 하는 것은 우리가 새롭게 만들거나, 기도해서 받아야 할 어떤 것이 아니다. 이는 우리가 새로운 피조물로서 거듭나며 생활할 때 받았던 영적 능력을 어떻게 사용하는지 배울 때 자연적으로 나타나는 현상이다. 우리는 육체에 따라 생활하기보다는 영을 따라 생활하는 법을 터득하여 기도해야 한다. 그렇게 되면 더 이상 어려움을 느끼지 않고 절친한 친구와 말하는 것처럼 하나님께 기도하는 것이 쉬워진다.

나와 부친간에 의사 소통을 방해하는 장애물이 있었던 것처럼 우리에게도 하늘에 계신 우리 아버지의 음성을 듣지 못하도록 방해하는 세력인 영적인 장애물이 존재하고 있다. 이러한 장애물은 5가지가 있는데 이 장애물들은 우리가 하나님 아버지와 의사 소통의 친밀한 단계로 경험할 때 없어진다. 소개할 5가지 장애물들은 (1) 불신의 마음 (2) 성숙치 못한 영혼 (3) 듣지 못한 귀 (4) 반응하지 않는 양심 (5) 무관심한 태도이다.

■ 불신의 마음

하나님과 의사 소통하기 위해서는 먼저 불신을 버리고 하나님의 음성을 들을 수 있다는 믿음을 가져야 한다. 왜냐하면 영적인 모든 일은 믿음으로 시작해야 하기 때문이다. 우리는 믿음으로 하나님의 자녀가 되었다. "너희가 그 은혜를 인하여 믿음으로 말미암아 구원을 얻었나니 이것이 너희에게서 난 것이 아니요 하나님의 선물이라"(엡 2 : 8).

우리는 또한 믿음으로 거룩케 되었으며(행 26 : 18), 믿음으로 의롭다 칭함을 받았기에(롬 5 : 1), 믿음으로 행할 수 있다(고후 5 : 7). 믿음의 방패는 적을 대항할 수 있는 것이며(엡 6 : 16), 하나님 안에서 굳게 설 수 있는 것도 믿음이고(골 2 : 7), 믿음을 통해서 우리는 병을 치료받게 된다(행 3 : 16, 약 5 : 15).

믿음이란 불가능한 것을 가능케 하는 것이다. "가라사대 너희 믿음이 적은 연고니라 진실로 너희에게 이르노니 너희가 만일 믿음이 한 겨자씨 만큼만 있으면 이 산을 명하여 여기서 저기로 옮기라 하여도 옮길 것이요 또 너희가 못할 것이 없으리라"(마 17 : 20). 믿음이 없이는 하나님을 기쁘시게 하지 못하며(히 11 : 6), 믿음으로 하지 아니한 것은 죄(롬 14 : 23)라고 성경은 선언하고 있다.

하나님 나라의 모든 것은 믿음에 의해서 움직여지고 있기 때문에 하나님과의 대화도 똑같은 원리에 의해서 이루어진다. 우리는 믿기 위해서 하나님의 음성을 듣는 것이 아니라 듣기 위해 믿는다.

요한복음 1 : 14은 "말씀이 육신이 되어 우리 가운데 거하시매…"라고 기록되어 있다. 말씀이 무엇을 하는가? 말씀은 대화 즉 의사 소통을 한다. 예수님께서는 공생애 기간 동안 사람들 사이에 거하시며 대화를 하신 것이다. 요한복음 14 : 17에 의하면 성령님께서는 우리 가운데 거하신다. 이것은 관념적인 것이나 윤리 혹은 철학이 우리 가운데 있다는 것이 아니라 진정 우리 아버지의 성령께서 거하시고 계시다는 것이다. 권능 있고 효과적인 기도를 하도록 기름부음을 받는 것이란 우리가 무엇인가를 만들어서 되는 것이 아니라 우리 가운데 변함없이 거하신 분과 대화함으로써 배워가는 것이다. 그렇게 대화할 때 우리는 개인적으로 권능 있고 효과적인 기도의 집으로 변하는 것이다.

■ 성숙치 못한 영혼

하나님 아버지의 음성을 듣는 데 있어서 두 번째 장애물은 성숙치 못한 영혼이다. 모든 사람들은 단순한 육체 뿐만 아닌 영혼을 소유하고 있다. 영은 하나님께서 우리와 대화를 나눌 수 있는 하나님의 장소이며 혼은 하나님의 대화를 받아들일 수 있는 인격의 장소이다. 데살로니가전서 5 : 23에서 바울은 "영과 혼과 몸"을 보전할 것을 바라고 있다. 하나님께서는 태초에 영을 몸이나 혼보다 훨씬 우월하게 창조하셨다.

우리 중에 많은 사람들은 수영, 조깅, 달리기, 걷기, 자전거 타기, 혹은 다른 운동을 함으로써 외적으로 몸을 단련하는 데 열심히 노력한다. 뿐만 아니라 보다 더 나은 교육을 받거나 독서, 혹은 어려운 문제를 풀거나, 토론에 참여하거나 강의를 들음으로써 우리들의 마음을 훈련한다. 그러나 영적인 면을 계발하는 데 있어서는 대부분의 사람들이 게을리 함으로써 하나님 아버지의 음성을 듣는 데 어려움을 겪고 있다.

기도가 동반된 하나님의 말씀은 영적인 면을 훈련하고 계발시킬 수 있도록 영적 연습을 부여해 준다. 하나님의 말씀은 우리로 하여금 하나님 아버지의 음성을 듣도록 올바른 주파수를 맞추어 주며 기도는 주고받는 대화를 하도록 직접적인 선을 연결해 주는 것이다. 성경은 하나님께서 하시는 의사 소통의 기본적인 방법으로 그 목적은 디모데후서 3 : 16-17에 잘 요약되었다. "모든 성경은 하나님의 감동으로 된 것으로 교훈과 책망과 바르게 함과 의로 교육하기에 유익하니 이는 하나님의 사람으로 온전케 하며 모든 선한 일을 행하기에 온전케 하려 함이니라"

성경은 기본적인 교훈 혹은 교리를 담고 있어 우리가 기도할 때 유혹하는 영의 공격으로부터 방어하여 우리의 영혼을 잘 발달시켜 준다. 성경이 담고 있는 교리들은 하나님의 뜻대로 기도할 수 있도록 우리에게 도움을 주며 거짓 아비가 말한 거짓말이 무엇인지 알 수 있도록 해 준다. 이 거짓 아비에 관한 것은 제2부에서 우리가 취급했었다. 존 맥아더 (John MacArthur)는 "성경을 통해서 얻은 지식은 기도생활을 의미 있게 만들어 준다. 아무 근거 없이 기도하는 것은 불가능하다. 우리가 효과적으로 기도하기 위해서는 하나님의 말씀을 알아야만 한다."[1]

성경은 성령의 인도하심이 있음을 증거해 주고 있다. 그러므로 우리가 기도할 때 들리는 알 수 없는 음성이 정말 하나님의 음성인지 아닌지는 하나님의 말씀에 의해서 확인 될 때까지 기다려야 한다.

성경은 이 세상의 어둠 가운데서 우리를 안내해 주는 빛이며 등불이다(잠 6 : 23). 우리는 하나님의 말씀을 통해서 깨우치고 분명히 알아 교훈을 받으므로 영적인 면에서 깨끗하게 된다. 이는 마치 우리가 매일 생활하다가 접하는 먼지나 더럽게 얼룩진 것을 목욕을 통해 씻어 내는 것과 같다. 영적인 면에서도 이 세상의 오염에 접했다면 영적인 목욕이 필요한 것이다(엡 5 : 26-27).

여기에 우리의 영적인 면을 계발하기 위해 말씀을 사용할 수 있는 5가지 지침을 제시하고자 한다.

성경을 조직적으로 읽어라. 성경 전체를 읽을 수 있는 읽기표를 사용하기 바란다. "모든 성경은… 유익하니(딤후 3 : 16)" 때문에 우리가 영적으로 강건하며 효과적인 기도생활을 원한다면 전반적인 하나님의 말씀을 성실히 공부함으로써 우리의 속사람을 잘 성장시켜야 한다.

성경을 기대감을 가지고 읽어라. 성경이라는 하나님의 말씀을 통해서 하나님께서 우리들에게 말씀해 주실 것을 기대하고 믿어라.

성경을 영적으로 읽어라. 성령으로 하여금 우리가 어떤 구체적인 성경 말씀을 읽을 것인지를 가르쳐 주도록 기도하길 바라며 우리에게 말씀을 통해서 진리를 보여주도록 허락하기 바란다.

성경을 응답하며 읽어라. 읽고 있는 성경 말씀을 어떻게 우리 생활 가운데 적용할 수 있는지를 자신에게 물어 보라. 그리고 하나님께서 보여 주신 것에 대해 그분의 약속을 강조하면서, 잘못에 대해서는 회개하고 찬양과 경배를 드리라는 성경의 명령에 순종하면서 기도하라.

성경을 **습관적**으로 읽어라. 우리가 성경을 읽고 싶을 때나, 그렇지 않을 때나 매일 성경을 읽는 습관을 기르도록 하라. 성경 읽을 시간이 없다고 생각하는가? 매일 신문을 읽을 시간이나, 텔레비전 볼 시간 혹은 뉴스를 들을 시간이 있다면 충분히 성경도 읽을 시간이 있다. 매일 신문을 읽는 것처럼 성경도 매일 읽기를 바란다.

우리 중 대부분이 하나님의 음성을 듣지 못하는 첫 번째 이유는 우리가 하나님께서 말씀하신 대로 행동하지 않고, 그것을 무시해 버리기 때문이다. 누가복음 16 : 10은 이미 받은 것을 충실히 사용하면 더 많은 것을 받을 것이라고 말했다. 우리가 하나님과의 보다 깊은 대화를 나누려면 하나님께서 이미 주신 쓰여진 말씀인 성경에 먼저 충실해야 한다.

성경을 조직적으로, 기대감을 가지고, 영적으로, 응답하면서, 읽고 싶은 마음이 없을 때라도 습관적으로 계속적으로 충실하게 읽어라. 언젠가는 놀라운 계시를 받을 것이지만 어떤 때에는 전혀 얻은 것이 없는 것처럼 보일 때도 있다. 그러나 그렇게 "답답한" 순간에도 계속적으로 성경을 읽어라. 왜냐하면 하나님으로부터 많은 것을 듣지 못한다고 느끼는 순간에도 하나님의 말씀을 통해서 우리의 영적인 귀는 계속해서 계발되고 있기 때문이다.

이러한 과정은 마치 피아노 조율사가 소리굽쇠(Tuning Fork)라는 쇠붙이를 가지고 일하는 것과 비슷하다. 피아노를 치는 순간 이 소리굽쇠를 소리나는 위치에 두고 계속해서 정확한 소리가 나도록 고정하는 것이다. 피아노의 건반이나 기타의 줄은 정확한 소리를 내도록 소리나는 위치에 따라 계속해서 조정할 수 있다. 이 과정을 지나서야 악기는 정확한 음에 맞추어 연주할 때의 완전한 조화를 이룰 수 있는 것이다.

하나님의 말씀은 음악 소리를 맞추는 소리굽쇠와 같다. 우리의 영적인 귀로 하여금 정확한 하나님의 음성을 들을 수 있도록 계속해서 조절해 주기 때문이다. 그 결과 우리는 영적인 소리가 저음인지 고음인지를 구분할 수 있게 된다. 그렇게 영적인 귀가 훈련이 된 후라야 우리가 하나님의 사역을 할 때 영적으로 행하는 모든 것이 정확하고 일관성이 있어 하나님의 뜻과 온전한 일치를 이루는 것이다.

■ 듣지 못한 귀

예수님께서는 바리새인들을 향해 "들을 수 있는 귀는 가졌으나 듣지 못한다"고 말씀하셨다. 이는 그들이 하나님의 음성을 들을 수 있는 능력이 없다는 것을 말하는 것이 아니다. 예수님께서 바리새인들에게 "너희들은 귀를 가지고 있다"고 말씀하신걸 보면 바리새인들은 하나님의 말씀 듣기를 거부했다는 것을 알 수 있다. 이 때문에 "… 저희가 보아도 보지 못하며 들어도 듣지 못하며 깨닫지 못함이니라"고 예수님께서는 말씀하신 것이다(마 13 : 13).

그리스도는 진리를 보여주기 위해 오셨다. 따라서 진리를 본 자들은 이미 하나님의 음성을 들은 것이다. 예수님께서는 다음과 같이 선언하셨다. "… 내가 이를 위하여 났으며 이를 위하여 세상에 왔나니 곧 진리에 대하여 증거하려 함이로다 무릇 진리에 속한 자는 내 소리를 듣느니라"(요 18 : 37).

바리새인들은 성경을 알았기 때문에 메시야에 대한 모든 예언들을 인용할 수도 있었다. 그러나 그들은 그리스도 안에 계시된 진리를 받아들일 수 있는 귀를 가지고 있지 않았다. 그들은 예수님께서 세례를 받으실 당시 들려왔던 하나님의 말씀을 거부하며 듣지 않았다. 하루는 예수님께서 가르치시던 도중 "… 내가 이미 (나의 이름을) 영광스럽게 하였고 또다시 영광스럽게 하리라"(요 12 : 28)는 하나님의 음성이 들려왔을 때 그곳에 있던 사람들은 하나님의 음성을 듣기는 들었으나 영적으로 들을 귀를 갖추지 못했기에 그 메시지를 이해하지 못했다(요 12 : 29).

예수님께서는 바리새인들에게 하나님 아버지께서 말씀하고 계심을 가르쳐 주었으나 그들은 듣기를 거부했다. "또한 나를 보내신 아버지께서 친히 나를 위하여 증거 하셨느니라 너희는 아무 때에도 그 음성을 듣지 못하였고 그 형용을 보지 못하였으며 그 말씀이 너희 속에 거하지 아니하니 이는 그의 보내신 자를 믿지 아니함이니라"(요 5 : 37-38). 우리가 하나님의 음성을 듣기 위해서는 이미 쓰여진 성경 말씀 가운데서 들려오는 하나님의 말씀을 받아 들여야 한다. 그래서 우리 가운데 내재하신 살아 있는 말씀(예수님)을 소유할 수 있어야 한다. 바리새인들은 하나님의 말씀과 사자들을 모두 거부했기 때문에 그들의 영적인 귀는 막혀 버리게 된 것이다. 영적인 귀머거리는 의식적으로 하나님의 말씀 듣기를 거부함으로써 오는 것이다.

■ 반응하지 않는 양심

우리의 몸(body)은 감정을 통해서 편안함, 고뇌, 기쁨, 그리고 고통을 느끼게 된다. 우리가 이를 믿지 못하겠다면 망치로 손가락을 한번 쳐 보기 바란다. 그러한 감정을 자연스럽게 느끼게 될 것이다. 우리의 혼(Soul)은 생각하고 사고하는 정신적 역량과 기쁨, 화, 미움, 실망이나 슬픔같은 감정적인 반응을 통해서 느낌을 받는다.

우리의 영(Spirit)은 양심을 통해서 의사를 주고 받지만 인간의 양심은 잘못 인도할 수 있는 요소를 가지고 있다. 오늘날 유행하고 있는 사상 중 하나가 상황 윤리인데 이는 선악의 분명한 기준이 없이 어떤 개인이나 사회적 상황에 따라서 옳고 그름일 뿐이라고 생각하는 사상이다. 이는 사사시대와 비슷한 상황으로 즉, 모든 사람이 자기의 소견에 옳은 대로 행동했던 것이다. 이 불경건한 철학은 바울이 말한 것처럼 양심의 타락으로부터 나타났다. "성령이 밝히 말씀하시기를 후일에 어떤 사람들이 믿음에서 떠나 미혹케 하는 영과 귀신의 가르침을 좇으리라 하셨으니 자기 양심이 화인 맞아서 외식함으로 거짓말하는 자들이라"(딤전 4 : 1-2). 이 말씀에서 "화인 맞은" 양심이란 마비된, 굳은, 반응하지 않는 양심을 말한다. 이러한 양심은 습관적인 죄를 범함으로써 "화인 맞은" 것으로 믿음이 파선하는 결과를 초래할 것이라 말해 주고 있다(딤전 1 : 19).

우리가 하나님 말씀의 명령과 원리들을 거부함으로써 양심이 화인 맞도록 내버려 둔다면 어떤 음성을 들었을 때 그것은 인간의 욕망에 의해 생각하는 음성이며, 거짓 아비의 음성이며, 혹은 유혹하는 영의 음성처럼 될 것이다. 예를 들면 상담할 때 다음과 같이 사람들은 말한다.

- "하나님께서 나의 아내와 이혼하고 이 여인과 재혼하라고 말씀했다."
- "하나님께서 밤에 나가 술에 취해도 좋다고 말씀했다."
- "나는 하나님의 말씀이 무엇이라고 말하든 상관하지 않는다. 나는 하나님께서 나에게 말씀하시는 것을 알고 있다"

하나님께서는 이미 말씀하신 것을 우리가 순종하여야만 대화를 계속하신다. 우리가 불순종하면 더 이상의 대화는 막히며 우리의 양심은 굳어지기 시작하는 것이다. 이때 음성은 들을지라도 하늘에 계신 아버지의 음성을 들을 수 없을 것이다.

신약성서에서는 "귀 있는 자는 들을 지어다"라는 말이 계속 반복되었다. 이처럼 우리가 하나님의 음성을 듣고 순종한다면 하나님께서도 계속해서 말씀하신다. 그러나 순종하지 않는다면 우리의 영적인 귀의 감각은 그만 둔해지게 된다.

여기에 하나님의 음성을 듣고 긍정적으로 반응할 수 있는 실천적인 몇 단계를 언급하고자 한다. 우리는 음성이 들릴 때마다 이러한 순서대로 할 필요는 없다. 왜냐하면 곧바로 하나님의 음성을 분명하게 알 수도 있기 때문이다. 이러한 순서는 기도하고 순종하는 과정에 도움이 될 것이다.

그리스도의 주권에 복종하라. 우리의 모든 생활 영역에서 예수 그리스도의 주권에 복종하기 바란다. 자신들의 생각을 계속 고집했던 이스라엘 백성들과 같이 되지 말라(시 106 : 13-15).

하나님께서 우리에게 말씀하실 것을 믿어라. 하나님의 말씀이 우리에게 오고 있는 중임을 확신하라. 그러면 하나님의 때와 방법으로 그의 음성을 들을 수 있을 것이다. 하나님의 말씀을 듣는 데 21일이나 걸렸던 다니엘처럼 때로는 부정적인 영적 세력과 싸워야 할 경우도 있다. 때문에 효과적인 기도를 할 수 있는 비밀이란 인내 뿐이다.

메시지를 받아라. 우리가 거듭난 성령 충만한 그리스도인이라면 성령은 우리 안에 내주 하시며, 내주 하시는 목적 중의 하나는 하나님의 메시지를 우리에게 전달해 주는 것이다(요 16 : 13-15).

영들을 시험하라. 사단은 자신의 메시지를 전달하기 위해 우리의 영과 같은 내적 주파수를 사용한다. 그러나 우리 자신이 성령의 완전한 음조(音調)에 맞추어져 있다면 잘못된 어떤 음성이나 메시지는 울리지 않을 것이다. 하나님의 음성을 들으려는 노력을 멈추지 말라. 거짓 아비는 때마다 우리들을 속이려고 노력하기 때문이다. 이는 마치 외설적이고 음란한 전화를 통하고자 전화기를 밖으로 가지고 나가는 것과 같은 것이다. 때문에 쓰여진 하나님의 말씀에 위배되지는 않는지 확인하면서 우리가 들은 음성을 시험해 봐야 한다(요일 4 : 1).

하나님께서 주실 평안을 기다리라. 사단은 음성을 들려준 후 곧 감명을 줌으로써 우리를 더욱 복잡하게 만들지만 하나님의 평안을 모방할 수는 없다. 하나님의 평안은 우리가 잘못된 방향으로 갈 때 "반칙"이라고 소리치는 우리 영 가운데 있는 심판자이시다(골 3 : 15).

알지 못한 것을 계속하지 않도록 거부하라. 하나님께서 말씀하신 것들이 분명하게 옳다 확신되지 않는다면 어떤 것도 하지 말라. 하나님께서 말씀해 주셨다는 확신을 가지고 행동해야만 한다. 왜냐하면 "… 믿음으로 좇아 하지 아니하는 모든 것은 죄이기" 때문이다(롬 14 : 23).

하나님의 때를 기다리라. 하나님으로부터 말씀을 받을 때 우리가 들었던 말씀이 이루어질 하나님의 때를 기다리라. 하나님께서 말씀하실 수 있는 능력이 있다면 우리의 가족, 사업, 혹은 주님의 사역에 있어서 하나님께서 말씀하신 것을 언제, 어떻게 이루어 주실지도 우리에게 가르쳐 주실 능력도 있으시다.

즉시 순종하여 말씀대로 이루라. 인내는 성령의 좋은 열매지만 수동적인 태도는 두려움으로 인하여 발생한 무관심이다. 주님으로부터 어떤 말씀을 받았는지 또 언제 말씀에 대해 행할지 그 때를 알았다면 믿음을 가지고 담대히 행함으로써 순종하라.

■ 무관심한 태도

생산성과 행동이란 때때로 영적인 것과 동일시하지만 만약 평행하게 된다면 치명적인 것이다. 많은 결혼이 실패하는 것은 부부간 무관심이 발전되어 깊은 관계를 가질 수 있는 시간을 보내지 못하기 때문이다.

누가복음 10 : 38-42에서 예수님께서는 동생인 나사로, 마리아와 함께 살고 있는 마르다라는 여인의 집을 방문하셨다. 마르다는 바쁘고 분주한 반면에 마리아는 예수님의 발 밑에 앉아 예수님의 모든 말씀을 듣고 있었다. 우리가 마르다에 대해 너무 비난하지 않는 것은 그녀가 용기 있는 여인이기 때문이다. 예수님과 관련된 상황들이 점점 위험해져 갔음에도 예수님을 자신의 손님으로 모시고 잘 대접하는 것을 볼 때, 마르다는 분명히 용기 있는 여인임에는 틀림없다.

그런데 한가지 마르다의 잘못이 있다면 바로 무관심한 태도이다. 그녀는 수님의 말씀보다 생활적인 문제에 관심을 더 두었다. 마르다는 음식을 봉사하는 일로 분주했다. 그녀로서는 다른 사람들을 사랑하기 때문에 하는 봉사였을지라도 먼저 채야 할 것을 놓쳐 버렸고 그 결과로 그녀는 화가 났으며 비판적으로 변한 것이다.

마르다는 마리아에 대해 불평하기 시작했다. 그때 예수님께서는 "… 마르다야 마르다야 네가 많은 일로 염려하고 근심하나 그러나 몇 가지만 하든지 혹 한 가지만이라도 족하니라 마리아는 이 좋은 편을 택하였으니 빼앗기지 아니하리라"(눅 10 : 41-42). 예수님께서는 마르다를 "많은 일"에 대해 염려하고 근심하기 때문에 꾸짖었던 것이다. 염려했다는 단어는 "산란하다, 동요되다, 혼란상태에 있다, 혹은 교란되다"라는 뜻이다. 마르다는 봉사를 통해 예수님을 기쁘게 해 주려 노력하고 있으나 예수님께서는 그녀가 말씀을 듣기 원하신 것이다. 마르다의 말씀에 대한 등한시한 태도는 자신의 열렬히 봉사하는 소리에 묻혀 예수님의 음성을 듣지 못하도록 만들어 버렸다. 반면 마리아가 "좋은 것"을 택했다는 것은 그녀가 말씀을 듣는 데 우선권을 두었다는 의미이다. 그리스도의 발 밑에 앉았다는 것은 세심한 주위를 기울이고 받을 준비가 된 것이며 그의 메시지에 순종하는 태도를 뜻하는 것이다.

예수님은 마르다에게 "한가지가 필요하다"라고 말씀하셨다. 한가지란 무엇을 말하는 것일까? 말씀을 듣는 데 우선권을 두는 것이다. 예수님께서는 말씀을 듣는 데 우선권을 두는 것이란 선택하는 일이라고 마르다에게 말씀하셨다. 마리아는 좋은 것을 택했다. 우리는 어떤 것을 선택할 것인가? 봉사하는 일인가 그렇지 않으면 앉아있는 것인가? 일하는 것인가 혹은 예배드리는 것인가? "많은 일"을 선택할 것인가 아니면 "한가지"를 선택할 것인가?

여러분 중에서 부모를 죽음으로 잃었던 경험이 있다면, 내가 부친을 잃었을 때 '아버지의 음성을 한 번만 더 들을 수 있는 기회가 주어진다면 그 때는 최우선적으로 들을 것'이라고 말했던 그 심정을 잘 이해할 수 있을 것이다. 아무리 긴급한 사업적인 문제나 약속이라도 나는 그 모든 것을 뒤로 미루고 아버지의 음성을 한 번이라도 더 듣고자 열중했을 것이다.

하늘에 계신 우리 아버지의 음성을 듣기 위해서도 이와 같은 우선 순위를 두어야 되지 않겠는가? 문제는 하나님께서 우리에게 말씀하시기를 소원하시느냐? 아니냐? 가 아니고 우리가 관심을 두기로 선택하느냐? 아니냐?이다. 우리가 지금까지 언급했던 하나님의 음성을 듣는 데 있어서 5가지 장애물들을 제거하기 위해 이렇게 기도하라.

하나님 아버지

저에게 믿을 수 있는 마음을 주셔서 하나님께서 말씀하신 음성을 듣지 못하게 하는 불신을 거부하게 하옵소서. 이제 나는 성숙하게 발달된 영혼을 확신하며 들을 수 있는 귀를 가졌기에 주님의 음성을 알 수 있습니다. 나의 양심으로 하여금 주님께 반응케 하옵시고 나의 최우선권을 주님의 음성을 듣는 데 둘 수 있도록 하옵소서.

예수님의 이름으로 기도하옵나이다. 아멘.

❖ 각주 ❖ ───────────

1) John MacArthur, *The Disciple's Prayer*(Chicago : Moody, 1986), P. 3.

34
이러한 이유 때문에

놀랍게도 우리는 제2차 세계 대전의 낡은 화면에서나 볼 수 있었던 당시의 젊고 활기띤 얼굴들을 요즘 들어서도 종종 목격한다. 그 젊은이들을 보면서 어떻게 수천 명이나 되는 젊은이들이 "히틀러의 젊은이 운동"(Hitler's Youth Movement)이라는 망상에 사로잡혀 인종을 깨끗이 하는 "최고의" 민족을 이룬다는 사단적인 목적에 충성을 맹세하는 일이 일어날까? 하고 의아해 한다.

사단은 생애에 있어서 목적과 의미를 추구해야 할 수많은 젊은이들로 하여금 히틀러의 조직에 가입토록 만들고, 히틀러의 선전을 통해 이들을 현혹하여 그의 악한 계획을 이루고 있는 것이다. 그 젊은이들은 마치 자신들 이상의 어떤 목적에 헌신할 것을 찾고 있는 것 같았다. 매일 저녁 뉴스 시간, 우리는 위험에 처한 캥거루 쥐를 보호하기 위해 멸종 방지에 대해 폭넓은 목적을 가지고 헌신하는 자들의 노력을 본다. 이들이 그토록 전념할 수 있는 것은 자신들이 그 목표하는 의미가 그들의 생활에 있어서의 의미와 방향을 부여해 주고 있기 때문이다. 목표는 존재 이유를 제공해 주며 사람들로 하여금 목적과 목적지를 설정토록 하여 행동할 수 있는 동기를 부여해 준다.

목적을 인지하고 있다는 것은 놀라운 능력이다. 이런 이유 때문에 하나님께서는 태초부터 하나님의 목적을 세우시고 그것을 우리 인간들에게 계시해 주셨다. 우리가 그 목적을 배우고 이루고자 참여할 때 우리의 기도생활에 있어서도 결코 패배하지 않을 것이다.

■ 하나님의 목적

바울은 에베소에 보내는 서신에서 하나님의 목적을 언급하였다. 하나님의 목적이 이전에는 알려지지 않았으나 사도들과 선지자들을 통해서 성령님께서 계시해 주셨다고 바울은 언급하고 있다. 바울은 이 미스테리와도 같은 내용들을 소개하면서 그것에 대한 자신의 역할을 다음처럼 설명해 주고 있다.

모든 성도 중에 지극히 작은 자보다 더 작은 나에게 이 은혜를 주신 것은
측량할 수 없는 그리스도의 풍성을 이방인에게 전하게 하시고 영원부터
만물을 창조하신 하나님 속에 감취었던 비밀의 경륜이 어떠한 것을
드러내게 하려 하심이라 이는 이제 교회로 말미암아 하늘에서 정사와
권세들에게 하나님의 각종 지혜를 알게 하려 하심이니
곧 영원부터 우리 주 그리스도 예수안에서 예정하신 뜻대로 하신 것이라
에베소서 3 : 8-11

하나님께서는 바울로 하여금 이방인들에게 그들도 유대인들과 마찬가지로 하나님의 계획 가운데 그리스도를 통해서 후사가 되었음을 전하도

록 명하셨다. 이방인들이 포함된 교회라면 모두 이러한 목적을 가지고 있을 것이다. 위 말씀처럼 하나님 아버지의 각종 지혜가 우리를 통해서 하늘에서 정사와 권세들에게 알려지는 것이다. 우리는 남녀를 비롯한 공동체적 사회 그리고 열방들을 다스리고 있는 어두움의 영적 세력들을 복음의 빛으로 정복할 수 있는 권세를 가지고 있다. 하나님께서는 우리를 통해서 모든 사람을 그리스도 안으로 인도하시려는 하나님의 계획을 이루시고자 하신다.

우리의 삶은 매일 일터에 가서 일하고 텔레비전 보는 것보다 더 큰 목적이 있다. 우리는 좋은 성적을 받는 것보다, 새집을 장만하는 것보다, 혹은 최신형의 차를 사는 것보다 더 큰 목표를 가지고 있다. 그 목표라 할 수 있는 모든 사람을 구원한다는 하나님의 영원한 계획이 이미 예수님 안에 계시되었고, 이제는 **우리**를 통해서 구체적으로 드러날 것이다. 그것은 바로 어두움의 영적 세력들을 정복하고 하나님의 목적을 알리는 일인 것이다. 하늘에 계신 아버지께서 우리에게 하나님 나라의 유산을 위임하사 그것을 다른 사람들의 삶에 투자하고 번성케 할 수 있도록 권위를 부여하신 것이다.

■ 이런 이유 때문에

이러한 하나님의 목적을 이해한다 할지라도 우리가 실제 기도생활에 적용하는 경우는 드물다. 만약 한번이라도 적용해 본다면 우리는 기도생활에서 다시는 패배하지 않을 것이다. 또한 기도생활이 지루하지도 않고, 기도할 내용을 잊어버리는 일도 결코 없을 것이며, 우리의 기도는 언제나 응답을 받을 것이다.

바울은 에베소서 3 : 14-15에서 하나님의 목적을 기도와 관련하여 다음과 같이 말했다. "이러하므로(이런 이유 때문에) 내가 하늘과 땅에 있는 각 족속에게 이름을 주신 아버지 앞에 무릎을 꿇고 비노니". 바울은 이것이 이유이며, 목적이며, 무릎을 꿇고 기도하는 동기가 되었다고 말하고 있는 것이다.

바울은 "이런 이유 때문에"라는 말에 나타난 것처럼 기도에 특별한 목적을 가지고 있었다. 이 특별한 목적은 하나님의 영원한 계획을 말해 주고 있다. 바울은 무릎을 꿇고 기도할 때마다 자신에게 하나님의 각종 지혜를 하늘에 있는 정사와 권세들에게 알려야 하는 책임이 있음을 인정한 것이다. 그 책임은 너무나 커서 바울로 하여금 무릎을 꿇도록 했다. 그것은 복종하는 것만이 절대적으로 필요한 것임을 나타내 주는 것이며 하나님께 전적으로 의존해야함을 보여 주는 것이다.

하나님의 목적에 대한 이러한 감각은 바울이 에베소 성도들을 위해 기도할 때 다음과 같이 표현되었는데 문자적으로는 "폭발적으로 증가되었다"라는 뜻을 지닌 표현이다.

그 영광의 풍성을 따라 그의 성령으로 말미암아
너희 속사람을 능력으로 강건하게 하옵시며 믿음으로 말미암아
그리스도께서 너희 마음에 계시게 하옵시고
너희가 사랑 가운데서 뿌리가 박히고 터가 굳어져서 능히 모든
성도와 함께 지식에 넘치는 그리스도의 사랑을 알아
그 넓이와 길이와 높이와 깊이가 어떠함을 깨달아
하나님의 모든 충만하신 것으로 너희에게
충만하게 하시기를 구하노라

에베소서 3 : 16-19

바울의 기도는 하나님의 사람들이 능력을 받아 믿음에 뿌리를 박고 터

가 굳어져서 영적인 분별력을 부여받는 것이었다. 바울은 그리스도께서 하나님의 사람들 안에 영원히 내주하시어 그들에게 "하나님의 충만하신 것"으로 채우시고 그들의 생애 목표를 완성할 수 있는 능력을 주시도록 기도했던 것이다.

바울은 하나님을 "우리 가운데 역사하시는 능력대로 우리의 온갖 구하는 것이나 생각하는 것에 더 넘치도록 능히 하실 이"로 선포하고 있다 (엡 3 : 20). 여기에서 우리 가운데 역사 하시는 "능력"이란 무엇인가? 그것은 하나님의 목적을 가진 능력 즉, 사람들과 모든 민족들을 붙잡고 있는 어두움의 영적 세력들을 무찔러서 복음의 빛이 들어갈 수 있도록 하는 능력을 말한다. 이것이 우리가 기도하는 이유이다.

그러나 반대로 우리 중 대부분은 "이런 이유 때문에" 하나님께 순종하지 않는다. 즉, 앞서 말한 것보다 더 낮은 목적을 가지고 기도하기 때문에 효과적인 기도를 하지 못하는 것이다. 우리는 오직 우리의 주제와 문제에만 관심을 둔다. 우리는 자신의 치유를 위해 기도할 뿐 하나님의 뜻을 이루기 위한 기도는 하지 않는다. 그 결과 오직 남는 것이란 상처로 인한 피곤 뿐이다. 우리는 능력을 달라고 기도는 하면서도 정작 하나님의 계획을 이루기 위해 능력 받는 사람이 되겠다는 생각에는 관심이 없다. 우리는 육신적인 욕망을 채우기 위해 돈을 달라고는 요구하면서도 하나님의 목적을 전진시킬 수 있는 그 어떤 것을 달라고는 요구하지 않는다.

하나님 아버지의 나라가 우리의 사역보다 더 중요하게 될 때 하나님의 목적은 우리 자신들의 목적보다 더 중요하게 되며 우리의 초점은 우리 자신의 집이 아닌 하나님의 집에 맞춰지게 된다. 그렇게 되면 우리의 기도는 절대 패배하지 않을 것이다. 우리는 하나님의 사랑에 대한 넓이와 길이와 높이와 깊이를 문자 그대로 "폭발적으로" 알게 될 것이다. 그리고 하나님의 충만하신 것으로 우리는 채워지는 것이다. 만약 수년 동안 어떤 속박에 얽매어 싸우고 있는자라 할지라도 "이런 이유 때문에" 그것으로부터 벗어나기를 구한다면 충분히 벗어날 것이다.

하나님께서는 그러한 목적을 우리의 생활을 통해 이루시기를 원하신다. 이에 비해 바울은 우리에게 "… 너희 지체를 의의 병기로 하나님께 드리라"(롬 6 : 13)고 권면하고 있다. 우리의 몸을 의의 병기로 드릴 때 우리의 삶은 하나님의 목적과 일치할 수 있다. 즉, 우리는 하나님이 하실 수 있는 일을 통해서 의의 병기가 될 수 있는 것인데 이는 실제적으로 "하나님과 함께" 일하는 동역자가 되는 것이다(고후 6 : 1).

바울에게 "이런 이유 때문에" 모든 생활의 동기가 되었던 것처럼 우리도 하나님께 순종할 때 하나님의 목적과 우리의 생활이 일치된다. 하나님께서는 자신의 목적을 반드시 이루시겠다고 말씀하셨기 때문에(사 14 : 24, 26-27) 우리가 하나님의 목적과 일치하는 삶을 살게 되면 기도생활에 실패할 수가 없는 것이다.

다윗 왕은 하나님의 목적과 일치하는 생활을 했던 사람이었다. 다윗의 무덤 앞에는 "당시에 하나님의 뜻을 좇아 섬기다가 잠들어…"라고 쓰여졌다(행 13 : 36). 우리가 하늘에 계신 아버지의 목적에 일치하는 삶을 살고 있을 때는 어떠한 적이나 악한 정사와 권세라도 우리를 대적할 수 없다. 바리새인이었던 가말리엘까지도 다음과 같이 언급하면서 이를 인정했던 것이다. "… 이 사상과 이 소행이 사람에게로서 났으면 무너질 것이요 만일 하나님께로서 났으면 너희가 저희를 무너뜨릴 수 없겠고 도리어 하나님을 대적하는 자가 될까 하노라"(행 5 : 38-39).

■ 하나님으로부터 출발한 기도생활

여러분은 인간적인 기도보다는 하나님이 원하시는 기도생활을 원하는가? 효과적인 기도를 하여 어떤 세력도 여러분을 중단시키지 못하도록 하는 능력자가 되기를 원하는가? 하나님과 일치하는 삶을 원하는가? 그렇다면 기도할 때마다 "이런 이유 때문에"라는 말에 순종하라. 여러분의 기도생활을 통해서 이 세상의 정사와 권세들이 하나님을 알 수 있을 것이다.

지금 다음과 같은 기도로 시작하기 바란다.

하나님 아버지

나는 지금까지의 하나님의 말씀을 나의 생활에 주신 계시의 말씀으로 받아들입니다. 내 자신의 목적과 필요, 개인적인 안락만을 위해서 기도했던 것을 회개합니다. 이제 나는 악한 정사와 권세들에게 저들이 나를 통해서 나타났던 존재로부터 더 이상 숨어 있을 합법적인 권리가 없다는 것을 선언합니다. 나의 영적인 힘을 빠지게 하는 어떤 것도 버립니다. 의심을 버리고 예수님께서 내 마음 가운데 계심을 확신합니다. 나는 하나님의 사랑 가운데 뿌리를 박고 견고히 굳어졌음을 확신합니다. 이 순간부터 나는 기도할 때마다 하나님의 목적을 이루기 위하여 "이런 이유 때문에"라는 말에 순종하겠습니다.

예수님의 이름으로 기도 드립니다. 아멘.

35

기도의 점화 시점

"그들이 우리가 알고 있는 노래를 부른다!" 이런 말을 자주 들었는가? 아마 익숙한 음악을 들을 때나 재미있었던 일이 기억날 때 여러분 자신이 그렇게 말할 수 있을 것이다. 우리가 이제 막 구운 애플 파이(거의 모든 미국인들이 식사 후 먹는 과자 – 역자) 냄새를 맡을 때 우리들의 어린 시절이 생각날 것이며 아마 어떤 향수 냄새나 색깔은 사랑하는 사람을 생각나도록 해줄 것이다. 어떤 모습이나 소리 그리고 냄새들은 우리의 마음을 자극해서 우리의 잠재 의식 속에 있는 다른 생활 영역이나 다른 장소, 또는 그 시간으로 우리들을 옮겨 놓는다. 그리고는 어떤 사람이나 사건을 생각하게 한다.

이와 비슷한 방법으로 성경은 우리가 효과적인 기도를 드릴 수 있도록 초자연적 영역으로 우리를 발진시켜 줄 기도의 점화 시점이 있다고 말해 준다. 이런 점화 시점은 다름 아닌 매일 주어진 날을 통해서 우리 마음 가운데 임하는 생각들이다.

어느 한 날을 정해 우리 마음 가운데 들어오는 모든 생각들을 분석해 보라. 그러면 주로 두 가지 영역 즉, 사람과 문제들로 나누어 질 것이다. 바울은 빌립보서에서 이 두 가지를 모두 언급하면서 끊임없는 기도생활을 위해 어떻게 이 둘을 점화 시점으로 이용'할 것인가를 설명해 주었다.

■ 사람들

바울은 빌립보 성도들에게 다음과 같이 말했다. "내가 너희를 생각할 때마다 나의 하나님께 감사하며 간구할 때마다 너희 무리를 위하여 기쁨으로 항상 간구함은 첫날부터 이제까지 복음에서 너희가 교제함을 인함이라 너희 속에 착한 일을 시작하신 이가 그리스도 예수의 날까지 이루실 줄을 우리가 확신하노라"(빌 1 : 3-6).

사도 바울은 자주 빌립보 성도들을 생각했다. 그리고 그들이 생각날 때마다 그들을 위해 기도했다. 그들에 대한 생각이 그들을 대신하는 기도의 점화 시점으로 사용한 것이다. 바울은 그들이 사랑과 지식과 모든 총명으로 점점 풍성하게 하사 진실하고 허물 없이 의의 열매가 가득하여 좋은 영적인 모습을 완성하는데 충실할 것을 기도했다(빌 1 : 9-11).

이 짧은 말씀에서 효과적인 기도를 하기 위한 능력 있는 영적 원리를 이끌어 낼 수 있다. 매일의 생활 가운데 우리는 우리가 잘 안다거나 또는 어떤 방법으로든 서로 연관성을 가지고 살아가는 사람들에 대해 생각한다. 반면 우리가 개인적으로 알지 못하는 사람들도 있다. 그 중에서도 우리가 아는 친구를 통해서 들었거나 또는 교회 내에서, 광고나 TV뉴스를 통해서 보았거나 하는 사람을 간접적으로나마 생각하게 된다. 이처럼 그들이 누구든지 간에 우리 마음 가운데 이러한 사람들이 생각날 때마다 그 사람을 대신한 기도의 불을 피우는 점화 시점으로 활용하기 바란다.

■ 문제들

사람들 이외에 우리의 생각들은 어떤 문제나 환경 혹은 주제를 향하여 초점이 맞춰진다. 바울은 빌립보 성도들에게 "아무것도 염려하지 말고 오직 모든 일에 기도와 간구로 너희 구할 것을 감사함으로 하나님께 아뢰라"(빌 4 : 6)고 권면하고 있다. 빌립보 성도들은 염려되는 몇 가지 문제들을 가지고 있었다. 그들은 핍박의 고통을 당하고 있었으며 서로 간의 불화로 인해 어려움을 겪고 있었다. 뿐만 아니라 그들은 당시 교회 내의 세속적인 교인들과 거짓 교사들의 도전에 맞서 전력을 다해 싸우고 있던 중이었다. 그러나 그런 와중에서도 바울은 그들에게 염려 하지 말고 하나님께 모든 문제들을 내려놓고 기도하라고 권면한다.

바울은 "아무것도 염려하지 말라"고 말했다. "아무것도"란 헬라어로 "단 한가지도 아닌"(Meden)것을 뜻한다. 이 말씀에서 바울이 기도에 대해 사용한 4단어(영어 문장)는 염려를 어떻게 대처해야 하는지를 보여주고 있다. "기도"(Proseuche)는 우리의 문제와 생활 가운데 모든 제목을 하늘에 계신 우리 아버지 앞에 올리는 동안 경건과 예배의 시간에 기도하는 특별한 시간을 말한다. "간구"(Deesis)는 우리가 가장 무거운 짐이라고 느끼는 것이나 특별하게 필요한 것에 대해 초점을 맞춘 기도를 말한다. "감사"(Eucharistia)는 하나님과 하나님이 하신 사역에 대해 감사와 찬양을 한다는 의미이다. 마지막으로 "구할 것"(Aitemata)이란 특별한 간청을 뜻한다.

바울이 사용한 용어들은 우리가 계속적으로 효과적인 기도를 할 수 있도록 발진시켜 주는 또 다른 놀라운 원리를 보여준다. 어려운 환경, 문제나 주제 등이 우리들 마음 가운데 떠오르면 노하거나 그 문제를 어떻게 할 줄 몰라 망설이는 대신에 그러한 문제들을 하늘에 계신 하나님 아버지께 기도하는 점화 시점으로 사용하기 바란다. 그럴 때 우리는 하나님과 계속적으로 대화를 나누고 있는 자신을 발견할 것이며 동시에 "쉬지 말고 기도하라"(살전 5 : 17)의 명령을 잘 완수하게 될 것이다.

▪ 기도의 점화

우리는 매일 작은 순간의 시간일지라도 효과적인 기도를 할 수 있다. 샤워할 때나 차를 운전할 때, 이야기를 쓸 때, 그리고 운동할 때에도 기도를 점화시킬 수 있다. 직장에서 잠깐 쉬는 시간이나 혹은 집 안에서 매일 규칙적인 일을 할 때, 또는 옷을 다리는 일이나 감자 껍질을 벗기는 일을 할 때, 잠깐 쉬는 시간에 기도할 수 있다. 전화나, 복사나 팩스를 보내기 위해 기다리는 시간에도, 약속했던 사람을 기다리는 순간에도 기도하는 시간으로 활용할 수 있다. 이에 대하여 커티스 미첼은 "우리는 하루 하루 하나님과의 대화를 계속함으로써 우리 삶의 전부분이 기도로 드려지길 힘써야 한다. 즉, 모든 문제나, 결정, 어려운 점들은 우리가 기도 할 수 있도록 기회를 제공해 주는 것으로 간주하면 좋을 것이다."[1]

성경은 기도의 힘이 얼마나 오랜 시간 동안 하느냐에 달려 있지 않음을 명시하고 있다. 십자가에서 짧지만 힘이 있었던 한 강도의 기도를 생각해 보라. "주님, 당신의 나라에 임하실 때에 나를 생각하소서." "주님, 죄인인 나를 불쌍히 여기소서." 그는 많은 사람들 앞에서 이렇게 간절한 소리로 기도했는 데 바리새인들의 외식적인 긴 기도와 비교가 된다. 한 주석가는 이를 이렇게 설명했다. "계속해서 기도하는 것이란 쉬지 않고 기도하는 것을 말하는 것이 아니라 기도해야겠다는 마음을 계속적으로 일으키어 하나님을 의지하는 굳은 태도를 가지는 것이다."[2]

■ 평강의 약속

바울은 "모든 지각에 뛰어난 하나님의 평강이 그리스도 예수 안에서 너희 마음과 생각을 지키시리라"(빌 4 : 7)고 했다. "평강"은 하나님께서 인도하시고, 강하게 하시며, 구원해 주시고, 공급해 주시는 확신을 말한다.

이 평강은 모든 인간의 지성을 초월하는 것으로 우리의 가장 귀중한 것인 마음과 생각을 보호해 주고 지켜 주기 위해 하나님께서 임명한 군사와 같은 것이다. 우리 영혼 가운데 있는 평강은 우리로 하여금 생애에 있어서 진정으로 중요한 것인 참된 것, 경건한 것, 옳은 것, 정결한 것, 사랑할 만한 것, 칭찬할 만한 것, 덕이 있는 것, 기림이 있는 것들에 관심을 기울이도록 해 준다(빌 4 : 8). 이러한 중요한 생각들은 우리 마음과 생각을 대적의 공격으로부터 안전하게 지켜 줄 것이다.

결론적으로 여기에 단순하지만 역동적인 두 가지 기도의 점화 시점에 대한 공식을 제시한다. 즉, 계속해서 기도하도록 기회를 제공해 주는 사람들이나 문제들은 곧 우리의 마음과 생각을 보호해 주는 능력 있는 평강과 같다는 공식이다. E. M. 바운즈는 "기도를 하나님과의 계속적인 대화로 또는 왕의 말을 계속해서 들을 수 있는 통로로 생각한다면 우리는 정말 훌륭한 기도의 개념을 가지고 있는 것이다. 기도는 우리가 한때 가졌던 두려움의 모든 자취를 없애 버린다. 이제 우리는 기도를 해야 할 의무로 생각하지 아니하고 즐길 수 있는 특권[3]으로 생각한다."

❖ 각주 ❖ ────────────

1) Curtis C. Mtchell, *Praying Jesus Way*(Old Tappan : Revell, 1977) P. 119.
2) F. E. Geabelein, *The Expositor's Bible Commentary*(1978) 2권 P. 291.
3) E. M. Bounds, *The Complete Works of Bounds on Prayer*(1992), P. 325.

36

자신의 개인적 기도 수준을 아는 법

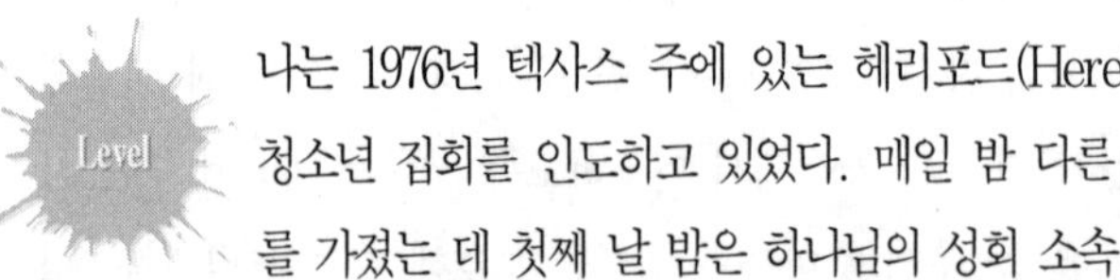

나는 1976년 텍사스 주에 있는 헤리포드(Hereford) 도시에서 청소년 집회를 인도하고 있었다. 매일 밤 다른 장소에서 집회를 가졌는 데 첫째 날 밤은 하나님의 성회 소속 교회에서 설교를 했고 이어 둘째 날은 침례교회에서 예배를 인도했으나 별다른 특별한 은혜가 나타나지 않았다. 사실은 아무 일도 일어나지 않은 시간이었다. 하나님의 놀라운 역사도 없었고 외치는 설교에도 사람들은 별 반응이 없었다.

셋째 날 밤 우리는 감리교회에서 집회를 가졌다. 그 교회는 설교 단상이 왼쪽 높은 곳에 있는 전통적인 교회였기에 나는 교인들과 상당한 간격을 두고 설교를 했다. 이전 집회는 엉망이었고 맥없는 예배로 인해 나는 매우 긴장했었다. 그때 나는 첫째, 둘째 집회때 보았던 두 수녀가 이번에도 참석했음을 알았다. 셋째 저녁 집회가 시작되기 전, 그녀들은 내게로 와서 기타음을 맞추어 달라고 했다. 내가 고물 같이 낡은 기타 음을 맞추고 있는 동안 한 명이 와서 "걱정하지 마십시오, 래리 목사님.

우리가 목사님을 위해 8시간 동안 기도했습니다."라고 말하는 것이었다.

나는 그녀에게 "당신이 나를 위해 오늘 8시간 동안 기도했다면 이 시간에도 나를 위해 기도해 주실 수 있겠습니까?"라고 요구했다.

그녀는 "그렇습니다. 우리가 오늘 여기에 온 이유가 바로 목사님을 위해 기도하기 위해서 입니다. 우리는 목사님께 손을 얹고 기도하기를 원합니다." 그녀들은 나를 위해 방언과 성령의 노래로 기도했다. 그 기도는 30분간 계속되었고 나는 하나님의 임재하심을 느낄 수 있었다. 기도를 마치면서 한 명이 "기도는 마쳤습니다. 이 기도가 하루종일 나에게 떠올랐습니다"라고 말했다. 그 말은 나에게 적지 않은 충격을 가져다 주었다. 왜냐하면 그날 밤 나의 설교 본문과 정확하게 들어맞는 기도였기 때문이었다. 그날 밤, 나는 놀라운 기름부음 속에서 설교할 수 있었고 설교 후 구원의 초청 시간에는 예수님을 위해 살기로 다짐하는 100명의 젊은 청년들이 강단 앞으로 나왔다.

다음날 밤에도 그녀들은 나를 위해 기도해 주었다. 그녀들은 "우리는 기도 가운데 살고 있습니다"라고 말했다. 잠시 후 그녀들 중 한 명이 "보혈이라는 주제와 함께 했던 여인에 대한 성경 말씀이 목사님께 어떤 의미가 있습니까?"라고 질문했다. 나는 또 한번 놀라지 않을 수 없었다. 그녀의 말은 내가 그날 밤 설교하고자 했던 메시지와 너무나 정확하게 들어맞았기 때문이다. 그리고 역시 그날 밤도 100명의 젊은 청년들이 구원의 초청에 응답하여 예수님을 구세주로 영접했고 남은 집회 기간은 보다 큰 건물로 옮겨야만 했다. 그 일이 있던 주말에 우리는 500명 이상의 10대 청소년들에게 세례를 베풀었다. 그 집회를 끝내고 집에 돌아오는 도중 성령님께서는 내게 "너는 이 부흥 집회를 위해 아무것도 하지 않았다. 집회가 성황리에 마칠 수 있는 것은 누군가가 그만한 '기도'를 했기 때문이었다"라고 말씀하셨다. 성령님께서는 그녀들이 값을 "지불"

했다고 말씀하시지 않으시고 대가만큼 "기도" 했다고 말씀하셨다.

하나님께서는 다음과 같이 선언하셨다. "너는 내게 부르짖으라 내가 네게 응답하겠고 네가 알지 못하는 크고 비밀한 일을 네게 보이리라"(렘 33 : 3). 이 말을 바꾸어 말한다면 "네가 나에게 부르짖지 않는다면 나는 네게 응답해 주지 않겠다"라는 뜻이다. 우리 중 대다수가 특별히 중보의 은사를 받은 그녀들처럼 하루에 8-10시간 동안 기도할 수 있는 수준에는 이르지 못한다 할지라도 그러나 우리들 각자에게는 개인적으로 책임지고 기도해야 할 자기만의 기도 수준이 있다. 우리가 귀중한 "기도"를 드릴 때 하나님께서는 우리를 대신해서 역사하실 것이다(단 9 : 23).

예수님께서는 겟세마네 동산에서 "땀이 피 방울 같이 되어" 땅에 떨어지는 정도로까지 기도하셨다. 이처럼 기도로 투쟁하시던 예수님께 하늘로부터 한 천사가 내려와 그 힘써 기도하시는 것을 도왔다(눅 22 : 39-44). 천사는 예수님께서 하나님 아버지께 기도하시기 전까지는 그분의 기도를 돕지 않았다. 천사는 기도를 통해서 지시를 받기 때문에 우리가 기도하지 않는다면 우리를 대신해서 싸우라는 명령을 하나님 아버지로부터 받지 않고 날개를 접은 채 앉아 있을 뿐이다.

■ 개인 기도의 임무

우리 각 사람들은 하나님으로부터 받은 개개인의 수준에 따라 기도를 해야 할 임무가 있다. 이 기도의 수준에는 5가지 다른 차원이 있으며 우리 각 사람은 이 수준들 중 하나의 역할을 해야 한다고 생각한다. 우리는 자신의 개인 기도의 수준을 결정하고 그 수준에서 최고의 능률적으로 기도할 수 있는 시간을 알아서 효과적으로 기도함으로써 하나님께서는 천사를 움직여 우리를 대신해서 활동할 수 있도록 역사하신다.

1. 필사적인 단계(Desperation) : 많은 그리스도인들은 위기에 처했을 때에만 기도한다. 만약 비행기가 추락하고 있다면 믿지 않은 사람들도 기도할 것이다. 우리는 기도의 필사적인 단계에서는 성령님과 동행한다는 것을 인식하지 못하겠지만 하나님께서 그러한 기도까지도 들으시고 응답해 주시는 것은 그분이 자비하시기 때문이다. 우리가 생활 가운데서 기도하고 있다면 매일 주기도문으로 기도의 목적을 설정하고 점차 지속적인 단계로 발전시켜야 한다. 지속적인 단계에서 드린 기도는 기도생활에 있어서 보다 높은 차원으로 발전시켜 줄 것이다.

2. 지속적인 단계(Maintenance) : 지속적인 기도의 차원에서 우리는 우리 영 안에 있는 7가지 동맥을 열리도록 하기 위해 매일 정기적으로 주기도문(The Lord's Prayer)을 사용한다. 우리가 이미 배웠던 것처럼 이러한 영적인 동맥들은 모범적인 기도의 7가지 중요한 요점과 관련이 있다. 우리의 영적 동맥이 열려 있는 한 피는 우리의 생활에 계속적으로 흐르며 기도의 지속적인 단계를 쉽게 유지할 수 있다. 이 기도의 차원은 "내 자신"을 위해 기도하는 단계이다. "주님은 나의 의이시며 나는 의를 필요로한 존재입니다. 주님은 나의 공급자시며 나는 공급받아야 할 존재입니다"라고 선언하는 기도의 단계이다. 이러한 지속적인 기도는 우리 자신과 개인적인 필요에 중심을 둔 기도이다.

3. 기초적인 중보 기도 단계(Basic Intercession) : 이 기도의 차원은 "나와 다른 사람"을 위해 기도하는 단계이다. 즉, 우리 자신의 필요만을 위해 기도하는 것이 아니라 다른 사람들에게 관심을 보여주는 단계이다. 나는 그리스도의 몸 안에 있는 모든 사람이 이 단계에 도달하기 위해서 필사적인 단계와 지속적인 단계를 잘 참고 인내하여 통과해야만 한다고 믿는다.

4. 전투적인 기도 단계(Warfare Prayer) : 전투적인 기도 차원에서 우리의 기도는 "내 자신" 혹은 "나와 다른 사람"보다 "다른 사람들"에 관심을 두는 단계이다. 이 단계의 배후에는 늘 다른 사람들이 있다. 다니엘 선지자는 바벨론의 포로 생활에서부터 유대인의 독립을 위해 기도할 때 이런 차원의 기도를 했다. 다니엘과 친구들의 기도는 바벨론에 얽매인 유대인들을 해방시켜 그들의 땅으로 자유를 찾아가도록 했다.

5. 친밀한 기도 단계(Intimacy) : 이 기도의 차원은 "내 자신" 혹은 "다른 사람들"을 위해 기도하기보다는 "주님"과 함께 기도하는 단계이다. 이 단계는 가장 드물면서도 최고의 기도 차원으로써 우리의 관심은 오직 주님께 봉사하는 것이다. 이 차원의 기도를 하는 사람은 하나님과 같이 동행하고자 하는 끊임없는 소원으로 항상 가득차 있다. 이러한 친밀하고 신성한 분위기에서 하나님께서는 자신의 비밀을 계시해 주시며 그들이 하나님께서 보여주신 비밀을 위해 기도할 때 그들의 중보 기도는 사람들, 권세자들 그리고 열방들에게 영향을 미치게 된다.

■ 자신에게 알맞은 기도 단계를 찾는 법

우리가 필사적인 혹은 친밀한 기도 단계와 상관없이 기도의 알맞은 단계에서 기도하고 있는지 확실하게 알 수 있는 5가지 요인이 있다.

1. 하나님과 평강이 있고 우리 마음에 평강이 있다.

만약 우리가 처해 있는 수준에서 기도하지 않으면 우리의 기도 생활에 대해 거룩한 불만족을 느끼게 될 것이다. 내가 그들을 정죄한다는 의미가 아니다. 우리가 기도에 대해 정죄할 수 없기 때문이다. 거룩한 불만족이란 우리의 영 가운데 끊임없이 일어나는 부정적인 면의 욕구이다.

나는 하나님께서 처음으로 기도에 대한 소명을 주실 때 이를 경험했다. 신학교에 다닐 때부터 나는 성공적인 사역에 동참하였으나 기도생활은 절망적이었다. 나는 지속적인 단계조차도 기도하지 않았을 뿐만 아니라 스스로에 대해서도 확실히 만족할 만한 수준에 있지 않았다. 나는 주기도문의 7가지 부분에 대한 계시를 하나님으로부터 받았을 때에야 비로소 지속적인 차원의 기도 단계에 이르게 되었다.

2. 혼란 대신에 계시가 임할 것이다.

하나님께서는 혼란을 야기하시는 분이 아니기 때문에 우리가 혼란하도록 의도하지 않으신다. 우리가 아직도 혼란 상태에서 생활한다면 그것은 우리가 알맞은 수준의 기도생활을 하지 않는 것이다. 하나님께서 원하시는 기도의 차원에서 기도할 때 모든 혼란은 사라지며 하나님께서 우리에게 말씀하실 것이다. 그렇게 될 때 우리는 그저 희망 사항으로만 그치고 말았던 것을 분명히 알고 생활하게 될 것이다(때로는 하나님께서 말씀하시지 않는 때도 있지만 그것은 예외이지 정상적인 것은 아니다. 왜냐하면 하나님께서는 우리에게 보여 주기를 원하시기 때문이다).

3. 하나님께서 우리의 친구가 되실 것이다.

몇 년전 내 생애에서 가장 침체되었던 때가 있었다. 나의 목회 생활은 위기에 직면했고 나의 친구들은 모두 나를 버렸다. 나는 더 이상 사역을 하거나 기도하거나 혹은 골프 치는 것까지도 하고 싶지 않았고 먹고 싶은 마음도 없었다. 어느 날 주님께서 "그곳으로 나를 안내해 주겠느냐?"라고 물어 보셨을 때 나는 "이렇게 엉망이 된 곳에 주님이 오시려고 하실지 모르겠습니다"라고 대답했다. 이때 주님은 "그것이 바로 친구가 있는 이유이지"라고 말씀하셨다.

이러한 기도의 차원으로 전진해 가는 주된 목적은 우리 자신들의 강한 영성을 보여주기 위함이 아니라 오히려 우리로 하여금 하늘에 계신 하나님 아버지와의 관계를 친밀히 갖도록 하려는 것이다.

4. 우리의 기도는 응답되기 시작할 것이다.

예수님께서 기도에 대해 응답해 주시겠다는 약속을 믿는다면 우리의 기도가 응답될 것이라는 것도 예외는 아닌 것이다. 하나님은 불성실함을 기뻐하지 않으시기 때문에 우리 자신에게 주어진 기도의 적절한 수준에서 기도하지 않는다면 어떤 기도도 응답해 주지 않으신다. 우리가 기도해야 할 적절한 수준에서 기도할 때 우리의 중보 기도가 효과적으로 역사할 수 있으며 기도도 계속적으로 응답되어지는 것이다.

5. 습관적으로 찬양하게 될 것이다.

우리가 적절한 기도의 수준에서 기도하게 될 때 힘들게만 여겨졌던 하나님을 찬양하는 일이 자신도 모르게 습관적으로 찬양하게 될만큼 기쁘게 여겨질 것이다. 침체되는 것과 찬양은 오랫동안 같이 있을 수 없다. 하나님께서는 재 대신에 화관을 주시고, 슬픔 대신 희락의 기름을 주시며, 무거운 근심 대신 찬송의 옷을 주시기 때문이다(사 61 : 3).

■ 부끄럽지 않는 책

아마 여러분 중 「기도에 열정을 회복하라」는 이 책을 읽고 스스로 기도생활에 죄책감을 느낄지도 모르겠다. 그러나 이 책의 중요한 목적 가운데 하나는 오히려 기도생활에 관해 여러분으로 하여금 수치심을 느끼지 않도록 하는 것이다. 우리가 이미 공부했던 것처럼 효과적인 기도란 수치심을 느끼지 않고 구하는 것이기 때문이다. 우리 생활 가운데 수치심을 주는 어떤 것이 남아 있는 한 우리의 기도는 기름부음을 받지 못하며 우리에게 주어진 적절한 단계의 기도에까지 도달하지 못할 것이다.

이 책으로부터 얻은 것들을 사용하기 바란다. 매일 주기도문을 가지고 기도하기 시작하라. 주기도문은 제자들에게 주어진 기도문이며 어린이들이 특별한 경우에만 반복하거나 암기하라고 만들어진 것이 아니다. 여러분이 주님의 제자라면 주기도문으로 매일 기도해야 할 것이다.

보다 높은 차원의 기도를 하지 못한다고 해서 좌절하지 말라. 여러분들이 할 수 있는 기도의 단계에서 시작한 후 하나님으로 하여금 보다 높은 차원의 기도 단계로 이끄시도록 하라. 다른 사람의 기도와 비교하거나 경쟁하지 말라. 왜냐하면 경쟁하려는 투기는 우리 자신들을 좌절시키기 때문이다. 하나님으로부터 받은 은사나 혹은 소명에 있어서도 다른 사람들과 경쟁한다면 결국은 우리 자신이 먼저 좌절하고 말 것이다. 예를 들면, 빌리 그래함 목사는 전도하는 은사를 하나님께 받았기 때문에 그 은사를 사용하여 복음을 전하고 회개를 부르짖을 때 많은 사람들이 그 메시지에 감화를 받는다. 그러나 우리가 빌리 그래함 목사가 전한 것과 같은 메시지를 아무리 전한다 할지라도 사람들은 감화받지 않을 것이다. 기도에 있어서도 마찬가지다. 어떤 사람은 중보 기도의 소명을 받았기에 그 면에서는 가장 효과적으로 기도할 수 있지만, 기도에 대한 소명을 받지 않은 다른 사람들은 그렇지 못하다. 내가 청소년 사역 담당 목사로 있을 때 나는 안정되지 못한 사역을 했다. 나는 하나님께서 내게 주신 특별한 기도의 단계가 무엇인지와 다른 사람들을 모방해서는 안된다는 것을 알기 전까지 나의 정체성을 알기 위해 고군 분투했다.

주님께 자신을 성령으로 충만케 해 달라고 매일 기도하라. 에베소서

5 : 18은 "… 오직 성령의 충만함을 받으라"고 말씀하는 데 이 말씀은 "계속해서 충만하라"는 뜻이다. 우리의 생활이 매일 성령으로 충만하면 계속해서 성령의 통치를 받게 될 것이다. 기도와 영적 전쟁에 대해 수많은 글을 썼던 피터 와그너는 매일 양식을 위해 기도할 때 영적 양식과 연관을 시켰고 그날 그날 성령으로 충만케 해달라고 기도했다고 말했다.

기도할 수 있는 특별한 장소와 시간을 정하라. 내가 신학교에 다닐 때 나는 늘 같은 의자에서 기도했다. 하나님께서 "이곳으로 오너라!"고 말씀하시면서 나를 그 의자로 이끄시는 것 같았다. 내가 락웰 도시에서 목회할 때는 숲 속에 한 장소를 마련하여 기도했었다. 이제는 하나님과 기도로 정기적으로 만날 수 있는 장소를 내 집 뒤 뜰에 마련해 놓았다.

정한 장소에서 만족할 때까지 기도하라(어떤 때에는 한 시간 이상이 될 수도 있고 그 보다 짧을 수도 있다). 우리가 정기적으로 기도에 충실하면 무엇인가 기적적인 일이 일어난다.

죄책감이나 수치심을 느끼지 않는 현재의 기도 수준에서 기도하라. 만약 기도가 필사적인 단계라면 바로 필사적인 단계에서 기도하기 시작하라. 현재의 기도 수준에서 새로운 마음가짐을 가지고 시작하라. 매일 주기도문을 가지고 기도하기 시작하고 하나님께서 원하시는 때에 보다 높은 차원으로 기도할 수 있도록 하나님께 요구하라. 현재 우리가 해야 할 기도의 수준에서 성실하게 기도하라. 그런 후 다음 단계로 올라갈 준비가 되어 있으면 하나님께서 높은 차원의 기도를 하도록 해 줄 것이다.

내가 이것을 어떻게 알았겠는가? 따라서 다음 장에서는 우리들의 삶과 사역을 위해 초자연적인 기도를 하도록 기름부음을 받는 데 여러분들을 초대하려 한다.

37
기름부음을 받는 기도를 하는 법 : 전달 방법

기도생활에 어떻게 기름부음을 받을 것인가에 대해 연구를 시작한 후로 긴 영적인 여정을 보냈다. 지금까지 내가 기도할 때 어떻게 계시를 받았는지에 대해 내 생활의 장막을 벗겨가며 상세하고도 구체적으로 여러분에게 언급했다. 이 책을 마무리할 시점이지만 그렇다고 우리 모두가 영적인 여정을 마치고 있다고 생각지는 않는다. 실제적으로는 지금이 새로운 출발점이 되는 것이다.

이제 결론을 내리기 전에 나는 다음과 같은 것을 주목해 보고자 한다. 우리가 이 책을 처음부터 읽지 않고 이장을 먼저 읽었다고 생각해 보자. 만약 우리가 다른 부분을 읽기 전에 37장을 읽었다면 나는 이 장이 처음으로 돌아가 읽을 수 있도록 하는 촉진제로 사용될 수 있으리라 확신한다. 이 마지막 장에 나타난 기름부음을 받는 기도는 이 책의 다른 부분에서 이미 언급된 것에 기반을 두고 세워진 건축물과 같기 때문이다. 그래서 우리가 본 장만 읽고 끝난다면 알맹이 없는 감정만 남아 금

방 잊혀질 것이다.

이 책의 앞 부분은 개인 기도, 권능 있는 기도, 그리고 효과적인 기도를 하도록 기름부음을 받는 법에 대해 많은 정보를 주고 있다. 우리는 21세기 정보화 시대에 살고 있다. 인터넷이나 초고속 정보 통신망의 출연으로 인하여 우리가 수용하고 적용할 수 있는 지식보다 더 많은 정보가 홍수처럼 밀려오고 있다. 이것이 그저 정보 자체로만 그치지 않으려면 정보는 전달되어져야만 한다. 기도에 대한 **정보**(Information)가 기도에 관해 배우는 것이라면 기도의 **전달**(Impartation)은 기름부음을 받은 기도라는 날개 아래서 기도할 때 일어나는 현상이다.

■ 정착되어야 할 3가지 문제

우리의 기도가 기름부음을 받기 위해 정착되어야 할 3가지 기본적인 문제들을 이미 앞에서 언급했다. 첫 번째 문제는 우리의 과거이다. 끊임없이 기도하는 것이란 실제로 수치심을 느끼지 않고 기도하는 것이다. 수치심을 가지고는 하나님의 보좌에 담대히 나아갈 수 없기 때문이다. 여러분은 과거의 모든 것을 하나님께 던져 버렸는가?

두 번째 문제는 예수님께서 가르쳐 주신 기도문을 사용하여 매일 기도하기로 헌신하는 것이다. 우리가 주기도문에 나타난 7가지 원리를 사용할 때 이것은 우리의 생명을 이어주고 영적인 면에서의 건강을 유지해 주는 몸 안에 있는 7가지 동맥 같은 역할을 하게 된 것이다. 우리가 효과적인 기도를 하도록 기름부음을 받기 원한다면 지금 이 순간부터 매일 주기도문으로 기도하는 일에 헌신해야만 한다.

세 번째 문제는 미래에 관한 것이다. 두려움 없이 미래의 모든 것에 순종해야만 한다.

이 3가지 영역을 성실히 지키고 있다면 여러분은 이제 기도에 기름부음을 받을 수 있는 영적인 기초가 잘 형성되어 있는 것이다. 따라서 기도생활에 있어서도 보다 높은 차원의 기도 단계로 올라갈 수 있다. 낙심하지 말고 역사하도록 노력하라. 하나님께서 일하시도록 내어 맡기라. 예수님께서 "내가 나의 교회를 세울 것이다"라고 말씀하셨다. 예수님께서 우리의 기도생활도 역시 잘 건축하여 주실 것이다. 하나님께서 우리 자신에게 무엇을 원하시는지 알고 있는 데로 성실히 행하라. 그리고 개인 기도가 현저한 능력에 도달할 때까지 하나님께서 자신을 어느 단계까지 옮기시는지 지켜 보라.

■ 기름부음

하나님께서는 내가 3가지 문제를 서로 나눌 때마다 기도의 기름부음이란 날개를 펼쳐 주시며 효과적인 기도의 문을 열어 주실 것이라고 계시해 주셨다. 기름을 부음(Anoint)이란 "사람 혹은 물건 위에 기름을 붓는 것"을 뜻한다. 기름을 부음이라는 것은 성령을 상징하는 기름을 어떤 사람이나 물건에 부음으로써 봉헌하는 혹은 정결케 하는 것이다. 기름을 붓는다는 것은 실제적으로 "문지르다"라는 뜻으로 기름부음이 전달된다는 것을 가르치는 것이다.

영적인 기름부음의 능력은 기름 그 자체에 있는 것이 아니라 기름을 부은 사람 혹은 기름부음을 받는 사람에게 있는 것이다. 기름부음의 권능은 하나님 아버지로부터 흘러오는 것이다. 예수님께서는 "주의 성령이 내게 임하셨으니… 내게 기름을 부으시고…"(눅 4 : 18)라고 말씀하셨고 사도 바울은 "… 우리에게 기름을 부으신 이는 하나님이시니"(고후 1 : 21)라고 말하므로 이를 확신했다.

사람들은 상징적으로 기름을 붓지만 실제적인 기름부음은 하나님께서 하신 것이다. 선지자 사무엘이 다윗 왕에게 기름을 부었지만 하나님께서는 "내가 내 종 다윗을 찾아 나의 거룩한 기름으로 부었도다"(시 89 : 20)라고 말씀하셨다. 기도의 기름부음의 근원은 하나님이시지 사람이나 조직 혹은 교단이 아닌 것이다.

■ 기름부음의 목적

기도에 새롭게 기름부음은 우리로 하여금 닥쳐올 환경에 필요한 인물로 만들어 준다. 이제 더 이상 교회 뒷전에서 방관자로서 앉아 있지 않아도 되는 것이다. 기름부음의 목적은 다음과 같다.

사역(Ministry)
누가복음 4 : 18-19과 사도행전 10 : 38은 기름부음을 받는 것에 대한 사역들이 기록되어 있다. 기름부음은 우리로 복음을 전하고, 가난한 자를 섬기며, 상처받은 자들을 싸매 주고, 신체적으로 병든 자들을 고쳐 주며, 영적으로 갇힌 자들에게 구원을 전하며, 영적으로 보지 못한 자들의 눈을 뜨게 하고, 주의 은혜를 전파하며, 선한 일을 하도록 하고, 또한 사단에 눌린 자들을 고치게 한다.

바운즈(E. M. Bounds)는 능력 있는 사역을 할 수 있게 하는 기도에 대한 기름부음의 필요성을 다음과 같이 역설했다.

오늘날 교회에서 필요한 것은 보다 좋은 도구나 새로운 조직이나 색다른 방법이 아니라 성령님께서 사용하는 사람 즉, 기도의 사람 혹은 능력 있는 기도를 하는 사람이다. 성령님께서는 방법 같

은 것을 통해 임하지 않고 사람을 통해 임하는 것이며 도구 위에
임하지 않고 사람에게 임하는 것이다. 성령님께서는 어떤 사업의
계획 위에 기름을 붓지 않고 기도하는 사람 위에 붓는다.[1]

교훈(Instruction)

기름부음은 영적인 교훈을 준다(요일 2 : 27). 우리는 다른 사람으로
부터 성경의 가르침을 배울 수 있다. 왜냐하면 하나님께서 교훈을 목적
으로 교회 내에 교사들을 세우셨기 때문이다(엡 4 : 11). 그러나 우리
안에 기름부음은 배웠던 진리를 확인시켜 주며 하나님 아버지의 음성을
들을 수 있도록 해 준다. 기름부음은 또한 우리가 알지 못하는 진리를
설명해 주고 우리에게 하나님의 말씀의 계시가 열리도록 해 준다. 우리
안에 있는 성령님께서 "모든 것을 너희에게 가르칠 것이다"라고 말씀하
신다. 우리가 기름부음을 받게 되면 이러한 능력이 가능하다. 그 뿐만
아니라 사역할 때나 생활의 모든 영역에서도 교훈을 받게 된다.

확신(Security)

기름부음은 우리로 하나님 안에 안전하게 거하도록 해 준다. "너희는
주께 받은 바 기름부음이 너희 안에 거하나니… 너희를 가르치신 그대
로 주 안에 거하라"(요일 2 : 27). 기도는 마치 부모와 자녀의 관계가 서
로 친밀한 것처럼 우리와 하늘에 계신 우리 아버지와의 관계를 견고하
고 친밀하게 해 준다.

중보 기도(Intercession)

기름부음은 우리로 중보 기도에 역사를 일으켜 하나님의 약속들
(God's Promises)을 구하도록 만든다. 중보 기도자의 기름부음이 이미

우리 가운데 거하고 있다. 우리가 해야 할 일은 우리 안에 있는 것을 사용하도록 그 법을 배우는 것이다.

자유(Liberty)

기름부음은 멍에를 부러뜨린다(사 10 : 27). 오늘날 사람들을 묶어 놓은 죄나 수치심의 짐들은 보다 깊은 가르침과 교육, 상담 혹은 좋은 조직에 의해서는 해결될 수 없다. 이러한 멍에들은 개인 기도와 권능있는 기도, 그리고 효과적인 기도를 배우는 영적 지도자들에게 하나님께서 기름부으심으로 부스러뜨릴 수 있다.

■ 3가지의 기름부음

마태복음 6장에 나타난 모범적인 기도문에서 예수님은 개인 기도를 가르쳐 주셨다. 또한 제자들을 대신해서 권능 있는 기도를 하셨고(요 17장), 겟세마네 동산에서는 효과적인 기도를 할 수 있는 기름부음 아래서 고통을 겪으셨다.

구약성서에는 3가지 예식이 나타나는데 이 예식은 개인 기도와 권능 있는 기도 그리고 효과적인 기도를 할 수 있는 기름부음과 관계가 있다. 우리는 이 3가지를 영적으로 경험해야만 하는 데 (1) 개인 기도를 위한 문둥병자의 기름부음 (2) 권능 있는 기도를 위한 지도자의 기름부음 (3) 효과적인 기도를 위한 제사장의 기름부음이다.

1. 문둥병자의 기름부음 : 개인 기도

문둥병은 살이 점차 썩어가다가 결국에는 처절한 죽음에 이르게 하는 무서운 병이다. 성경에서는 문둥병은 영적 진리에 대해 근본적으로 반대인 죄의 "전형"으로 나타나 있다. 문둥병이 보이는 몸을 죽이는 것처럼 죄도 사람을 영적으로 죽인다.

구약성서에 나타난 율법 중에는 하나님께서 문둥병자를 깨끗이 하는 특별법이 있다(레 14장). 한 마리 새를 질그릇에 담아 흐르는 물 위에서 잡고 또 다른 새 한 마리는 이 피에 적셔 날려 보낸다. 이 예식은 질그릇 같은 우리의 죄와 수치심을 없애 주기 위해 흘리신 예수님의 보혈을 상징해 주고 있다. 문둥병자를 그의 우편 귓부리와 우편 손 엄지가락과 우편 발 엄지가락을 피로 깨끗이 한 다음 기름부음을 받는 데 이는 하나님의 음성을 들을 수 있도록 하고, 하나님의 일을 알 수 있도록 하며, 하나님의 뜻대로 살아갈 수 있도록 해준다.

우리가 개인 기도를 하면서 예수님의 보혈의 계시를 받았다면, 우리는 하나님의 보좌가 있는 곳으로 접근할 수 있다. 하나님께서 계신 그곳에서 우리는 아버지와 자녀간의 친밀감을 발전시키는 데 이 친밀감은 하나님의 음성을 알 수 있도록, 하나님을 섬길 수 있도록, 하나님의 뜻대로 살아갈 수 있도록 하는 것이다. 이 단계를 통과하지 않고서는 절대로 권능 있는 기도의 영역으로 들어갈 수 없을 뿐만 아니라 개인 기도의 친밀한 기름부음을 계속해서 경험할 수도 없다.

2. 지도자의 기름부음 : 권능 있는 기도

구약성서에서 기름부음의 두 번째 전형은 왕이나 선지자, 지도자 등으로 사역하는 자들을 위해 마련된 지도자의 기름부음이다. 예를 들면 하나님의 백성들의 지도자로서 사울에게 기름부음(삼상 10 : 1), 왕의 직분을 감당하도록 다윗에게 기름부음(삼상 16 : 12-13) 등이 있다.

지도자의 기름부음은 기름부음을 받은 사람이 임명된 직책의 위치와 능력 그리고 권위를 부여해 준다. 성령은 이 기름부음을 통해서 그 사람에게 임하여 그가 자신의 임무를 완성할 수 있도록 특별한 권능으로 입혀준다. 이러한 기름부음의 권능이 신약성서에도 비슷한 모습으로 사도행전 1 : 8에 약속되었고, 그 약속은 사도행전 2장에서 성령의 강림으로 실현되었다. 성령의 강림하심이 우리들에게 임하였기에 우리가 주어진 사명을 완성할 수 있도록 권능을 입은 것이다.

권능 있는 기도를 할 수 있는 기름부음을 통하여 우리는 자신에게 주어진 삶의 목표를 성취하기 위해 일어나며, 거짓 아비의 거짓들을 드러내고, 거짓 아비의 요새지를 무너뜨리기 위해 영적 무기들을 사용하며, 영적 세계에서 정사와 권세들에게 대항하여 효과적으로 대적할 수 있을 것이다.

3. 제사장의 기름부음 : 효과적인 기도

출애굽기 29-30장과 레위기 8장에는 하나님께 봉사하기 위해 구별된 제사장들의 기름부음에 대해 구체적으로 설명되었다. 제사장들은 하나님의 존전에 계속해서 나아가도록 임명받았고, 백성들을 위해 예배드리고 찬양하며 중재한다. 이는 효과적인 기도, 지속적으로 권능 있는 기도를 할 수 있는 기름부음의 모습을 나타내 주고 있다.

신약의 베드로전서 2 : 9에서는 믿는 자들이 이러한 신분으로 기름부음 받는 것을 다음과 같이 표현하였다. "오직 너희는 택하신 족속이요 왕같은 제사장들이요 거룩한 나라요 그의 소유된 백성이니 이는 너희를 어두운 데서 불러내어 그의 기이한 빛에 들어가게 하신 자의 아름다운 덕을 선전하게 하려 하심이라"

■ 기도에 기름부음을 받은 결과

기도에 기름부음은 예수님께서 재림하시기 전 약속하신 성령의 가장 큰 기름부음의 마지막 역사이다. 이 기름부음의 결과가 우리 삶 가운데 크게 몇 가지로 나타난다.

첫째 : 급속도의 촉진되는 현상이 나타난다. 우리가 기도할 때 성령의 인도하심 따라 기도하면 기도가 아주 가벼운 짐이 된다. 기도에 기름부음을 받게 되면 우리의 의지가 감정보다 더 강해진다. 그러므로 과거의 모든 것으로부터 해방되고 현재 상황에 대해 긍정적으로 대답하고 미래에 있어서 하나님께 순종하게 될 때 새롭게 기름부음을 받으므로 기도생활이 급속도로 촉진되는 현상이 나타난다. 매일 매일 생활을 할 때 성령님께서는 반복적으로 기도하도록 우리를 부르시며 "지금 이 시간에 기도하라"고 말씀하실 것이다.

둘째 : 계시를 받는다. 남을 위해 중보 기도를 하면 계시를 받을 수 있다. 우리의 기도생활이 급속도로 촉진되면 하나님과 보다 더 친밀한 관계가 될 수 있을 것이다.

셋째 : 개인 생활의 패턴이 바꾸어 진다. 기도에 새로운 기름부음을 받게 되면 우리의 개인 생활의 패턴이 바꾸어 진다. 잠자는 습관까지도 성령님께서 기도하게 되므로 바꾸어 질 것이다. 성령님께서 우리로 주어진 삶을 이루면서 살도록 구별하실 때 우리는 친구 관계나 다른 모든 관계들에서도 새롭게 바꾸어질 것이다.

넷째 : 사단과 어두움의 세력들이 우리에게 미치지 못할 것이다. 우리가 기도를 많이 하면 할수록 우리 삶에 있어서 영적인 빛은 보다 많이 나타날 것이다. 어두움의 세력들에 대해 너무 많은 관심을 두지 말라. 빛을 바라 보라. 빛이 어두움을 물리칠 것이다.

다섯째 : 하나님의 뜻에 따라 결정하게 된다. 우리 생활 가운데 문제가 되는 환경들에 대해 단호하게 결심하게 된다. 기도에 기름부음을 받게 되면 하나님의 뜻에 따라 개인적인 문제들을 결정하게 된다. 기름부

음을 받는 자는 하나님의 뜻을 떠나 기도할 수 없기 때문이다. 기도에 기름부음을 받는 것은 어떤 기술이 아니라 하나님을 우리의 환경으로 모시어 변화시킬 수 있도록 하는 영적 구조이다.

여섯째 : 하나님을 찬양하게 된다. 기름부음을 받을 때 나타난 마지막 결과는 우리가 기도할 때 기도를 들으시고 응답해 주시는 분인 하나님을 찬양할 수 있게 되는 것이다. 우리는 "놀라운 일을 행하시는 하나님께 영광을 돌립니다"라고 일어나 선포할 것이다.

■ 기도에 기름을 부어라

우리는 어떤 교단이나 단체에서 안수를 받음으로써 기도에 기름부음을 대부분 경험하지 못한다(교단 등에서 안수 받는 것은 잘못된 것이 아닐지라도 - 저자). 하나님께서는 우리의 지성이나 교육, 경험, 능력 혹은 조직을 보시고 기름을 부으시는 것이 아니라 우리 마음의 자세를 보시고 기름을 부으신다.

사무엘은 새로운 왕에게 기름을 붓기 위해 이새의 집에 갔을 때 외모가 뛰어난 사람을 찾았었다. 그러나 하나님께서는 "… 사람은 외모를 보거니와 나 여호와는 중심을 보느니라"(삼상 16 : 7)고 사무엘에게 말씀하셨다. 바운즈(E. M. Bounds)는 "많은 유명한 사람들이 교회를 세우고 이끌어 가지만 그들은 기도에는 열심을 내지 않은 채 사업 계획과 의견과 조직 그리고 타고난 재능, 혹은 천재적인 뛰어난 재질로만 교회를 이끌어 간다. 그러나 이들은 하나님께는 훌륭한 사람들이 아니다."[2]

기름부음을 받은 기도를 활성화하기 위해서는 우리의 무능력에 초점을 맞출 수 없다. 원래 겁이 많고 믿음이 없었던 제자들은 겟세마네 동산에서 잠을 잤고, 예수님께서 필요로 하실 때에는 예수님을 버렸으며

예수님을 모른다고 부인하기까지 했다. 그러나 예수님께서 제자들에게
복음을 전세계로 전파하라는 사명을 다시 주셨을 때 제자들 각 사람은
기도에 권능 있는 자들로 변화되었다.

예수님께서는 제자들의 무능력과 교육을 받지 못한 것, 사회적 낮은
지위 혹은 과거의 실패한 것에 초점을 맞추지 않았다. 예수님께서는 그
들에게 기름을 부은 다음 삶이 달라져 어떤 사람이 될 수 있는가를 보셨
다. 자신의 무능력, 혹은 과거의 실패했던 기도에 관심 두는 것을 멈추
어라. "주께 받은 바 기름부음이 너희 안에 거한다"(요일 2 : 27)는 것을
인정하라. 우리 자신이 기름부음을 "받으러" 가는 것이 아니다. 우리는
이 책에 언급된 계시를 통해서 기도에 기름부음을 받는 법을 배웠다.

> 어떤 사람도 응답 없는 기도를 쉬지 않고 하기를 바라지 않으며
> 그러한 것을 상상하는 것은 어리석은 일로 나타날 것이다. 왜냐
> 하면 기도의 소원을 주시는 분은 하나님이시기 때문이다. 하나
> 님께서 기도의 소원을 주시면서 어찌 이루어지지 않는 상태로
> 머물러 있기를 바라시겠는가? 그것은 불가능한 일이다. 하나님
> 께서는 여러분에게 분명한 의도를 가지시고 여러분 안에 소원을
> 주신다.[3]

■ 여러분은 준비되었는가?

구약성서에 하나님께서 모세에게 장로들을 선택하라고 말씀하시고 모
세 안에 있는 같은 영을 취해 장로들에게 주셨다. 이 책이 여러분의 손
안에 들어갈 수 있는 것은 우연한 사건이 아니다. 하늘에 계신 여러분의
아버지께서 자신과 친밀한 관계를 원하는 여러분의 영혼의 간구를 들으

시고 효과적인 기도를 원하는 여러분을 보신 것이다.

행동 과학자들이 연구한 것에 의하면 옛 습관을 버리고 새로운 습관에 젖는 것은 21일이 걸린다고 했다. 여러분은 선지자 다니엘이 21일 동안 영적으로 돌파했음을 기억할 것이다. 나는 여러분에게 21일 동안 매일 매일 예수님께서 가르쳐 주신 모범적인 주기도문(The Lord's Prayer)으로 아침에 기도로 시작하고 일터에서도 기도하겠다고 다짐하길 바란다. 여러분이 21일 동안 기도한다면 권능 있는 기도와 효과적인 기도를 할 수 있도록 보다 깊은 기름부음을 경험할 수 있으며, 그토록 원하던 개인 기도의 정착도 보장되리라고 나는 확신한다. 여러분이 스스로 개인 기도의 수준을 발견하게 되면 기도하는 것이 매일 해야 할 목록에 한 가지 더 붙여진 것이 아니라 기도가 생활에 반드시 필요한 요소로 여겨질 것이다. 또한 기도는 하늘에 계신 여러분의 아버지와 친밀하고도 계속적인 교제를 나눌 수 있도록 도울 것이다.

여러분이 매일 모범적인 주기도문으로 기도할 때, 엘리야를 공궤하기 위하여 매일 먹을 양식을 기름통과 밀가루 통으로부터 계속해서 퍼내었던 사르밧 과부처럼(왕상 17 : 2-16) 여러분에게도 기름부음이 넘칠 것이다. 그 과부는 3년 동안의 기근과 비참함에도 계속해서 풍족히 먹을 수 있었던 것이다.

여러분이 받은 기도의 기름부음은 여러분 주변의 빈 통에 차고 넘치도록 흐를 것이며 열왕기하 4 : 1-7에 기록된 이 여인의 이야기와 영적으로 비슷한 것이다. 이 여인이 빚을 많이 진 절망적인 상황에 직면했을 때 선지자 엘리사는 "너희 집 안에 있는 것이 무엇이냐?"라고 물었다. 그때 과부가 대답하길 "한 병 기름 외에는 아무 것도 없나이다"라고 말했다. 엘리사는 과부에게 빈 통이 있는 대로 가져오라 말했고 여인이 순종하여 기름을 붓기 시작할 때 기름은 계속해서 흘렀다. 여러분은 이미 기도에 기름부음을 받았다. 이 기름부음을 다른 사람들에게 나누어 줄 때 기름부음은 여러분의 기도 생활에 계속해서 넘칠 것이다.

여러분이 과거로부터 해방되어 모범적인 주기도문을 가지고 현재 하나님을 구하고 미래에 있어 두려움 없이 순종할 때, 이 기름부음은 여러분의 기도생활에 스며들 것이며 하나님께서 원하시는 개인 기도의 수준에서 효과적으로 기도할 수 있도록 도울 것이다.

예수님의 제자들이 예수님께 "기도하는 법을 가르쳐 주소서"(Teach us to Pray)라고 요청한 후, 그들은 한 번도 제대로 해 보지 못했던 것을 가르쳐 주신 그대로 기도하기 시작했다. 여러분이 이 기름부음의 영역 안에 사로잡힐 때 기도 전문학교에는 더 이상 졸업이 없으며, 오직 출발만이 있다는 것을 발견할 것이다.

❖ 각주 ❖ ────────────────

1) E. M. Bounds, *The Complete Works of E. M. Bounds on Prayer*(Grand Rapids : Baker, 1992), P. 447.

2) Ibid., P. 285.

3) Leonard Ravenhill, *Revival Praying*(Minneapolis : Bethany House, 1961)에서 Jean-Nicholas의 글을 인용한 것임.